MAIS
QUE
VENCER

ROBERT H. MNOOKIN
SCOTT R. PEPPET &
ANDREW S. TULUMELLO

MAIS QUE VENCER

NEGOCIANDO PARA CRIAR VALOR EM ACORDOS E DISPUTAS

Tradução
Mauro Gama

Revisão técnica
FGV Direito Rio

CIP-BRASIL. CATALOGAÇÃO-NA-FONTE
SINDICATO NACIONAL DOS EDITORES DE LIVROS, RJ.

M681m   Mnookin, Robert H.–
        Mais que vencer: negociando para criar valor em negócios e disputas / Robert H. Mnookin, Scott R. Peppet, Andrew S. Tulumello; tradução: Mauro Gama. – Rio de Janeiro: BestSeller, 2009.

        ISBN 978-85-7684-347-4
        1. Advocacia. 2. Advogado e cliente. 3. Negociação. 4. Resolução de disputa (Direito). 5. Compromisso (Direito). I. Peppet, Scott R. II. Tulumello, Andrew S. III. Título.

09-1990   CDU: 347.965.42

Texto revisado segundo o novo
Acordo Ortográfico da Língua Portuguesa.

Título original norte-americano
BEYOND WINNING: NEGOTIATING TO CREATE
VALUE IN DEALS AND DISPUTES

Capa: Júlio Moreira
Diagramação: ô de casa

Direitos exclusivos de publicação em língua portuguesa para o Brasil
adquiridos pela EDITORA BEST SELLER LTDA.
Rua Argentina, 171, parte, São Cristóvão
Rio de Janeiro, RJ – 20921-380
que se reserva a propriedade literária desta tradução

Impresso no Brasil

ISBN 978-85-7684-347-4

PEDIDOS PELO REEMBOLSO POSTAL
Caixa Postal 23.052
Rio de Janeiro, RJ – 20922-970

A Sophia, seus pais, Jennifer e Joshua, e seus tios, Allison e Cory

- R. H. M.

A meu pai, Russel, e em afetuosa memória de minha mãe
Rosemary

- S. R. P.

A meus pais, com amor

- A. S. T.

Sumário

Prefácio

Este livro defende que o recurso à negociação para resolver problemas oferece os meios mais promissores de criar valor. Além de ajudar os negociadores a melhor compreender os dilemas que precisam enfrentar, a meta deste livro é ajudar os advogados e seus clientes a trabalhar juntos e a negociar suas transações ou disputas de maneira mais eficaz. Como autor principal, assumo o privilégio de reconstituir a história do livro e a natureza profundamente colaborativa desse empreendimento de Mnookin, Peppet e Tulumello. Como o projeto tem raízes intelectuais e profissionais que se estendem a fundo em meu passado, também desejo confessar algumas das minhas entranhadas dívidas intelectuais, que remontam há tempos.

O trabalho com este livro começou durante o período da primavera de 1995, quando Scott Peppet e Andrew Tulumello, por motivos independentes, se afastaram da faculdade de Direito para trabalhar no Programa sobre Negociação da Faculdade de Direito de Harvard e no Projeto sobre Negociação de Harvard. Scott e Drew vieram para a Faculdade de Direito de Harvard por terem um especial interesse pela negociação, havendo sido, ambos, alunos brilhantes do meu Seminário de Pesquisa sobre Negociação, um ano antes. Na primavera de 1995 elaboramos um primeiro esboço do que acabou por se tornar a Primeira Parte deste livro. Reconhecendo seus extraordinários talentos e nossa crença compartilhada de que o conhecimento interdisciplinar poderia aperfeiçoar a prática, pedi a cada um que continuasse em nossa colaboração, após suas formaturas, como meus coautores.

Desde que se formaram na faculdade de Direito, em 1996, além da prática advocatícia, Drew e Scott passaram algum tempo comigo em Cambridge ensinando negociação em conferências na Faculdade de Direito de Harvard e trabalhando no livro, Drew durante um ano acadêmico (1997-1998), Scott em três (1996-1997; 1998-2000). Ficaram, os dois, como pesquisadores adjuntos, apoiados pelo Projeto de Pesquisa sobre Negociação de Harvard, em parte graças a um subsídio da Fundação William e Flora Hewlett. Drew, depois, foi trabalhar no Tribunal de Crimes de Guerra, em Haia; atualmente, é sócio do escritório de Gibson, Dunn & Crutcher, em Washington, D.C. Scott, recentemente, aceitou um cargo de professor adjunto de Direito na Universidade do Colorado, que começou a exercer no outono de 2000. Enquanto ali, em residência, tanto Scott quanto Drew foram meus partícipes em tudo – pesquisando, desenvolvendo e apurando ideias, escrevendo e corrigindo.

Meu compromisso intelectual e profissional com a negociação, evidentemente, começou bem mais cedo. Problemas de interação estratégica e jogos de soma variável fascinaram-me desde os meus dias de estudante, quando, ainda no segundo ano de faculdade e voltado para Economia, em Harvard, tive a sorte de contar com Thomas Shelling como professor. Aproximadamente uma década depois, como professor de Direito, pesquisei como o sistema legal convencional afetava as negociações de caráter extrajudicial, pelas quais a maioria das disputas sempre foi resolvida. E, mais tarde, com Lewis Kornhauser, escrevi um ensaio sobre "Barganha à sombra da lei". Desde então, grande parte do que pesquisei e escrevi diz respeito à negociação.

Em 1968, quando me formei na faculdade de Direito, não havia cursos sobre negociação e raramente se fazia uso da Economia, da Psicologia ou da teoria da decisão quer no currículo da faculdade de Direito, quer na academia jurídica. Como os tempos mudaram! Nos últimos 20 anos, tive a grande sorte de estar no corpo docente de duas universidades – Stanford e Harvard –, e ambas promoviam pesquisa interdisciplinar e ensino inovador por meio de programas sobre negociação. Os reitores, Paul Brest, em Stanford, e Robert C. Clark, em Harvard, acreditavam que o lugar do estudo acadêmico da negociação é numa grande faculdade de Direito. Seu estímulo foi de enorme importância. Uma vez mais, a Fundação William e Flora Hewlett desempenhou papel decisivo, pois tanto o Programa sobre Negociação da Faculdade de Direito de Harvard (PON), quanto o Centro de Stanford sobre Conflito e Negociação (SCCN) foram iniciados com o apoio da Fundação.

Como ficará evidente a qualquer pessoa que leia este livro (e suas notas, no final), tenho uma grande dívida intelectual com colegas de Stanford (com os quais colaborei ao longo dos últimos 15 anos) e com colegas de Harvard (com os quais nós três trabalhamos durante os últimos sete anos). Em 1988, fundei o SCCN com Kenneth Arrow, Lee Ross, o falecido Amos Tversky e Robert Wilson. Aprendi com eles como as percepções econômicas, de psicologia social, de psicologia cognitiva e da teoria dos jogos podiam oferecer perspectivas úteis para melhor se compreender a negociação. Estudamos juntos e escrevemos, então, sobre *Barriers to conflict resolution* (Barreiras para a resolução de conflitos). No mesmo período, Ron Gilson mostrou-me como a nova economia institucional podia contribuir para a compreensão da realização de negócios, da resolução de disputas e do escritório de advocacia empresarial. Escrevemos juntos uma série de artigos referentes à profissão de advogado.

Vim para Harvard em 1993 e tornei-me presidente do comitê de direção do PON. O trabalho feito pelos colegas do PON bem antes de minha chegada a Cambridge oferece parte dos alicerces intelectuais do nosso livro. Agradeço especialmente a Roger Fisher, Bill Ury e Bruce Patton, cujo proveitoso livro *Getting to yes* (Para chegar ao sim) colocou em evidência a negociação baseada no interesse; a Howard Raiffa, cujo *Art and science of negotiation* (Arte e ciência da negociação) demonstrou como uma estrutura analítica de decisão e uma abordagem entre descritiva e prescritiva podiam reunir as percepções comportamentais da Psicologia e a análise estratégica da Economia, para oferecer uma consultoria prática; e a James Sebenius e David Lax, cujo *Manager as negotiator* (O administrador como

negociador) expressou o "dilema do negociador", e cujo título sugeria um
livro que focasse o advogado na função de negociador.

Vários colegas – alguns no meio acadêmico e outros no dia a
dia – generosamente revisaram um esboço inteiro do original do livro
e acrescentaram-lhe minuciosos comentários escritos. Ficamos profundamente gratos a Max Bazerman, Ed Bernstein, Jennifer Brown, Roger Deitz, Carol Liebman, Michael Moffitt, Richard Reuben e Dennis
Ross por sua ajuda. Outros comentaram proveitosamente passagens
específicas, ligadas a sua especialidade. Ronald Gilson e Victor
Goldberg focalizaram as passagens relativas às negociações. Deborah Rhode comentou o que se tornou a discussão da ética, no Capítulo 11. Marc Victor, especializado na análise de riscos do litígio, leu as
passagens dos Capítulos 4 e 9, que tratam da aplicação da análise
de decisão ao litígio. David Hoffman, experiente advogado de Vara
de Família, revisou nosso exemplo de divórcio.

Desde 1996, Scott, Drew e eu mostramos sucessivos esboços a nossos alunos e a colegas com quem lecionamos. Literalmente, centenas
de estudantes de Direito (de Harvard e Colúmbia), bem como dezenas de advogados militantes que se envolveram com a negociação e
oficinas de mediação (promovidas pelo Programa de Instrução para
Advogados ou pela Organização Mundial sobre a Propriedade Intelectual, de Genebra), leram as primeiras versões deste livro. Embora
numerosos demais para serem mencionados nominalmente, esses estudantes, assim como os nossos assistentes de ensino ainda universitários, ensinaram-nos muito. Nossos colegas de faculdade – que usaram
esboços em suas próprias aulas – ajudaram-nos imensamente. Em
Harvard, muito devemos ao professor Frank E. A. Sander e aos confe-
rencistas Marjorie Aaron, Bob Bordone, Jonathan Cohen, Erica Fox,
Sheila Heen, Michael Moffitt, Bruce Patton, John Richardson, Richard
Reuben, Jeffrey Seul e Douglas Stone. Na Faculdade de Direito de Colúmbia, agradecemos aos professores Carol Liebman, Victor Goldberg
e Ronald Gilson, e ao conferencista David Ross. Somos especialmente

gratos a Gary Friedman, com quem dei aula em diversas oficinas sobre mediação, ao longo dos anos. É profunda sua contribuição para as minhas ideias a respeito da resolução de disputas.

Também gostaria de agradecer aos advogados e executivos a quem servi como mediador nos últimos 15 anos. Como contestadores, deram-me a oportunidade de provar e apurar minhas ideias na prática, trabalhando com eles para negociar, de forma bem-sucedida, numerosas disputas jurídicas complexas e desafiadoras.

Desde que este projeto começou, fomos contemplados com alguns assistentes de pesquisa extraordinariamente capazes: Brigham Smith, Hamilton Chan, Tanya Yaeger e Alain Lempereur (agora também professor de negociação na ESSEC, em Paris), todos participantes na localização de fontes, conferência de citações e contribuição com ideias ao longo do percurso, pelo que lhes agradeço.

Sou especialmente grato a Susan Hackley, nossa colega no Projeto de Pesquisa sobre Negociação, de Harvard, cujo maravilhoso senso editorial nos ajudou a preparar o capítulo da introdução. A notável visão de Kathy Holub, que foi jornalista e estudou comigo em Stanford, agora formada pela Faculdade de Direito de Yale, contribuiu substancialmente para a organização e a clareza das Partes I e II. E Victor Fuchs ajudou-me na elaboração do título do livro.

Patty McGarry, Jill Isenbarger, Traci Goldstein e Tucker Malenfant forneceram apoio administrativo no decorrer deste projeto. Cada um pôde bem testemunhar por quantos rascunhos nosso original passou. Somos gratos a sua energia, aplicação e paciência.

Michael Aronson, da Harvard University Press, que dedicou persistente entusiasmo e apoio a este projeto, tornou inteiramente oportuna a necessidade da publicação do livro. Nossa brilhante editora do original, Susan Wallace Boehmer, ensinou-nos algumas coisas sobre negociação. Ela própria sugeriu revisões, e aquelas que nos estimulou a fazer, durante esses últimos quatro meses, melhoraram substancialmente este livro.

Sou também grato à pesquisa de verão nos últimos quatro anos, tanto da Faculdade de Direito de Harvard quanto de seu Centro John M. Olin para Direito, Economia e Negócios.

Finalmente, cada um de nós gostaria de agradecer às respectivas famílias a tolerância e o incentivo para que pudéssemos completar o projeto. Durante 37 anos o amor e apoio de minha esposa, Dale, sustentaram-me.

Robert H. Mnookin
Cambridge
1º de maio de 2000

Introdução

FRANK BELLO, O PROPRIETÁRIO DA FRANK'S Deli, estava furioso quando chegou ao escritório de sua advogada. Seu senhorio acabara de processá-lo. Caído numa cadeira, Frank contou sua história. Sua lanchonete localizava-se numa área comercial de pequena extensão, que se compunha de quatro lojas. A lanchonete não estava prosperando. Na verdade, quase não dava lucro. Agora, o concorrente de Frank no outro lado da rua, Nelson's Deli, queria abrir um café-restaurante na mesma área – numa loja vazia em frente, duas portas logo abaixo da de Frank! O senhorio de Frank, é claro, estava ansioso por alugar o local e procurou Frank, na última semana, para discutir o assunto. A conversa rapidamente se direcionou, como os dois já imaginavam, para as cláusulas de aluguel do Frank's. O contrato enunciava claramente: "O senhorio não alugará espaço na área para qualquer restaurante que venda produtos alimentares substancialmente semelhantes." Depois de uma discussão um pouco tensa entre os dois, Frank recusou-se a renunciar à cláusula do arrendamento, e o senhorio foi embora. Poucos dias depois, foi entregue a Frank a comunicação judicial de que o senhorio movera uma ação contra ele, requerendo a um tribunal do estado declarar que a loja vazia podia ser arrendada a Nelson's Deli.

– Você pode conceber o atrevimento desse valentão? – Frank esbravejou, brandindo uma cópia de seu contrato. – Eu não vou ceder, e também não quero que você o faça. O contrato ainda tem 27 meses de validade e é incontestável. Se ele quiser brigar, vamos para o tribunal e acabamos com ele.

A advogada, Jamie Shapiro, apanhou o contrato da mão de Frank e examinou-o minuciosamente. Era o primeiro encontro de Jamie com Frank, que lhe fora encaminhado por outro cliente. Em vez, porém, de comentar o contrato, Jamie passou a hora seguinte se informando mais sobre Frank e seu negócio. Frank prontamente explicou por que recebava mais competição. Vendia apenas alimentos frios – sanduíches, saladas e sobremesas – e só abria durante as horas do almoço. Seu contrato lhe proibia instalar um fogão ou qualquer outro aparelho de cozinhar, de modo que não podia preparar bacon, ovos, hambúrgueres, ensopados e outros pratos quentes que atrairiam clientes para o café da manhã e para o jantar. A lanchonete rendia um total bruto de US$15 mil por mês. O aluguel era de US$2.500 mensais. Após encarar essa e outras despesas, Frank auferia menos de US$30 mil por ano. Com um suspiro, ele também demonstrou que estava se cansando do ramo de lanchonete e que na verdade desejava fazer pós-graduação dentro de alguns anos – caso se pudesse permitir tal luxo. Adoraria vender a lanchonete, explicou, mas o contrato durava mais 27 meses; por essa razão, seu fundo de comércio era mínimo, e Frank não tinha nada de valor substancial para vender.

Esta é uma história verdadeira, embora os nomes tenham sido mudados, e ela deu uma guinada que Frank não esperava. Depois de reexaminar o contrato de arrendamento, Jamie comunicou a Frank sua avaliação preliminar das oportunidades e riscos de litígio, inclusive os prováveis custos judiciais. Frank tinha argumentos razoavelmente fortes, Jamie disse. Mas primeiro, antes de se empenharem numa estratégia de litígio, Jamie achava que valia a pena ligar para o advogado do senhorio e tentar negociar uma solução. Frank concordou, embora não estivesse otimista.

Algumas semanas depois, após diversas concessões de um lado e do outro, Shapiro e sua contraparte chegaram ao seguinte acordo: seria permitido a Frank instalar – a suas próprias expensas – uma grelha, uma chapa de fritura e um forno, de modo que a lanchonete pudesse servir comida quente; o aluguel de Frank seria reduzido para US$1.800 por mês; Frank receberia duas opções quinquenais para renovar o contrato pelo mesmo aluguel mensal; o locatário suspenderia a ação judicial e Frank consentiria na mudança do bar-restaurante para duas portas adiante.

Logo depois, Frank acrescentou os pratos quentes a seu cardápio e ampliou as horas de serviço. O movimento quase triplicou. Seus lucros cresceram em proporção ainda maior, por causa do acréscimo de movimento e da redução do aluguel – mesmo com o café-restaurante ali a duas portas. Por ironia final, 15 meses depois Frank vendeu o restaurante com lucro e empregou o excedente do negócio para entrar na faculdade de Direito.

UMA OPORTUNIDADE SUPERIOR

A negociação é fundamental para a advocacia e, como a história mostra, os advogados desempenham papel decisivo na maior parte das negociações de uma sociedade. Por causa de suas habilidades e experiência, os advogados têm o que Abraham Lincoln descreveu como uma "oportunidade superior para fazer o bem". Eles podem ser pacificadores. Podem ajudar as pessoas a assumir compromissos corretos e duradouros, sentir-se protegidas, superar prejuízos e resolver controvérsias. Os advogados também têm o potencial de causar um dano considerável. Podem agravar hostilidades e elevar vultosos custos de transação.

Dada uma escolha, a maior parte de nós preferiria fazer o bem. Então, por que não o fazemos? A resposta é, frequentemente, alguma coisa no sentido de "O sistema não permitiria". As pessoas põem a culpa na cultura dos escritórios de advocacia, na natureza antagonística do nosso sistema jurídico, na tentação de agir em interesse próprio, nas vantagens de "jogar pesado", nas dilatadas expectativas da clientela e nos constrangimentos de barganhar à sombra da lei. Os estímulos à ação hostil, egoísta ou ineficiente podem ser convincentes. Como todos sabemos, porém, os custos da tática antagonística podem ser desastrosos. Os negócios intensificam-se. As ações não param. As despesas sobem. As relações pioram. As reputações padecem. Os sumários do tribunal emperram. Os compromissos dissolvem-se. A justiça arrasta-se. E oportunidades de criar valor – deixar ambos os lados mais contentes – desvanecem.

Escrevemos este livro, em primeiro lugar, para advogados que se sentem cansados da guerra de trincheiras e esgotados pelas causas que se arrastam desnecessariamente durante anos; advogados que desejam mudar o modo como as coisas ocorreram, mas não sabem como, e advogados que até se perguntam se escolheram a profissão certa. Mas os advogados não podem fazer seu trabalho sozinhos. Fazem parte de um sistema complexo, e este inclui os clientes, que devem partilhar a responsabilidade de realizar mudanças. Então, ao mesmo tempo que dirigimos nossas observações aos advogados, esperamos que as pessoas que *contratam* advogados ouçam atentamente suas palavras. Se você é um homem ou mulher de negócios, que organiza uma *joint venture*, ou uma parte envolvida em uma ação judicial, compreender as pressões e incentivos que um advogado tem de enfrentar ajuda-o a trabalhar eficientemente dentro da lei para alcançar resultados mais satisfatórios.

Nós somos realistas otimistas. Este livro não é acerca de uma utopia que não existe: é acerca do mundo real, em que homens e mulheres lidam com a lei, conduzem seus negócios e controlam suas questões pessoais. Dividimos esse panorama em dois setores – resolução de disputa e realização de acordos – e prescrevemos conselhos para ajudar os advogados a tornarem-se negociadores mais eficazes nos dois terrenos. Reconhecemos que a negociação envolve, inevitavelmente, questões distributivas – quem leva quanto – e que algumas negociações só oferecem oportunidades limitadas de criar valor. Além disso, colaborar para resolver problemas torna-se difícil se a parte oponente ou seu advogado não tem a mesma orientação. Sustentamos, porém, que mesmo as questões distributivas podem ser resolvidas com o fim de criar valor e encontrar ganhos comuns. Ao se fazer negócio ou resolver disputa, o conflito é inevitável. Nenhum de nós pode impedi-lo. O que podemos fazer é apresentar um novo modo de encarar esses conflitos, que lhes reduza os custos e crie valor para ambas as partes. Para nós, não há nenhum trabalho mais importante.

Começamos com um quadro para compreensão das tensões inerentes à negociação em geral e, depois, passamos para as complicações que tornam a criação de valor particularmente desafiadora nas negociações legais. A Primeira Parte desenvolve a ideia central de que a negociação requer o controle de três tensões discretas que, se ignoradas, acrescem o risco do negociador. São as tensões entre criar e distribuir valor (Capítulo 1), entre empatia e assertividade positiva (Capítulo 2) e entre representados e representantes (Capítulo 3). Por mais que se pudesse querer pensar de outro modo, tomar decisões corretas ou usar boa técnica não fará essas tensões desaparecerem. Elas estão presentes, do começo ao fim, na maioria das negociações, devendo ser séria e conscientemente consideradas.

Na Segunda Parte, passamos de uma teoria geral da negociação para o mundo das negociações legais – onde ações de indenização, venda e arrendamento de imóveis, licença de propriedade intelectual, duelos de custódia, fusão de empresas e outros incontáveis negócios e disputas são negociados à sombra da lei. Que vantagens comparativas podem trazer os advogados a essas negociações que os convertem, com tanta frequência, em atores essenciais? A boa notícia é que tanto na solução de disputas (Capítulo 4) quanto na realização de negócios (Capítulo 5) os advogados contam com oportunidades especiais de criar valor que de outro modo não estariam disponíveis a seus clientes. A má notícia é que em muitas negociações os advogados, pressionados pelos clientes, se envolvem em dispendiosas e devastadoras batalhas distributivas. Na verdade, sugerimos que a cultura legal – as expectativas implícitas que advogados e clientes podem manter sobre como o jogo é levado adiante e sobre que desempenho se espera deles – pode ter um impacto profundamente negativo no quadro dos ajustes (Capítulo 6).

O Sistema de Negociação Legal

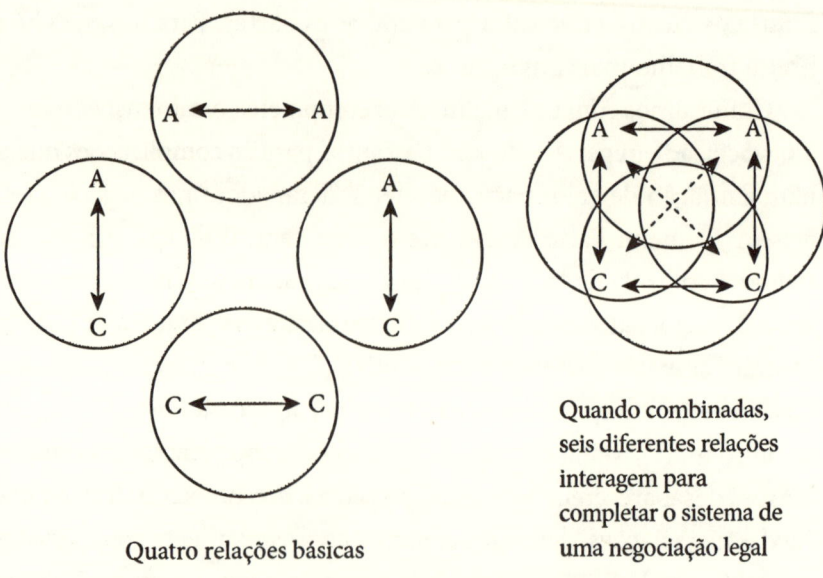

Quatro relações básicas

Quando combinadas, seis diferentes relações interagem para completar o sistema de uma negociação legal

Figura 1

Como um quadro para a compreensão desses desafios, desenvolvemos a ideia central de que cada negociação legal implica um sistema de relações. O sistema mais simples consiste de quatro indivíduos (dois clientes e dois advogados) empenhados em quatro relações básicas (a relação entre os dois clientes; a relação entre os dois advogados e dois conjuntos de relações entre advogado e cliente). Embora cada indivíduo traga consigo, para a mesa, diferentes crenças, expectativas e perspectivas para a compreensão do *sistema* subjacente às negociações legais, é mais proveitoso focalizar as relações do que os indivíduos. Cada relação, se saudável, pode auxiliar o processo da solução legal do problema. Se qualquer uma das quatro relações é perturbada, pode constituir uma barreira.

Para enredar mais as coisas, essas relações interagem (Figura 1). A relação entre os dois advogados oponentes, por exemplo, pode ser uma fonte de energia ou pode, por si só, tornar-se parte do problema. Se a relação for boa, os advogados podem agir como uma ponte entre clientes que não conseguem comunicar-se eficientemente. Por outro lado, se a relação dos advogados for hostil, eles tendem mais a inviabilizar os acordos do que a realizá-los, com golpes e contragolpes que não servem aos melhores interesses, a longo prazo, de qualquer dos clientes. Mesmo se os advogados superarem a rivalidade e finalmente estabelecerem um caso ou concluírem um acordo, seu comportamento antagonístico pode elevar os custos de transação e a animosidade entre seus clientes.

A relação entre advogado e cliente tem dinâmica própria. Um advogado pode fornecer informações especiais e meios que ajudem o cliente a tomar decisões legais esclarecidas e a agir, com base nelas, com eficiência. Um advogado pode ainda manobrar um cliente, omitindo informações ou articulando a discussão de forma a inflamar as emoções e prolongar as disputas. Um cliente, por sua vez, pode gostar de fazer o advogado se sentir inseguro, pode impor exigências irrealistas ou omitir fatos relevantes. E ao se tratar de honorários, fronteiras profissionais, orientação e estratégia, pode ocorrer que nem o advogado nem o cliente estejam capacitados a comunicar suas expectativas e limites.

Todo o sistema de relações entre advogados e clientes, numa negociação legal, tem problemas intrínsecos de comunicação. Como na brincadeira de telefone sem fio, as mensagens deturpam-se, ao passarem por uma cadeia de percepções independentes. Em cada ponto da troca, um ou outro participante pode perder, mudar ou filtrar informação – ingênua ou deliberadamente – e criar, assim, uma grande extensão de incerteza estratégica para os outros participantes do sistema. Na medida em que criar valor exige cuidadosa e variada troca de informações, essas incertezas de comunicação podem dar origem à dificuldade de encontrar e explorar soluções criativas para um problema.

Acreditamos que, sendo produtivas e de boa colaboração, as negociações legais – a que damos o nome de negociações para a solução de
problemas – são possíveis.[1] A Terceira Parte oferece aconselhamento
concreto aos advogados sobre como podem passar do jogo tradicional
de barganha entre antagonistas para a resolução dos problemas sem se
exporem, ou exporem os clientes, a um inaceitável risco de exploração. Usando o exemplo de uma negociação de divórcio, começamos
defendendo que uma forte relação entre advogado e cliente é o alicerce
da negociação eficaz (Capítulo 7). Oferecemos abrangentes orientações sobre como alcançar essa relação, inclusive meios de definir e designar papéis, explorar interesses, avaliar oportunidades e riscos legais,
identificar momentos de decisão, projetar um processo eficiente de ge-
renciar as expectativas.

Uma vez que os advogados tenham preparado a base de sua ação
atrás da mesa com seus clientes, eles precisam estabelecer uma forte relação de trabalho com o advogado do outro lado da mesa. No Capítulo
8 discutimos como criar um ambiente para solução de problemas com o
outro advogado, o que inclui até mesmo desempenhar um papel educa-
tivo. Também mostramos aos advogados como se proteger quando en-
frentarem difíceis negociadores e como negociar um processo viável
para ir adiante. Contra esse pano de fundo do aconselhamento de como
conduzir melhor as relações em ambos os lados da mesa oferecemos
recomendações específicas sobre como finalizar as disputas (Capítulo 9)
e concluir os negócios (Capítulo 10), sem fazer subir os já esmagadores
custos de transação ou abandonar na mesa o valor.

A Quarta Parte introduz e encaminha brevemente os dilemas éticos
e profissionais que as negociações legais apresentam (Capítulo 11) e a
acrescida complexidade de negociar com organizações e partes múltiplas (Capítulo 12). As negociações com um vizinho sobre a cerca do
quintal já são suficientemente complicadas – mas as negociações entre
duas empresas, que envolvem grandes equipes de advogados, especialistas e administradores, são ainda mais.

Jamie Shapiro, Jennifer Savin, Tony Watson e os outros advogados mencionados neste livro são fictícios, mas as abordagens de solução dos problemas que eles utilizam com seus clientes e com juristas opositores foram experimentadas e testadas repetidamente no mundo prático da negociação legal.

Nossa confiança nas ideias desenvolvidas neste livro provém de muitas fontes – intelectuais e aplicadas. A tradição acadêmica e de pesquisa a que recorremos é rica, diversificada e profundamente interdisciplinar. Este livro mobiliza percepções ao mesmo tempo de Economia, teoria dos jogos, Psicologia e, evidentemente, Direito.

Nosso objetivo, contudo, foi produzir um livro que não apenas ajudasse as pessoas a melhor compreender os dilemas enfrentados por advogados e clientes, como também as levasse a negociar com mais eficiência. Desenvolvemos, testamos e aprimoramos essas ideias seja na sala de aula, seja na prática diária. Nos últimos cinco anos, nós três ensinamos negociação a centenas de estudantes de Direito e advogados militantes na Faculdade de Direito de Harvard, empregamos esse material em muitos seminários e compromissos de consultoria pelo mundo todo. Além disso, como árbitro e mediador neutro, Mnookin usou as teorias aqui apresentadas para ajudar a resolver numerosas – e complexas – disputas comerciais.

Numa cultura em que clientes insatisfeitos, advogados exaustos, negócios malogrados e processos destruidores são lugar-comum, uma mudança positiva no modo como as negociações legais são conduzidas não se dará de um dia para o outro. Este livro não pretende ser um manifesto de derrubada das práticas correntes nas comunidades jurídica ou comercial. Seu objetivo é muito mais pragmático: ajudar os advogados, e as pessoas que os contratam, a compreender a negociação jurídica de maneira mais completa e a tornar suas próprias negociações mais produtivas e compensadoras – solucionando os problemas dos clientes, um de cada vez.

Parte I

A DINÂMICA DA NEGOCIAÇÃO

NA PRIMEIRA PARTE ESBOÇAMOS AS TRÊS tensões inerentes à negociação, seja o objetivo fazer um acordo ou resolver uma disputa. O negociador que resolve problemas não pode fazê-las desaparecer, por mais qualificado que ele seja. O melhor que pode esperar fazer é conduzir as três tensões eficientemente.

A primeira tensão é entre o desejo de ganho distributivo – conseguir uma fatia maior do bolo – e a oportunidade de ganhos conjuntos: encontrar maneiras de tornar o bolo maior (Capítulo 1). A informação comanda essa tensão. Sem partilhar informação, é difícil encontrar trocas que possam criar valor e, potencialmente, deixem ambos os negociadores em melhores condições. Mas sem reciprocidade a abertura pode ser explorada. Descobrir as preferências, recursos, interesses e alternativas de alguém pode ajudar a criar valor, mas pode apresentar um grave risco relativo às decisões distributivas. Os negociadores são constantemente surpreendidos entre essas exigências estratégicas em disputa. Afinal de contas, um negociador individual preocupa-se caracteristicamente com o tamanho de sua fatia e só secundariamente com o tamanho do bolo como um todo. Na verdade, um negociador que pode facilmente reivindicar uma grande porção de um pequeno bolo pode acabar com mais para comer do que quem ajuda a assar um bolo muito maior, mas termina apenas com uma lasca. Um negociador habilidoso movimenta-se com agilidade entre estratégias criativas, para aumentar o bolo, e estratégias conservadoras, para assegurar uma fatia ampla, não importa que tamanho o bolo final venha a ter.

A segunda tensão é entre experimentar empatia com o outro lado – demonstrando certa compreensão dos interesses e do ponto de vista da outra pessoa – e sustentar sua própria visão, interesses e preocupações (Capítulo 2). Essa é uma tensão da experiência. Frequentemente, os negociadores sentem-se como se devessem se afirmar *ou* ouvir o outro lado, mas não podem fazer as duas coisas. Os negociadores experientes sabem que essas duas habilidades interpessoais muito distintas são decisivas para a negociação eficiente. Por um lado, é essencial que um negociador declare suas necessidades, objetivos e ponto de vista; os bons negociadores são mestres na arte da persuasão – convencer outras pessoas a verem as coisas dessa forma. Por outro lado, os melhores negociadores também têm a capacidade de demonstrar sua compreensão das necessidades, interesses e perspectivas do outro lado – o que nós indicamos como empatia. A tensão entre a assertividade e a empatia manifesta-se porque a maior parte dos negociadores acha difícil sobressair numa e noutra. A asserção sem empatia se arrisca a ampliar o conflito, enquanto a empatia sem asserção se arrisca a pôr em perigo as preocupações legítimas de alguém.

A terceira tensão existe sempre que um representante negocia em nome do representado e apresenta-se porque os representantes têm seus próprios interesses (Capítulo 3). No contexto legal, um advogado atua como representante para seu cliente. Mas a tensão entre representado e representante igualmente pode existir numa esfera mais ampla de relações: quando um empregado negocia em nome de sua empresa, um administrador por seu departamento, um diplomata pelo seu país ou um dos pais pelo filho. Em cada uma dessas situações, uma pessoa fala e age em nome de outra. Empregados, administradores, diplomatas e advogados, todos se inquietam com as *próprias* carreiras, reputações e rendimento – assim como com as necessidades de seus representados. Em outras palavras, é raro os interesses dos representados e dos representantes serem perfeitamente alinhados, e os interesses dos representantes podem, em grau maior ou menor, afetar seu comportamento de maneira a não servir aos interesses do representado. Essa tensão é conduzida pelas inevitáveis diferenças existentes nos estímulos e na informação sempre que uma pessoa delega a outra uma tarefa. Nenhuma estrutura remunerativa ou sistema de monitoração pode eliminá-la totalmente, mas alguns métodos de controle da tensão entre representado e representante funcionam melhor do que outros.

1

A tensão
entre criar e
distribuir valor

J IM W EST PRECISA ACHAR UM APARTA-
mento. Depois de visitar diversos lugares e não achar nada de que gostasse depara casualmente com um anúncio no jornal local, que lhe
parece atraente. Uma visita com o corretor autorizado o convence: é
este o lugar. Embora o aluguel de US$1.200 fosse mais do que esperara
pagar, os tetos altos e a aconchegante lareira do apartamento fizeram-
no acreditar que ali podia sentir-se bem. Jim combinou encontrar-se
com a proprietária do imóvel, Sara Grier. Jim fica sabendo que Sara está
se mudando para a França durante um ano, para ensinar numa escola
francesa de comércio. Quando eles discutem vários detalhes da locação, Jim se pergunta se Sara tenciona deixar parte do mobiliário. Ele
tem alguns móveis, mas não tem um conjunto de quarto, uma escriva-
ninha, luminárias e tapetes pequenos. Educadamente, indaga se Sara
planeja guardar sua cama e cômoda, bonitas e antigas, ou se levaria os
móveis com ela.

SARA: Não estou certa. Mas o meu corretor me disse que eu poderia alugar o apartamento todo mobiliado por cerca de US$1.700
por mês.

JIM: Uau! Isso seria muito mais do que eu poderia pagar. Os US$1.200 já passaram do meu limite. Mas é claro que seria ótimo não ter de surripiar uma cama por aí. E os seus cães de lareira são realmente bonitos. Preferiria não ter de comprar coisas como essas. Se você for mesmo acabar pagando para guardar essas coisas...

SARA: Acho que poderia deixar *parte* dos móveis. Por um preço.

O OBJETIVO: CRIAR VALOR MEDIANTE NEGOCIAÇÃO QUE SOLUCIONE PROBLEMAS

O que se passa nessa negociação entre Jim e Sara? O que está em jogo e como podemos compreender melhor a dinâmica em ação?

Jim e Sara empenham-se na atividade central da negociação para solução de problemas: a procura de meios de criar valor que deixe uma das partes, ou as duas, em melhores condições. Jim precisa de um apartamento. Sara tem um para alugar. Jim tem um sofá e uma mesa de sala de jantar, mas não tem cama. Sara tem uma cama e não tem lugar para guardá-la. Mediante negociação, eles podem conseguir beneficiar-se em seus diferentes interesses, recursos ou capacidades, e descobrir acordos de expansão do bolo. Se puderem chegar a um acerto, em que Jim utilize alguns dos móveis de Sara em troca de um aluguel ligeiramente mais alto, a locação será economicamente mais eficaz, em vez de ignorarem a possibilidade desse negócio e Jim tão-somente alugar o imóvel desguarnecido.

O que queremos dizer com criação de valor? Por definição, sempre que se negocia um acordo, *ambas* as partes devem acreditar que a solução negociada as deixa pelo menos tão bem quanto ficariam se não houvesse nenhum acordo. Nesse sentido estrito, se a solução negociada for melhor do que a melhor alternativa longe da mesa, seria possível dizer que se cria valor. Neste livro, porém, quando falamos sobre criação de valor, designamos tipicamente o êxito em realizar uma negociação que, quando comparada com outras possíveis soluções *negociadas*, deixe ambas as partes em melhores condições ou deixe uma melhor, sem prejudicar a outra.[1] Admitamos que Jim preferiria alugar o apartamento de Sara não mobiliado por US$1.200 a tentar outras alternativas. Se eles concordassem com essa simples transação, Jim sabe que gastaria pelo menos US$2 mil para comprar os móveis de que precisa, e Sara sabe que gastará US$100 por mês para guardar o material que não pretende levar com ela. Se Sara e Jim realizarem um acordo no qual Sara deixe alguns móveis e Jim lhe pague uma taxa adicional por mês para utilizá-los, as duas partes saem-se melhor.

Tanto Jim como Sara são hábeis negociadores e esperam que sua negociação possa apresentar oportunidades de criar valor. Eles, então, procuram essas oportunidades durante a conversa:

> **JIM:** Está certo, faz sentido que se você deixar seus móveis eu a compense de algum modo. Mas antes de chegarmos aí vamos falar seriamente no que isso resulta para cada um. Eu sairia na frente – poderia realmente usar todos os móveis do seu quarto e seria ótimo ter a escrivaninha também. Quais são seus planos para os móveis?
>
> **SARA:** Ainda não resolvi. Sou, realmente, muito flexível. Guardaria alguns dos móveis e daria outros aos amigos. Mas prefiro não ter de encarar a confusão de removê-los e guardá-los.
>
> **JIM:** Sim, é o que imaginei. Não vou precisar do divã, da mesa da sala de jantar nem da maioria dos outros móveis da sala. Tenho um sofá que levarei comigo e muitos outros móveis guardados que herdei recentemente, inclusive um conjunto de sala de estar que gostaria de usar. Então, nesse aspecto estou mais ou menos instalado.
>
> **SARA:** Onde é seu depósito?
>
> **JIM:** Bem no centro da cidade. Trouxe para cá todo o mobiliário da minha avó, de Albany, quando ela se mudou para um asilo.
>
> **SARA:** Então, quando você mudar o conjunto de sala de estar terá algum espaço sobrando nesse depósito, não é?
>
> **JIM:** Na verdade, já tenho algum espaço sobrando. Você acha que poderíamos compartilhar o local?
>
> **SARA:** Isso de fato poderia dar certo. Eu não teria de alugar sozinha uma unidade inteira. A maioria dos depósitos que já vi é decididamente grande demais para minhas necessidades.

JIM: Que ótimo. E talvez você possa usar a mesma empresa de mudança, poupando algum dinheiro nisso, também.

Fontes de valor

Para compreender como realizar as trocas que criam valor é útil ter consciência básica de seus fundamentos econômicos. Exploramos, aqui, três fontes de valor nas negociações. Depois acrescentaremos uma quarta.

- Diferenças entre as partes
- Semelhanças não competitivas
- Economias de escala e de extensão

DIFERENÇAS ENTRE AS PARTES

A noção de que as diferenças podem criar valor contraria a intuição de muitos negociadores, por acreditarem que só podem chegar a um acordo encontrando uma base comum. Mas a verdade é que as diferenças, muitas vezes, são mais úteis do que as semelhanças para ajudar as partes a alcançarem um acordo.[2] As diferenças montam o palco para possíveis ganhos advindos de troca, e é por meio das trocas que o valor é mais comumente criado. Considerem-se os seguintes cinco tipos de diferença:

Recursos diferentes. No exemplo mais simples, duas partes podem tão-somente trocar recursos. Um vegetariano com uma galinha e um carnívoro com uma grande horta podem achar útil permutar o que eles têm. Da mesma forma, Jim podia trocar um pouco do seu espaço de depósito pelo mobiliário de quarto de Sara.

Diferentes avaliações relativas. Mesmo se ambas as partes têm galinhas e hortaliças, e ambas preferem galinha até certo ponto, ainda podem fazer trocas proveitosas. Para representar em termos econômicos, se as duas partes agregam diferentes avaliações *relativas* para os bens em causa, devem-se dar trocas que deixem ambas em melhores condições. A parte que mais intensamente prefere galinha a hortaliças deve estar disposta a pagar um preço alto o suficiente – com relação às hortaliças – para induzir a outra parte a renunciar pelo menos a algumas de suas galinhas.

Diferentes prognósticos. As partes podem ter crenças diferentes sobre o futuro. Na indústria do entretenimento, por exemplo, artistas, representantes e casas de espetáculos frequentemente apresentam distintas previsões em torno da probabilidade dos diversos níveis de audiência. Os artistas estão quase sempre convencidos de sua capacidade para atrair imensas multidões, enquanto as salas de concerto podem estar muito menos animadas. Ao realizar trocas entre esses diferentes prognósticos – talvez mediante acordos de remuneração condicionais – as partes podem resolver essas diferenças em benefício mútuo. Um cantor que espera atrair público de apenas uma sala lotada poderia concordar com uma remuneração garantida com base em 80% da audiência mais uma porcentagem de quaisquer lucros obtidos com audiência maior. Tais acordos permitem às partes apostar em suas diferentes crenças a respeito do futuro.

Diferentes preferências de risco. Mesmo se as partes têm idênticos prognósticos sobre um dado acontecimento, podem não ter a mesma tolerância com o risco em relação a esse fato. Minha companhia de seguros de vida e eu poderíamos ter expectativas semelhantes acerca de quais as possibilidades de alguém da minha idade morrer no próximo ano. Mas nós, provavelmente, teremos inclinações muito diversas para o risco, em relação a essa eventualidade. Eu me mostrarei avesso ao risco, ciente de que minha família passará por privações financeiras se eu morrer. Poderia, por isso, pagar a companhia de seguros para absorver esse risco. A empresa, juntando numa mesma concentração meu risco ao risco de outros, pode oferecer-me o seguro baseado nos custos médios de todo o fundo comum. Na realidade, eu desloquei o risco do meu falecimento prematuro para o mais eficiente transportador de riscos: a companhia de seguros. Os negociadores frequentemente criam valor dessa maneira. O comprador de um carro obteria assim uma garantia prolongada, ou uma empresa iniciante venderia ações a um rico investidor em troca do capital necessário. Em cada caso, ao aquinhoar com o risco a parte mais tolerante para com este, por um preço aceitável, as partes realizam um acordo mais benéfico.

Diferentes preferências de prazo. Os negociadores, com frequência, estimam diferentemente as questões de ajuste do tempo – quando um acontecimento ocorrerá ou um pagamento será feito. Por exemplo, um recém-formado em Direito e sua esposa apaixonaram-se por uma casa em Washington, D.C. Como ele estagiaria por dois anos com um juiz federal, seus vencimentos, nessa fase, não eram suficientes para cobrir os pagamentos da hipoteca. Depois do estágio, porém, ele sabia que entraria para um grande escritório de advogados, ganhando mais do que o dobro do salário de seu estágio. Poderia, então, facilmente arcar com as despesas da casa. A solução estava em parcelar a hipoteca de modo que houvesse pequenos pagamentos nos dois primeiros anos – menos ainda do que o custo dos juros – e pagamentos maiores depois disso. Embora ele tivesse de pagar um ágio para acertar essa programação de pagamentos sobrepostos, nesse meio tempo poderia "arcar" com a casa de seus sonhos.

De igual modo, Jim e Sara poderiam ter diferentes preferências acerca de quando Jim se mudaria para o apartamento. Embora uma locação normalmente começasse no primeiro dia do mês, Jim talvez precisasse se mudar antes. Se valia mais para Jim se mudar cedo do que custava a Sara sair cedo dali, eles podiam concordar em se ajustar aos planos de Jim em troca de uma compensação para Sara.

Esses cinco tipos de diferenças – em recursos, avaliações relativas, prognósticos, preferências de risco e preferências de prazo – constituem fontes em potencial de criação de valor. Todos apoiam o mesmo princípio básico: as trocas podem criar valor.

SEMELHANÇAS NÃO COMPETITIVAS

Em alguns casos, as partes têm interesses semelhantes que efetivamente não competem, em que o ganho de uma pessoa não significa perda para a outra. Por exemplo, os negociadores frequentemente têm um interesse compartilhado por uma relação de trabalho produtiva e cordial. Na medida em que podem melhorar essa relação, ambos saem ganhando. De igual modo, os pais geralmente compartilham um interesse no bem-estar de seus filhos. Assim, mesmo para pais que se divorciam, acordos que beneficiam um filho geram ganhos comuns para os dois adultos.

Jim e Sara podem partilhar diversos interesses que não competem. Por exemplo, podem ambos desejar que Jim mantenha boas relações com os vizinhos do andar de baixo. Sara pode apreciá-los como amigos e como proprietários mais próximos, e Jim pode simplesmente acreditar que se relacionar bem com eles tornará mais agradável o ano no apartamento de Sara. Se Jim e Sara identificarem esse interesse compartilhado, podem combinar que Sara apresente Jim aos vizinhos, antes de se mudar.

ECONOMIAS DE ESCALA E DE EXTENSÃO

Economias de *escala* – quer na produção, quer no consumo – também podem criar valor. Por exemplo, duas empresas que possuem, cada uma, uma pequena fábrica reduziriam o custo unitário da produção ao constituírem uma associação que crie um grande estabelecimento produtivo. Ou um grupo de amigos que faça o mesmo trajeto pode organizar um revezamento de carros para economizar gasolina e passagens. São as famílias, provavelmente, os beneficiários mais naturais das economias de escala: elas partilham alimentos, casa, um carro e um aparelho de televisão, o que reduz o custo *per capita* dessas despesas básicas. Jim e Sara também identificaram uma economia potencial de escala: partilhando o depósito de Jim, que diminuirá os custos de armazenamento de cada um deles, ao explorar o excedente da capacidade de Jim. Criar ou preservar tais economias de escala é uma rica fonte de criação de valor.

Economias de *extensão* também criam valor. Elas ocorrem quando mais de um bem ou serviço é produzido com o uso dos mesmos recursos básicos, reduzindo-se desse modo o custo de cada um. Um fornecedor de restaurantes que vende e distribui hortaliças frescas pode oferecer frutas frescas a um custo adicional muito pequeno. Um escritório de advogados que lida com o trabalho empresarial de um cliente pode, com maior eficiência, oferecer consultoria jurídica referente à legislação do trabalho, uma vez que o escritório já pode saber muito a respeito dos negócios do cliente e de suas práticas.

O PROBLEMA: QUESTÕES DISTRIBUTIVAS E OPORTUNISMO ESTRATÉGICO

Por que os negociadores simplesmente não partilham todas as suas informações, procuram as trocas que criam valor e saem os dois contentes? A resposta é que, quando os negociadores dividem informações a fim de tentar criar valor, eles aumentam o risco de serem explorados. Um negociador que livremente revela informações sobre seus interesses e preferências pode não encontrar a mesma franqueza do outro lado. Acha-se aí o núcleo de nossa primeira tensão: sem partilhar informações, é difícil criar valor, mas quando a revelação é unilateral a parte que se expõe arrisca-se a que se tire proveito dela.

Duas histórias clássicas da bibliografia da negociação apreendem esse dilema. A primeira refere-se a duas irmãs que acreditavam disputar distributivamente a divisão de uma laranja.[3] Cada uma delas reivindicava o direito à laranja inteira, e depois de muita discussão resolveram chegar a um acordo e cortar a laranja ao meio. Cada uma seguiu separadamente seu caminho, com metade da laranja. Uma chupou sua metade da fruta e jogou fora a casca. A outra foi para a cozinha de sua casa, descascou sua metade de laranja, usou a casca para aromatizar um bolo e atirou no lixo a polpa sumarenta. A moral dessa história é que, quando os negociadores se concentram de uma forma míope nas questões distributivas e não partilham *nenhuma* informação, eles podem desperdiçar muito valor.

A segunda história envolve Nancy e Bob.[4] Nancy tem dez laranjas e nenhuma maçã. Bob tem dez maçãs e nenhuma laranja. As maçãs e laranjas são, porém, indisponíveis para um e outro. Bob adora laranja e não gosta muito de maçã. Nancy gosta igualmente das duas frutas. Bob sugere a Nancy que os dois podem ganhar numa permuta. Antes de começar a barganha, nenhum deles sabe das preferências do outro. Se Bob revela a Nancy que adora laranja e detesta maçã, Nancy pode explorá-lo. Ela poderia dizer que tem as mesmas preferências que Bob, o que seria uma mentira. Ou poderia apenas propor que Bob lhe desse nove maçãs em troca de uma de suas laranjas. Em cada um desses casos, ela sabe que Bob provavelmente preferiria ter apenas uma laranja a ter dez maçãs. Essa história ilustra que a revelação das preferências – particularmente se não for recíproca – provoca a exploração com referência aos aspectos distributivos da barganha.

O ocultamento de questões distributivas inibe a revelação necessária para achar as trocas que criam valor. Por exemplo, Sara poderia inicialmente ficar relutante em comunicar espontaneamente que gastaria US$1.200 para guardar os móveis no ano que passaria em Paris porque Jim poderia explorar sua necessidade, fingindo que realmente não queria nenhum móvel dela, mas toleraria se ela insistisse em deixá-los no apartamento. De forma inversa, quando Jim mostrou que precisava daqueles móveis, Sara poderia tentar extrair mais um ágio substancial pelo apartamento parcialmente mobiliado. Jim poderia alugar o apartamento não mobiliado, por eles nunca descobrirem a opção que deixaria os dois em melhores condições. Mais fundamentalmente, como veremos, a preocupação com as questões distributivas pode impedir o acordo.

Como se distribui valor

Para muitos, distribuir valor – o contrário de criá-lo – é a essência da negociação. Consideremos a negociação entre Sara e Jim. Alugar é uma palavra-chave em seu acordo. Qualquer dólar extra no aluguel representa 1 dólar a mais para Sara e 1 a menos para Jim. Se o aluguel mensal fosse o único elemento a ser discutido, a negociação seria quase puramente distributiva. Mas como eles pretendem explorar uma negociação que envolva também outros componentes, sua negociação tem potencial para criar valor. Sara pretende alugar a Jim alguns móveis. Jim poderia compartilhar seu espaço no depósito se conseguisse algum crédito por isso. Evidentemente, não importa quanto valor for criado, em algum momento eles ainda terão de dividir o bolo maior e fixar o preço da transação ao estipular o aluguel.

Para explorar os aspectos distributivos da barganha, consideremos uma negociação mais direta, em que o componente essencial é tão-somente o preço de um único item. Imaginemos que Sara diga: "A propósito, você precisa de um carro? Estou vendendo meu Honda Accord, 1992." A negociação desvia-se do apartamento para o Honda. Sobre o que será essa negociação?

Alternativas: O grupo de coisas que você pode fazer fora da mesa, sem o consentimento do outro negociador.

MAAN: Melhor Alternativa a um Acordo Negociado – de todas as suas possíveis alternativas, esta é a que corresponde melhor a seus interesses –, pela qual você, provavelmente, optará se não chegar a nenhum termo na negociação.

Valor de reserva: Tradução da MAAN em um valor durante a negociação – o montante que o deixe indiferente entre chegar a um acordo e optar por sua MAAN.

Sepa: Setor de Possível Acordo – a série de barganhas criada pelos dois valores de reserva. O Sepa define um "excedente" que deve ser dividido entre as partes.

Quadro 1

Comecemos por considerar a situação de Sara. Ela recebeu o carro como presente de formatura dos pais. O carro, com oito anos de uso, está agora com mais de 90 mil quilômetros rodados. Sara levou-o a três revendedores de carros usados para avaliar suas opções. O revendedor local da Honda ofereceu o melhor preço: US$6.900. Mas Sara começa a ficar nervosa. Dentro de seis dias parte para a França. De um modo ou de outro, tem de fazer *alguma coisa* com o carro antes de partir. Sabe que o revendedor da Honda venderia o carro por cerca de US$9.800, e ela anunciou o automóvel, no jornal local, por US$9.495. Diz a Jim que é o preço que está pedindo.

Jim precisa de um carro para trabalhar. Já teve um Honda Accord, de modo que gosta dele e o considera muito seguro. Pega o carro de Sara para avaliar o desempenho e faz uma pequena pesquisa. Baseado na idade e nas condições do veículo, estima que um revendedor cobraria cerca de US$10 mil por ele. Já visitou diversos revendedores e só achou à venda dois outros Hondas usados: um 1994, com a quilometragem mais baixa que o de Sara, pelo qual o preço fixado pelo revendedor é de US$11.500, e um 1990, com quilometragem muito mais alta, que Jim poderia comprar por US$6.500. Ante essas alternativas, Jim preferiria, de longe, comprar o carro de Sara em vez do 1990, mesmo se estivesse mais caro.

Devemos esperar que Sara e Jim façam um negócio? Para explorar esta pergunta e desembrulhar as questões distributivas aí envolvidas, consideraremos as alternativas disponíveis para cada parte. Alternativas são as coisas que Sara ou Jim podem fazer se não chegarem a um acordo. Sara tem várias alternativas: pode vender o carro a um revendedor; esperar e ver se aparece outro comprador; emprestar o carro a um amigo; doá-lo a uma instituição de caridade ou levá-lo para a França. Ela pode fazer todas essas coisas sem o consentimento de Jim. Jim também dispõe de alternativas: pode comprar um dos carros usados na revendedora ou pode dar uma olhada nos anúncios do jornal local.

Nossos colegas Roger Fisher, Bill Ury e Bruce Patton cunharam uma frase para designar o melhor plano de ação de um negociador longe da mesa: a Melhor Alternativa a um Acordo Negociado, ou MAAN.[5] Que alternativa escolheria Sara, se não fizesse nenhum acordo com Jim? Sara decide que sua melhor alternativa a um acordo negociado com Jim é continuar tentando vender o carro a outro comprador particular durante mais alguns dias e, sem êxito, vendê-lo ao revendedor por US$6.900.

Ela sabe, porém, que sua MAAN não é suficiente. Sara precisa traduzi-la em um *valor de reserva*, o montante mínimo que ela aceitaria de Jim em vez de procurar sua MAAN. Suponhamos que Sara esteja um tanto otimista com a perspectiva de encontrar, nos próximos dias, outro comprador, que lhe pague mais do que os US$6.900 oferecidos pelo revendedor. Nesse caso, ela firmaria um valor de reserva de US$7 mil. É este o preço mais baixo que ela aceitaria de Jim em vez de adotar outro plano de ação. (O valor de reserva de Sara também poderia ser *mais baixo* do que o valor em dinheiro de sua MAAN; se ela não quisesse ter o trabalho de buscar outros compradores ou levar o carro para o revendedor, poderia resolver que seu valor de reserva com Jim era de US$6.800.)

Qual a melhor alternativa de Jim, se não comprar o carro de Sara? Comprará o Honda 1994 por cerca de US$11.500. Isso significa que ele está disposto a pagar US$11.500 pelo Honda 1992 de Sara? Não: é um modelo mais antigo, com maior quilometragem. Para determinar o valor de reserva de Jim, precisamos saber qual o montante mais alto que ele pagaria a Sara, preferindo, ainda, lhe comprar o carro a insistir na sua MAAN. Suponhamos que essa quantia seja de US$9 mil. Se Jim puder conseguir o carro de Sara por US$9 mil ou menos, será melhor comprá-lo do que o modelo 1994. De outro modo, preferiria o carro mais novo.

Feitas essas suposições, Sara e Jim fariam um acordo mais ou menos entre US$7 mil e US$9 mil, em que ambas as partes ficariam em melhores condições do que sem nenhuma negociação. Eis aí o Setor de Possível Acordo, ou Sepa (Figura 2), e nessa transação simples esperamos que as partes se resolvam aproximadamente entre tais limites.

Está em jogo nessa negociação um excedente de US$2 mil, que deve ser dividido de alguma forma. Se Jim pagar US$8.900, Sara ganhará uma parte maior do excedente. Se Jim pagar US$7.100, é ele quem leva mais. Se os dois resolverem rachar a diferença entre o que um revendedor pagaria a Sara (US$6.900) e o que Jim teria de pagar a um revendedor (US$9.800), o preço seria de US$8.350. Ora, se eles revelarem honestamente seus valores de reserva e racharem essa diferença, o preço seria de US$8 mil.

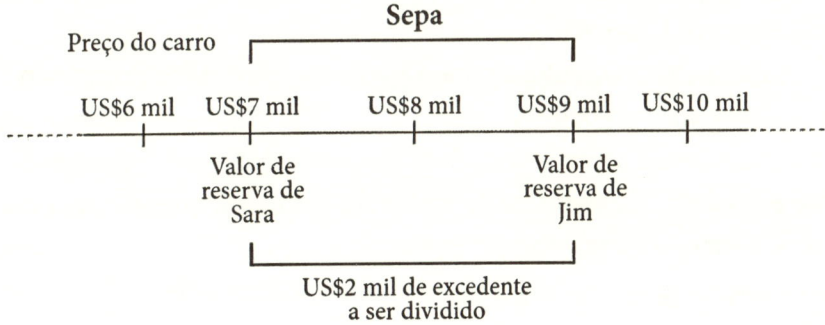

Figura 2

Por causa da questão distributiva, todavia, Jim e Sara poderiam não chegar a absolutamente nenhuma transação. Nenhum deles sabe sequer que um Sepa existe. O preço pedido por Sara, de US$9.495, é mais alto que o valor de reserva de Jim, de US$9 mil. Embora fosse *proveitoso* para Sara e para Jim chegar a um acordo com qualquer preço entre US$7 mil e US$9 mil, eles poderiam não conseguir fazê-lo. Dois fatores nos ajudam a explicar esse enigma: as assimetrias de informação e o comportamento estratégico.

Assimetrias de informação

Na maior parte das negociações, cada parte dispõe de pelo menos alguma informação material de que a outra não dispõe. Tais assimetrias de informação existem nesse caso. Sara não sabe nada sobre o trabalho de Jim ou o fato de ele ser pressionado pelo tempo para comprar um carro. Tampouco desconfia que Jim gosta de Honda. Nem sabe que Jim, agora de olho no Honda, tem pouca escolha além da de despender US$11.500 por um modelo mais novo do que o dela.

Jim não sabe que Sara tem de vender o carro nos próximos seis dias. Nem sabe que, se necessário, Sara está disposta a vender o carro ao revendedor por US$6.900.

A condição ou qualidade dos bens a serem trocados ocasiona outra assimetria potencial de informação. Normalmente, o vendedor sabe muito mais sobre a qualidade do produto do que o comprador. Isso é verdade quer se trate da venda de um carro, quer de uma empresa. Sara está numa posição melhor do que a de Jim para conhecer as condições do carro. Alguns defeitos são óbvios, como o de um para-lama amassado, mas outros problemas latentes não se manifestam imediatamente. Por exemplo, um mecânico pode ter dito a Sara sobre a necessidade de substituir toda a transmissão dentro de poucos meses. Jim sabe que vendedores quase sempre exageram sobre a qualidade do produto e deixam de revelar defeitos latentes. Mesmo se Sara afirmasse sinceramente que, até onde pode saber, o carro encontra-se em ótimo estado (e se recuse a baixar o preço), Jim poderia desconfiar, se não tiver como comprovar aquela alegação. Um comprador cético tem poucos meios de saber se um estranho está sendo honesto na venda. Ironicamente, quanto mais sucesso um comprador tem ao negociar um preço de barganha, mais desconfiado deve ficar de estar comprando uma porcaria.

Oportunismo estratégico

O desejo de ganho distributivo pode não inibir tão-somente a criação de valor – também pode levar a outras formas de malogro da negociação. As partes podem não chegar a nenhum acordo, ainda que ambas possam se beneficiar. E mesmo se o acordo for alcançado elas podem, desnecessariamente, desperdiçar muito tempo e recursos jogando pesado. O problema estratégico é que nenhum negociador sabe até onde é possível insistir com o outro lado.

É raro os negociadores revelarem honestamente seu valor de reserva, e com frequência se mostram relutantes para falar sobre suas MAANs. Assim, é improvável Jim saber que Sara aceitará qualquer valor acima de US$7 mil, como é improvável Sara ser informada de que Jim pagará até US$9 mil. Além disso, pode ser difícil, para os dois, obter e confirmar tais informações independentemente. Se Jim estivesse bem preparado, consultaria o *Bluebook*, que relaciona os preços de atacado e varejo dos automóveis usados, mas isso apenas lhe daria uma estimativa do que um revendedor pagaria pelo carro de Sara. Ele ainda não saberia até quando Sara estaria disposta a procurar um comprador que lhe pagasse substancialmente mais.

Consideremos as dificuldades estratégicas enfrentadas por Sara e Jim. A respeito da dimensão distributiva da barganha, cada negociador tenta avaliar dois aspectos. Primeiro, qual o melhor acordo que posso, razoavelmente, esperar fazer? Segundo, posso fazer, nesse caso, algum tipo de transação? (Em outras palavras, o outro lado está disposto a aceitar um acordo que seja, pelo menos, o mínimo aceitável para mim?) Se Jim apenas se importasse com a busca da resposta para a segunda pergunta, poderia simplesmente oferecer a Sara US$9 mil – dizendo que isso é o máximo que está disposto a pagar. Sara, por sua vez, não tem certeza de que Jim não pode pagar mais. Deve ela manter-se firme no preço inicial que pediu, de US$9.495 – ainda menor que o preço oferecido por um revendedor? Caso Sara não acreditasse nele, rebateria com US$9.200 ou mais. De qualquer modo, fazendo disso sua oferta inicial, Jim renunciou a qualquer oportunidade de explorar o acordo melhor do que o mínimo aceitável. Por outro lado, se Jim pressionar demais em prol do ganho distributivo, insistindo firmemente numa oferta inicial excessivamente baixa, Sara concluiria que não vale a pena perder seu tempo negociando mais. As partes podem nunca chegar a um acordo, mesmo com pontos de possível acordo.

A essência de muitas barganhas distributivas é a tentativa, da parte dos negociadores, de moldar no outro as percepções do que é possível. Quando decidir que ação executar, cada participante deve considerar a possível reação do outro, e vice-versa. Isso é interdependência estratégica. Cada negociador avalia constantemente as ações que o outro se dispõe a tomar – até onde eles iriam. Por exemplo, Jim deseja avaliar o mínimo aceitável por Sara. Ao mesmo tempo, Sara tenta influenciar a percepção de Jim quanto a esse montante. De modo inverso, Sara avalia quanto Jim se dispõe a pagar, sabendo que ele deseja influenciar essa percepção de modo favorável a ele. E assim por diante.

Os negociadores empregam diversas técnicas para influenciar as percepções do outro lado – alguns ludibriando, alguns inteiramente desonestos. Sara poderia ludibriar Jim, se este lhe perguntasse sobre sua melhor alternativa. Ela poderia sustentar – inveridicamente – que conta com outra oferta, de US\$9.195, e insinuar que não aceitaria menos do que essa quantia. Jim poderia fingir disposição para investir centenas de horas à cata de uma barganha verdadeira, influenciando a percepção de Sara para obter um preço mais favorável. Jim pode falsear suas preferências, indicando que na verdade prefere um Toyota, mas se acha relutantemente disposto a comprar um Honda, se necessário. Esses passos são táticas comuns de barganha.

DEZ TÁTICAS COMUNS DE BARGANHA DIFÍCIL

Em geral, não recomendamos táticas de barganha difícil como uma abertura para a negociação. Os custos, de modo geral, são altos, e os riscos, significativos. Mas é importante para os negociadores compreender tais manobras e não ser apanhados de surpresa. Com esse fim, muitas vezes pedimos a advogados e executivos para descrever as táticas difíceis mais comuns que encontraram nas negociações. O que se segue é a relação das dez principais que coligimos dessas respostas e da nossa experiência:

1. *Pretensões extremas seguidas de pequenas, lentas concessões:* visar alto (ou baixo) e conceder lentamente. Essa pode ser a mais comum de todas as táticas de barganha difícil e tem indiscutíveis vantagens. Principalmente, protege o usuário de entregar excedente demais no início. A pesquisa experimental indica, ainda, que uma exigência inicial ambiciosa tende a limitar as percepções do alcance da barganha por parte do outro negociador – ainda que o outro lado saiba perfeitamente que a exigência de abertura é provavelmente um gambito exclusivista que esconde o verdadeiro valor de reserva do proponente.[6] Mas essa tática tem duas desvantagens: ela diminui as possibilidades da realização de acordo e provoca disputa prolongada.

2. *Tática de compromisso:* comprometer-se com um plano de ação que nos até as mãos e obrigue, assim, o outro lado a se acomodar; limitar-nos a liberdade de ação, a fim de influenciar a opinião do outro lado sobre as possibilidades de acordos. Para ser eficiente, um compromisso deve parecer "obrigatório, crível, visível e irreversível".[7]

3. *Propostas de pegar ou largar:* afirmar que a proposta é inegociável – a negociação acabará se ela não for aceita. Como nas estratégias de compromisso, o risco é de que nenhuma transação seja feita se ambas as partes jogarem timidamente. Além disso, as propostas de pegar ou largar, muitas vezes, são rebatidas simplesmente ao se fazer outra proposta.

4. *Provocar propostas sem reciprocidade:* pedir ao proponente para refazer a oferta. Em vez de enfrentar uma proposta com uma contraproposta, o negociador difícil indica que a primeira proposta é insuficiente e requer melhor oferta.

5. *Recuo:* empilhar uma exigência em cima da outra até o outro lado dar um visível sinal de que as exigências atingiram seu ponto de exaustão.

6. *Ofensas pessoais e encrespamento das coisas:* fazer uso de ataques pessoais para tirar proveito das inseguranças do outro lado,

aturdi-lo, abalar-lhe o equilíbrio e, ao mesmo tempo, ganhar vantagem psicológica.

7. *Iludir, exagerar e mentir:* tentar influenciar a percepção do outro lado do que seria aceitável mediante a ampliação ou deturpação dos fatos.

8. *Ameaças e advertências:* prometer consequências drásticas se nossas exigências não são satisfeitas.

9. *Depreciar as alternativas da outra parte:* tentar influenciar o valor de reserva do outro lado, golpeando sua MAAN.

10. *Policial bom e policial mau:* designar alguém, numa equipe de dois negociadores, como a pessoa razoável, aquela que supostamente tenta ajudar o outro lado, enquanto o outro negociador adota maneiras duras, abrasivas, e força concessões.

UMA QUARTA FONTE DE VALOR: REDUZIR OS CUSTOS DE TRANSAÇÃO E AMORTECER O OPORTUNISMO ESTRATÉGICO

Tanto as táticas da barganha difícil quanto o oportunismo estratégico e o problema da assimetria de informação sugerem uma quarta fonte de valor. Os negociadores podem criar valor reduzindo os custos de transação que levam a um acordo e amortecendo o oportunismo estratégico. Isso ocorre de diversas maneiras: fazendo-se o processo de uma negociação tomar menos tempo e ter custo menor, por meio da redução do risco de que as partes iludirão uma à outra e pelo melhor alinhamento de futuros incentivos.

Reduzindo os custos de transação – em tempo e dinheiro –, ambos os negociadores ficam em melhores condições. Isso requer a neutralização da barganha difícil do outro lado ou a mudança do jogo para a solução do problema (ver Capítulo 8). Embora seja provável que os custos de transação, para Jim e Sara, sejam positivamente baixos – coisa de umas poucas horas, compreendendo tudo –, em transações mais complexas ou em disputas jurídicas uma imensa quantidade de tempo e dinheiro pode ser desperdiçada. Como indicamos nos últimos capítulos, os advogados criam valor resolvendo controvérsias jurídicas sem litígio prolongado e dispendioso (ver Capítulo 4).

Os negociadores podem também criar valor reduzindo o risco de logro e superando as assimetrias de informação. Por exemplo, recordemos o problema dos "pepinos", que advém do fato de Sara provavelmente saber mais sobre a qualidade de seu carro do que Jim, e de que Jim pode estar cético acerca das suas alegações de que o Honda se acha em ótimo estado.[8] Se, como parte de seu negócio, eles puderem conceber um meio eficiente de Jim verificar, ou Sara garantir, a qualidade do carro, ficarão ambos em melhores condições.

O problema dos pepinos explica por que os vendedores, muitas vezes, oferecem de forma espontânea seus motivos para a venda. Por Sara, no momento, ter uma motivação legítima para vender – sem relação com a qualidade do carro –, Jim se sentirá seguro. Caso Jim permaneça inseguro sobre a qualidade do carro, ele presumivelmente reduziria a quantia que, de outro modo, pagaria. Paradoxalmente, é provável que Sara *melhore* suas possibilidades de vender o carro por um preço favorável se revelasse que está de partida para a França e não pode levar o automóvel. Por outro lado, se ela expusesse a iminência de sua partida, Jim tentaria explorar a necessidade de proceder à venda rapidamente.

Problema dos "pepinos": Problema criado quando o vendedor sabe da qualidade de um item que está sendo vendido mas o comprador não. Este deve atentar para a circunstância de que receberá uma amostra desfavorável dos bens disponíveis no mercado.

Inconveniente moral: O problema criado quando um ajuste desloca risco de uma parte para a outra e as assimetrias de informação permitem que o não-portador de risco se comporte desfavoravelmente dentro do negócio, sem descoberta ou consequência.

Quadro 2

Jim e Sara possuem outros meios para superar essas assimetrias de informação relativas à qualidade. Se Jim comprovasse a reputação de Sara quanto à honestidade e fidedignidade, poderia estar seguro. A reputação pode ir longe na superação de dilemas estratégicos. Se Sara desse a Jim referências de seis outras pessoas a quem vendeu automóveis antes, isso ajudaria. Mas, evidentemente, Sara não está no ramo de venda de carros e não há nenhum modo fácil de Jim examinar a reputação geral de Sara em termos de sinceridade ou de lisura em seus negócios.

Sara também poderia transmitir sua confiança nas condições do carro oferecendo uma garantia de 90 dias por escrito, de acordo com a qual ela indenizaria Jim por quaisquer reparos necessários nesse período. Para uma única transação entre duas partes particulares, isso é pouco prático. Qual a certeza de Jim em encontrar Sara para cumprir a garantia, a um custo pelo menos aceitável, dada a quantia em jogo? Além disso, para Sara, tal garantia apresentaria o chamado *problema de inconveniente moral.* Mudar a posição de quem assume os riscos futuros gera incentivos que tendem a afetar desfavoravelmente o comportamento. O exemplo clássico relaciona-se com o seguro. Se eu souber que minha companhia de seguros pagará o custo total de qualquer avaria no meu carro, poderei ficar mais disposto a me aventurar atrás do volante. Da mesma forma, se Sara der a Jim uma garantia suficientemente ampla, que cubra todos os custos por um extenso período de tempo, ele poderá ter menos estímulo para cuidar bem do carro.

Se Jim não puder confiar nas alegações de Sara sobre a qualidade, as partes poderão procurar outras maneiras de verificar as condições do carro. Sara poderia oferecer uma declaração por escrito de que mantivera o veículo sob manutenção regular, ou ter um conjunto completo de registros desse serviço e dar a Jim o número do telefone de seu mecânico. Como alternativa, Sara poderia propor que Jim levasse o carro a uma oficina mecânica independente e de sua preferência para um exame geral, embora essa forma de verificação, presumivelmente, implique alguma despesa.

O aspecto essencial, nesse caso, é mais amplo do que o exemplo. Como veremos em outros capítulos, tanto nas negociações quanto nas disputas os negociadores, frequentemente, criam valor idealizando meios eficientes, com relação aos custos, de amortecer o oportunismo estratégico reduzindo os riscos de trapaça e melhorando os incentivos de alinhamento.

O TRATAMENTO: COMO ADMINISTRAR A TENSÃO

Chegamos agora ao cerne do problema. Como é possível criar valor ao mesmo tempo que diminuem os riscos de exploração nos aspectos distributivos de uma negociação?[9]

O desafio da negociação direcionada à resolução de problemas é conhecer e administrar essa tensão. Tenhamos em mente que essa tensão *não pode ser resolvida*. Pode apenas ser administrada. O objetivo é delinear processos de negociação capazes de permitir a criação de valor, quando possível, ao mesmo tempo que se reduzem os riscos de exploração. Neste capítulo, como no 2 e no 3, oferecemos algumas diretrizes gerais para um tratamento que facilite a solução do problema. Nossa opinião com referência aos melhores meios de se defender dos riscos de exploração, mesmo diante das táticas de barganha difícil, fica reservada para o Capítulo 8.

Preparar

Não temos como exagerar a importância da preparação – a pedra angular da negociação bem-sucedida. A boa preparação começa com os seguintes passos, que apreciaremos sucessivamente:

- Identificar as questões e pensar nos interesses – seus e do outro;
- Considerar as oportunidades que criam valor;
- Conhecer sua MAAN e melhorá-la, se possível;
- Estabelecer um nível de aspiração ambicioso, mas realista.

IDENTIFICAR AS QUESTÕES E PENSAR NOS
INTERESSES – SEUS E DO OUTRO

Ao se preparar para uma negociação, um ponto de partida óbvio é pensar sobre as diversas questões que podem ser proveitosamente discutidas à mesa. Algumas questões são proeminentes, sobretudo "o preço" ou uma destacada questão de dinheiro. Jim e Sara sabem que precisarão conversar sobre o preço do carro ou o aluguel do apartamento. Outras questões são menos óbvias. Quando Jim perguntou a Sara sobre a possibilidade de usar seus móveis, alargou a finalidade das negociações, apresentando uma questão adicional. Esse é, com frequência, um meio útil de localizar negócios.

Frequentemente, as pessoas direcionam sua preparação de maneira muito estreita. Imaginemos, por exemplo, que Stephanie McGrath procurasse um novo emprego e estivesse prestes a negociar um cargo oferecido de manutenção das contas da Agência de Propaganda Bradford. Ela quererá, obviamente, se preparar para conversar sobre salário. A Bradford mostrou que lhe pagará US$95 mil por ano, um aumento substancial dos seus ganhos atuais de US$80 mil. Mas, enquanto se prepara, Stephanie compreende que há também numerosas outras questões envolvidas. Por exemplo, qual será seu cargo? Como será definido seu emprego? Quantos dias de férias ela terá? Viajará muito? A empresa pagará suas despesas de mudança, se ela aceitar o emprego?

Stephanie deve refletir profundamente a respeito de seus interesses com relação ao novo emprego. Os interesses refletem as preocupações e necessidades subjacentes às posições de barganha. Alguns são decididamente óbvios. Stephanie tem certos interesses financeiros. Como a maior parte das pessoas, se não houver outras diferenças, ela preferiria ganhar mais. Mas, quando se trata de emprego, as pessoas têm interesses e prioridades muito diferentes. Alguém com significativas responsabilidades familiares pode ter grande interesse em encontrar um emprego que proporcione segurança financeira e horas previsíveis, sem muitas viagens. Como Stephanie tem apenas 30 anos, o que mais lhe interessa é se firmarem sua carreira, a publicidade, a longo prazo. Tem interesse em aprimorar suas habilidades, aprender a ser uma administradora e líder eficiente. A segurança do emprego é relativamente irrelevante, mas as perspectivas de crescimento são cruciais. Ela também deseja que seu salário reflita as condições gerais do mercado e indique que ela tem importantes responsabilidades na Bradford. Não se importa de trabalhar longas horas, mas é fundamental para ela ter no mínimo três semanas de férias, pois passa alguns dias com a família no Natal, uma semana de verão em reunião familiar e outra para tentar, uma vez por ano, viajar para um país que ainda não visitara. Viajar é uma de suas verdadeiras paixões.

Stephanie também precisa considerar quais são os interesses da Bradford. Na preparação, há uma diferença importante entre pensar em seus interesses e pensar nos interesses do outro lado. Com uma preparação completa, você pode *conhecer* seus próprios interesses, sujeitos a alguma alteração caso receba novas informações no curso da negociação. A respeito, porém, dos interesses do outro lado, a preparação completa talvez não lhe proporcione mais do que uma relação hipotética. Uma atividade imprescindível à negociação será saber mais sobre os interesses do outro lado, para aprofundar sua compreensão. Na verdade, parte essencial da preparação é formular perguntas para descobrir as preocupações do outro lado.

Stephanie pode levantar hipóteses sobre as prováveis preocupações da Bradford. A agência talvez tema abrir um mau precedente ou realizar acordos com ela que criem problemas com outros empregados. A empresa, provavelmente, tem uma política acerca de benefícios, férias e despesas de mudança. A Bradford, obviamente, também tem interesses financeiros. Sem outras diferenças, ela mais provavelmente pagaria menos a Stephanie. Esta, por outro lado, sabe que a agência tem grande interesse em ampliar o negócio, conseguir novos clientes e ser considerada uma agência "quente", onde jovens talentosos querem trabalhar. A Bradford, certamente, deseja ser vista no mercado como um bom empregador.

Certos interesses intangíveis são importantes, até certo ponto, em quase toda negociação. Às partes talvez interesse se sentir compreendidas ou honestamente tratadas. Em negócios comerciais, os diretores têm interesse em não perder o prestígio e fortalecer sua reputação. Um cliente pode estar preocupado em preservar seu relacionamento com a outra parte, apesar da atual disputa. Só pensando tanto nos interesses tangíveis quanto nos intangíveis é possível elaborar um quadro completo sobre as motivações de ambos os lados.

CONSIDERAR AS OPORTUNIDADES QUE CRIAM VALOR

Após identificar seus interesses e os prováveis interesses da outra parte, você começa a pensar nas opções de criação de valor que pode sugerir ao outro lado. Por exemplo, como Stephanie se preocupa mais com o progresso de sua carreira do que com a segurança do emprego, talvez ela proponha revisões trimestrais de desempenho e um compromisso de permanência no cargo inicial por não mais de um ano – ou progrediria, ou sairia.

Em sua preparação, Stephanie também poderia pensar em algumas possíveis opções para resolver a diferença salarial entre a oferta inicial da Bradford e sua aspiração. Ela quer um salário mais alto, em parte, por confiar que poderá atrair novos clientes para a Bradford, inclusive algumas contas de que já dispõe no emprego atual. Pode desconfiar de que a Bradford está mais preocupada em estabelecer um precedente de mau salário para outros novos empregados, alguns dos quais podem não ter absolutamente quaisquer clientes. Uma solução seria propor um salário-base acrescido de uma bonificação que desse a Stephanie uma porcentagem combinada do faturamento por quaisquer novos clientes que ela trouxesse. Esse acordo salarial beneficia-se

Questões	Interesses de Stephanie	Possíveis interesses da Bradford
▪ Qual será seu salário?	▪ Ganhar mais.	▪ Pagar menos.
	▪ Tratamento honesto.	▪ Transmitir imagem de honestidade para potenciais empregados.
	▪ Receber compensação pelos clientes que trará com ela para a empresa.	▪ Criar incentivos apropriados aos empregados.
	▪ Ser reconhecida pelos clientes como parte integrante da gerência.	▪ Corresponder a uma nova posição dentro da estrutura organizacional da empresa e evitar um precedente inadequado. Evitar ressentimento entre os outros empregados.
▪ A empresa pagará suas despesas com mudanças?	▪ Alívio de seu problema financeiro de curto prazo.	▪ Manter suas práticas tradicionais?
▪ Quantos dias de férias por ano?	▪ Manter contato com a família e tirar uma semana de férias para viajar com amigos.	▪ Manter suas práticas tradicionais?

Quadro 3

de dois tipos de diferença entre as partes: diferenças de previsão (sobre a certeza de que Stephanie poderá disponibilizar novos clientes) e diferenças de recursos (as já existentes relações de Stephanie com certos clientes que a Bradford gostaria de atrair).

Tanto na preparação quanto na negociação, consideremos as fontes básicas de valor na procura de possíveis trocas.

- **Recursos:** Você e o outro lado têm diferentes bens que você negociaria?
- **Avaliações relativas:** Há coisas valiosas para você, mas de menos interesse para o outro lado e vice-versa?
- **Prognósticos:** Você tem previsões diferentes sobre algum acontecimento futuro em que pudesse apostar?
- **Preferências de risco:** Você tem diferentes aptidões para absorver risco? É uma pessoa que prefere mais o risco do que as outras?
- **Preferências de tempo:** Você tem diferentes necessidades relativas a *quando* as coisas acontecem ou não acontecem? Há diferenças entre interesses de curto prazo contra os de longo prazo?

Se a empresa não pagar as despesas de mudança, Stephanie pode sugerir uma bonificação única de contrato, ou, quem sabe, um empréstimo sem juros, para ajudar a cobrir os gastos. Essas alternativas talvez correspondessem mais aos interesses da Bradford. Evidentemente, na preparação você não sabe com toda certeza quais serão os interesses, recursos e possibilidades da outra parte, de modo que você não identificará todas as oportunidades de criação de valor existentes. Isso deve esperar até você se encontrar com a outra parte. Seu objetivo, na preparação, é começar a pensar em quais seriam *algumas* oportunidades de criação de valor. Se tem algumas ideias plausíveis e atraentes para o outro lado, será mais fácil convidá-lo a resolver problemas com você. Além disso, pensando antecipadamente na criação de valor, você pode lembrar-se de não focalizar tão-somente a distribuição na sua negociação vindoura.

CONHECER SUA MAAN E MELHORÁ-LA, SE POSSÍVEL

Para se preparar para administrar a tensão entre criar e distribuir valor você tem de determinar o ponto em que se distanciará de aceitar *qualquer* acordo com a outra parte. Como saberá se diz ou não ao outro lado:

"Desculpe, não é mesmo suficientemente bom. Vou para outro lugar"? Você precisa identificar sua melhor alternativa a um acordo negociado e como transformar isso num valor de reserva à mesa.

Em sua preparação para negociar com a Bradford, Stephanie pensa em suas possíveis alternativas. Decidiu basicamente que, se não passar para a Agência Bradford, permanecerá em seu cargo atual, na Agência Ames. A oferta da Bradford é melhor do que a de seu cargo atual – ela lhe pagaria mais, e Stephanie trabalharia com um administrador com quem acredita que aprenderia muito. Mas a negociação não é um jogo estático. Stephanie pode melhorar sua MAAN graças à oferta da Bradford. A Ames pode oferecer-lhe uma grande promoção para conservá-la. E isso, por sua vez, pode melhorar sua negociação com a Bradford. Cria-se, assim, uma interessante questão de ajuste do tempo. Ela poderia explorar as possibilidades de um novo cargo na Ames antes de tentar fechar uma transação com a Bradford. Na verdade, ela criaria algo parecido com um leilão de seus serviços.

Stephanie também pensa nas possíveis alternativas de seu patrão em perspectiva. O que ele fará se não chegar a um acordo? Embora não possa saber o que a Bradford fará se a agência não a contratar, ela tenta identificar as prováveis alternativas. Identificar as possíveis alternativas do outro lado pode ajudar Stephanie a cogitar sobre o que a negociação vindoura revela, do ponto de vista da Bradford. Se a MAAN da empresa fosse procurar outro candidato, quanto tempo levaria a procura? É provável haver um candidato tão bom quanto Stephanie? O que custaria à empresa contratar algum outro? O que custaria a própria procura em horas de pessoal e despesas de entrevista? Quão difícil está o mercado de trabalho?

Alternativas de Stephanie	Avaliação por Stephanie das alternativas da Bradford
• Se não consigo este emprego	• Se a Bradford não me contratar
• Ficarei na Agência Ames por US$100 mil por ano	• Procurará outro candidato fora da empresa
• Continuarei procurando uma melhor oferta em outro	• Procurará um candidato da própria empresa para ser promovido
	• Não preencherá o cargo

Quadro 4

Após identificar sua MAAN e pensar nas prováveis alternativas do outro lado, seu desejo será *começar* a pensar em transformar sua MAAN num valor de reserva na negociação. Em nosso exemplo do carro, um caso muito simples, isso é relativamente fácil. Jim sabia que se não comprasse o carro de Sara compraria o Honda 1994, e sabia que preferia essa alternativa, a não ser que conseguisse o carro de Sara por menos de US$9 mil.

A situação de Stephanie é mais complexa. Suponhamos que a Ames lhe ofereceu uma promoção com um salário de US$100 mil. Stephanie pode optar pela oferta da Bradford de um salário mais baixo se estiver convencida de que implicaria benefícios de longo prazo para sua carreira. Quanto ela estaria disposta a sacrificar depende de coisas que ela ainda não conhece. Ela pode querer descobrir mais sobre suas perspectivas de promoção na Bradford; que oportunidades teria de viagens ao exterior, que achava estimulante; e a quem deveria apresentar-se.

Em outras palavras, mesmo após alcançar uma firme consciência de sua MAAN, transformá-la num único valor de reserva ou valor primordial não faria sentido numa negociação como essa. Stephanie deve comparar os dois serviços possíveis ao longo de numerosas dimensões. À mesa de barganha, ela ainda aprenderá mais sobre o pacote de condições que a Bradford se dispõe a oferecer, bem como diversas vantagens e desvantagens de trabalhar para essa empresa. Como a remuneração mínima aceitável sofre influência dos outros componentes apurados, selecionar uma única cifra salarial que represente seu êxito mais fácil não seria sensato. Em vez disso, como sua negociação envolve problemas múltiplos, Stephanie deve pensar nas permutas entre esses problemas, de sorte que possa comparar sua MAAN ao que ela e a Bradford decidirem.

No entanto, como parte de sua preparação, é indispensável pensar não somente em sua MAAN, mas em como transformá-la num valor de reserva com que possa trabalhar à mesa. Por fim, deve decidir que cargo atende melhor a seus interesses.

ESTABELECER UM NÍVEL DE ASPIRAÇÃO AMBICIOSO, MAS REALISTA

Não é suficiente pensar apenas em seu valor de reserva – o mínimo que você aceitaria. Em sua preparação, é fundamental desejar um resultado que sirva muito melhor a seus interesses do que sua melhor alternativa. Em geral, você não consegue o que não pede. Muitas pesquisas mostraram que os negociadores de altas aspirações, em média, se saem melhor.

Não afirmamos que você deve fazer exigências imoderadas, que não possuam justificativas. Em vez disso, como parte de sua preparação, você deve pôr em ordem, antecipadamente, os argumentos que poderiam, de boa-fé, apoiar suas aspirações. Que salário Stephanie gostaria de pedir inicialmente? Ao negociar com a Bradford, por exemplo, ela pode demonstrar que, à luz de suas qualidades e das condições do mercado de trabalho, um salário-base de US$120 mil com bonificação por desempenho vigoroso seria razoável. Isso não significa que ela devesse partir de uma exigência inicial de US$180 mil. Mas Stephanie tem de pensar que salário pedirá e que argumentos pode apresentar para justificar que sua primeira reivindicação é razoável.

À MESA

Quando você estiver pronto para negociar, como proceder? Um negociador que resolve problemas tentará negociar um processo que permita
aos negociadores:

- Identificar interesses, recursos e aptidões um do outro;
- Desenvolver opções que criam valor;
- Tratar as questões distributivas como um problema
  compartilhado.

IDENTIFICAR INTERESSES, RECURSOS E APTIDÕES

À mesa, a tarefa comum de Stephanie e Bradford é identificar os interesses, recursos e capacidades um do outro. Como se faz isso? Fazendo
perguntas concebidas para trazer à tona os interesses da outra parte. As
melhores dessas perguntas são:[10]

- O que é importante para você?
- Por quê?
- Por que não?
- O que mais?
- O que estaria errado com...?

Se Stephanie se preparou bem, ela entrará em sua negociação com uma
lista experimental dos interesses da outra parte. À mesa, ela pode conferir suas hipóteses para determinar quais são precisas e quais carecem
de revisão. Há muitos meios de realizar isso. A maneira mais simples é
perguntar diretamente: "Você está preocupado com o fato de abrir um
precedente para os outros empregados se me der três semanas de férias?" Stephanie também pode colocar-se no lugar da empresa e cogitar
sobre como a administração encara a situação: "Se eu fosse você, iria me
preocupar com a possibilidade de outros empregados lhe pedirem para
ampliar seus benefícios, se você os conceder a mim. Isso está certo?"

Seja qual for o modo pelo qual ela formule suas perguntas, o fim é continuar inteirando-se do que interessa ao outro lado.

Consideremos o seguinte diálogo entre Stephanie e seus patrões em perspectiva quanto à extensão das férias. Pediu três semanas e isso lhe foi recusado. Quer saber *por que* o patrão só lhe concederá duas semanas.

> BRADFORD: Infelizmente, eu só posso lhe oferecer duas semanas de férias por ano, nos seus primeiros três anos.
>
> STEPHANIE: Por quê?
>
> BRADFORD: Bem, é esse o padrão que adotamos para um cargo desse nível. Devo estar certo de que o conjunto dos seus benefícios se alinha com o de outros funcionários da empresa.
>
> STEPHANIE: Ter uma política de férias coerente é importante para vocês.
>
> BRADFORD: Exatamente.
>
> STEPHANIE: Há quaisquer outros motivos pelos quais seria um problema conceder mais férias?
>
> BRADFORD: Há. Eu ficaria preocupado em ter você afastada por duas ou mais semanas de uma vez.
>
> STEPHANIE: O que haveria de errado nisso, do seu ponto de vista?
>
> BRADFORD: Bem, dada a importância do seu novo cargo, nessa fase, causaria muita interrupção.
>
> STEPHANIE: Entendo. De modo que, se eu tivesse três semanas, você ficaria preocupado com minhas férias longas e com minha ausência causar interrupção.
>
> BRADFORD: É.

Stephanie está sondando para descobrir as preocupações da Bradford sobre essa questão. Ela também deve partilhar alguns de seus interesses. Por exemplo, ela poderia explicar que nos últimos quatro anos teve férias de três semanas na Ames e que isso é importante para ela, pois gosta de passar uma semana fora, três vezes por ano, para visitar a família e para viajar. Infelizmente, com muita frequência, os interesses não são discutidos nas negociações. Consideremos o seguinte exemplo:

BRADFORD: Infelizmente, eu só posso lhe oferecer duas semanas de férias por ano.

STEPHANIE: Por quê?

BRADFORD: Bem, é esse o padrão que adotamos, para um cargo desse nível. Devo estar certo de que o conjunto dos seus benefícios se alinha com o de outros funcionários da empresa.

STEPHANIE: Mas, pelo que sei, três semanas é o padrão na indústria para um administrador de nível intermediário. Duas semanas não serão suficientes, dadas as minhas obrigações familiares.

BRADFORD: Bem, é o máximo que posso fazer.

O que aconteceu? Stephanie começou bem ao perguntar por que a Bradford só oferece duas semanas por ano. Mas, em vez de mostrar a compreensão da resposta e fazer outras perguntas para desvendar completamente os interesses da agência, ela sucumbiu à tentação de discutir. A mensagem implícita é: "Está bem, esse é seu interesse ou preocupação, mas está errado." Ou: "Tenho um interesse competitivo a que deve ser dada prioridade." Se Stephanie adota essa iniciativa, é improvável descobrir mais sobre as preocupações da Bradford. Em vez disso, eles apenas discutirão sobre que interesses são mais importantes.

É preciso disciplina para insistir em sua tarefa. Nessa etapa, Stephanie deseja descobrir todo o possível sobre o que conduz o outro lado. Que preocupações escondem suas exigências manifestas? Que necessidades deixa de exprimir, mas com as quais se inquieta? Esses interesses subjacentes são a substância de que se fazem os negócios que criam valor.

Pode ser útil a Stephanie saber que terá, posteriormente, oportunidade de declarar sua própria perspectiva e seus interesses. Ela deve esclarecer, de antemão, que seu desejo de compreender os interesses da Bradford não deve ser tomado como acordo ou aceitação deles. E deve assegurar-se de que a empresa reconhece seu direito recíproco de ter uma oportunidade para expor seu ponto de vista.

DESENVOLVER OPÇÕES QUE CRIAM VALOR

Agora, Stephanie está pronta para procurar negócios que criem valor. Mas isso não é tão fácil quanto parece. Muitos negociadores lançam-se num processo de negociação que inibe a criação de valor. Um lado sugere uma solução e o outro negociador a derruba imediatamente. O segundo negociador propõe uma opção, apenas para que o primeiro lhe diga por que ela não pode ser aproveitada. Depois de uns poucos minutos, nenhum dos lados está disposto a propor qualquer coisa que não as soluções mais convencionais. Esse método funde equivocadamente dois processos de que devemos ocupar-nos separadamente: gerar opções e avaliá-las.

Muitas vezes, é útil envolver-se em algum tipo de livre discussão. A livre discussão mais eficiente exige verdadeira liberdade – ainda que momentânea – dos constrangimentos práticos. Na negociação de Stephanie com seu patrão em perspectiva, ela pode separar algum tempo simplesmente para gerar soluções, não criticá-las. Ela poderia dizer alguma coisa como:

– Bem, acredito ter bastante consciência dos seus interesses, e você parece compreender os meus. Agora, eu me pergunto como podemos atender a esses interesses. Gostaria de ficar com o emprego se pudermos solucionar essas questões que restam, e tenho algumas ideias. Minha sugestão é gastar dez minutos com debate sobre todas as soluções possíveis que pudermos imaginar, mesmo se inviáveis. Depois podemos decidir se alguma delas faz sentido.

Desse modo, Stephanie mobiliza a cooperação da Bradford na primeira norma básica do brainstorm: *sem avaliação*. A avaliação prematura inibe a criatividade. Somos suficientemente autocríticos, e aumentar as nossas inibições naturais só faz as coisas piorarem. Quando em brainstorm, esquive-se à tentação de criticar ideias enquanto são geradas. Isso inclui até se esquivar a observações congratulatórias sobre como é boa a ideia de alguém, murmúrios de aprovação e apoio entusiástico. Quando você acena com tal aprovação, emite mensagem implícita de que você ainda está julgando cada ideia enquanto é gerada – você só está guardando as observações *negativas* para você mesmo. Isso não estimula a inventividade. O objetivo é liberar os que estão à mesa para a sugestão de ideias. A ideia de uma pessoa pode parecer louca, mas pode induzir uma outra a indicar uma solução que poderia, de outro modo, passar despercebida. Haverá tempo bastante para avaliação. A ideia por trás do brainstorm é que a avaliação deve ser uma atividade separada, não misturada com o processo de gerar ideias.

A segunda norma básica do brainstorm é: *sem propriedade de ideias*. Aqueles à mesa devem sentir-se livres para sugerir qualquer coisa em que possam pensar, sem medo de que suas ideias sejam atribuídas a eles ou usadas contra eles. Evite observações como: "John, estou surpreso com sua sugestão. Não pensei que você acreditasse que essa ideia tivesse algum sentido." John deve sugerir uma ideia *sem acreditar nela*. Na verdade, aqueles à mesa devem sentir-se livres para sugerir ideias que *não* representem seus melhores interesses, puramente para incentivar a discussão, sem medo de que outros, à mesa, tomem essas ideias mais tarde como ofertas.

Normas básicas para a livre discussão

- sem avaliação
- sem propriedade

Quadro 5

Nos preparativos para as negociações, o brainstorm é frequentemente empregado atrás da mesa com os colegas, com a finalidade de gerar ideias. Para muitos negociadores, contudo, parece muito perigoso se envolver nessa atividade com alguém do outro lado. Nossa própria experiência, porém, sugere que, ao negociar o processo com clareza, o brainstorm pode também ser produtivo entre os dois polos da negociação.

Como você transporta essas normas básicas para o outro lado? Os objetivos devem ser claros, sem soar ditatorial ou controlador. Somente explique a meta e, depois, oriente com exemplos. De volta à negociação de Stephanie com a Bradford, ela poderia dizer:

– Compreendo que a política da empresa é dar aos novos empregados duas semanas de férias por ano. Eu gostaria de saber se nós poderíamos propor algumas opções criativas aplicáveis ao meu caso e que ainda serviriam aos interesses da empresa. Pela minha experiência, frequentemente ajuda passar uns poucos minutos apenas relacionando todas as ideias que nos vêm à cabeça, sem dizer se são boas ou más, ou sequer aceitáveis.

Stephanie está convidando a Bradford a discutir opções com ela e transmitindo seu compromisso com as regras básicas da não avaliação e da não propriedade de ideias. Juntos, eles podem elaborar uma lista de possibilidades: permite-se a Stephanie uma terceira semana, sem remuneração (talvez compensada por um aumento do salário); a Bradford reconhece seu tempo de trabalho na Ames e recebe-a como se ela trabalhasse há três anos na Bradford; ou a Bradford concorda em alterar um pouco sua política, aumentando as férias de Stephanie de duas para três semanas, mas depois de apenas um ano de casa.

De modo semelhante, Stephanie e a Bradford poderiam propor diversas opções para resolver sua divergência sobre quem deveria pagar as despesas de mudança de Stephanie. Eles poderiam dividir o custo da mudança; a agência poderia oferecer a Stephanie um empréstimo de curto prazo e sem juros, para lhe cobrir as despesas; ou a Bradford poderia aumentar sua bonificação inicial, para absorver os custos de mudança. Gerar essas opções possíveis pode alargar a orientação das partes sobre as condições de seu acordo negociado.

Muitas dessas opções demonstram que os interesses de um negociador frequentemente são atendidos de diversas maneiras. E com frequência a solução mais simples é compensar um dos lados ajustando as condições do preço – no caso de Stephanie, seu salário – para acomodar as necessidades e preocupações das partes. Em vez de mudar a política de férias da empresa, por exemplo, Bradford poderia preferir a opção de pagar a Stephanie um pouco mais e depois lhe permitir tirar uma semana de licença não-remunerada por ano, pois isso não estabeleceria um precedente tão ruim para os outros empregados. Em muitas negociações, tais "pagamentos indiretos" são uma forma eficiente de ajustar as consequências distributivas das medidas tomadas para criar valor (ver Capítulo 5).

TRATAR AS QUESTÕES DISTRIBUTIVAS COMO UM PROBLEMA COMPARTILHADO

Agora, Stephanie está razoavelmente bem adiantada em sua negociação. Enquanto aprecia a lista das possíveis opções que ela e a Bradford criaram, algo sobressai: algumas das opções são melhores para ela do que outras. E a Bradford pensará a mesma coisa. Não importa quanto você seja bom no brainstorm e não importa quão cuidadosamente você procure trocas que criem valor: em algum ponto, deve-se cortar o bolo.

O que acontece à solução cooperativa do problema, com base nos interesses, quando você se volta para as questões distributivas? Alguns negociadores preferem desfazer-se da solução dos problemas quando as coisas se complicam. Discordamos totalmente. Em nossa experiência, é quando as questões distributivas estão na dianteira que as habilidades para a solução dos problemas são mais desesperadamente necessárias.

O objetivo de Stephanie, a essa altura, é tratar as questões distributivas como um problema compartilhado. Ambos os lados sabem que as questões distributivas existem. Stephanie sabe que, sem outras exceções, ela gostaria de receber mais, e a Bradford, de pagar menos. Não há como evitá-lo. Ao mesmo tempo, contudo, ela não deseja comportar-se de modo a prejudicar sua relação com a Bradford.

Suponhamos que Stephanie saiba que aceitaria a oferta da Bradford contanto que a empresa lhe pague o que a Ames lhe oferece, e que ela a aceitaria mesmo se a Bradford nada mais fizesse quanto às despesas de mudança ou a uma terceira semana de férias. Em outras palavras, um salário de US$100 mil é seu valor de reserva. O que inclinaria Stephanie para o encerramento da discussão?

Ela poderia dizer o seguinte:

– Gostaria muitíssimo de trabalhar para vocês e, ainda que o salário não seja minha prioridade, é óbvio que me preocupo em ser razoavelmente recompensada. O que mais me atrai na Bradford é a oportunidade de construir minha carreira. Aqui está um pacote que me agradaria. Gostaria de que vocês o considerassem.

Então Stephanie expõe um pacote com os seguintes componentes: um salário-base de US$100 mil; uma bonificação acima de US$20 mil, dependendo de sua aptidão para trazer novos clientes; opção de obter a cada ano uma terceira semana fora sem remuneração, até o seu quarto ano e naturalmente de acordo com seu plano de trabalho; e empréstimo, por um ano, de US$10 mil sem juros, para cobrir as despesas da mudança.

– Acho que isso respeita as atuais políticas da empresa – diz Stephanie – e considero satisfatório em vista do que vocês pagam a outros com a minha experiência e do que sei sobre pacotes de compensação para gerentes de conta em empresas comparáveis.

Observemos o que fez Stephanie. Ela pediu mais do que o mínimo que aceitaria. Mas não fez quaisquer ameaças, e sua proposta não se baseou numa oferta de pegar ou largar. Sua proposta respeitou as preocupações da Bradford quanto às políticas da agência. Stephanie tinha um motivo para justificar tanto o salário quanto sua bonificação, e explicou por que sua proposta era compatível com as atuais condições do mercado.

Em algumas situações, é fácil encontrar uma diretriz proeminente do mercado em torno da qual um acordo seja estruturado.

Stephanie, por exemplo, pode fazer apenas uns poucos minutos de pesquisa na internet e descobrir quais seriam os salários comparáveis de outras agências para alguém de seu cargo. E sua oferta concorrente, da Agência Ames, proporciona um modelo simples pelo qual se pode julgar a proposta da Bradford. Como Stephanie e a Bradford trabalham para chegar a um acordo, ela pode trazer à baila essas normas, em vez de apenas exigir arbitrariamente algo acima da oferta de US$95 mil da Bradford.

No final da história, a Bradford aceitou a oferta de Stephanie e, em seu primeiro ano, ela de fato ganhou a bonificação completa de US$20 mil. É possível que Stephanie pudesse exigir e receber um pacote ainda melhor do que aquele que propôs? Ela nunca saberá. Mas o que sabe é que a transação que ela concluiu serve muito bem a seus interesses, ao mesmo tempo que respeita os do empregador. E o acordo com a Bradford é melhor do que sua MAAN.

E se a Bradford meramente iguala-se ao salário-base da Ames, mas sem ir além ou, ainda pior, se simplesmente mantivesse firme os US$95 mil? Em qualquer caso, Stephanie pediria à Bradford para explicar o raciocínio subjacente à oferta. Como a agência justifica sua cifra? Em que normas se baseia? Por que deve ela persuadir a candidata? E, em ambos os casos, Stephanie teria de resolver se ficaria ou não na Ames. Com base nesses fatos, esta seria uma dúvida muito reservada. É possível que ela recusasse os US$95 mil por concluir que seus interesses seriam mais bem contemplados ao permanecer na Ames. Ao mesmo tempo, Stephanie aceitaria a oferta sem se desprestigiar e sem prejudicar sua relação com a Bradford.

Às vezes, evidentemente, você pode não achar uma solução que satisfaça os dois lados. Não importa o quanto você tente, continuará a divergir sobre salário, a quantia a ser paga em bonificação ou algum aspecto de uma resolução de disputa. As normas podem ajudar a aproximar as partes, mas há ainda um grande hiato entre os dois lados. O que você deve fazer?

Pense a respeito do processo. Como você pode delinear um processo que satisfatoriamente resolvesse esse impasse? Numa resolução de disputa, você poderia contratar um mediador para cuidar das questões distributivas ainda em aberto. Há alguém em quem ambos os lados confiem o suficiente para resolver a questão? Você colocaria cinco possíveis acordos num chapéu e apanharia um ao acaso?

As soluções processuais frequentemente resgatam uma negociação distributiva que chegou a um impasse. Elas não precisam envolver complicados procedimentos alternativos para a solução de disputas, que custam tempo e dinheiro. Em vez disso, você pode, muitas vezes, alcançar simples soluções processuais, que resolverão um impasse distributivo e lhe permitirão avançar.

A MUDANÇA DO JOGO

Nem todo o mundo trata a negociação a partir de uma perspectiva de solução dos problemas. O tratamento básico descrito neste capítulo – com ênfase nas fontes da criação de valor e na importância de um processo de solução dos problemas – obviamente se afasta da norma das barganhas entre adversários. Para ser um solucionador de problemas, um negociador frequentemente deve mostrar o caminho e mudar o jogo. Exploramos este tema na Terceira Parte, onde não somente descrevemos como se defender de táticas distributivas que "jogam pesado", como apresentamos outras possibilidades de mudança do jogo, inclusive com acréscimo ou diminuição de questões, mudança das partes, criação de relações eficientes e, em outras circunstâncias, com a modificação do sistema de uma negociação legal. Nesse caso, observamos apenas que um solucionador de problemas não admite que as questões, os processos ou a estrutura de uma negociação sejam fixos. Em vez disso, ele deve estar sempre alerta para as possibilidades de mudança do jogo.

CONCLUSÃO

A tensão entre a criação e a distribuição de valor existe em quase todas as negociações. Mas, como nosso ensino e aconselhamento nos mostrou, muitas pessoas tendem a ver a negociação exclusivamente como uma coisa ou outra. Algumas pessoas veem o mundo como um jogo de soma zero – tão-somente distributivo. Trabalhamos duro para provar às pessoas que há quase sempre oportunidades para criar valor. Outros acreditam que, com cooperação, o bolo pode-se tornar tão grande que as questões distributivas desaparecerão. Para esses negociadores, acentuamos que há sempre questões distributivas a enfrentar.

Evidentemente, algumas negociações apresentam muitas oportunidades de criação de valor, enquanto outras são muito distributivas. Negociações muito distributivas envolvem, tipicamente, uma disputa restrita ou uma só questão (tal como o preço); custos de transação fixos; e partes sem nenhum relacionamento continuado. Um exemplo seria um pleito de indenização da vítima de um acidente contra um desconhecido, ou um motorista segurado e em pé de igualdade. Se ambas as partes tiverem custos legais fixos, a negociação será essencialmente sobre quanto uma parte pagará à outra. Um dólar a mais para o autor significa um dólar a menos para o réu.

Outras negociações têm muitas possibilidades de criar valor. Se as partes valorizam uma relação contínua, ambas podem ganhar em busca desse interesse partilhado. Se os custos de transação são altos com relação às quantias em jogo, as duas partes podem ganhar, elaborando um eficiente processo de negociação. Se estiverem envolvidas muitas questões ou variáveis, as partes podem ter diferentes avaliações relativas e podem estar aptas, desse modo, para efetuar trocas.

O tratamento de solução dos problemas que aqui sugerimos não faz as questões distributivas sumirem, ou essa primeira tensão de negociação desaparecer. Mas efetivamente delineia um tratamento que ajudará você a encontrar oportunidades de criar valor, quando elas existem, e resolver eficazmente questões distributivas, como um problema compartilhado. Voltamo-nos, agora, para a dinâmica interpessoal em atividade na negociação – e nossa segunda tensão.

2

A tensão entre
a empatia e a
assertividade

QUATRO ANOS ATRÁS, SUSAN REESE E Martin DiPasquale abriram um negócio de restaurante e fornecimento de quentinha na rua principal de Winchester, em meio a muita festa e grandes esperanças. Infelizmente, as coisas não caminharam conforme o planejado. Embora a firma prosperasse e continuasse a dar lucro, a relação entre os dois sócios azedou. Martin acha Susan insuportavelmente pessimista e de difícil convivência no trabalho – o restaurante, com certeza, perdeu a graça. Susan acha que Martin não tem senso comercial e não leva a sério as finanças dos dois – está sempre chamando os amigos e vizinhos para comer e beber, quer fazer gastos extravagantes com ingredientes sofisticados e propaganda cara demais, e ocasionalmente trata os fregueses de uma forma ostensiva. Por causa de suas aparentemente insuperáveis diferenças, Susan e Martin resolveram acabar com a sociedade. Encararam a difícil pergunta: como? Deviam vender o negócio a um terceiro e dividir o lucro? Susan devia comprar a cota de 50% de Martin ou o contrário? Nesse caso, como se fixaria o preço? O que atenderia melhor a seus interesses?

Os sócios têm sua primeira conversa sobre o que fazer. Conversaram por cerca de dez minutos, quando Susan diz:

SUSAN: Acho que o mais sensato é você vender-me os seus 50%. Você, afinal, nunca quis estar no ramo de restaurantes. Você, decididamente, não tem senso comercial para dirigir este lugar sozinho, e não gostaria disso. Muita burocracia administrativa – pagar o pessoal, lidar com os fornecedores, tudo isso.

MARTIN: Hum. Realmente eu não penso assim, mas estou curioso sobre o motivo por que você o faz. Por que acha que eu nunca quis estar no ramo de restaurantes e não gostaria de dirigi-lo por minha conta?

SUSAN: Não é seu estilo, Martin. Você, decididamente, nunca mostrou muito interesse pelo lado comercial do negócio – você seria terrível se ficasse sozinho.

MARTIN: Então você acha que eu não gosto do lado comercial de dirigir o restaurante e que não o faria bem sem você?

SUSAN: Exatamente.

MARTIN: E você ficou com essa impressão porque eu não cuido da contabilidade ou demito as pessoas, esse tipo de coisa?

SUSAN: Claro. As coisas dessa espécie sempre sobram para mim.

MARTIN: Bom, sempre acreditei que você gostasse do lado da contabilidade do restaurante, por isso, sempre deixei esses serviços para você. Eu concentrava minha energia no contato com nossos fregueses e na publicidade do restaurante. Com toda franqueza, nunca a imaginei como uma pessoa muito comunicativa. E, obviamente, você nunca pensou que eu fosse uma pessoa muito dedicada ao comércio. Mas estou certo de que poderia fazer essas coisas – ou contratar alguém para ajudar a administrar a casa, se ela sair dos eixos.

SUSAN: Bem, nós obviamente discordamos. De qualquer modo, acredito que você devia vender-me seus 50%.

MARTIN: Vamos ver, ainda não estou muito certo sobre isso. Mas você não tem nenhuma dúvida de que gostaria de comprar minha parte e ficar aqui, não é?

SUSAN: Isso mesmo. Não me sinto preparada para sair.

MARTIN: O que você quer dizer?

SUSAN: Eu só acho que nós empregamos todo esse tempo e energia construindo o negócio, especialmente o lado do fornecimento a domicílio. Você nunca mostrou nenhum interesse no negócio do fornecimento – e eu realmente gosto dele. E acho que a clientela está crescendo, e o fornecimento pode realmente dar um salto.

MARTIN: Tudo bem. De modo que, para você, agora não seria o momento de vender o negócio, pois não compensaria todo o dinheiro e esforço que investimos?

SUSAN: Certo.

O OBJETIVO: COMBINAR EMPATIA E ASSERTIVIDADE NA NEGOCIAÇÃO

Qual o progresso de Martin e Susan enquanto tentam ter essa difícil conversa? Como vai a negociação? É provável que resolvam o problema encontrando meios de melhorar as condições de ambos? Ou um negócio em potencial se dissolverá numa disputa amarga, que destrói o negócio em andamento?

Martin está fazendo duas coisas bem, na sua discussão com Susan. Primeiro, demonstra sua compreensão da perspectiva de Susan. Observa que Susan acha que ele deve vender a ela sua cota, que ele nunca mostrou muito interesse no lado comercial do restaurante e que não seria uma boa hora para vender o negócio de fornecimento a domicílio. Martin faz perguntas a Susan sobre seus pontos de vista e opiniões, demonstrando sua compreensão das respostas dela ao parafraseá-las de volta.

Mostrar a Susan que ele compreende sua perspectiva não é fácil para Martin nessa conversa. A matéria em discussão é difícil: a essa altura nem Susan, nem Martin estão dispostos a vender metade do negócio, e é uma questão emocionalmente pesada para os dois. Além disso, Susan diz coisas de forma agressiva e provocadora – fazendo muitas suposições sobre o que Martin é e o que ele quer (tais como

"Você, decididamente, não tem senso comercial para dirigir este lugar sozinho, e não gostaria disso") – sobre as quais Martin discorda. Apesar disso, Martin esforça-se para prestar atenção e mostrar a Susan que a está ouvindo.

Ao mesmo tempo, Martin afirma *sua* perspectiva e *seus* interesses na conversa. Explicou por que concentrou mais energia nos fregueses e menos em cuidar das contas do restaurante. Diz que está certo de que poderia pegar o lado da contabilidade do negócio, ou que saberia como encontrar ajuda, se precisasse. E observa, coerentemente, que mesmo quando demonstra a Susan compreensão de suas opiniões ele tem as dele, que diferem das dela.

Em nossa experiência, os negociadores mais eficientes, em suas interações com os outros, tentam, como Martin, agir tanto com empatia quanto com assertividade. Para fins de negociação, definimos *empatia* como o processo de demonstrar compreensão não judicativa e aguda das necessidades, interesses e perspectiva do outro lado.[1] Há nessa definição dois componentes. O primeiro envolve uma habilidade que os psicólogos chamam de *tomada de perspectiva* – tentar ver o mundo através dos olhos do outro negociador. O segundo é a *expressão* não judicativa do ponto de vista da outra pessoa, de um modo aberto à correção.[2]

Empatia: Demonstrar compreensão das necessidades, interesses e perspectiva do outro lado, sem necessariamente haver concordância.
Assertividade: Defender suas próprias necessidades, interesses e perspectiva.

Quadro 6

Definida desse modo, a empatia não requer simpatia nem concordância. A simpatia é um sentimento por alguém – é uma resposta emotiva à situação difícil da outra pessoa. A empatia não exige que as pessoas tenham simpatia pelo estado das outras – para "sentir sua dor". A empatia não se relaciona com amabilidade. Em vez disso, entendemos a empatia como um "modo de observação neutro em valor", um percurso no qual você explora e descreve sem compromisso o mundo perceptivo do outro.[3] Manifestar empatia com alguém, portanto, não significa concordar com o outro lado ou mesmo necessariamente gostar dele. Embora implique cordialidade, não é primordialmente uma forma de cortesia. Em vez disso, exige apenas a expressão de como o mundo se apresenta à outra pessoa.

Por *assertividade* designamos a habilidade de expressar e defender suas próprias necessidades, interesses e perspectiva.[4] Assertividade é diferente tanto do comportamento *beligerante*, que transgride os direitos dos outros, como do comportamento *submisso*, que demonstra falta de autorrespeito. Um negociador assertivo começa com a suposição de que seus interesses são válidos e que satisfazê-los é legítimo.[5] (Eis por que treinar a assertividade envolve o desenvolvimento da autoconfiança, tanto quanto habilidades retóricas.)[6] A assertividade, porém, não significa necessariamente dominar a conversa ou o outro negociador. Em vez disso, significa identificar os próprios interesses, explicando-os com clareza à outra parte, fazendo demonstrações, se necessário, e com a segurança para sondar assuntos que o outro lado prefira deixar intatos.

Três pontos principais sobre empatia e assertividade são medulares:

- as negociações que resolvem problemas caminham melhor, para todos, quando cada lado tem grande habilidade em demonstrar empatia e assertividade;
- as negociações que resolvem problemas caminham melhor para um negociador individual ao se basear na empatia e assertividade, mesmo se o outro lado não segue essa direção;
- a empatia e a assertividade tornam mais fácil a solução de problemas nos dois aspectos da negociação: tanto na criação de valor quanto em sua distribuição.

O primeiro ponto requer um pouco de elaboração. A empatia e a assertividade são aspectos da boa comunicação. Quando as pessoas se co-
municam bem uma com a outra, a solução de problemas é mais fácil.
Mas, como vimos, às vezes o outro lado não deseja a reciprocidade e
reluta em escutar. Susan parece ser completamente assertiva e nada
empática. O que Martin deve fazer? A nosso ver, Martin está em melhores condições, combinando assertividade e empatia, mesmo sendo
o único empático, por numerosos motivos.

Em primeiro lugar, sem levar em conta o comportamento de Susan,
Martin realmente *precisa* compreender o ponto de vista dela. Ela pode
ser importuna, mas tem interesses e pontos de vista – e é melhor para
ele saber quais são. Isso o ajudará quando tentar criar valor com a negociação e quando enfrentar qualquer controvérsia sobre como esse valor
deve ser distribuído. Embora Susan não tenha problema algum em ser
bastante assertiva, suas declarações iniciais não indicam muita coisa a
Martin. Estimulando-a a falar mais, Martin descobre que Susan acha
prematuro vender a um terceiro e que ela gostaria de ampliar o fornecimento a domicílio. À medida que Martin esclarece *para ele mesmo* os
motivos e objetivos de Susan, ficará mais bem equipado para achar trocas que criem valor. Na verdade, a pesquisa confirma que os negociadores com maior aptidão para a tomada de perspectiva negociam acordos
de valores mais altos do que os de menor aptidão para isso.[7]

Tal tomada de perspectiva por parte de Martin também facilitará os
lances distributivos. Talvez Martin termine dirigindo o restaurante, Susan ampliará o serviço de quentinhas e eles dividirão as duas coisas em
negócios independentes. Quanto melhor Martin compreender as pretensões de Susan, melhor antecipará os problemas e as oportunidades estratégicos que podem emergir na negociação – e se preparar para eles.

Um segundo benefício da empatia é permitir a Martin a correção
de quaisquer enganos de percepção que *ele* tenha a respeito das opiniões de Susan. Seria fácil para Martin, nesse clima emocionalmente
pesado, principiar fazendo infundadas suposições sobre os planos de

Susan. Ele precisa acompanhá-la de perto, para se assegurar de que não está partindo na pista errada. Na verdade, independentemente do conteúdo emocional de uma negociação, a pesquisa demonstra que os negociadores têm o hábito de tirar conclusões equivocadas sobre as motivações de suas contrapartes, em geral pela limitação de informações.[8] Tais enganos são um motivo importante para que as negociações e os relacionamentos se desfaçam. Por exemplo, os negociadores frequentemente cometem erros de *atribuição* – atribuem a suas contrapartes intenções ou características incorretas e exageradas. Se sua contraparte chega atrasada a um encontro, poderíamos admitir que ela pretendia fazer-nos esperar ou que é cronicamente morosa, ainda que encontrássemos com ela pela primeira vez. Em qualquer dos casos, formamos um julgamento, por vezes contraproducente – sobretudo se resolvermos deixá-*la* esperando na próxima vez ou procuramos outras maneiras de ficarmos quites.

Um terceiro benefício de combinar a asserção com a empatia é descontrair Susan – e ganhar-lhe a confiança. A negociação é um processo dinâmico. A maioria das pessoas necessita contar sua história e sentir-se compreendida. Atender a essa necessidade altera dramaticamente a tendência de uma relação. A bibliografia sobre comunicação interpessoal acentua muitas vezes esse ponto.[9] Mesmo se você não está interessado em partilhar um momento profundamente emotivo com sua contraparte, lembre-se de que incluir a empatia tem benefícios altamente práticos. Ela transmite interesse e respeito, que tendem a desarmar a raiva e a desconfiança, principalmente quando essas emoções provêm de a pessoa se sentir inapreciada ou explorada.

Finalmente, sua empatia inspira abertura nos outros e torna-o mais persuasivo. As mensagens bilaterais, em que o orador descreve o ponto de vista da outra pessoa antes de afirmar o seu, são mais persuasivas do que as mensagens unilaterais.[10]

Não é surpreendente, para a maioria das pessoas, que a assertividade confira benefícios na fase distributiva de uma negociação. Os negociadores afirmativos tendem a conseguir mais do que desejam e os negociadores de grandes aspirações saem-se melhor do que os de baixas aspirações. Mas a assertividade também contribui para a criação de valor: somente quando cada parte aproveita a oportunidade de expressar diretamente seus próprios interesses podem os ganhos comuns ser descobertos.

Há, porém, outros benefícios em ser assertivo que não se relacionam com a criação e distribuição de valor. A assertividade facilita relações bem-sucedidas de trabalho. O negociador assertivo enfrenta dificuldades interpessoais quando estas ocorrem em vez de permitir que elas supurem, deixando assim possível a colaboração a longo prazo. O comportamento assertivo também promove o autorrespeito, conforme destaca a bibliografia sobre o treinamento da assertividade. Por fim, na medida em que um negociador assertivo se sente satisfeito não somente com a substância de um acordo, mas com o modo pelo qual foi negociado, é provável que o próprio acordo se mostre mais duradouro.

Apreciando a negociação de Martin e Susan sob essa ótica, vemos que Martin, em alguns aspectos, tem a sorte de contar com uma sócia tão "franca" acerca de suas opiniões e desejos. Ao demonstrar sua compreensão da perspectiva de Susan, mas também afirmando a sua, Martin pode abrir o caminho para uma solução que deixe ambas as partes em melhores condições.

Como vimos no Capítulo 1, as diferenças são na maioria das vezes a fonte de permutas que criam valor. Martin acabou de descobrir que Susan se preocupa com o momento vivido pela empresa, e que ela tem certos prognósticos sobre o futuro sucesso do negócio. Qualquer acordo a que eles cheguem deve incorporar essa informação. Talvez o prognóstico de Martin seja diferente: quem sabe ele não espere muita mudança para o negócio em seus próximos anos. Se comprar a parte de Susan, ou vice-versa, eles podem incorporar suas diferentes visões à estrutura de sua transação. Mas Martin descobriu essa divergência apenas prestando cuidadosa atenção às afirmações de Susan.

O PROBLEMA: TENDÊNCIAS IMPRODUTIVAS

Conforme nossa experiência, poucas pessoas realmente empregam bem tanto a empatia quanto a assertividade em suas negociações. Quando diante de conflito, tendemos a defender vigorosamente – muitas vezes vigorosamente demais – nossa própria opinião *ou* focalizamos a opinião do outro lado, em vez de nos movimentarmos vivamente de uma habilidade para a outra. Cada um de nós afirma sua própria história e só escuta o outro lado com o fim de construir uma resposta de "Sim, mas". Giramos em torno do argumento e do contra-argumento, jamais demonstrando compreensão ou nos comunicando de fato com muita eficiência.

A maioria das pessoas sente empatia ou assertividade quando se acha em tensão com outra. Ou eu escuto e tento entender seu ponto de vista, ou afirmo o meu. Se sentir empatia, será mais difícil afirmar depois. Uma vez que compreenda sua opinião – e demonstre que a compreendo –, manter-me em minha própria perspectiva se tornará bastante difícil. Afinal de contas, se concordasse com *sua* opinião, deixaria de ter a *minha*! De modo inverso, se tentar afirmar-me nessa negociação, vai ser difícil demonstrar uma compreensão de como você vê as coisas. Nossas opiniões são mesmo fundamentalmente distintas. Se eu defender a minha, não poderei também defender a sua. É uma ou outra, não as duas.

Três modos comuns de negociação

Em vez de usar a empatia e a assertividade ao mesmo tempo, as pessoas quase sempre lidam com o conflito de uma dessas três maneiras, que não são as melhores: *competem, acomodam-se* ou *abstêm-se*.[11] Consideremos este exemplo: um aluno entra na sala de um professor e solicita prorrogação do prazo para entrega de um extenso trabalho escrito. O professor sabe que conceder a prorrogação lhe criará todo tipo de tumulto administrativo. Ele planeja dar nota às dissertações num pequeno intervalo de tempo livre reservado imediatamente após a data marcada. Sabe que, se passar a conceder prorrogações agora – mesmo para alunos com ótimas razões –, será inundado de pedidos de prorrogação. De modo que preferiria não conceder a prorrogação.

Uma resposta estereotipada em cada um dos três modos seria:

COMPETIDOR: Não, desculpe-me, você não pode ter uma prorrogação. Falei sério quando disse que não haveria prorrogação. Realmente não estou aberto à discussão.

ACOMODADO: Bem, vamos ver o que posso fazer. Admito que se não for mais de uma semana depois, posso dar as notas a tempo.

ABSTENSIONISTA: Estou de fato ocupado agora – você tem de voltar numa outra hora.

O que acontece em cada uma dessas respostas?

COMPETIÇÃO

Competir é um costume de quem faz grande uso da assertividade e muito pouco uso de empatia. Um competidor deseja experimentar o triunfo, gosta de se sentir decidido e controlador. Os negociadores competitivos transpiram avidez, entusiasmo e impaciência. Gostam de ser partidários. É característica dos negociadores competitivos procurar controlar sua agenda e enquadrar as questões. Apostam numa posição ambiciosa, prendem-se a ela e revidam ante a opressão ou intimidação, a fim de obter a maior fatia de qualquer bolo.

Esse estilo tem vantagens diante dos aspectos distributivos da barganha, mas também se arrisca a piorar a situação, ou ao empate entre as partes. Uma desvantagem evidente é que os competidores tendem a ser duros consigo mesmos e se sentem responsáveis quando as negociações se mostram infrutíferas. Seus botões competitivos são frequentemente acionados, e eles podem, mais tarde, lamentar ou se sentir perturbados por sua perda de autocontrole. Embora não seja sua intenção, os competidores prejudicam as relações se as pessoas, do outro lado, se ressentirem de sua conduta.

ACOMODAÇÃO

A acomodação consiste de empatia substancial, mas pouca afirmação. Um acomodado preza as boas relações e deseja sentir-se estimado. Os acomodadores transpiram preocupações, piedade e compreensão. Com medo de que o conflito conduza ao rompimento de relações, negociam com toda brandura para resolver rapidamente as diferenças. Os acomodados são bons ouvintes e podem ser rápidos até demais na desistência de seus próprios interesses, quando temem que o relacionamento se possa romper.

Esse estilo tem desvantagens constantes. Em equilíbrio, os acomodados provavelmente têm melhores relacionamentos ou, pelo menos, menor número de relações marcadas por conflito aberto. Como são bons ouvintes, outros podem considerá-los dignos de confiança. Por semelhante modo, eles são capazes de criar uma atmosfera menos tensa para a negociação.

Uma desvantagem é que essa tendência pode ser explorada. Duros barganhadores arrancam concessões ameaçando, implícita ou explicitamente, romper ou acabar com uma relação – em outras palavras, mantendo a relação como refém. Outra desvantagem: os acomodados, indevidamente preocupados em manter uma relação, não empregam energia suficiente lutando com o *problema* real. Não prestam atenção suficiente tanto às questões distributivas quanto às oportunidades de criar valor. Como resultado, os acomodados sentem-se frustrados ao lidar com questões quer substantivas, quer interpessoais.

ABSTENÇÃO

Abster-se significa mostrar pouca empatia *e* assertividade. Os abstensionistas acreditam que o conflito é improdutivo e se sentem pouco à vontade com o desacordo explícito, sobretudo emocional. Quando se defrontam com o conflito, os abstencionistas não competem, nem se acomodam: se esquivam. Tendem a não procurar o controle da agenda ou enquadrar os problemas. De certo modo, eles desviam os esforços do alvo das soluções, revelando-se desapaixonados, desinteressados, sem entusiasmo.

Às vezes, a abstenção apresenta vantagens substanciais. Algumas disputas são evitadas com sucesso; se ignoradas, desaparecem por completo. Em outros casos, os abstencionistas criam uma dinâmica de perseguição, em que o outro lado faz todo o trabalho (preparar a negociação, estabelecer a agenda, fazer propostas). Como se mostram arredios, os abstencionistas têm impacto mais persuasivo quando por fim resolvem falar grosso. Além disso, sua reserva e sua cabeça fria tornam difícil aos outros conhecerem seus verdadeiros interesses e intenções, gerando vantagens estratégicas.

A maior desvantagem da abstenção é que as oportunidades de usar o conflito para resolver problemas se perdem. Os abstencionistas frequentemente se descomprometem sem saber se interesses ocultos se transformariam em possíveis ganhos comuns. Eles raramente têm a experiência de se afastar de um conflito manifesto, sentindo-se em melhores condições. Mesmo quando realmente negociam, chegam a soluções que não são as melhores, por renunciar à afirmação de seus próprios interesses ou a inflamar os do outro lado.

Como os competidores, os abstencionistas têm momentos difíceis para conservar fortes relações de trabalho. Outros os acham apáticos, indiferentes, ou mesmo entre passivos e agressivos. Eles bem podem ter uma rica vida interior, mas por não exprimirem e não partilharem seus sentimentos sentem-se incompreendidos ou menosprezados. Alguns abstencionistas sofrem a tensão de internalizar o conflito e esconder suas emoções.

Interações entre estilos de negociação

Em nossa experiência, esses estilos interagem uns com os outros, em modelos claramente previsíveis.

Competidor-competidor: dois competidores produzirão uma negociação enérgica – farão ofertas e contraofertas, argumentos e contra-argumentos, saboreando a dança estratégica da barganha pelo simples divertimento. Todavia, como ambos estão primordialmente concentrados no triunfo, é provável que cheguem a um empate – ou a uma inequívoca explosão – porque nenhum negociador está escutando o outro. O desafio para os dois competidores, por conseguinte, é encontrar meios de administrar o controle e enquadrar os compromissos em termos digeríveis para o outro lado.

Competidor-abstencionista: quando um competidor encontra um abstencionista, surge um problema diverso. Os abstencionistas têm uma queda por fazer os competidores enlouquecerem. Recusando-se a se comprometer, exploram a necessidade de controle do competidor. Competidores frustrados fazem concessões para induzir abstencionistas a chegarem à mesa. Já competidores podem provocar antipatia nos abstencionistas se exagerarem. Desse modo, o desafio para os competidores é administrar sua necessidade de controle e seu gosto pelo conflito aberto, de forma a deixar os abstencionistas mais seguros para se comprometerem. O desafio, para os abstencionistas, é melhorar seus recursos de assertividade e aprender a se comprometer com os competidores, sem se sentir oprimido ou intimidado.

Competidor-acomodado: para o acomodado, negociar com um competidor pode ser um pesadelo. Competidores sábios exploram o desejo do acomodado de preservar a relação e reduzir os desacordos. Como os acomodados, muitas vezes, fazem concessões substanciais para resolver rapidamente os conflitos, podem melhorar seu desempenho em tais situações, desenvolvendo recursos de assertividade à altura de seu refinado senso de empatia.

Acomodado-acomodado: quando dois acomodados negociam, estarão extraordinariamente afinados com as necessidades de relacionamento de cada um. Mas eles podem deixar de afirmar seus interesses adequadamente. Podem evitar questões distributivas e descuidar das oportunidades de criação de valor. O desafio para os acomodados é aprender a tolerar mais o conflito aberto nas relações e não buscar alcançar acordo tão rapidamente, no interesse de manter a paz.

Acomodado-abstencionista: quando um acomodado encontra um abstencionista, a negociação, muitas vezes, deixa imediatamente de avançar. Se o acomodado acomoda o abstencionista, *ambos* terminarão evitando o problema. A negociação pode florescer, porém, apenas se o acomodado mantiver a temperatura emocional da interação suficientemente baixa para induzir o abstencionista a sair de sua concha.

Abstencionista-abstencionista: dois abstencionistas, antes de mais nada, jamais enfrentam o conflito!

Ao reconhecer esses padrões, um sensato solucionador de problemas pode usar essa estrutura durante uma negociação para diagnosticar o que está errado e, com frequência, para decidir o que fazer a respeito.

O TRATAMENTO: ADMINISTRAÇÃO DAS TENSÕES

Muitos negociadores sentem-se atrapalhados por admitirem que devem escolher um único ponto num espectro de empatia-assertividade (Figura 3, ao alto). Isso, muitas vezes, leva à confusão e à frustração quando se tenta decidir qual dessas duas habilidades será prioritária durante a negociação. Sugerimos que a empatia e a assertividade não sejam opostas mas, em vez disso, duas dimensões independentes do comporta-

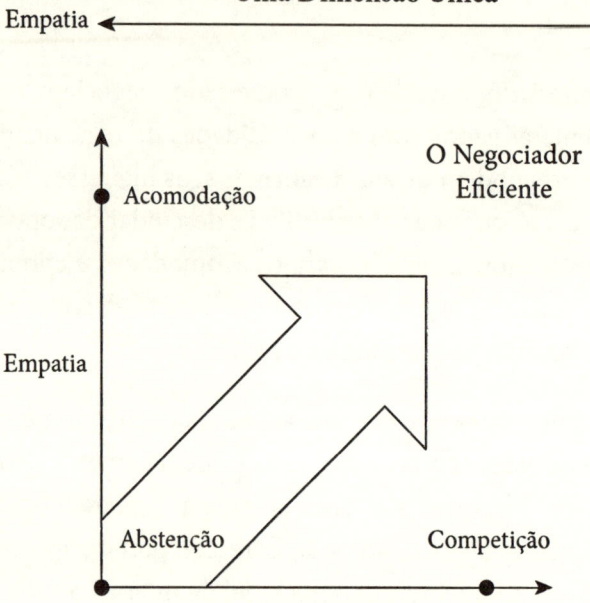

Uma Dimensão Única

Empatia ←————————————————————→ Assertividade

Acomodação

O Negociador
Eficiente

Empatia

Abstenção   Competição

Assertividade

Figura 3

mento do negociador (Figura 3). Um negociador não precisa fazer permutas entre elas, mas pode demonstrar altos níveis de ambas.

O desafio é construir seu repertório de modo que, nas situações de conflito, tal flexibilidade se torne possível. O objetivo é prestar atenção em três coisas:

- Compreender *suas próprias* tendências em conflito e pontos fracos – a maneira pela qual você provavelmente reagirá em diferentes tipos de situação de conflito – e aprender a ampliar seu repertório de habilidades.
- Diagnosticar as tendências de conflito dos *outros* e levá-los a salientá-las ou afirmá-las quando necessário.
- Compreender as *interações* mantidas com a outra pessoa e como suas interações podem ser improdutivas.

Além disso, você deve aprender a monitorar essa dinâmica *durante o curso de uma negociação*, o que pode ajudá-lo a descobrir quando mudar o jogo, caso você se atrapalhe.

Mas alterar hábitos entranhados é difícil, particularmente se você temer pôr em risco os benefícios de seu estilo pessoal de negociação. Você também pode exagerar os riscos de exercer novas habilidades. Por exemplo, um negociador competitivo inquieta-se com qualquer demonstração de empatia que se interprete como fraqueza. Pode também temer que, se realmente compreender o outro lado, não consiga mais afirmar seus interesses vigorosamente. Um negociador acomodado inquieta-se com a possibilidade de que, se agir mais assertivamente, prejudicará uma relação de valor – particularmente se ele associar a assertividade a um comportamento rude e desagradavelmente agressivo.

Que passos específicos você pode dar, em suas negociações, para aumentar a probabilidade de que pelo menos você – e de preferência também a outra parte – usem a empatia e a assertividade? Para apresentar os alicerces de um tratamento da solução de problemas com empatia e assertividade, novamente dividimos nosso aconselhamento em duas partes: as coisas que você pode fazer como preparativo para uma negociação e as coisas que você pode fazer à mesa.

Preparação

Uma vez mais, a boa preparação é imprescindível. Ela requer introspecção, curiosidade e disposição de partilhar sua própria perspectiva.

CONHECE-TE A TI MESMO

Quais são suas tendências para conflito e seus pontos fracos?[12] Como eles podem ser provocados nessa negociação? Se você entra numa negociação sem compreender como suas defesas tendem a ser provocadas, será facilmente afastado do equilíbrio pela outra parte.

Você é um abstencionista de conflitos? Você percorre o longo caminho pelos corredores apenas para evitar a sala de alguém com quem discutiu recentemente no aparelho de fax? Você escolhe quem quer atender em sua secretária eletrônica de modo que não tenha de falar com sua mãe sobre a briga que teve no último fim de semana? Em diferentes ocasiões e diferentes contextos, todos nós evitamos o conflito. Não há nada de errado nisso. Ao se preparar, porém, para uma negociação, você deve considerar se é provável que a interação iminente acione sua reação de "abstenção". Com quem você negociará? A respeito do que falará? Que implicações – para sua carreira, sua vida, sua autoimagem – tem a negociação? É provável que alguns desses fatores façam você querer deixar inteiramente a mesa?

Você é um acomodado? Tende a procurar na sala a pessoa com quem teve recentemente um desentendimento, com o fim de se desculpar e salvar a relação? Passa noites esboçando as palavras perfeitas a serem ditas para os ajudar a se compreender e deixar tudo melhor? Quando sua mãe telefona, você faz tudo a seu alcance para impedir que ela se aborreça? Novamente: essas tendências são naturais – todos nós as experimentamos. Às vezes, é prudente e bom colocar na frente os interesses de outra pessoa – para acomodar suas necessidades, em vez das nossas. Se a acomodação for uma escolha consciente e não uma reação habitual de se defrontar com o sofrimento do outro, pode ser uma parte importante da elaboração e manutenção dos relacionamentos. Mas ao se preparar para uma negociação você precisa considerar se é provável que suas tendências acomodadoras sejam provocadas e se elas lhe servirão a contento. Com quem você negociará? O que essa relação significa para você? Será difícil afirmar junto a essa pessoa seus próprios interesses e sua perspectiva? Estarão certos assuntos fora de seu alcance?

Ou você é um competidor? As negociações são como um jogo, em que você tenta vencer ao máximo, independentemente de como afete os outros? Você gosta de situações de conflito por causa do afluxo de adrenalina que experimenta quando leva a melhor? É provável que você procure um colega de escritório para continuar sua discussão e convencê-lo de que você estava certo o tempo todo? Não há nada de errado em querer vencer e nada de errado em querer fazer o melhor possível. Afirmar suas próprias necessidades e interesses é fundamental para negociar com eficiência. Ao mesmo tempo, ao se preparar para uma negociação, você deve considerar em que medida um estilo competitivo pode não dar certo. É uma situação em que reconhecer a perspectiva, interesses e necessidades da outra pessoa é especialmente relevante? Se suas tendências competitivas e assertivas disparam aí, como será provável que você se comporte e qual efeito isso terá sobre o outro lado – e no seu relacionamento?

As pessoas, na maioria, são complicados amálgamas desses três estilos. Elas deslocam-se de um para o outro, dependendo da situação e de com quem negociam. Às vezes, elas competem. Às vezes, farão qualquer coisa para preservar uma relação. Como dissemos, cada estilo tem vantagens e desvantagens. Como parte da sua preparação, você deve pensar sobre quais tendências provavelmente ocorrerão nesse contexto particular.

SEJA CURIOSO ACERCA DO OUTRO LADO

Ao refletir sobre a primeira tensão – entre criar e distribuir valor –, você já começará o processo de se colocar na situação do outro negociador. Você terá esboçado uma relação dos interesses e alternativas de sua contraparte. Essa relação tornará a empatia à mesa mais fácil, ao prepará-lo para estar aberto à história do contendor, na negociação.

Agora, pergunte-se: o que é, afinal, a história do outro lado? O que ele diz a seus colegas e amigos sobre você e sua situação? Todos nós contamos histórias o tempo todo, e o outro lado, infalivelmente, terá uma sobre sua negociação. Enquanto você se prepara, se não puder imaginar como a situação é compreendida do ponto de vista alheio, significa que você ainda precisa adquirir mais informação da outra parte. Reflita sobre o melhor meio de obter essa informação. Que perguntas deve fazer? Como pode formular essas perguntas de maneira a parecer genuinamente interessado e não acusativo?

Não parta da premissa de que conhece a história do outro lado. Se pensar que conhece, provavelmente errará. Mesmo se você se revelar substancialmente certo, será ainda mais eficiente se começar com uma atitude de curiosidade em torno de como o outro lado vê o mundo.

Ao pensar na negociação iminente, reconheça o desafio de demonstrar compreensão das coisas que você não deseja ouvir. Talvez você tenha uma ideia bastante boa do que dirá o outro lado, e tão somente *pensar* em ouvi-lo dizer faça seu sangue ferver. Talvez tenha negociado antes com a mesma pessoa. Talvez ela lhe tenha causado tanta raiva que você tenha perdido o controle e aflija-se com a possibilidade de isso ocorrer de novo. Talvez você tema que o outro lado possa dizer coisas que lhe viessem a ser tão prejudiciais que nem mesmo valeria a pena *realizar* a negociação. O que quer que você imagine, é esse o momento de extrair um pouco do veneno – enquanto você ainda está na fase da preparação. Suponhamos que você espere o outro lado atacar, como Susan atacou Martin, no nosso exemplo. Como pode se preparar para demonstrar compreensão do que, para você, é demasiada tolice e crítica descabida?

Sua preparação consiste, em grande parte, em *não* fazer o que poderia normalmente fazer, ou seja, construir um arsenal de contragolpes. Isso só o deixará tenso e irritado antes de sequer chegar à mesa. Com essa espécie de preparativo, você explodirá antes que o outro lado solte uma palavra. Lembre-se de que o outro lado talvez não diga nem faça nenhuma das coisas horríveis que você espera.

Em seguida, pergunte-se: qual a pior coisa que o outro lado diria a seu respeito? O que seria mais duro de ouvir? Faça uma relação, mental ou por escrito, desses pontos de detonação. Se a negociação se concentrar num conflito profundo ou de longa data, você sentirá necessidade de recrutar um amigo íntimo para atuar como treinador ou ficar no lugar do outro lado. Por nossa experiência, é de enorme utilidade ouvir as críticas imaginadas – as que *realmente* o farão perder a razão –, ditas em alto e bom som, num ambiente neutro. É bom ouvi-las de sua própria boca, enquanto você as explica a seu treinador, e ainda melhor ouvi-las por ele, enquanto ele discutir o problema com você. Essas censuras agressivas começarão a perder a acidez à medida que você se acostuma cada vez mais a ouvi-las.

Depois, peça a seu treinador para desempenhar o papel do outro lado e pratique responder a cada ataque simplesmente parafraseando-o. Lembre-se de como Marin respondeu às depreciativas críticas de Susan:

> SUSAN: Você, decididamente, nunca mostrou muito interesse pelo lado comercial do negócio – você seria terrível se ficasse sozinho.
>
> MARTIN: Então você acha que eu não gosto do lado comercial de dirigir o restaurante e que não o faria bem sem você?

Resista à tentação de argumentar, mesmo com seu treinador. Você não tem necessidade de agir desse modo. Na verdade, pode descobrir que fica muito mais tranquilo quando nem mesmo o tenta. Em vez disso, pratique apenas o reconhecimento de que a pessoa exprimiu certa opinião sobre o seu comportamento, que você não compartilha necessariamente.

PREPARE-SE PARA PARTILHAR SUA PERSPECTIVA

Para muitos, a empatia é a parte difícil; a afirmação é fácil. Mas esse não é sempre o caso. Às vezes, é difícil afirmar sua própria perspectiva, especialmente quando a outra pessoa não quer ouvir o que você tem a dizer ou pensa alguma coisa muito diferente. E pode ser difícil fazê-lo de forma confiante, particularmente quando você sente essa confiança.

Todos temos o direito de expressar nossas opiniões. Mesmo se sua perspectiva ou história sejam incompletas ou inexatas, você deve estar confiante no seu direito de enunciar como vê a situação. Exatamente por não ter necessidade de concordar com o outro lado quando demonstrar compreensão de suas opiniões, ele não tem necessidade de concordar com você quando lhe expõe as suas. Mas ele deve escutar, e se não o fizer, você deve insistir nisso.

Ao se preparar para esse componente assertivo de sua negociação, primeiro indague se você, efetivamente, se sente habilitado a ter sua vez. Se tiver qualquer hesitação a esse respeito, poderá ajudar-se ao tentar o emprego da empatia com os pontos de vista *do outro lado*; isso o levará a ficar mais confiante sobre sua própria asserção. "Pelo menos não estarei agindo como um idiota", você pode pensar. "Demonstrarei compreensão do que a outra pessoa diz e, depois, tentarei explicar como vejo isso de modo diferente. É equilibrado. É justo." Parte da sua preparação é pensar em como negociar um processo que assegure a ambos os lados uma oportunidade de afirmar suas próprias perspectivas e demonstrar cada um sua compreensão da perspectiva do outro.

Em seguida, pratique a exposição da sua história. Não a imagine somente em sua cabeça – conte-a em voz alta. Você se surpreenderá com quanta revisão e aperfeiçoamento quererá fazer quando ouvir a história em suas próprias palavras, com seus próprios ouvidos. Essa história tende a fazer meandros e a se desviar em detalhes irrelevantes? Quais são os aspectos básicos que deseja salientar? Há elementos, em sua história, sobre os quais não está seguro? Precisa de mais informação para deixar seu caso mais claro e persuasivo? Como pode obter essa informação? Imagine tudo isso antecipadamente. Tal preparação pode ajudá-lo a identificar a confusão em seu próprio raciocínio e levá-lo até a reavaliar sua história. Talvez ela seja mais forte do que você pensava. Ou nem tanto. Num ou noutro sentido, sua história será mais convincente se você, de antemão, trouxer seus tópicos em sequência. Uma vez que apure a narrativa, faça uma lista dos pontos essenciais. À mesa, você não precisa desperdiçar energia mental com a preocupação de esquecer alguma coisa importante.

Finalmente, pense em uma maneira de arquitetar sua história, tornando-a mais persuasiva e permitindo ao outro lado assimilá-la. Ensaie uma história que não censure o outro lado e não caracterize suas motivações ou intenções. Por exemplo, se a negociação envolve, inevitavelmente, uma discussão de conflitos passados com a outra parte, apresente seu relato de uma forma tão neutra quanto possível. "Quando você fez tal coisa, foi assim que me atingiu. Não acredito que fosse sua intenção. Não sei qual era sua intenção, e talvez você pretendesse algo completamente diferente. Mas o impacto sobre mim foi..." Desse modo você dará ao outro lado alguma pausa para respirar, a fim de absorver o que você diz.

Suponhamos que para Martin seja importante a compreensão de Susan sobre ele ser tão gregário com os clientes e perdulário quanto ao dinheiro de promoções e publicidade. Ele poderia dizer:

MARTIN: Sei que mencionei isso um milhão de vezes, mas sempre sonhei ser dono de um restaurante. Fui criado numa grande família italiana em que a comida era o centro do universo. Todo domingo, nossa casa era o lugar onde todos apareciam para almoçar. Tínhamos uma casa minúscula, e então a sala de jantar ficava apinhada de gente. Às vezes, tinha-se a impressão de que toda a vizinhança estava lá. As pessoas sentavam-se durante horas, contando histórias. Tanto minha mãe como meu pai eram ótimos cozinheiros, de modo que isso determinou bastante minha ideia do que a comida representava. Sempre desejei criar essa mesma sensação em nosso restaurante. Na faculdade, meu treinamento comercial concentrou-se amplamente nas estratégias de mercado. Meu curso de administração hoteleira era obcecado com a divulgação boca a boca. Eles realmente nos ensinaram que, nos restaurantes, você *deve* distribuir comida, se ela firmar a lealdade do cliente. Assim, quando você e eu abrimos nosso restaurante, eu tinha todas essas ideias na cabeça – sobre minha família, sobre a boa prática comercial etc. Você pode ter pensado que eu era descuidado e perdulário, ou que simplesmente não me interessava por dinheiro, mas eu tomava de-

cisões conscientes. Você podia não concordar com elas, mas eram
decisões. O problema é que nunca falamos a esse respeito. Não estou censurando ninguém. Só tivemos diferentes perspectivas. Você
se preocupava com o fechamento do restaurante devido aos custos
demasiadamente altos e eu me preocupava com o fechamento por
ser pequena demais a base da nossa clientela.

À MESA

Seu primeiro objetivo à mesa de barganha é assentar um alicerce para a
solução de problemas. Para fazer isso você precisa estabelecer um processo que permita a ambas as partes usarem a empatia e a asserção. Essas tarefas básicas são cruciais para assegurar que, enquanto a negociação
prosseguir, ela não saia dos trilhos por mal-entendidos ou desnecessário
crescimento de conflito.

NEGOCIAR UM PROCESSO RECÍPROCO

Em nossa experiência, é frequentemente útil discutir o processo explicitamente no começo de uma negociação, dizendo algo como:
   – Tenho uma sugestão. Gostaria de me assegurar de que temos uma
oportunidade de explicar como vemos as coisas. Desconfio de que sua
perspectiva sobre essas questões é muito diferente da minha. Mas gostaria de compreender a sua perspectiva e gostaria de que você compreen-
desse a minha, mesmo se não concordarmos. Você pode falar primeiro,
e eu escutarei. Depois de você estar convencido de que compreendo seu
ponto de vista, aí eu gostaria de tomar uns poucos minutos para lhe falar
do meu. O que lhe parece?
   Mas tome cuidado para não tentar impor um processo. O negociador do outro lado pode ter suas próprias opiniões sobre como deve ser
a agenda. E ele talvez veja imediatamente a utilidade de cada um tentar
explorar as opiniões e os interesses do outro.

Ajuda, frequentemente, deixar o outro lado falar primeiro. As pessoas gostam de falar, e de afirmar suas opiniões. Os competidores, evidentemente, aceitarão ansiosamente esse convite. Mesmo acomodados e abstencionistas acham difícil resistir a partilhar o ponto de vista deles, principalmente se não adotarem a defensiva ao ouvir sua perspectiva primeiro. Esse tratamento pode ser particularmente produtivo se houver fortes emoções ligadas à negociação. Muitas pessoas *podem absolutamente não escutar*, até desabafar. Deixe-as expor sua parte. Dê-lhes o máximo de tempo. Deixe-as ficar sem gás. Prepare-se para lhes mostrar sua compreensão. E deixe claro, desde o início, que a compreensão não significa concordância. Esse processo simples lhe dará uma oportunidade muito melhor de conseguir a atenção da outra pessoa, quando da sua vez de falar. E lhe dará a chance de demonstrar o que a empatia representa numa negociação.

MARTIN: Você, obviamente, está muito inclinada a comprar minha parte, e eu tenho algumas ideias próprias. Então, por que você não fala primeiro? Conte-me suas ideias sobre o futuro do restaurante. Eu realmente gostaria de compreendê-las, muito embora ainda não saiba se vou concordar com elas. Depois tomarei uns poucos minutos para explicar meu ponto de vista. Talvez você não concorde com *minhas* ideias, mas eu gostaria de saber que você ao menos compreende o que estou pensando. O que lhe parece?

Mas e se a pessoa do outro lado não parar de falar? Você precisará lembrá-la do acordo de que ambos teriam tempo para falar. Você poderia dizer algo como:

– Você já explicou, por algum tempo, como vê a situação, e acho que lhe mostrei que compreendo seu ponto de vista. Como nós vemos as coisas de maneira diferente, eu gostaria de uma oportunidade para explicar minha perspectiva e me assegurar de que você a compreende. Estaria tudo bem para você? Se eu tomar uns poucos minutos para lhe expor meu ponto de vista da situação?

Toda negociação segue algum processo – você não pode escapar disso. Se você não aproveitar o tempo para negociar um processo *recíproco*, terminará num ciclo de argumento e contra-argumento em que nenhum dos lados escuta o outro. Nesse caso, o processo implantado, à revelia, é "Quem falar mais alto e por mais tempo vence".

USE O LAÇO DA EMPATIA

Admitindo que o outro lado percebe a necessidade de alguma compreensão recíproca e que aceitou seu convite para falar primeiro, como você demonstrará que está tentando compreender? Use uma técnica que denominamos *laço da empatia* (Figura 4).[13] O laço da empatia tem três etapas:

1. você pergunta sobre um assunto ou questão;
2. o outro lado responde;
3. você demonstra sua compreensão da resposta e testa ou confere essa compreensão com a outra pessoa.

Em outras palavras, você faz o laço da sua compreensão da perspectiva do outro lado voltar a ele. Caso responda ao seu enlaçamento dizendo que você entendeu errado, você toma isso como um retorno à etapa 2 e dá o laço, de novo, no que ele disse. O laço da empatia é o instrumento básico a que você recorre quando tenta mostrar compreensão.

Para mudar um pouco de exemplo, retornemos à negociação de Stephanie com o diretor em perspectiva, sobre se a Agência Bradford de Propaganda pagaria suas despesas de mudança (ver Capítulo 1). Enquanto sonda os interesses da empresa, ela poderia dizer algo assim:

> **STEPHANIE:** Parece que vocês não estão interessados em custear minhas despesas de mudança. Por que não?
> **BRADFORD:** Bem, é muito simples: pela política da empresa, nós realmente não cobrimos despesas de mudança. Não posso alterar as normas em cada caso.

STEPHANIE: Entendo. Pela empresa ter uma política a esse respeito e você se preocupar com as consequências, caso faça uma exceção no meu caso.

BRADFORD: Exato. Você sabe, suas despesas, provavelmente, não serão tão altas, mas algumas pessoas mudam de um lado para o outro do mundo e têm uma tonelada de coisas, depois a empresa se vê diante de uma enorme conta de mudança. Assim, nossa norma é excluir as despesas de mudança.

STEPHANIE: Tudo bem. Então, você acha que minhas despesas seriam bastante baixas, mas ainda o preocupa que, se a empresa aceitasse pagá-las, mais tarde receberia uma conta realmente alta de outra pessoa. É isso, basicamente, ou há alguma coisa que não estou percebendo?

BRADFORD: Não, em resumo é isso. Eu bem que gostaria de ajudá-la.

A essa altura Stephanie rastreou cuidadosamente as preocupações e interesses da Bradford, capturou-os e devolveu-os ao indagar, para terminar, se a compreensão dela estava completa ou parecia – à Bradford – que estivesse deixando de perceber alguma coisa.

Não há nenhuma fórmula única para demonstrar compreensão. Mas *podemos* sugerir algumas perguntas proveitosas para trazer à tona a história da outra pessoa e mostrar-lhe que você está tentando compreender. Elas incluem:[14]

- "É assim que você vê o problema?"
- "Pode esclarecer o que você quer dizer com... Minha compreensão é... Isso está certo?"
- "O que acho que você quer dizer é... Isso está certo?"
- "Como eu o compreendo, o problema é... Estou ouvindo você corretamente?"
- "Em resumo, os pontos principais, como os ouvi, são... Compreendi você direito?"
- "O que estou deixando de perceber?"
- "Há alguma coisa, sob sua perspectiva, acerca da qual ainda não tenhamos falado?"

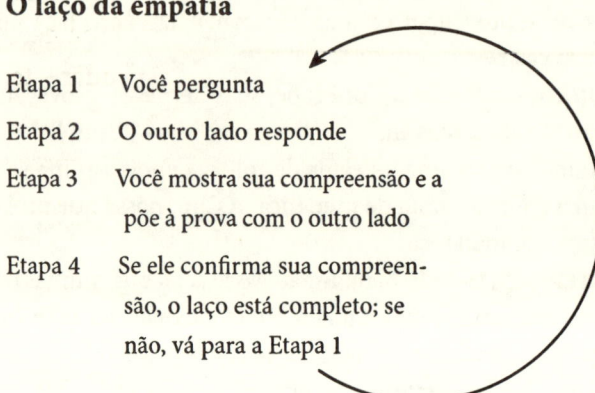

O laço da empatia

Etapa 1   Você pergunta

Etapa 2   O outro lado responde

Etapa 3   Você mostra sua compreensão e a
           põe à prova com o outro lado

Etapa 4   Se ele confirma sua compreen-
           são, o laço está completo; se
           não, vá para a Etapa 1

Figura 4

A forma precisa é menos importante do que conferir a acuidade do
que você compreendeu. Demonstrar compreensão exige parafrasear,
conferir seu entendimento e dar à outra pessoa oportunidade para
responder. A empatia, como a concebemos, exige genuína curiosidade.[15] Ela não pode ser facilmente simulada com o uso insincero de
frases que agradem, inclusive as sugeridas. A maior parte das pessoas
é bastante boa na identificação de um impostor que está simplesmente fingindo. "O que ouço você dizer é" pode piorar as coisas, se a outra
pessoa pensar que você, efetivamente, não se importa em apreender a
perspectiva dela ou está sendo manipulador. Ter a atitude mental correta é fundamental.

NÃO CONCORDE, SE DISCORDA

Se você escutar e demonstrar que compreende, a outra pessoa pode dizer
algo como: "Você não acha que está certo?" ou "Você percebe o que estou
dizendo?". Em geral, estas perguntas são apenas tentativas de conseguir
que você continue a demonstrar compreensão, mas provocam confusão

sobre a possibilidade de você realmente estar de acordo com o essencial. Deixe claro que não é o caso, ou que você ainda não está certo sobre o que pensa. Diga: "Estou só tentando compreender – tenho uma perspectiva própria, mas vamos esperar por ela." Ou: "Ainda não estou certo se concordo ou discordo, mas por ora só quero compreender como você vê a situação." Continue esclarecendo o ponto de que empatia não significa concordância.

Não importa quanto *os dois lados* escutem e usem a empatia: eles ainda podem discordar. E, então, pode sair faísca – não da raiva ou da agressão, mas meramente por causa da genuína diferença. Esteja preparado para tal conflito, particularmente se você tende a ser um abstencionista. Espere-o. Imagine como será estar diante do desacordo e mantenha sua opinião, de uma forma respeitosa e produtiva. Prepare-se para o conflito, de maneira que possa administrá-lo com habilidade.

VERIFIQUE TUDO UMA ÚLTIMA VEZ

A certa altura você, provavelmente, sentirá que ouviu o outro lado até o fim e lhe mostrou que compreende sua opinião. Pode tomar mais tempo do que você esperava. Mas, no final, você devolverá a questão um número de vezes suficiente para que o outro lado perceba que você o ouviu.

A fim de fazer a transição para afirmar sua própria perspectiva, você precisa verificar tudo uma vez mais com a outra parte para se certificar de que esta concorda em que você lhe ouviu o ponto de vista:

– Então parece que você pensa X, Y e Z. Também ouvi você dizer A, B e C. Isso está certo? Há algo que eu tenha deixado passar na sua história ou algo mais que você queira que eu ouça? Não? Tudo bem, bom, eu gostaria de lhe contar como vejo as coisas.

EXPLIQUE SUA HISTÓRIA

Após demonstrar, para satisfação do outro lado, que compreende a perspectiva dele, você deve estar numa posição melhor para afirmar alguns dos seus próprios interesses e preocupações. Por exemplo, Stephanie poderia dizer:

> STEPHANIE: Bem, compreendo que você gostaria de ajudar na mudança. Deixe-me explicar minhas preocupações acerca das despesas de mudança e por que espero que possamos encontrar uma solução criativa. Está tudo bem?
> BRADFORD: Sem dúvida.
> STEPHANIE: Se eu aceitar esse emprego, vou ter algumas despesas logo de início. Terei de vender minha casa e comprar uma casa aqui. Estou preocupada com o problema do fluxo de caixa. Só as despesas de mudança custarão cerca de US$10 mil. Sinceramente, não disponho dessa quantia. A mudança tomará aproximadamente duas semanas, e provavelmente só receberei o pagamento depois de trabalhar ao menos um mês. Estou aflita a respeito de como me sustentarei nesse período.
> BRADFORD: Ah, eu entendo. É uma situação complicada.
> STEPHANIE: Sim, sinceramente, ela gera um problema real.

Stephanie não ataca ou deprecia a política da empresa. Ela simplesmente explica seu ponto de vista e por que o custo da mudança a preocupa. Como está preparada (sabe que haverá duas histórias diferentes), fica menos tentada a dizer: "Sua política é estúpida; minha história é a certa." Em vez disso, sua tarefa – que ela negocia com franqueza explícita – é apenas expor sua história, mesmo se difere da de seu empregador em perspectiva.

CONFIRA A COMPREENSÃO DE SUA HISTÓRIA PELO OUTRO LADO

Como uma última etapa para firmar o alicerce da solução de problemas, você precisa assegurar-se de que o outro lado *o* ouviu. Não suponha que um menear de cabeça ou um "Sim, sim" indicam verdadeira compreensão. Peça-lhe para demonstrar a compreensão mais completamente, compartilhando a versão da história que você expôs. Há muitas maneiras de fazer isso, inclusive:

- "Estou aflito em não ter passado minha mensagem com sucesso. Podia dar-me uma ajuda: o que me ouviu dizer?"
- "Apenas para estar certo de não o confundir, qual você acha que foi meu ponto de vista?"
- "Tentei mostrar-lhe que compreendo a situação do seu ponto de vista – gostaria de saber se você faria o mesmo. O que você me ouviu dizer?

Pedindo ao outro lado para demonstrar a compreensão que tem de sua perspectiva, você se assegura de que *sua* empatia com ele não significa concordância. Uma vez que ele demonstre compreensão, é muito menos provável que diga: "Mas você concordou comigo antes." Além disso, você mais provavelmente identificará passagens que ele *não* ouviu completamente ou interpretou de um modo que não faz sentido para você.

SE NECESSÁRIO, MUDE O JOGO

Por mais cuidadosamente que você tente estabelecer um processo produtivo no início, pode descobrir-se, no fim, diante de um impasse. Talvez nem você nem o outro lado, afinal, escutem. Talvez você pareça defensivo. Talvez o outro lado pareça estar fora de sintonia.

Lembre-se de nosso exame das três tendências de negociação e de como elas interagem, caracteristicamente. Tente diagnosticar o que está acontecendo. Esteve agindo como um competidor? Tomou tempo demais para respirar e tentou controlar a agenda? Você precisa recuar e escutar por algum tempo? Reflita sobre o comportamento do outro lado. Que estilo de negociação ele emprega? O que lhe revela o fato de vocês dois terem estacado? Procure um padrão. Depois, veja se pode alterar a dinâmica, acrescentando mais empatia ou assertividade quando necessário. Se acha que vocês se interromperam de uma forma competitiva, pode dizer: "Você sabe, eu compreendo o que fiz em toda a conversa e não estou certo de ter compreendido totalmente o que você diz. Poderia separar uns poucos minutos e me ajudar a compreender por que...?"

CONCLUSÃO

Da mesma maneira que a tensão entre criar e distribuir valor, nossa segunda tensão, entre empatia e assertividade, deve ser administrada. Os mais hábeis negociadores têm um amplo repertório de habilidades interpessoais. Tanto podem escutar bem quanto falar de modo persuasivo. Essas habilidades básicas da comunicação firmam o melhor alicerce para a solução de problemas.

3

A tensão entre representados e representantes

S<small>AM</small> W<small>ALSH</small> <small>ESTÁ PRESTES A VENDER SUA</small> casa, mudar para o Arizona e se aposentar. Comprou a casa há oito anos, quando o mercado imobiliário estava em baixa. O mercado agora está em alta e alguns de seus amigos lhe recomendaram que vendesse a casa sem um corretor imobiliário. Sam passou os olhos em livros que descrevem como anunciar uma casa, como cumprir um bem-sucedido programa de visitas e como negociar com um comprador em potencial por meio do processo de oferta e aceitação, compra e venda e fechamento do negócio. E, evidentemente, a internet, hoje, oferece novas possibilidades para se classificar uma casa. Dados todos esses recursos e um mercado em alta, Sam acha que talvez possa vender a casa sozinho, com grande rapidez e por um bom preço, sem pagar a comissão de 6% a um corretor.

Mas Sam não está certo de que as economias valham todo esse esforço e ansiedade. É claro que os corretores imobiliários são dispendiosos, mas e se a venda independente não der certo? E ela lhe parece uma terrível amolação. Não seria mais fácil deixar um corretor cuidar de todos os aspectos? É mais cômodo não ter de fazer toda essa negociação com o comprador?

Sam liga para uma amiga da família que recentemente comprou uma propriedade nas vizinhanças e pergunta se ela gostou de seu corretor imobiliário.

– Certamente – a amiga diz. – É uma ótima corretora. Chama-se Betty Ortiz. Dê-lhe um telefonema. Ela o ajudará.

O OBJETIVO: COLHER TODAS AS VANTAGENS DE CONTRATAR UM CORRETOR

Sam se pergunta se contratar um corretor imobiliário lhe proporcionará uma vantagem clara na venda da casa. Por um lado, talvez um corretor venda sua casa mais depressa e por mais dinheiro do que ele. Se não utilizar um corretor, talvez a casa fique meses sem ser vendida. Mas, por outro lado, quem sabe o corretor não faça jus à comissão e termine *saindo caro* a Sam. Como deve Sam decidir o que fazer? Como sua decisão sobre contratar um corretor afetará a venda da casa? Além disso, se ele o contratar, como deve negociar as condições dessa relação?

As relações de intermediação estão em toda parte. Constantemente delegamos autoridade a outros, de modo que possam agir em nosso lugar. Pedimos a advogados que nos representem; damos a administradores de dinheiro autoridade para fazer nossos investimentos; pedimos a médicos que assumam a responsabilidade por nossos cuidados com a saúde; dependemos de empregados que fazem o trabalho por nós determinado e elegemos funcionários públicos para legislar em nosso nome. Na verdade, é difícil imaginar como a sociedade funcionaria, sem representantes que agissem em nome dos representados – diplomatas em nome das nações, líderes trabalhistas em nome dos sindicatos, empresários de esporte em nome dos jogadores, agentes literários em nome dos autores.

Quando um representado contrata um representante para atuar em seu nome em negociações, ele espera – ingenuamente – que o representante seja apenas motivado para servir aos interesses do representado. É assim que as relações entre representado e representante funcionariam em termos ideais. No mundo real, porém, os representantes sempre têm seus próprios interesses. Como resultado, o relacionamento entre representado e representante é repleto de conflitos potenciais que exigem hábil administração.

Por exemplo, um cliente e seu advogado precisam negociar o pagamento do advogado; como será tratada a outra parte; que informação será solicitada à outra parte ou lhe será revelada; a que altura aceitar a oferta da outra parte e assim por diante. Se essas questões não forem admitidas ou abordadas, afetarão desfavoravelmente a negociação. Por todos esses motivos, a negociação eficiente exige uma boa compreensão dos benefícios e riscos do relacionamento de representação e de como pode esta ser administrada.

Benefícios da representação

Por que as relações com a representação são tão difundidas em negociações? Porque um representante proporciona benefícios significativos a seu representado. Esses benefícios provêm de quatro fontes:

- *Conhecimento:* um representante pode ter conhecimento especializado – que falte ao representado – sobre as condições do mercado, normas formais ou informais, ou riscos e oportunidades relevantes. Um banqueiro de investimentos, por exemplo, conhecerá compradores em potencial para a empresa do cliente e estará mais capacitado para cotar o preço do negócio.
- *Recursos:* um representante, por causa de sua reputação e de suas relações, pode proporcionar acesso e oportunidades que de outro modo seriam indisponíveis. Por exemplo, um agente literário muito conhecido pode levar um editor a ler o manuscrito de um novo autor e mais tarde negociar condições favoráveis de transação, graças à reputação de bom critério atribuída ao agente.

- *Habilidades:* um representante pode ser melhor negociador do que o representado, seja devido à experiência, ao treinamento ou à aptidão natural. Um cliente pode contratar um advogado para negociar um pagamento ou um negócio, por exemplo, por acreditar que ele será mais eficaz.
- *Vantagens estratégicas:* um representante pode usar táticas de negociação em nome do representado, de modo que isole o representado de seu impacto completo. O representado pode permanecer como o "policial bom", enquanto o representante atua como o "policial mau". Por exemplo, um empresário de esportes pode envolver-se em táticas de barganha pesada com o empresário geral do time enquanto o atleta permanece em boa situação com o time. Inversamente, um representante colaborador pode acomodar uma disputa com um representante do outro lado mesmo se os representados estiverem em conflito.

Em muitos casos, o representante fará coisas que o representado jamais poderia fazer por si mesmo, sendo clara a possibilidade de ambos, representado e representante, se beneficiarem com tal permuta. O representante pode ter uma vantagem absoluta, em relação ao representado, a respeito dessas atividades. No caso de Sam e Betty, esta pode ter habilidades, conhecimentos e recursos que faltem a Sam. Mas a teoria econômica sugere que, mesmo se Sam souber tanto – ou mais – sobre a venda de imóveis residenciais quanto Betty, isso não significa, necessariamente, que ele deva vender a casa sozinho. O princípio econômico da *vantagem comparativa* mostra que pode haver ganhos na troca, quando cada parte (seja uma pessoa ou empresa, seja um país) se especializa na produção de bens e serviços dos quais o custo de oportunidade, para essa parte, é mais baixo. Se os custos de oportunidade de Sam forem altos, pode ser mais eficiente para Sam contratar Betty como sua representante e passar o tempo fazendo o que ele faz melhor.

Imaginemos que Sam decida falar com Betty sobre a possibilidade de contratá-la. Eles se encontram na casa dele, numa tarde de sábado. Betty anda pela casa, observando aprovadoramente muitos dos detalhes e aspectos que poderiam aumentar o preço da venda. Enquanto Sam dá uma volta com Betty, ela lhe faz todo tipo de pergunta: quantos metros quadrados tem a casa, quando a comprou e quanto pagou por ela, a idade dos acessórios e do sistema de calefação, as condições do telhado, qualquer obra de eletricidade ou outro melhoramento que ele possa ter feito. Na hora em que se sentarem para conversar, Betty terá um ótimo quadro do investimento feito por Sam.

> **BETTY:** Bem, é uma bonita propriedade. Você, obviamente, se interessa muito pelo seu lar. A cozinha é adorável – você fez uma sábia escolha ao remodelá-la. Acho que você deve sair-se muito bem, dada a maneira como as casas estão sendo vendidas nesta estação. A primeira coisa que nós precisamos fazer é combinar um preço de tabela e uma data para colocar sua casa no mercado. Eu sugeriria que fosse o mais rápido possível. Quanto a um preço, eu trouxe alguns dados em que podemos passar os olhos.
>
> **SAM:** Está ótimo. Mas antes de entrarmos nos números eu gostaria de saber se poderíamos falar sobre seus serviços. Para ser sincero, ainda estou tentando resolver se contrato um corretor em vez de eu mesmo vender a casa.
>
> **BETTY:** Ah, claro. Não há problema. Eu, decididamente, tomaria o partido de um corretor mas, nesse caso, sou suspeita. Deixe-me, porém, dizer-lhe os tipos de vantagem que um corretor traria.

Ao descrever o papel que ela desempenhará para Sam na transação, Betty ressalta os tipos de benefício descritos acima. Primeiro, Betty diz que pode ajudar Sam a obter o melhor preço possível para a casa. "Fixar o preço de venda certo é fundamental", diz Betty. "Conheço o mercado." Ela apresentou muitos dados, mostrando vendas recentes nas imediações e na cidade, novas tendências do mercado e minuciosas comparações que ela empregaria para justificar qualquer preço a que chegassem. "Não é fácil fixar exatamente o preço certo", diz Betty. "Se baixo demais, é fácil de vender, mas você não consegue valor satisfatório; se alto demais, pode afugentar compradores em potencial. Ou, se você realmente acha um, o banco não financiará sua hipoteca."

Betty, depois, descreve sua abordagem de mercado e mostra a Sam alguns folhetos ilustrativos de outras casas que ela vendeu recentemente. Ressalta, ainda, como suas relações podem beneficiar Sam. "Tenho alguns clientes que podem se interessar, e conheço cada corretor importante da cidade", explica. Diz a Sam que após colocar a casa no mercado ela, primeiro, levaria lá um grupo de outros corretores, a fim de mostrar a casa aos que trabalham no ramo. Depois convidaria os corretores a levarem seus próprios clientes, uns poucos dias antes de receber a primeira visita geral, numa tarde de domingo. "É uma grande atração", diz Betty. Os corretores que já tiverem visto a casa levarão seus clientes de novo antes da visita geral. Aí a visita geral atrairá numerosos interessados eventuais e os clientes que não puderam ir durante a semana. Depois da primeira visita geral, explica Betty, ela manteria as visitas em mais dois fins de semana.

BETTY: Também posso livrá-lo do que, de outra maneira, seria uma verdadeira chatice. Terei a responsabilidade de mostrar sua casa e me certificarei de programarmos essas visitas gerais, e outras visitas, em horas que lhe sejam convenientes.

SAM: Isso seria ótimo. Quanto menos confusão, melhor.

BETTY: Por último, mas não menos importante, tive muita experiência em negociar vendas de casa. Não apenas posso ajudá-lo a conseguir o melhor preço: posso ajudá-lo a decidir que ofertas deve levar a sério, como fazer melhor as contrapropostas e que condições secundárias são razoáveis. Pela minha experiência, é melhor se aquele que vende não negocie diretamente com o comprador ou seu representante. Você achará muito mais cômodo insistir no bom preço, se não tiver de lidar diretamente com a outra parte.

SAM: E depois de eu ter aceitado uma oferta?

BETTY: Bem, eu me encarregarei de agir em relação a uma compra formal e ao acordo de venda. Garantirei que sejam feitas quaisquer vistorias necessárias e, às vezes, até ajudo os compradores a preparar a hipoteca.

Betty e Sam continuam a conversa, e Sam percebe as vantagens que Betty lhe trará no que se refere à habilidade, recursos e conhecimento. Ela tem acesso a clientes e outros corretores, conhece o mercado e tem muito tempo para investir na venda de sua casa. Ele resolve que utilizará um representante e se sente à vontade para contratar Betty. Ela lhe parece de diálogo fácil e aberto, e não ousa em demasia.

> SAM: Está certo, mas e quanto à remuneração? Qual seria sua comissão numa venda?
>
> BETTY: Minha comissão é o padrão de 6% do preço da venda. Você só paga se eu vender a casa. Na verdade, a remuneração normalmente é dividida com o representante do comprador, admitindo-se que haja um. Mas tenha ou não o comprador um representante, a remuneração é de 6%.
>
> SAM: Hum. O que acontece se você vender a casa muito depressa? A remuneração também é de 6%?
>
> BETTY: É. Se a vender depressa, não será uma boa coisa? É o que nós queremos, não é?
>
> SAM: Sim, claro. Mas quanto mais rápida for a venda menos trabalho você terá, certo? E se *não* houver um representante do comprador? E se um comprador casual simplesmente chegar na primeira visitação geral e aceitar meu preço? A comissão ainda é de 6%?
>
> BETTY: É, sim.

O PROBLEMA: CUSTOS DA REPRESENTAÇÃO

Sam percebe as vantagens de contratar Betty. Mas há uma incômoda pergunta em sua cabeça: essa remuneração realmente vale a pena? E se ela vender a casa sem muito esforço? Ou: e se ela não trabalhar com afinco suficiente? Como Sam saberá? Apesar da atitude jovial e otimista de Betty a respeito de trabalhar em conjunto para vender sua casa, Sam teme que haja problemas de percurso. A essa altura, porém, ele não está exatamente certo do que eles poderiam ser.

Contratar um representante não é uma coisa simples. Levar um representante para uma negociação apresenta um terceira tensão: entre o representado e o representante. Como os representantes frequentemente dispõem de tarimbado conhecimento, experiência substancial e meios especiais que faltam ao representado, a relação pode criar valor. Ao mesmo tempo, contudo, como os interesses do representante podem não coincidir com os do representado, uma quantidade de problemas ímpares e de intensa insistência podem aparecer. A bibliografia sobre esse assunto é vasta, em grande parte por tais problemas serem tão difundidos e atravessarem tantas atividades.[1] Apresentamos, aqui, algumas das questões principais.

As fontes da tensão

Os custos da representação não se limitam à quantia de dinheiro que um representado paga a um representante para fazer o serviço. Eles também incluem o dinheiro e o tempo que o representado despende ao tentar assegurar que o representante não o explore mas, em vez disso, sirva bem a seus interesses. Para compreender por que os custos da representação existem, consideremos que os representados e os representantes, em geral, podem-se distinguir de três modos:[2]

- Preferências
- Incentivos
- Informação

DIFERENTES PREFERÊNCIAS

Primeiro, as preferências, ou interesses, de um representante raramente são idênticas às do representado. Consideremos seus interesses econômicos. O interesse econômico primordial de Betty é pelos seus rendimentos de corretora de imóveis. Nessa transação, o interesse econômico primordial de Sam é pelo preço de venda líquido da sua casa. Betty pode também ter outros interesses. Tem um grande interesse por sua reputação e por assegurar futuros clientes. Tem um interesse por manter boas relações com outros representantes, bancos, fiscais de imóveis e agências de seguros. Betty é uma experiente praticante desse jogo, enquanto Sam, particularmente se pretende deixar a comunidade, é jogador de lance único, que poderia estar mais do que disposto a sacrificar a reputação de Betty a fim de conseguir um melhor negócio para ele próprio. Inversamente, Betty pode mostrar-se relutante a disputar duramente certas vantagens para Sam, pelo desejo de manter uma relação conveniente com o representante do comprador, que pode ser uma fonte de recomendação de futuros clientes.

DIFERENTES INCENTIVOS

Os problemas de representação também surgem pelo fato de os *incentivos* do representado e do representante não coincidirem perfeitamente. O vilão é normalmente a estrutura de remuneração do representante, que pode criar incentivos descabidos para este último, capaz de agir em desfavor dos interesses do representado. Essa discrepância, às vezes, é denominada hiato de incentivos.

Por exemplo, Sam deseja um acordo que eleve ao máximo seus esperados lucros líquidos com a venda, uma vez paga a remuneração de Betty. Esta, por sua vez, deseja uma estrutura de remuneração que lhe renda a mais alta retribuição possível *para o tempo que ela empregar*. Se eles concordarem com uma remuneração de porcentagem, Betty pode preferir uma venda rápida e fácil com um preço mais baixo a uma venda difícil com um preço mais alto, pois no primeiro caso obterá maior retribuição pelas horas que passar trabalhando. Na verdade, um estudo recente indica que, quando os corretores colocam suas *próprias* casas no mercado, tendem a conseguir preços acima da média, porque conseguem o rendimento inteiro das suas horas adicionais de trabalho, não apenas 6% daquele.[3]

DIFERENTE INFORMAÇÃO

A informação disponível para o representado e para o representante pode ser diferente. Referimo-nos aqui às espécies de informações que interessam a cada parte resguardá-las. Betty, por exemplo, pode saber que as condições do mercado estão melhorando, mas pode relutar em compartilhar isso com Sam, por temer dilatar as expectativas dele. Do mesmo modo, é difícil saber quanto esforço um representante efetivamente está empregando em benefício do representado. Como este não pode descobrir facilmente essa informação, o representante pode esquivar-se a suas responsabilidades e granjear a paga sem despender esforço.

Mecanismos de administração e suas limitações

Esses conflitos potenciais podem ser um tanto controlados por meio de três mecanismos básicos de administração:

- contratos de incentivo;
- sistemas de monitoramento;
- cauções.

CONTRATOS DE INCENTIVO

Os incentivos podem ser estabelecidos em contratos entre os representados e os representantes, para melhor alinhamento de seus interesses. Por exemplo, em vez de remunerar seus empregados por hora de trabalho, uma indústria pode preferir pagar seus trabalhadores por peça produzida, vinculando assim a recompensa desses funcionários diretamente à quantidade. Ou um distribuidor pode pagar seu pessoal de vendas na base de uma comissão, compensando-os apenas na medida em que seus esforços nas vendas elevem o resultado final. De maneira semelhante, os trabalhadores rurais frequentemente são pagos pelo total da produção colhida, em vez de serem pagos por hora, para se reduzir o relaxamento, e os garçons são pagos mediante gorjetas, para estimular um serviço mais atento.

Existem muitas estruturas diferentes de incentivo, inclusive:

- compensação percentual;
- pagamentos por hora;
- remunerações fixas;
- bônus ou multas.

Esses métodos reduzem a tensão entre o representado e o representante, mas nenhuma estrutura de incentivos conseguiu resolvê-la completamente. Para entender por que, consideremos nosso exemplo imobiliário. Os corretores de imóveis, de modo geral, são pagos com uma comissão somente se a venda se completa. É esse um contrato de incentivo: a recompensa do representante depende do desempenho bem-sucedido. Tais contratos tanto têm vantagens quanto desvantagens. Por outro lado, Betty só lucra – e Sam se expõe aos custos da representação – se ela conseguir vender a casa. Paralelamente, como vimos, esse incentivo pode induzir Betty a pressionar Sam a aceitar um negócio que não seja o melhor para ele, mas que garanta a ela um lucro rápido na correlação com seus esforços. Para estar *perfeitamente* alinhados os incentivos de Betty diante da venda teriam de ser idênticos aos de Sam. Mas para isso ocorrer a própria Betty teria de comprar a casa e revendê-la: só assim ela teria uma participação de 100% na venda, como Sam. Isso, evidentemente, a transformaria no principal depositário da participação e eliminaria por completo a relação de representação.

Como Betty não tem uma participação tão grande na venda quanto Sam, Betty e Sam podem enfrentar interesses conflitantes em vários aspectos da transação. Suponhamos que com muito pouco esforço, talvez 25 horas de trabalho, Betty vendesse a casa de Sam por US$250 mil. Com uma comissão de 6%, isso geraria uma remuneração de US$15 mil – US$600 por hora. Admitamos que com muito esforço, talvez 100 horas de trabalho, a casa pudesse ser vendida por US$275 mil. Sam pagaria a Betty uma remuneração adicional de US$1.500 sobre o acréscimo de US$25 mil. Da perspectiva de Betty, o esforço marginal pode não valer a pena. Ela trabalha 75 horas extras por apenas US$1.500 – o que significa US$20 por hora. Mesmo se Betty pudesse vender a casa por US$300 mil com apenas 50 horas extras de trabalho, ainda poderia decidir que isso não compensaria a remuneração extra de US$3 mil, a US$60 por hora. Ela podia achar que suas 50 horas seriam mais bem-empregadas vendendo a casa de outra pessoa, a uma tarifa horária mais alta – muito embora Sam *certamente* achasse que um extra de US$47mil em *seu* bolso justificasse o tempo adicional da parte de Betty.

A incerteza sobre o mercado habitacional complicará um pouco mais a tarefa de Sam e Betty. Nenhum dos dois sabe o que acontecerá se Sam rejeitar uma oferta de US$250 mil e Betty acrescentar um esforço adicional, na esperança de receber US$275 mil ou US$300 mil. Mais provavelmente, porém, Betty contará com mais informação a esse respeito do que Sam. Pode ele confiar em que ela lhe revele essa informação francamente, quando poderia ser do interesse dela que ele aceitasse a oferta mais baixa?

Consideremos o dilema do proprietário num estágio ainda anterior da transação, antes de a casa ser posta no mercado. Depois de pensar sobre esses problemas, Sam compreenderia que Betty tem um incentivo para apresentar a casa dele por um preço baixo, de modo que pudesse ser vendida rapidamente e com pouco esforço. Chegar até o céu não é do interesse de Betty. Pode não ser tampouco do interesse de Sam, mas ele deseja estar certo de que Betty lhe está passando informações com sinceridade. Ele poderia, assim, resolver interrogar alguns representantes para fazer competir recomendações de avaliação. Embora isso pudesse proporcionar-lhe alguma segurança, a competição desse tipo não é uma solução completa. Em vez disso, pode estimular os representantes a fazerem altas avaliações de forma irreal, na esperança de se assegurar uma listagem exclusiva. Depois de assegurada a listagem, um representante poderia pôr a casa no mercado pelo preço alto mas, depois, fazer pouco esforço para tentar negociá-la. Após algum tempo, o representante poderia aproximar-se do proprietário e indicar a necessidade de baixar o preço, para aumentar as probabilidades de venda. No fim, o proprietário terminaria *pior*, por ter inicialmente apresentado um preço irrealisticamente alto, sobretudo se for feito um registro de grandes concessões unilaterais de preço por compradores em perspectiva, para indicar que a casa é de valor discutível. Mais uma vez, as disparidades de informação tornam difícil, ao representado, alinhar os incentivos do representante com os seus. O proprietário pode ser incapaz de monitorar os esforços do representante ou a precisão das avaliações de um único representante.

Por que Sam não paga Betty apenas por hora? Muitos profissionais – inclusive advogados e contadores – foram tradicionalmente remunerados dessa maneira. À primeira vista, essa parece uma forma direta de garantir que o representante faça o esforço necessário para obter um bom preço. Na realidade, porém, a remuneração por hora cria um incentivo para o representante empregar *mais* tempo que o necessário para obter um bom preço. Para ganhar uma grande comissão na venda da casa de Sam, Betty terá necessariamente de investir uma grande quantidade de tempo. Uma venda rápida e com pouco esforço será menos proveitosa para ela do que uma venda que demore mais. Sem outras diferenças, é claro, Sam preferiria uma venda mais rápida do que mais demorada. O incentivo de Betty no sentido de acrescentar tempo extra não corresponde necessariamente às necessidades de Sam.

Uma remuneração por hora também cria problemas de monitoramento. Como Sam vai saber o número de horas que Betty realmente utiliza? E como Sam saberá se essas horas são usadas com eficiência, de modo que favoreça mais a ele? Está ela diligentemente à cata dos compradores, comunicando-se com outros representantes, criando folhetos e anúncios atraentes para negociar a propriedade? Ou ela está apenas realizando as visitas gerais, repetidamente, de modo que possa cobrar de Sam a hora de dar início e de finalizar? Sam pode ter razão de temer que Betty não utilize seu tempo produtivamente sob um acordo de remuneração por hora.

Sam também pode oferecer a Betty uma remuneração fixa pelo seu trabalho. Admitamos que Sam espere classificar a casa em US$250 mil. Ele e Betty sabem que se a casa for vendida por essa quantia ela receberá uma comissão de US$15 mil. Mas nenhum deles sabe qual será o verdadeiro preço da venda. O mercado está em alta. Talvez Sam receba ofertas acima do preço solicitado – sabe-se que isso já aconteceu em suas imediações. Ou talvez nenhum comprador apareça e ele tenha de baixar o preço para US$230 mil ou até menos. Se Sam acredita que o mercado em alta atuará em seu benefício, poderá oferecer a Betty o pagamento de US$15 mil, independentemente do preço de venda. Ele, desse modo, se garantiria contra a possibilidade de uma remuneração maior, sob o risco de ter de supercompensar Betty na eventualidade de o mercado o trair e o preço baixar.

As remunerações fixas têm certas vantagens. Elas estimulam o representante a fazer seu trabalho dentro dos parâmetros de custo estabelecidos pela remuneração fixa. Contudo, remunerações fixas podem criar, por si mesmas, incentivos despropositados. Se Betty receber US$15 mil independentemente de seu esforço ou do preço de venda, por que deverá ela acrescentar o tempo necessário para vender a casa a US$250 mil, uma vez que ela a venda por *algum* preço?

E uma remuneração por porcentagem, com uma cláusula para reduzir a porcentagem se a casa for vendida rapidamente? Sam já recebeu a preocupação de que a casa pudesse ser vendida em apenas alguns dias, com um mínimo esforço da parte de Betty. Se for o caso, por que deverá Betty receber sua comissão completa de 6%? Sam poderia propor que se a casa fosse vendida com sete dias de anúncio a comissão de Betty seria reduzida a 4%. Porém, mesmo que Betty concordasse com essa estrutura de remuneração, esta apresenta uma nova série de problemas de incentivo. Betty passa a ter um incentivo para a demora. Por que vender a casa no dia 5, se no dia 8 ela terá um adicional de 2%?

E uma solução híbrida, de remuneração por percentagem e por hora? Afinal de contas, a verdadeira preocupação de Sam é que Betty relaxe, se a casa *não* for vendida rapidamente. É em 50 dias que ele precisa de Betty trabalhando na venda de sua casa, não em um ou dois dias. Assim, Sam pode sugerir uma remuneração de percentagem mais baixa – talvez 5% –, mais uma bonificação por hora depois do 14º dia. Desse modo, ele poderia esperar que animaria Betty a intensificar o esforço, quando ele mais precisasse disso. Mas, do ponto de vista de Betty, esse acordo a obriga a se esforçar em tentar vender uma casa que não está corretamente apreçada para o mercado. Por que deverá ela carregar o fardo numa situação dessas? Por que Sam não deveria abaixar o preço e gerar, assim, interesse na venda? E por que deverá ela trabalhar por uma venda imediata – que também Sam preferiria – se esta apenas implica que ela receberá uma remuneração de percentagem mais baixa?

SISTEMAS DE MONITORAMENTO

Se os contratos de incentivo não resolvem completamente o problema, por que um representado não pode apenas ficar de olho em seu representante e se assegurar de que seu desempenho é satisfatório? É este o segundo mecanismo de administração: monitoramento. Se Sam souber que atividades, na estratégia de mercado, são mais adequadas para resultar na venda de sua casa, ele pode simplesmente acompanhar Betty em toda parte e ver se ela se dedica a essas atividades. Esse mecanismo frequentemente é utilizado pelos empregadores, que monitoram seus empregados e os remuneram, em parte, com base na qualidade de seu desempenho.

O problema do monitoramento, porém, é ser dispendioso e não mostrar sempre ao representado o que ele tem de fazer. A fim de determinar se um representante tem desempenho apropriado o representado deve poder tanto observar o comportamento daquele, o que é muitas vezes impossível, quanto distinguir comportamento desejável de indesejável, o que quase sempre se acha além de sua experiência. Sam, por exemplo, não pode observar todos os movimentos de Betty. Antes de mais nada, fazê-lo consumiria o tempo que está economizando ao contratá-la. Além disso, mesmo se a observasse atentamente, poderia não distinguir entre o trabalho de alta e de baixa qualidade. Se apenas três pessoas estiverem presentes à sua primeira visita geral, deve ele censurar Betty? Os esforços dela na estratégia do mercado foram inferiores se comparados aos que outros representantes teriam feito? É improvável que Sam saiba.

Talvez Sam pudesse empregar outro profissional ou especialista para monitorar Betty. Esse procedimento não é incomum. Por exemplo, os advogados que atuam dentro de uma sociedade anônima frequentemente monitoram o trabalho dos advogados que atuam fora dela, a serviço de firmas particulares. Contratar, porém, outro profissional para esse serviço é dispendioso – e o acordo de remuneração com esse outro profissional pode, por si, criar incentivos deturpadores. Além disso, uma espécie de conspiração pode desenvolver-se entre os representantes. No mundo das sociedades anônimas, a direção é, muitas vezes, responsável pela seleção de seus monitores – os diretores de fora ou "independentes". Isso, inevitavelmente, suscita preocupações acerca da conspiração informal. De modo geral, tal conspiração resulta do fato de que representantes em situação parecida têm contato mais frequente uns com os outros do que o dos representados com os representantes. Na medida em que os representantes esperam repetir os entendimentos recíprocos, isso bem pode afetar-lhes o comportamento – às vezes de uma forma que pode beneficiar o representado, mas em outras, de maneira oposta.

CAUÇÕES

As diferenças entre representado e representante também podem ser atenuadas ao se exigir que o representante deposite uma caução, em geral na forma de dinheiro e no princípio da relação de representação, que lhe será confiscada se ele agir de maneira contrária aos interesses do representado. Na indústria de construção, um empreiteiro pode depositar uma caução subscrita por uma companhia de seguros, que pode ser usada pelo proprietário para completar o serviço se o empreiteiro quebrar durante o projeto. As pensões são, às vezes, consideradas uma caução: ao longo de suas carreiras, os empregados são induzidos a agir segundo os melhores interesses de seus empregadores, com medo de perder as grandes recompensas financeiras da pensão. De modo semelhante, a remuneração que se acha acima dos padrões do mercado pode ser considerada uma forma de caução entre representado e representante: se um empregado é descoberto agindo contra os interesses do empregador e é demitido, perde o lucro de mercado do qual desfrutou até aquele momento.

Uma preocupação do representante com sua reputação também pode servir de caução para proteger o representado.[4] Mesmo se Betty contar com um incentivo econômico para não usar tempo extra para um preço de venda acima de US$250 mil, e mesmo se ela souber que Sam não pode efetivamente monitorar sua evasão, Betty ainda pode trabalhar diligentemente, com a finalidade de manter intacta sua reputação profissional. Os corretores de imóveis, frequentemente, conseguem clientes por contatos verbais. Sem recomendações de clientes anteriores como Sam, seria improvável Betty ser bem-sucedida em sua atividade.

Enquanto em algumas circunstâncias o representado pode afetar a reputação do representante, esta é geralmente uma solução imperfeita para os problemas de representação.[5] Pode ser difícil observar ou verificar que um resultado específico – sucesso ou fracasso – é atribuível à ação dos representantes.

Além disso, os representados podem explorar representantes e vice-versa. Por exemplo, um proprietário de casa talvez use um representante para adquirir informação valiosa acerca do valor esperado do imóvel, e até para começar a testar a casa no mercado, para depois excluir algum amigo ou conhecido do contrato de representação e, em seguida, vender a casa diretamente a essa terceira parte. Ao fazê-lo, o comprador e o vendedor poderiam compartilhar da economia com a remuneração do representante, enquanto este seria deixado sem recompensa pelos seus esforços.

Para nossos objetivos, emerge aqui uma lição maior: embora esses mecanismos de gestão reduzam as diferenças entre representado e representante, nenhum deles elimina a tensão por completo, isolado ou junto a outros. Nossa terceira tensão é inevitável: sempre há custos de representação. Num contexto específico, alguns mecanismos obviamente serão melhores do que outros. Mas os mercados de reputação nunca são perfeitos. Monitorar é sempre dispendioso. E qualquer esquema de remuneração cria incentivos que podem ser despropositados em algumas circunstâncias. Numa transação relativamente simples como uma venda imobiliária, as partes podem achar que não vale a pena despender recursos com a escrita de elaborados contratos de representação. Agir assim apenas reduziria o bolo. Além disso, tentar exercer controle sobre um representante pode ter consequências paradoxalmente *negativas* sobre a relação de representação: em parte, os representantes geram dividendos para seus representados *porque* tomam decisões independentemente, não como marionetes.

Problemas entre representado e representante no contexto legal

A relação entre representado e representante de maior interesse para nós, aqui, é a relação entre um advogado e um cliente envolvidos numa negociação legal. Como todas as outras relações de representação, essa apresenta problemas para ambas as partes devido a diferenças nas preferências, na informação e nos incentivos. Esboçamos aqui alguns mecanismos de administração atenuantes da tensão entre o representado e o representante quando ela surge no contexto de uma negociação legal.

INCENTIVOS

Para atacar problemas de incentivo, advogados e clientes desenvolveram uma sucessão de estruturas de pagamento – todas inevitavelmente defeituosas. As mais comuns são:

- remuneração de contingência;
- remuneração por hora;
- remuneração fixa;
- remuneração mista;
- salário.

Remuneração de contingência: Nesse acordo, o advogado ganha uma porcentagem da indenização, se houver, conquistada para o cliente. Essa estrutura é usada com mais frequência por advogados em litígio de danos, com as mesmas vantagens e desvantagens que a remuneração por porcentagem de nosso exemplo imobiliário. Uma remuneração de contingência também habilita uma pessoa a se envolver numa ação judicial que de outro modo não conseguiria custear. No fundo, o cliente vende ao advogado um terço de sua ação judicial em troca dos seus serviços jurídicos. É uma forma razoavelmente eficaz de alinhar os interesses das partes, em que o advogado tem um incentivo para obter uma grande indenização para o cliente. Os incentivos, porém, não são perfeitamente alinhados, porque o advogado faz todo o esforço e apenas recebe uma fração do benefício. O advogado de remunerações de contingência fica em melhores condições com um rápido pagamento, que exija pouco esforço, do que com uma indenização mais alta, que requeira substancialmente mais trabalho. Uma remuneração de contingência pode também permitir a um cliente explorar seu advogado. Os advogados das partes normalmente protegem seus casos com cuidado, pois assumem parte do risco de fracasso.[6]

Remuneração por hora: Sob esse acordo o advogado é pago por hora. Essa estrutura de remuneração é mais frequentemente usada por consultorias de defesa em casos de litígio e pelos advogados que fazem acordos. Sua vantagem é que motiva o advogado a dedicar o tempo necessário a atingir o melhor resultado para o cliente – particularmente quando não fica claro, desde o início, quanto tempo a questão tomará. A desvantagem para o cliente é que ela elimina qualquer vínculo necessário entre o benefício que o trabalho do advogado concede ao cliente e a quantia paga por este. O advogado pode ser tentado a fazer mais trabalho para ganhar mais, mesmo se o trabalho for desnecessário. Por outro lado, o pagamento por hora pode representar desvantagem para o advogado em algumas circunstâncias. Por exemplo, há advogados que se mostram relutantes em cobrar de acordo com as remunerações normais por hora, uma vez que a experiência e a habilidade desses profissionais oferecem muitos e substanciais benefícios econômicos para um cliente em curto período de tempo.

Remuneração fixa: Neste caso, o advogado ganha uma quantia especificada para lidar com um problema jurídico em particular. Esse acordo dá ao advogado um incentivo para fazer o trabalho o mais depressa possível e cobre os custos para o cliente. Por outro lado, pode representar um incentivo para o cliente expandir a finalidade do trabalho abrangido pela remuneração fixa.

Remuneração mista: Os acordos de remuneração híbrida tornam-se cada vez mais comuns. Por exemplo, um cliente pode pagar a seu advogado um reduzido valor por hora, adicionado de um bônus se o advogado alcançar bons resultados. Embora um acordo desse tipo alinhe-se razoavelmente bem aos incentivos, muitas vezes é difícil de levar adiante. Uma fórmula precisa para calcular o bônus pode ser difícil de se estabelecer com antecedência, especialmente onde não há um único marco de referência facilmente mensurável para um bom resultado. As partes podem apenas concordar em negociar a quantia do bônus no final da questão, mas a essa altura o advogado e o cliente podem ter noções diferentes de quanto mais, se for o caso, o advogado merece.

Salário: Um advogado assalariado trabalha para um único cliente, seja um escritório do governo, seja uma empresa privada. Contar com uma consultoria interna não elimina, porém, a tensão entre representado e representante. O advogado ainda tem interesses próprios. Os efeitos de incentivo dependerão dos detalhes do acordo salarial e dos planos de carreira dentro da organização. A compensação pode partilhar as características de um acordo de remuneração fixa ou mesmo de remunerações por hora, dependendo de como o pagamento do advogado for calculado. As consultorias internas são consideradas, com frequência, mais imunes ao risco e menos inclinadas a proporcionar aconselhamento legal independente, a que o cliente pode não querer dar ouvidos, pois a carreira delas depende de preservar o favor de um único cliente.

SISTEMAS DE MONITORAMENTO

A tensão entre representado e representante pode ser atenuada pelo monitoramento das atividades do representante. É difícil e dispendioso no contexto legal, tanto com respeito aos insumos quanto aos produtos. Para saber se um advogado age apenas no interesse de seu cliente, o cliente precisa ter conhecimento suficiente para avaliar as decisões do advogado e deve ser capaz de observar-lhe o comportamento. Pode não haver nenhum modo fácil de um cliente verificar informações sobre os verdadeiros hábitos de trabalho de um advogado, sua dedicação ou práticas de administrar o tempo. Da mesma forma, pode ser um tanto dispendioso, para um cliente, monitorar a qualidade do trabalho de seu advogado, a menos que o próprio cliente seja um jurista. Frequentemente, as consultorias internas e associadas monitoram as atividades das consultorias externas, mas isso dificilmente é uma solução isenta de custo.

CAUÇÕES DE REPUTAÇÃO

Na medida em que clientes potenciais têm acesso a informações precisas sobre a reputação de um advogado, este terá mais incentivo para construir e manter uma reputação de fidedignidade e competência. Se um cliente insatisfeito procurar serviços jurídicos em qualquer outro ponto do mercado, é mais provável que um advogado aja com lealdade e diligência para manter esse cliente.

Mas esse limite é imperfeito. Uma vez que a relação entre advogado e cliente se estabelece, é quase sempre muito caro para o cliente deixar um advogado e iniciar uma nova relação com outro. No meio de uma ação judicial ou de uma transação complicada, por exemplo, um novo advogado investiria muito tempo para aprender o que o antigo já sabe. Como o cliente, em circunstâncias normais, terá de pagar para preparar o novo advogado, esses custos extras para mudar de advogado, no meio do percurso, indicam que o mercado não pode refrear completamente o oportunismo. Além disso, para esse limite do mercado atuar mais eficazmente, os clientes devem avaliar o desempenho de seus advogados, o que, como se apontou acima, não é coisa simples.

Na medida em que advogado e cliente esperam o prolongamento de sua relação, é menos provável que cada um deles, no presente, aja oportunisticamente. Se a sombra do futuro for grande, o risco de perder o futuro negócio coíbe a deslealdade no presente. No mundo empresarial de hoje, todavia, relações estáveis e de longo prazo com procuradoria externa tornaram-se não a regra, mas a exceção. Em vez de criar relações de longo prazo, os clientes procuram cada vez mais contratar advogados para uma única transação ou para uma determinada ação judicial[7]. Nessas relações de curto prazo, que ocorrem uma vez só, cada parte pode ficar mais tentada a explorar a outra.

NORMAS PROFISSIONAIS

A advocacia é uma profissão regulamentada. Normas profissionais explícitas e oficiais – algumas no plano das aspirações e outras com força de lei – influenciam os atos dos advogados, como o fazem as normas de comportamento implícitas e mais informais que existem nas comunidades de advogados. Os advogados fazem juramento para serem admitidos no tribunal e comprometem-se com suas normas oficiais de conduta profissional. Acreditamos que a maioria dos advogados leva a sério suas obrigações éticas e querem ser vistos como representantes leais. É óbvio, porém, que essa coerção está longe de ser perfeita. As normas da profissão conferem grande margem de manobra aos advogados que desejem abusar dos regulamentos.

A responsabilidade civil profissional proporciona um limite adicional ao comportamento do advogado. Em geral, um advogado é responsabilizado por negligência ao lidar com as negociações de um cliente quando falha no exercício das habilidades e conhecimentos comuns esperados de um profissional que trabalhe nesse campo.[8] Isso requer a comunicação ao cliente das propostas e contrapropostas feitas, seu aconselhamento sobre os princípios legais bem-estabelecidos que possam afetar a decisão a tomar e a explicação de como um acordo pode afetar futuros direitos e obrigações.[9] Embora haja relativamente poucos casos noticiados de mau procedimento ligado às negociações, em algumas jurisdições, mas não em todas, um advogado pode ser responsabilizado se recomendar *equivocadamente* um acordo com base em uma avaliação errônea do valor daquele[10], ou se o advogado demonstrar fraco discernimento profissional ao se envolver em táticas de negociação duvidosas que, por fim, levem a um resultado menos favorável ao cliente.[11] Todos esses limites ajudam a abrandar as tensões entre o representado e o representante no contexto jurídico. Nada é perfeito, porém. No fim, como comentamos na Parte III, um advogado e um cliente devem negociar um com o outro para se certificarem de que ambas as partes são bem-servidas por sua relação. Por ora, apenas assinalamos que nossa terceira tensão é altamente relevante para o contexto jurídico.

A ABORDAGEM: ADMINISTRAR A TENSÃO

O desafio fundamental nas relações de representação é captar os benefícios e, ao mesmo tempo, reduzir os custos de representação. Nossa abordagem exige que a tensão seja reconhecida e administrada de maneira explícita; que representados e representantes usem o conceito da vantagem comparativa para estruturar seus papéis e responsabilidades; e que eles procurem formar uma parceria baseada na sinceridade e respeito recíprocos. No Capítulo 7 comentamos um tanto detalhadamente como isso pode ser feito melhor no contexto de advogado e cliente. Esboçamos, ali, nosso aconselhamento geral.

CRIAR UMA RELAÇÃO COOPERATIVA QUE REDUZA OS CUSTOS DE REPRESENTAÇÃO

A tensão entre representado e representante deveria ser reconhecida, não evitada, e tratada como um problema partilhado. As remunerações e o monitoramento deveriam ser dirigidos explicitamente, não secretamente, sob a mesa. Comente esses problemas. Em vez de o representado, se preocupar silenciosamente com as escolhas e o comportamento do representante, representados e representantes deveriam procurar, conjuntamente, meios de tranquilizar o representado sem sobrecarregar o representante. Na nossa experiência, abertura e sinceridade constroem a confiança.

O objetivo deveria ser encontrar acordos de remuneração e mecanismos de monitoramento cuidadosamente talhados para um dado contexto. Um só padrão não se ajusta a tudo. Se um representado quer um representante para pesquisar exaustivamente um problema em que muita coisa está em perigo, a remuneração por hora cria melhor incentivo do que a fixa. Por outro lado, se um representado se preocupa com o controle dos custos e julga que ele se acha numa posição capaz de monitorar a qualidade efetivamente, uma remuneração fixa pode ser melhor. Considere os efeitos de incentivo dos diferentes acordos de remuneração e a exequibilidade de monitorar os insumos do representante (como o tempo) ou o volume e a qualidade dos produtos. Do mesmo modo, em que medida pode a reputação compelir ao oportunismo? A perfeição pode não ser possível, mas algumas relações de representação são melhores do que outras.

CONSIDERE A VANTAGEM COMPARATIVA E A ESTRATÉGIA NA DESIGNAÇÃO DE PAPÉIS

Um representado e um representante distribuem de diversas maneiras papéis de negociação. Num extremo, o representado faz toda a negociação sozinho, usando o representante como um professor e consultor nos bastidores. No outro extremo, o representante estará sozinho à mesa de negociação e pode nem mesmo expor à outra parte a identidade do representado. Há muitas opções intermediárias. Em algumas negociações, representados e representantes estão, ambos, presentes. Em outras, os representados negociam amplos aspectos da transação, deixando os representantes para negociar os detalhados documentos que completam o acordo.

Às vezes, as convenções influenciam quem se acha à mesa e como os papéis são designados. Nos negócios imobiliários residenciais, as propostas geralmente são apresentadas ao representante do vendedor, e ele as transmite a este. Comprador e vendedor podem ter muito pouco contato direto até o fechamento do negócio. Da mesma forma, os representantes esportivos frequentemente lidam com os representantes do time, sem seus clientes à mesa. Em litígio, os clientes normalmente agem mediante seus advogados, e padrões profissionais proíbem, por exemplo, um advogado de entrar em contato com o lado adversário, a menos que o consultor também esteja presente.

Representados e representantes, obviamente, deveriam levar tais convenções em conta, mas também precisam considerar a vantagem comparativa e podem até desafiar suposições sobre quem deveria estar à mesa. Uma vez mais, um padrão dificilmente se ajusta a tudo. As preferências, habilidades, conhecimento e recursos do representado e do representante devem ser considerados. Em que o representante é particularmente bom? E o representado? Quem tem mais informação relevante para a negociação vindoura? Quem é mais hábil para negociar? Quem tem mais tempo ou vontade de se envolver nas diversas tarefas necessárias ao preparo da negociação? Ao se pensar cuidadosamente na relação dos dois e no que cada um pode levar à mesa, um representado e um representante estruturam seus papéis de modo que cada um faça as coisas a que particularmente se adapta.

As implicações estratégicas também devem ser levadas em conta. Quem um dos lados envia à mesa depende de quem o outro lado envia, e influencia a escolha. Se o seu lado leva um advogado, é mais provável que o outro lado também o faça. Na verdade, contratar um representante muitas vezes é um sinal estratégico. Se um representante tem reputação de guerreiro, a mensagem é muito diferente da transmitida por um representante conhecido pelas transações cooperativas.[12] Seu lado pode querer discutir com o outro lado quem deve estar à mesa e como se deve estruturar a negociação. Os representados assistirão ao primeiro encontro? Sem tal discussão explícita um representante aparece sozinho quando o outro lado esperava que os representados estivessem presentes e participassem. Ou um lado pode levar uma equipe completa de representantes e conselheiros, esmagando não intencionalmente o outro lado.

Se um representante desempenha um papel à mesa de negociação, qual o propósito da autoridade ou incumbência do representante, e que informação este se acha autorizado a partilhar com o outro lado? Se um representado se encontra temeroso de que seu representante se exponha em demasia, essa preocupação inibe no representado a necessária partilha de informações com seu representante. Por outro lado, enviando apenas o representante à mesa de negociação, um representado pode evitar ter de responder a perguntas embaraçosas apresentadas pelo outro lado.

A pergunta mais importante é se o representante tem autoridade dentro de determinado âmbito para decidir uma disputa ou realizar um negócio. Esse é um importante problema a ser discutido entre representados e representantes, na designação dos papéis. Com bastante frequência, contudo, um representante simplesmente procura saber do ponto crucial ou valor de reserva para o representado, a fim de deixar claro exatamente até onde aquele pode ir. Isso pode ser um mal-entendido, por diversos motivos.

Primeiro, como Roger Fish e Wayne Davis ressaltaram, sempre que há múltiplos problemas numa negociação, "não há um 'ponto crucial'. A cifra mínima aceitável numa questão, como o preço, dependerá do que se propuser nas outras questões, tais como crédito, taxa de lucro, datas de encerramento, garantias e restrições".[13] Ao supersimplificar os interesses do representado, um representante restringe o espaço para procurar negócios que criem valor, podendo assim reforçar a noção de que a negociação é puramente distributiva.

Segundo, se um representante apenas procura saber do ponto crucial para o representado, este tem um incentivo para manipular o representante, exagerando o valor de reserva com a finalidade de estimular o representante a trabalhar mais. O representado pode temer expor seu verdadeiro valor de reserva, esperando que o representante trate como um objetivo o que o representado vê como um ponto de indiferença minimamente satisfatório. Ou, então, o representado pode simplesmente exagerar em dispor altas expectativas para o representante.

Enfim, em certas circunstâncias, o representado não pode – se não assessorado – avaliar a melhor alternativa. Numa disputa jurídica, por exemplo, a melhor alternativa para uma posição negociada será, normalmente, partir para o litígio. Mas sem a ajuda de um advogado a maioria dos clientes não pode fazer julgamentos razoavelmente bem-informados quanto a uma decisão proposta ser ou não compatível, à luz das oportunidades e riscos do litígio.

Em vez de procurar saber o ponto crucial do representado, a pergunta mais apropriada e sutil é como a autoridade do representante deve ser regulada durante o curso de uma negociação. Paradoxalmente, limitar a autoridade dos representantes pode facilitar o brainstorm e o desenvolvimento de soluções criativas, pois nenhum representante terá poder de fechar o negócio. No início de uma negociação, pode ser melhor para o representante não ter nenhuma autoridade para se comprometer com o fechamento do negócio em torno de problemas substanciais mas, em vez disso, ter uma ampla incumbência de projetar um processo de negociação, discutir interesses e gerar opções.[14]

CONSIDERE OS INCENTIVOS CRIADOS PELA RELAÇÃO DE REPRESENTAÇÃO NO OUTRO LADO

Além de pensar nos problemas entre representado e representante no seu lado, você de igual modo deve considerar as relações do outro lado. Não admita, ingenuamente, que o outro lado é um "agente unificado", com uma única série de interesses. Quais são os incentivos do representante? Pode ser que um corretor ou representante de vendas só seja pago se fechar o negócio. Um advogado que depende de remuneração que for muito pressionado pelo tempo, por causa de outros compromissos, pode estar louco para chegar a uma solução. Um empresário, na outra parte, pode tanto apoiar como se opor a uma fusão, dependendo de como sua carreira é afetada. Ao elaborar propostas, não basta considerar apenas os interesses do representado, no outro lado. Os incentivos e interesses do representante devem ser igualmente levados em conta.

CUIDADO COM O USO TÁTICO DOS REPRESENTANTES

A relação de representação pode ser usada para executar diversas táticas de negociação pesada. Um representante pode interpretar o policial mau e o policial bom, seu cliente, ou vice-versa. As ambiguidades sobre a autoridade podem ser exploradas para se obter um ganho extra: um representante à mesa poderia arrancar de você uma concessão final para concluir um negócio somente com o fim de comunicar, ulteriormente, que o representado dele exige mais – ele não tinha, de fato, nenhuma autoridade. Um negociador que solucione problemas deve poder reconhecer essas táticas e tomar contramedidas eficientes. Abrir o jogo, sendo explícito acerca do processo e da autoridade, pode ajudar, como sugerimos no Capítulo 8.

CONCLUSÃO

Os representantes são utilizados difusamente nas negociações, e a tensão entre representado e representante – como as outras duas – deve ser administrada. O uso de representantes complica a negociação, criando uma rede de relações em que diversos agentes interagem, cada qual com seus próprios interesses, incentivos e informações. A introdução de representantes – e o sistema de relações gerado por esta – pode ser tanto uma bênção quanto um fardo, no que se refere à administração das duas primeiras tensões.

Consideremos a tensão entre a empatia e a assertividade. Um representante pode compensar o repertório mais limitado de comunicação e habilidades interpessoais de seu representado. Por exemplo, um representante pode ajudar seu representado a compreender melhor a perspectiva, os interesses e as necessidades do outro lado. À mesa, um representante pode estar mais capacitado do que seu representado para demonstrar compreensão em relação ao outro lado e afirmá-lo com eficácia. Em circunstâncias em que os representados têm dificuldade de se comunicar um com o outro, dois representantes podem construir uma ponte entre eles.

Mas nada disso decorre automaticamente da introdução dos representantes. As comunicações entre os dois lados podem se tornar não menos porém mais complicadas, quando participantes adicionais entram numa negociação. Se os representados receberem durante a negociação toda a sua informação sobre o que ocorre por meio de seus representantes, um representante mais manipulador pode distorcer seriamente as percepções e a tomada de decisão do seu representado. Em vez de ajudar seu representado a demonstrar compreensão em relação ao outro lado, um representante pode atiçar o conflito e fazer o diabo. Em vez de servir de ponte, uma relação prejudicada entre os dois representantes pode se tornar, por si mesma, uma barreira.

Isso é verdade, também, quanto à tensão entre criar e distribuir valor. Como conselheiro, um representante pode ajudar um representado a compreender melhor, e priorizar seus interesses. O conhecimento, a habilidade e os contatos de um representante podem ajudar o representado a avaliar e melhorar seu MAAN. E um representante pode estar capacitado para ampliar o conjunto das opções em pauta. À mesa, o representante pode estar mais capacitado a abrir o caminho construtivamente. Os representantes ajudam a criar um processo de negociação que administra seus aspectos distributivos sem inibir a criação de valor. Mesmo diante das táticas de negociação pesada, um representante hábil pode virar o jogo para solucionar os problemas.

Mas negociar por meio de representantes pode destruir valor, se seu envolvimento levar a custos de transação ascendentes e a empate distributivo. Um representante pode ser especialista em táticas de negociação pesada – um mercenário de aluguel. O perigo verdadeiro é que os representantes simplesmente aumentem os custos, retardem as negociações e exacerbem as tensões.

Parte II

POR QUE ADVOGADOS?

Por que os advogados se envolvem nas disputas de negociação e acordos em geral? Embora haja benefícios na utilização de um representante, há também os custos, óbvios. Frequentemente, os advogados pioram as coisas. Desse modo, por que um cliente deveria contratar um advogado para negociar por ele, em vez de negociar por conta própria? O capítulo anterior demonstrou que os benefícios da representação provêm de quatro fontes: conhecimento, recursos, habilidades e considerações estratégicas.

CONHECIMENTO

Os advogados são, antes de mais nada, especialistas na lei e no sistema jurídico. Quando a negociação de um cliente envolve questões jurídicas – quando ela ocorre à sombra da lei –, é mais provável que o cliente precise da assistência de um advogado. Na solução de disputas, um advogado invoca a jurisdição de um tribunal, avalia os méritos legais de um caso e determina se uma decisão vai ao encontro dos interesses do cliente. Se uma ação judicial for registrada, um advogado pode ajudar o cliente, pelo labirinto dos procedimentos jurídicos, a executar ou defender o processo. Os litigantes sabem como registrar queixas, discutir moções e administrar a revelação. Enquanto o caso se desdobra, as medidas e contramedidas processuais do advogado afetarão fortemente o valor do litígio e as percepções desse valor pelas partes. Assim, como explicamos detalhadamente no Capítulo 4, na resolução de disputas o conhecimento da lei por um advogado influencia profundamente o valor de qualquer decisão negociada de um caso.

Na realização de acordos, o conhecimento jurídico também dá aos advogados negociadores uma vantagem comparativa sobre seus clientes. Um grupo de médicos deve estruturar um novo negócio como uma parceria ou como uma empresa? Como podem um empreendedor coreano e um financista americano criar uma *joint venture*? Como devem os emprestadores financiar um novo espetáculo de Hollywood? Os advogados negociadores compreendem as alternativas de transação permitidas e as implicações de várias normas jurídicas relacionadas à direção empresarial, à tributação e às ações. Se um cliente nunca fez um acordo semelhante, é mais provável que não esteja familiarizado com tais problemas. Os advogados empresariais podem ajudar a identificar as oportunidades e os riscos numa negociação e a criar uma linguagem que designe os riscos para o benefício do cliente. E em contratos de longo prazo os advogados podem localizar futuros problemas em potencial e planejar em função deles. O Capítulo 5 explora como os advogados que realizam acordos administram normalmente o processo de obrigação contratual, criam incentivos para as partes honrarem seus acordos e localizam futuros riscos, no caso de alguma coisa desandar. Em suma, na medida em que o conhecimento da lei é altamente relevante para moldar um negócio ou resolver uma disputa, os advogados tenderão a desempenhar um papel mais importante nas negociações.

Além da competência jurídica, um advogado pode ter conhecimento especializado, valioso para um cliente. Alguns advogados são especialistas em finanças, outros têm um conhecimento interno em certo tipo de indústria, com uma profunda compreensão de suas normas e práticas informais. No Vale do Silício, por exemplo, um pequeno grupo de advogados quase sempre representa empresas iniciantes. Esses advogados conhecem as convenções que estruturam, caracteristicamente, tais negócios – que propriedade percentual é provável que os capitalistas de risco queiram, por exemplo, e quanto de representação eles procurarão na mesa dos diretores. Para um cliente empreendedor que busca financiamento, esses advogados têm uma vantagem comparativa no aspecto comercial de um negócio, assim como em seu aspecto jurídico.

RECURSOS

Os advogados também possuem recursos especiais. O acesso pode ser o melhor exemplo: os advogados frequentemente conhecem as pessoas certas. Esses advogados do Vale do Silício têm conexões com os capitalistas de risco da região e podem oferecer aos empreendedores valiosos contatos. Da mesma forma, muitos advogados de Washington investem em relações cooperativas e de longo prazo com escritórios reguladores ou comissões do Congresso. Tais relações ajudam um cliente a alcançar seus objetivos mais com mais eficiência.

A reputação de um advogado é outra vantagem que ele leva à mesa de negociações, porque transmite uma implícita garantia sobre como o cliente se comportará. Por exemplo, quando empresas estão começando, muitas vezes elas mantêm advogados conhecidos em atividade nos bancos de investimento. Esses advogados as ajudam a estabelecer contato com banqueiros de investimento, mas também a credibilidade dos advogados pode ser um verdadeiro trunfo. Os clientes procuram tais advogados para atuar como o adesivo que conserva firme um negócio.

HABILIDADES

Por fim, um advogado pode ter vantagens comparativas simplesmente por ser melhor negociador do que seu cliente. Um advogado pode ser menos tímido ao expressar os interesses de seus clientes. Talvez o cliente não se sinta à vontade com o processo de negociação e fique perturbado quando as coisas esquentarem. Ou talvez o cliente ressinta-se com o outro lado e saiba que seu advogado lidará com os problemas de maneira mais desapaixonada e eficaz. Seja qual for a razão, os clientes, muitas vezes, contratam advogados por suas habilidades na negociação, bem como por seu conhecimento ou seus recursos.

CONSIDERAÇÕES ESTRATÉGICAS

Ao decidir sobre contratar um advogado, os clientes frequentemente se concentram na necessidade de administrar questões distributivas numa negociação iminente. Os clientes querem o melhor acordo possível e temem ser explorados. E, de fato, o advogado oferece uma vantagem comparativa numa negociação difícil e distributiva. O advogado já fechou acordo em muitas disputas ou negociações semelhantes e pode ser um consumado estrategista. Pode saber como rebater as táticas distributivas do outro lado e fazer o máximo uso das próprias táticas. Um cliente, assim, pode ir a um advogado porque este consegue mais – e se expõe menos – do que o faria o cliente.

Mas isso cria um dilema fundamental. Se ambos os lados contratarem gladiadores esperando êxito, trazer os advogados pode, em última análise, ser *ineficiente*, particularmente se estes passarem muito tempo discutindo e acumulando contas enormes. Os clientes talvez se sintam impedidos de prosseguir com a representação dispendiosa que realmente não queriam, mas acreditavam que seria inevitável. E os advogados ficam empatados, sentindo-se como armas contratadas, com pouco a fazer além de lutar em fatigantes batalhas distributivas.

O desafio é encontrar uma saída para esse dilema. Como? Usando habilidades para solucionar problemas, para criar valor que, de outro modo, seria indisponível para um cliente. Por exemplo, numa disputa, um advogado chegaria a um acordo com o outro lado, quando o cliente não conseguiria. Talvez o papel do advogado o isole das emoções do cliente e permita a negociação construtiva, enquanto as argumentações do cliente só se deteriorariam na discussão. Ou talvez o advogado possa encontrar um modo inovador e econômico para avaliar as pretensões em pauta e chegar a alguma resolução sem ir aos tribunais. De forma semelhante, ao realizar acordos, um advogado negociador pode estruturar uma transação para localizar riscos e oportunidades de modo a criar valor.

Agora, voltamo-nos para os especiais desafios de criar valor nos dois grandes campos jurídicos: as disputas e os negócios. Os advogados têm uma oportunidade de criar valor em ambos os contextos, mas com certeza não é inevitável. Concluímos, no Capítulo 6, repassando alguns dos fatores psicológicos e culturais que complicam a tarefa do advogado.

4

Os desafios da solução de disputas

TOM MAZETTA É DONO E ADMINISTRA-
dor da Spreads, Inc., pequena empresa de lavanderia e lavagem a seco
que serve a alguns hotéis de Nova York, recolhendo, lavando e levando
de volta, diariamente, toalhas e roupa branca. Um dia, enquanto Tom
descarrega pilhas de lençóis recém-lavados no Hotel Big Apple, perde o
equilíbrio e cai da plataforma de carga e descarga, quebrando o braço e
batendo com a cabeça na calçada de concreto. Tom é levado para o hospital, onde seu braço é engessado, e informam-lhe que sofreu uma pequena concussão. Ele é mantido em observação durante a noite e liberado
no dia seguinte. Para de trabalhar por um mês. Embora o filho o substi-
tua, o negócio se reduz significativamente. Quando Tom volta a trabalhar, o braço não está completamente curado. Além disso, tem certa
dificuldade para fixar os olhos e passa a ter eventuais, mas intensas, dores
de cabeça. Seu médico não tem certeza se os sintomas neurológicos de
Tom melhorarão com o tempo ou se tornarão permanentes. A Spreads,
Inc. não tem nenhum plano de saúde ou seguro contra invalidez.

Tom acha que escorregou num jornal que alguém deixou na plataforma de carga e descarga. Os empregados do hotel frequentemente almoçavam naquele local, e Tom há muito se incomodava com o
hábito de eles deixarem lixo e jornais espalhados lá. De fato, uma vez

Tom quase perdera o apoio do pé sobre um jornal jogado fora e falara duas vezes com o gerente do hotel sobre o perigo na plataforma de carga e descarga. Nessas ocasiões, o gerente garantira a Tom que estava a par do problema e "cuidaria daquilo". Nada, porém, mudou, e Tom lembra-se de que no dia do acidente a plataforma de carga e descarga estava particularmente suja.

Pouco depois de voltar a trabalhar, Tom telefona para Jennifer Savin, uma advogada altamente recomendada por um amigo da família. Tom está zangado por causa do prejuízo de seu negócio e preocupado com os efeitos a longo prazo dos seus ferimentos, pelos quais culpa inteiramente a incapacidade do hotel de manter limpa a plataforma de carga e descarga. Não apenas a sujeira deveria ser removida diariamente, acredita ele, como a área de carga e descarga deveria contar com grades de segurança, pelo menos na escada. Jennifer escuta e faz perguntas. Quem vira o acidente? Quando ele se queixou ao gerente do hotel e como este se chamava? Quais as despesas médicas que precisara fazer? Quais os lucros e rendimentos que perdera? Quem eram os seus médicos? Jennifer explica que, embora seja claro que Tom sofre danos continuados, o caso dependeria da negligência do hotel ter causado esses danos.

Após rever suas anotações, Jennifer concorda em representar Tom, com uma remuneração de contingência de um terço. Embora seus honorários legais só sejam pagos no caso de qualquer indenização, ela explica que Tom será responsável pelos custos extras, tais como encargos do tribunal, remunerações de prova pericial, despesas de revelação e assim por diante. Ela fornece-lhe conselhos preliminares sobre a força de seu processo em potencial, os prováveis custos do litígio e sobre suas intenções na condução do caso. Jennifer escreve ao hotel, ameaça entrar com a ação e pede uma reunião para discutir "os ferimentos de Tom Mazetta e sua demanda em potencial". Ela indica que a reclamação pode valer até US$150 mil. O hotel encaminha o caso a sua companhia de seguros. O titular dos seguros designa um avaliador para realizar uma estimativa preliminar do valor da reclamação. O avaliador entrevista o gerente do hotel em serviço no dia do ocorrido e revê o relato do acidente, feito pelo gerente após os ferimentos de Tom. O avaliador entra em contato com Jennifer e pede permissão para um médico examinar Tom e rever sua ficha médica, determinando os ferimentos sofridos.

O avaliador, depois, registra um relato na companhia de seguros em que descreve a situação e recomenda uma reserva para o caso – o montante de fundos que a companhia devia separar para cobrir as prováveis despesas da solução ou do julgamento. Jennifer e Tom, evidentemente, não sabem de quanto é essa reserva. Tom e Jennifer, depois, recebem a seguinte carta do advogado da companhia de seguros:

> Nossa revisão da ficha e das condições de saúde do sr. Mazetta não mostrou que seus alegados danos sejam tão graves quanto os senhores sustentaram em sua carta. Conforme a apreciação do nosso médico especialista, dr. Henry Huo, a visão do sr. Mazetta não foi prejudicada e não há nenhuma comprovação médica de um dano permanente de qualquer espécie. Além disso, nada indica que um tribunal responsabilizasse o hotel.
>
> Conduzimos uma completa investigação dos fatos acerca do incidente no Big Apple Hotel. Estamos convencidos de que os danos do sr. Mazetta foram causados por sua falta de cuidado ao descarregar suas mercadorias no hotel, particularmente pela sua decisão de carregar ele mesmo grandes pilhas de roupa passada em vez de seguir a prática comum de ter um auxiliar para ajudá-lo. Não encontramos nenhum indício sobre a responsabilidade do hotel pelos danos por ele sofridos. Apesar de o sr. Mazetta afirmar que escorregou num jornal que um empregado não identificado do hotel deixou na plataforma de carga e descarga, não encontramos nenhuma prova que apoie essa pretensão.

A companhia de seguros ofereceu pagar "as despesas médicas não indenizadas até US$5 mil, como um gesto de boa-fé para resolver esse assunto". Afrontado pela oferta da companhia de seguros, Tom marca uma reunião com Jennifer para discutir o que fazer em seguida.

UMA DEFINIÇÃO DE DISPUTAS JURÍDICAS

A disputa de Tom é uma clássica ação de danos em desenvolvimento. Ele sofreu danos que acredita terem sido causados pela negligência do hotel e deseja uma indenização. O hotel não quer discutir o assunto. A companhia de seguros do hotel oferece uma ninharia. Tom contratou uma advogada, que se prepara para entrar com uma ação de litígio contra o hotel caso este se recuse a reconhecer a responsabilidade pelas perdas de Tom.

As disputas desenrolam-se em estágios, desde o momento em que um dano é percebido, por meio da comunicação inicial entre as partes a respeito desse dano, até uma solução de qualquer espécie.[1] Muitos conflitos não sobem (ou descem, dependendo do ponto de vista) até o nível das disputas jurídicas pela simples razão de que nenhuma das partes tem qualquer possibilidade de afirmar uma reclamação legalmente reconhecível contra a outra. Algumas disputas são demasiadamente triviais para cair na esfera de um tribunal. Uma esposa irada não pode invocar a jurisdição de um tribunal para resolver uma disputa sobre quem deve lavar os pratos ou sair com o cachorro. Outras disputas, tais como entre países, estão longe da trivialidade, mas não resultam numa pretensão jurídica, porque nenhum tribunal afirmaria facilmente sua jurisdição.

Não é esse o tipo de disputa que nos interessa aqui. Em vez disso, concentramo-nos naquelas situações em que ao menos uma parte acredita ter uma reclamação jurídica a ser reparada. Mas, mesmo dentro desse conjunto mais estrito de disputas, muitos casos não terminam no sistema jurídico oficial. Quando alguém, acidentalmente, se choca contra a caixa de correio do vizinho ao dar ré na entrada da sua garagem, ele pode negociar brevemente se vai consertá-la ou substituí-la e, em seguida, resolver como melhor ressarcir o vizinho. Nenhum dos lados registra uma queixa judicial ou mesmo cogita isso, muito embora tal queixa seja possível.

De todos os agravos que se convertem em disputas, portanto, só uma fração envolve uma pretensão judicialmente reconhecível, e só uma fração de fração resulta numa queixa formal a ser registrada. Além do mais, apenas uma fração de uma fração de fração é realmente posta à prova no tribunal. Qual, então, a probabilidade de que o caso de Tom seja finalmente decidido por um juiz e um júri, num processo de vara cível finalizado? Pequena. Na maioria das jurisdições, no que se refere à maior parte dos casos civis, pelo menos 80% dos casos registrados – e muitas vezes 95% ou mais – são solucionados sem decisão judicial.[2]

Uma vez que tantos casos se solucionam, qual é o desafio? Um problema, embora comparativamente incomum, é que alguns casos não são solucionados como deveriam. Um problema mais comum é que os casos são solucionados tarde, com custos de transação desnecessariamente altos. Em casos extremos, o litígio converte-se numa proposição de "perder ou perder".

Exemplo impressionante de disputa furiosa envolve Art Buchwald, o escritor e produtor de Hollywood. A história começa quando Buchwald escreveu uma adaptação de duas páginas e meia da história chamada *Rei por um dia*. Buchwald e seu sócio, Alain Bernheim, submeteram a adaptação à Paramount Pictures, de acordo com os contratos que estipulavam que Buchwald produziria algum filme baseado na ideia da história, e que Buchwald e Bernheim compartilhariam os lucros.

Em 1989, Buchwald e Bernheim processaram a Paramount por violação de contrato. Eles alegaram que o estúdio baseara o filme de Eddie Murphy *Coming to America* (*Um Príncipe em Nova York*) na adaptação dos dois, mas deixara de pagá-los. Depois de três anos de litígio, um juiz de primeira instância concedeu a Buchwald US$150 mil e a Bernheim US$750 mil. Ambos os lados cantaram vitória. Os autores argumentaram que venceram um julgamento respeitável – próximo a US$1 milhão – contra a Paramount, que gastara cerca de US$3 milhões se defendendo da ação. A Paramount afirmou que a sentença de US$900 mil foi apenas uma fração da exigência original dos autores, de US$6,2 milhões. Além disso, embora concedessem US$150 mil a Buchwald, seus honorários advocatícios excediam os US$2,5 milhões. Por fim, Buchwald e Bernheim não tiveram de pagar todo o montante de seus honorários advocatícios, porque seu advogado foi pago com base em um acordo de contingência. Mas como as despesas extras de Buchwald ultrapassaram US$200 mil, ele não teve nenhuma indenização líquida.

Na realidade, evidentemente, ambas as partes perderam. O processo pelo qual resolveram a disputa foi de tal ineficiência que travar a batalha custou seis vezes mais do que a quantia concedida. Como Buchwald escreveu: "Quando me envolvi, acreditava estar numa disputa comercial que supunha fosse logo resolvida por uma pequena soma de dinheiro e, segundo esperava, um pedido de desculpas (...) Uma das revelações de um processo como esse é que faz você se magoar profundamente, e você não perdoa com facilidade (...) Não conte com nenhum dinheiro numa ação judicial – isso é verdadeiro tanto para o vencedor, quanto para o perdedor".[3]

POR QUE A MAIORIA DOS CASOS É SOLUCIONADA

Felizmente, o caso Buchwald não é nada típico. Na maior parte das circunstâncias, os poderosos incentivos econômicos que agem sobre os litigantes são suficientes para motivar o acordo. Se os advogados dos dois lados ajudarem os clientes a compreender as oportunidades e os riscos do litígio, um modelo bastante elementar demonstra por que, em geral, o acordo faz sentido.

Avaliação do caso: o papel do advogado

No plano mais elementar, Tom e o hotel – como Buchwald e a Paramount – discutem direitos e obrigações judiciais. Quando as partes negociam esse tipo de problema, fazem-no sabendo que, se as negociações fracassarem, a parte lesada pode solicitar a um tribunal a defesa de seus direitos reconhecidos por lei e obrigar a outra parte a cumprir suas obrigações jurídicas. Tom e Jennifer acreditam que o hotel deixou de tomar o devido cuidado e que, como resultado, Tom sofreu danos. A companhia de seguros afirma que Tom contribuiu para seus próprios danos, agindo descuidadamente. Cada um tem expectativas sobre o que aconteceria no tribunal se terminassem lá. Mas como esses prognósticos afetam suas negociações fora do tribunal? Como atua o fator jurídico dentro de suas negociações informais?

A essa altura a companhia de seguros do hotel ofereceu a Tom apenas US$5 mil. A decisão de Tom pelo litígio ou pelo acordo exige que ele compare o valor de qualquer acordo proposto ao valor esperado se tiver o caso decidido no tribunal.

Os advogados usam grande parte de seu tempo e energia ajudando os clientes a fazer tais comparações: é uma razão primordial para os antagonistas contratarem advogados. Para ajudar Tom a decidir pelo litígio ou pela solução, Jennifer deve avaliar, e possivelmente discutir com Tom, quatro questões básicas.

- *Atributos substanciais:* que leis se aplicam ao caso, e como elas afetam o valor do procedimento com o litígio?
- *Atributos processuais:* que trâmites legais são aplicáveis, e como é provável que afetem o valor do litígio?
- *Custos de transação:* em que despesas Tom e o hotel incorrerão se prosseguirem com o litígio, e como isso afetaria sua decisão de acordo?
- *Preferências de risco:* quais são as preferências de risco do cliente, e como elas afetarão a decisão pelo litígio ou pela solução?[4]

ATRIBUTOS SUBSTANCIAIS

Toda negociação sobre uma disputa jurídica gira, parcialmente, em torno dos direitos substanciais subjacentes às pretensões das partes. A lei

determina se Tom tem uma causa para ação contra o hotel por construção ou manutenção negligente da plataforma de carga e descarga, e as
normas legais definem o que Tom deve provar para que sua pretensão
prevaleça. Isso é verdadeiro em qualquer disputa. Se, por exemplo, um
repórter e um jogador de futebol americano estão sozinhos no vestiário,
depois de um jogo, e o repórter, falsamente, acusa o jogador de aceitar
suborno para entregar o jogo, o jogador não pode processá-lo. Mas se
esse mesmo repórter, falsamente, acusa o jogador do mesmo ato num
artigo publicado na primeira página do jornal da cidade, o jogador pode
iniciar um caso de difamação.

No caso de Tom, a lei do agravo proporciona padrões jurídicos básicos que um tribunal aplicaria ao dano acidental. Em Nova York, um
querelante em um caso de escorregão e queda deve provar que o possui-
dor da propriedade criou as condições que causaram o acidente ou tinha ciência efetiva ou implícita dessas condições. No exemplo em causa,
Tom alega que os empregados do hotel causaram seus danos, largando
um jornal no lugar e que o hotel tinha ciência do lixo devido a suas conversas com o gerente.

No entanto, como todos os estudantes de Direito do primeiro
ano rapidamente aprendem, os próprios atos de Tom podem comprometer sua pretensão. As jurisdições diferem no modo como tratam o comportamento de uma parte que contribuísse para seus
danos. Em alguns estados, mesmo no caso de se provar a negligência
de um réu, o autor pode ser impedido de recuperar quaisquer perdas
que tivera, caso dê uma "contribuição de negligência" – ou seja, se
ele também agir sem o cuidado suficiente. Em muitos estados, inclusive o de Nova York, essa norma foi substituída pela doutrina da negligência comparativa – a indenização do autor é reduzida na
proporção de sua própria falha.[5]

A carta da companhia de seguros indica que o Big Apple Hotel culpa
Tom por carregar lençóis demais por conta própria, o que o fez perder o
equilíbrio. Tom vê a situação de maneira diferente. Ele nem sempre usa um

auxiliar e acreditava agir razoavelmente no dia em consideração. Acredita que deveria haver uma grade para lhe amortecer a queda. Obviamente, Jennifer precisará recorrer à sua compreensão dos fatos e ao seu conhecimento das normas jurídicas aplicáveis para avaliar o valor da reclamação de Tom.

Além de seu conhecimento da lei e dos trâmites legais, Jennifer poderá inteirar Tom de como as normas e os procedimentos jurídicos são comumente traduzidos para a prática, numa determinada jurisdição; como funciona, normalmente, a "lei em ação". Por exemplo, Jennifer conhece a série de veredictos locais em casos semelhantes, como operam as grandes companhias de seguros de Nova York e as práticas de acordo da companhia de seguros do hotel. Ela pode saber como as companhias de seguros fixam o montante de suas reservas e pode ter uma boa estimativa de como o avaliador de seguros calculava o caso de Tom. Tal conhecimento será de grande valia para Tom quando considerar se prefere o litígio ou o acordo.

ATRIBUTOS PROCESSUAIS

A lei que um juiz aplicaria não é o único fator a afetar a decisão de Tom. O resultado provável do julgamento depende também das normas de procedimento do tribunal, que regulam o desenrolar do litígio. No julgamento, por exemplo, questões processuais – tais como a que parte cabe o encargo de comprovar danos, causação ou negligência – podem afetar imensamente o resultado. As normas de comprovação, do mesmo modo, afetam o resultado esperado, tornando determinados tipos de prova relevantes ou irrelevantes. As normas que regulam o processo anterior ao julgamento, como a revelação, as moções de antejulgamento e alegações, também fazem uma diferença significativa. Se um autor tiver o direito de se envolver em procedimentos de ampla produção de provas, seu advogado poderá expor informações para reforçar um caso que, de outro modo, seria fraco. Sem esses direitos processuais, até um querelante justificado seria incapaz de satisfazer as exigências para se proceder ao julgamento.

Esses diferentes atributos processuais e seus prováveis efeitos no que ocorreria no tribunal devem ser fatores decisivos na negociação de Tom com o hotel. Jennifer sabe que, como autor, Tom terá o encargo de provar a negligência do hotel, e Jennifer se preocupará em como irá ao encontro desse encargo. Obviamente, Tom pode testemunhar. Mas quem mais testemunhou o acidente? Quem testemunharia sobre as condições da plataforma de carga e descarga? O gerente do hotel confirmará que Tom fizera queixas anteriores? Há quaisquer registros a esse respeito? Jennifer explica que o hotel terá o encargo de demonstrar a relativa negligência de Tom. Que registros sugerem o tamanho excedente da carga de Tom naquele dia? Que prova ela desenvolverá para rebater a alegação de que Tom foi negligente?

CUSTOS DE TRANSAÇÃO

Os esperados custos de transação para assegurar a decisão judicial compõem o terceiro elemento crítico da avaliação de cada parte. Um querelante deve subtrair de qualquer possível indenização os prováveis custos de ir a julgamento.[6] Do mesmo modo, um réu deve considerar não somente o montante de qualquer sentença possível, como também os custos de defesa. Em que honorários advocatícios cada lado incorrerá? Quanto custa o julgamento? Como poderia a ação judicial afetar a aptidão de cada uma das partes para operar seu negócio com eficiência? Por exemplo, se os gerentes e o pessoal do hotel consumirem mais tempo em depoimentos do que no funcionamento da casa, quanto isso interferirá em seu trabalho e até que ponto os negócios do hotel serão afetados? Que custos emocionais ou psicológicos o litígio teria para cada parte? Apenas compreendendo os custos do litígio podem as partes conhecer o valor líquido esperado do recurso ao tribunal e trabalhar com esse valor esperado à mesa de negociação.

No caso de Tom, Jennifer explica que o litígio seria razoavelmente dispendioso. Ambos os lados contratariam médicos especialistas para

testemunhar sobre a concussão de Tom e seus prováveis efeitos futuros. Jennifer teria de fazer depor vários empregados do hotel para estabelecer uma amostra do abandono de lixo na plataforma de carga e
descarga. Se o hotel impugnar o caso vigorosamente, o litígio se arras-
taria por muito tempo.

PREFERÊNCIAS DE RISCO

As preferências de risco também afetam a decisão de uma parte pelo
acordo ou pelo recurso ao tribunal. Suponhamos que uma pessoa enfrente um cara ou coroa em que tenha 50% de possibilidades de ganhar
US$100 e 50% de não receber nada. O sorteio com moeda tem um valor
esperado de US$50. Se a pessoa for neutra quanto ao risco, terá uma
possibilidade de 50% de ganhar US$100, como equivalente de receber
US$50 antecipadamente. Se ela for contrária ao risco, aceitará menos do
que o valor antecipadamente esperado – digamos, US$48 –, a fim de
evitar a possibilidade de não receber nada. Os litigantes tendem a ser
avessos ao risco, pois com muita frequência há muito em jogo, mas um
determinado competidor pode, de fato, ser alguém que prefira o risco.
Um jogador, por exemplo, pode preferir a possibilidade de ganhar
US$100 à certeza de receber US$55. Ele preferiria apostar em ganhar
tudo em vez de se decidir por uma quantia menor, mesmo que esta fosse
maior do que o valor esperado.

Como as preferências de risco afetam a negociação? Na medida em
que ambas as partes sejam contrárias ao risco, a faixa de acordo possível
é alargada, porque cada uma estaria preparada a aceitar menos ou pagar
mais do que o valor líquido esperado, a fim de evitar a atribulação de ir
ao tribunal. Mantidas as mesmas condições, isso torna mais fácil a solução do caso. Por outro lado, na medida em que uma ou as duas partes
preferirem os riscos, bem pode ser verdadeiro o contrário.[7]

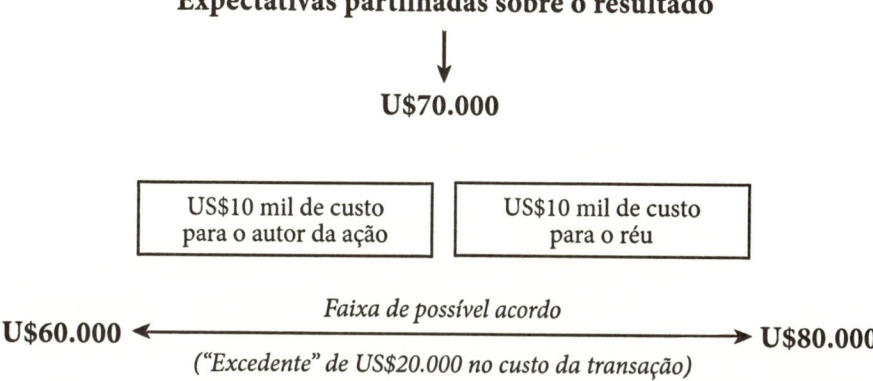

Figura 5

O modelo básico

Este modelo simples – baseado em atributos substantivos e processuais, em custos de transação e preferências de risco – explica por que a maioria das disputas jurídicas chegam a um acordo, e não vão a julgamento.[8] Quando as partes têm expectativas semelhantes sobre as oportunidades e os riscos de recorrer ao tribunal, o acordo livra dos custos de transação consumidos para assegurar um julgamento formal. Na verdade, essas economias são um excedente que pode ser dividido entre as partes, por meio do acordo.

Para compreender como os custos de transação geram tal excedente, vamos simplificar o caso de Tom. Admitamos que ambos os lados sabem que se Tom se encaminhar para o tribunal um juiz lhe concederá US$70 mil. Isso é uma suposição altamente irrealista, como logo mostraremos, mas por ora admitamos que os dois lados saibam disso com antecipação. Admitamos ainda que Tom e o hotel tenham de pagar, cada um, US$10 mil por custos de transação de outro modo evitáveis, se o caso for para o tribunal. O que haverá com a negociação deles?

Em tais hipóteses, Tom ganhará mais com o acordo caso receba qualquer quantia superior a US$60 mil (US$70 mil menos US$10 mil). O hotel ganhará mais com o acordo, contanto que não pague mais de US$80 mil (US$70 mil mais US$10 mil). Por esse motivo, *qualquer* acordo entre US$60 mil e US$80 mil deixaria ambas as partes em melhores condições que o caso ir a julgamento. Na verdade, elas terão um excedente de US$20 mil para dividir (ver Figura 5). Caso decidam por US$70 mil, cada qual salva seus próprios custos (um ou outro, porém, pode insistir num acordo mais favorável, e eles terminariam em pequenas ameaças intimidativas. Tom poderia dizer: "Não aceitarei nada abaixo de US$75 mil. De outra maneira, vou a julgamento." Embora o hotel ficasse em melhores condições pagando US$75 mil do que indo a julgamento, se soubesse que Tom terminaria apenas com US$60 mil, se o caso fosse julgado, poderia não achar sua ameaça muito plausível).

Por que alguns casos não devem chegar a acordo

Evidentemente, alguns casos *não devem* chegar a acordo: são os raros casos em que os interesses de uma parte só são atendidos com uma vitória completa, seja no tribunal, seja com a capitulação do outro disputante. Às vezes, o interesse de uma parte na justificação pública é tão forte que não pode ser satisfeito sem julgamento, e o interesse pode preponderar sobre quaisquer que sejam as opções de acordo tangíveis que a outra parte possa oferecer. Às vezes, uma parte tem um forte desejo de criar um duradouro precedente jurídico em certa área, e utiliza o litígio como meio para esse fim. Em litígio de direitos civis, por exemplo, casos-ensaio são instaurados para desafiar ou criar doutrina jurídica. Ou, numa disputa de patente, uma empresa precisa demonstrar a validez de sua propriedade intelectual para proteger seu negócio fundamental. Em tais casos, o defensor talvez não tenha nenhuma oferta melhor para os autores do que litigar para ser julgado.

Às vezes, uma parte recusa-se a solucionar um caso por desejar firmar uma reputação que coíba o futuro litígio. Por exemplo, por vários anos a companhia Ford Motor fez aos querelantes uma oferta de pegar ou largar, conforme a avaliação que fazia da reivindicação deles. Se a oferta for rejeitada, a Ford processa.[9] A empresa prefere defender-se dessas ações judiciais e estabelecer uma reputação de estar mais disposta a brigar do que a pagar demais por pretensões levianas. Ao longo do tempo, a Ford acredita que sua estratégia dá lucro, com um total de despesas e pagamentos judiciais mais baixo.

Finalmente, alguns casos não chegam a acordo por estar uma das partes, ou as duas, usando o processo com finalidade estratégica ou empresarial mais ampla. Em algumas situações de takeover empresarial, por exemplo, a empresa-alvo entrará com um processo judicial na tentativa de se desviar ou defender de um takeover hostil. O objetivo não é tanto vencer a batalha quanto vencer a guerra maior pelo controle da empresa. O próprio processo pode ser sobre alguma coisa relativamente insignificante, mas a empresa-alvo utiliza-a para reduzir o preço das ações e obstruir o takeover. Nessas circunstâncias, não é provável que as partes cheguem a acordo.

DINÂMICA DOS LITÍGIOS

O modelo econômico básico de litígio e acordo explica por que a maior parte dos casos chega a acordo: se as expectativas das partes acerca do preço de ir até o tribunal são convergentes, por que realmente se dar ao trabalho de levar o caso a julgamento? E na maioria os casos chegam *mesmo* a acordo, como observamos. Mas o processo de chegar a acordo é, de modo geral, muito ineficaz, por duas razões.

Primeiro, mesmo quando os casos chegam a acordo, isso frequentemente demora a ocorrer, em vez de ocorrer logo, e leva a custos de transação desnecessariamente altos. As disputas jurídicas tornam-se mais guerras de trincheira do que exercícios de solução dos problemas. Cada lado toma posições extremas e recusa-se a se comprometer, muito embora saiba, cada um, que afinal de contas um acordo é provável. O tempo é desperdiçado, as relações são prejudicadas e, no fim, o caso ainda é resolvido na entrada do tribunal. A essa altura as partes já gastaram muito no processo de solução da disputa.

Segundo, os acordos alcançados no processo de litígio normalmente acreditam que a única possibilidade de encontrar valor é pela economia de custos de transação. Embora o jogo do litígio inclua a avaliação das oportunidades e riscos jurídicos, ele não incorpora, habitualmente, uma ampla consideração dos interesses, recursos e possibilidades das partes. Como consequência, estas podem nunca descobrir os negócios possíveis que deixariam ambos os lados em melhores condições.

Os desafios distributivos

Os aspectos distributivos da negociação, muitas vezes, preocupam as partes disputantes. O jogo do litígio é complexo e fluido. Os dois lados poucas vezes têm expectativas de perfeita convergência acerca do preço de ir até o tribunal, e cada um constantemente tentará influenciar as percepções que o outro tem desse preço, por meio das medidas e contramedidas do processo de litígio. Como ajustar exitosamente tais percepções confere verdadeiros benefícios distributivos, as partes intensificam o conflito e fecham-se numa dinâmica hostil e destrutiva que nenhuma das duas, depois, mudará unilateralmente com facilidade. O resultado é mais uma guerra de atrito do que uma procura de meios para resolver eficientemente as diferenças. Exploramos aqui essas complexidades estratégicas que podem, com frequência, afastar os litigantes da solução criativa dos problemas.

INCERTEZA SOBRE O RESULTADO DO LITÍGIO: "QUANTO REALMENTE VALE O CASO?"

A primeira dificuldade é que os litigantes não podem saber com segurança as ações de um tribunal num caso específico. Ao contrário do nosso simples exemplo com Tom, na maioria dos casos nenhum dos lados está certo a respeito do que o querelante realmente receberia se o caso prosseguisse até o julgamento. Mas, mesmo com tal incerteza, as partes podem ter estimativas semelhantes da distribuição de probabilidades dos possíveis resultados. Por exemplo, antes do julgamento, nenhum dos lados sabe com segurança que um júri achará o Hotel Big Apple negligente. Apesar disso, eles concordariam com as probabilidades.

Consideremos o exemplo simples ilustrado na Figura 6. Tanto Tom como o hotel esperam uma possibilidade de 30% de o júri decidir que o hotel não era negligente, o que levaria a nenhum pagamento (US$0). Eles também concordam em que há uma possibilidade de 70% de o réu ser considerado negligente e pagar US$100 mil. Eles compartilham expectativas sobre o caso e, assim, devem acordar em que o valor do resultado é de US$70 mil, sem se levar em conta os custos de transação (multipliquemos cada probabilidade por sua solução associada e depois somemos os resultados: 30% multiplicados por zero é zero; 70% multiplicados por US$100 mil são US$70 mil; desse modo, a solução esperada é de US$70 mil). O valor esperado é simplesmente a soma dos possíveis resultados, cada um deles agravado pelas probabilidades de que um resultado particular terá de derivar.

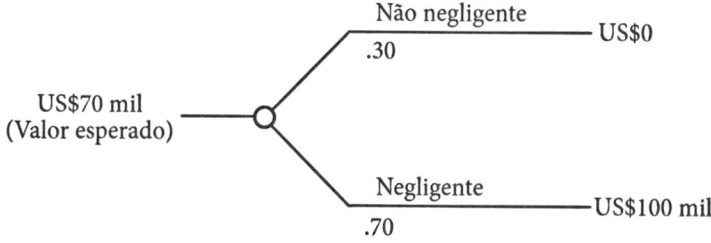

Figura 6

Evidentemente, muitas vezes as partes *não* percebem identicamente as probabilidades relevantes. Em vez disso, cada uma tem suas próprias expectativas em torno da probabilidade e das consequências de ocorrerem várias realizações de julgamento, tendo cada uma estimativa própria do valor do resultado esperado. As diferenças entre as partes podem ser exemplificadas na Figura 7. Aí, cada parte tem diferente avaliação da probabilidade de que o hotel seja considerado negligente. Embora, nesse exemplo, suas expectativas sobre as indenizações sejam semelhantes, a avaliação que cada uma tem do valor do resultado esperado difere dramaticamente: Tom acha que o caso é de US$90 mil e o hotel acha que o caso é de somente US$10 mil.

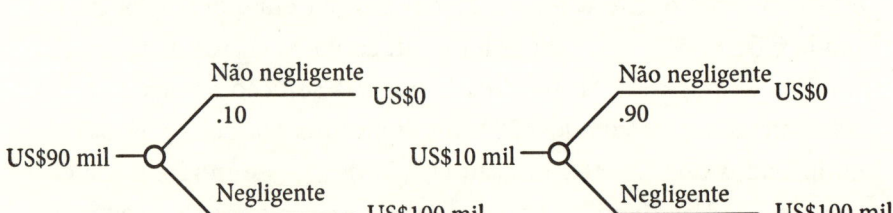

Figura 7

Na maior parte dos casos, essa espécie de árvore das decisões terá muitos ramos e sub-ramos. Será o hotel julgado negligente? Será Tom julgado corresponsável na negligência? Se for, o que é a negligência comparativa das duas partes? Qual o alcance das possíveis indenizações? Qual a probabilidade de cada sentença? Para as partes alcançarem expectativas convergentes a respeito do resultado de um julgamento precisarão discutir suas diferentes respostas a essas perguntas e imaginar meios de transpor os intervalos entre elas.

As partes têm expectativas divergentes, por numerosas razões. Primeiro, elas conhecem fatos diferentes. Tom pode saber o nome de uma pessoa que observou como os empregados do hotel eram descuidados com o lixo em torno da plataforma de carga e descarga. O advogado da companhia de seguros, pelo menos inicialmente, não pode saber dessa testemunha potencial. Evidentemente, antes de ocorrer o julgamento, mediante revelação e divulgação, isso virá a conhecimento geral. Mas, em algumas circunstâncias, uma parte, ou ambas, podem reter informação particular que influencie suas expectativas sobre o litígio. Em segundo lugar, e mais comumente, as partes têm diferentes interpretações ou percepções dos mesmos fatos. Em terceiro, elas têm distintas avaliações da lei correspondente e de como ela se aplicaria aos fatos. Por fim, sobretudo acerca das indenizações, um júri tem muita discrição. O resultado pode expressar as impressões subjetivas que o júri tem das pessoas envolvidas no caso.

No caso de Tom, consideremos as seguintes incertezas, sobre as quais as partes têm opiniões muito diferentes. Tom está mentindo sobre a existência de um jornal sobre a plataforma de carga e descarga? Quer minta ou não, é provável que um júri acredite nele? Será ele uma testemunha digna de crédito? E as conversas de Tom com o gerente do hotel, alertando-o para o recorrente problema do lixo na plataforma de carga e descarga? Suponhamos que o gerente negue totalmente que tais conversas ocorreram. Em quem o júri acreditará, em Tom ou no gerente? Como se sairá o gerente, como testemunha? E a que despesas médicas é provável que Tom esteja sujeito no futuro? Que indenizações, pela dor e pelo sofrimento, é provável que um júri conceda a Tom, se julgar em seu favor? Como a extensão dos possíveis resultados é muito ampla e não há nenhum meio fácil de avaliar as probabilidades dos resultados individuais, os advogados antagonistas chegariam a conclusões muito diferentes sobre o esperado valor do caso.

PERCEPÇÕES QUE INFLUENCIAM NUM JOGO DINÂMICO: "SEU CASO É UM ABACAXI"

O litígio não envolve simplesmente a desapaixonada avaliação que cada parte faz de um conjunto fixo de fatos sob um dado regime jurídico. Em vez disso, é um processo dinâmico em que os conselheiros de cada lado tentam constantemente modelar a percepção da outra parte sobre o que pode acontecer no julgamento. As probabilidades não são fixadas no início. Por causa das medidas e contramedidas durante o processo de antejulgamento, um advogado astuto pode melhorar as possibilidades de seu cliente de vencer: novos documentos podem ser descobertos; uma moção de julgamento sumário e parcial pode ser concedida, com a rejeição de parte do caso; fazer um questionamento cuidadoso durante um depoimento pode minar a credibilidade de uma testemunha; uma testemunha entendida e persuasiva pode ser contratada.

Além de trabalhar para mudar as probabilidades, cada lado procura influenciar as *percepções* do outro em relação ao provável resultado e ao que poderia ser um acordo aceitável. A exaltação e o exagero são lugares-comuns. As partes apostam em posições extremas, esperando transmitir sua confiança e expectativas. Os advogados frequentemente atacarão e depreciarão o caso do outro lado, tentando alterar a avaliação subjetiva deste quanto ao litígio. Essas medidas do litígio são parte comum do processo de negociação.

Alterar as percepções que o outro lado tenha da sua alternativa de litígio tem importantes consequências distributivas. Imaginemos que a ação judicial de Tom contra o Big Apple Hotel se encaminhe para a fase da revelação e que Jennifer descubra um documento, nos arquivos do hotel, capaz de mostrar que as plantas originais para a construção da plataforma de carga e descarga exigissem uma reforçada grade de segurança. Muito provavelmente, ela levará consigo esse dado em sua próxima negociação com o hotel e o brandirá em frente do advogado do outro lado, esperando influenciar a percepção do hotel quanto à probabilidade de sucesso de Tom, se o caso acabar diante de um júri. Será ela bem-sucedida? Quem sabe? Mas muito provavelmente ela tentará.

Não podemos exagerar a importância dessa dinâmica. Advogados e clientes constantemente baseiam suas estratégias de negociação na possibilidade de que entrar com uma ação mude o valor, ou o valor percebido, do caso em pauta. O processo de litígio pode tornar-se exaustivo, com os advogados e os clientes concentrando-se exclusivamente em influenciar o possível resultado do caso e ignorando seu custo em dólares propriamente ditos. Além disso, a fluida natureza do jogo torna muito difícil o processo de estimar o resultado líquido esperado de uma disputa jurídica. O litígio não é um jogo em que você conhece as probabilidades – em que você paga 1 dólar para atirar uma moeda para o alto pela possibilidade de ganhar 2 dólares. É, em vez disso, um jogo que muitas vezes transmite a impressão – pelo menos aos clientes – de que você deve pagar alguma quantia não revelada e incerta e assim conseguir alguma chance não revelada e incerta de ganhar um prêmio incerto.

A INFLUÊNCIA DOS CUSTOS DE TRANSAÇÃO:
"NÓS PODEMOS PREJUDICÁ-LO MAIS DO QUE VOCÊ A NÓS"

Como vimos, o valor de reserva de uma parte numa disputa jurídica depende, parcialmente, dos custos de transação em que a parte acha provável incorrer, se prosseguir com o litígio.[10] Se o outro lado mudar esses custos, altera o valor líquido percebido de ir ao tribunal.

Alguns custos de transação são fixos, tais como a taxa de ajuizamento que o tribunal impõe para iniciar uma denúncia. Mas muitos custos de transação relacionam-se ao comportamento das partes. Por exemplo, várias despesas do litígio – inclusive honorários advocatícios, custas de depoimento, encargos de revelação e outros gastos extras – variam grandemente, dependendo do que o outro lado prefira fazer. Isso é decisivamente importante. No litígio, uma parte impõe à outra custos de transação substanciais, de valor muito pequeno para ela própria. Na revelação, por exemplo, talvez custe muito pouco ao advogado A enviar ao advogado B uma longa lista de perguntas escritas, mas respondê-las pode consumir horas de trabalho do advogado B. Evidentemente, este poderia retaliar com uma lista semelhante, impondo custos, desse modo, ao advogado A. Mas, no princípio de uma ação judicial, nenhum dos lados sabe que escolhas cada lado fará ao longo do caminho, e como tais escolhas afetarão os custos de transação.

O resultado seria uma guerra de atrito. O objetivo é impor tamanho ônus que obrigue o outro lado a ceder, mas na realidade ambos os lados podem vacilar sob o peso dos crescentes custos de transação, que conduzem, finalmente, a um resultado de perder ou perder. Embora iniciar a guerra na esperança de vencer seja um avanço para cada lado, o resultado coletivo é irracional.

A tentação de cansar o outro lado é particularmente grande quando as partes enfrentam custos diferentes ou tenham diferentes recursos. Uma experiência realizada por Richard Zeckhauser ilustra as possibilidades.[11] Zeckhauser pediu a algumas pessoas que dividissem US$2 entre elas. No caso de deixarem de chegar a acordo numa divisão nenhuma das partes receberia qualquer quantia. Sem surpresa para ninguém, nessa versão do jogo, praticamente todos os pares se apressaram em repartir os US$2 por igual. Mas numa segunda versão novamente foi pedido às pessoas que dividissem os US$2 mas, a cada minuto transcorrido, uma parte era taxada em US$0.05, enquanto a outra em US$0.10. Nessa situação, a maioria das pessoas intui que o negociador taxado em US$0.05 por minuto tem um grau de preponderância sobre seu congênere, em função desses custos assimétricos. E enquanto muitos pares, nessa versão, concordaram rapidamente em repartir os US$2 por igual, muitos outros não o fizeram. Frequentemente, o negociador taxado em US$0.05 por minuto tentaria explorar sua manifesta preponderância pedindo *mais* do que US$1. O fascinante quanto aos resultados de Zeckhauser nessa versão do jogo é que a parte com a pretendida preponderância em geral se sai *pior*, em média, do que quando as partes se defrontam com custos simétricos, ou absolutamente nenhum custo. A tentativa de explorar os custos assimétricos, muitas vezes, provoca a teimosia do outro lado, e ambas as partes normalmente terminam com muito menos do que US$1.

Isso é precisamente o que acontece em algumas disputas jurídicas. A parte que acredita absorver melhor os custos, ou impor mais custos à outra, ou ambas, tenta usar essa preponderância nos aspectos distributivos da barganha. Essa é uma medida estratégica racional quando a outra parte dispõe de recursos limitados e será obrigada a capitular. Mas, com frequência, ela leva a empates e a conflito prolongado, perdendo, no final das contas, os dois lados.

A INFLUÊNCIA DAS PERCEPÇÕES DA FORÇA DE VONTADE: "COMBATEREMOS ATÉ O AMARGO FIM"

Por causa da natureza dinâmica do litígio ambas as partes de uma disputa jurídica frequentemente se perguntam sobre a força de vontade do outro lado. Quão empenhada está a outra parte em prosseguir no litígio? O outro lado está blefando ou realmente avançará com ímpeto se não receber uma oferta de acordo mais favorável?

Barbara Tuchman observou que "uma oferta de termos de paz por um beligerante dará sempre uma impressão de enfraquecimento da intenção e da vontade de vencer. A outra parte, sentindo fraqueza, estará menos disposta a aceitar os termos. Esta é uma razão pela qual terminar uma guerra é sempre mais difícil do que iniciá-la."[12] Tal a guerra, tal o litígio. Os advogados, muitas vezes, relutam em iniciar as conversas sobre um acordo. Cada lado espera que o outro pestaneje, pois nenhum deles quer deixar pistas sobre a fraqueza de seu próprio caso. Jeffrey Rubin apresenta um estupendo exemplo dessa dinâmica, ocorrido numa partida de xadrez entre os campeões mundiais Bobby Fischer e Boris Spassky.

Quando uma das primeiras partidas da competição aproximava-se do encerramento, tornou-se claro que nem Fischer nem Spassky tinham sequer possibilidade de vencer. Cada um fora reduzido ao rei e a um peão, e nenhum dos dois tinha a posição necessária no tabuleiro para transformar o peão em dama. No entanto, apesar da clara inevitabilidade de um empate, nenhum dos jogadores apresentou o mais leve sinal de ceder. Ambos, grandes mestres do xadrez, recusavam-se obstinadamente a mostrar qualquer consciência da presença do outro na sala, para nem falar no lado oposto do tabuleiro (...) Os lances arrastavam-se, era visível que o árbitro estava cada vez mais impaciente com o comportamento dos dois jogadores, cuja partida seguia tão obviamente para um empate. Por que nenhum dos dois propunha a solução de compromisso, nessas circunstâncias? Evidentemente, porque fazê-lo seria indicar menos autoconfiança que o adversário, o que enfraqueceria, possivelmente, sua posição nos jogos futuros.[13]

Os dois lados sentiam-se diante de um impasse. Embora ambos se beneficiassem com uma conciliação, nenhum queria ser o primeiro a propô-la.

"Combateremos até o amargo fim" é um grito comum da batalha do litígio, muito embora ambos os lados saibam que o acordo, a certa altura, é provável. Os litigantes frequentemente se dispõem a gastar o que for preciso, esperar enquanto for preciso e aguentar tanto quanto for preciso para vencer. Emitindo esses sinais, cada um espera que o outro reavalie sua estimativa da probabilidade de sucesso no julgamento e reconsidere, desse modo, o que se dispõe a pagar ou receber no acordo.

Isso não é apenas uma luta de boxe imaginária. Uma parte pode ter diversos e bons motivos para duvidar da força de vontade do outro lado. Talvez o cliente do outro lado não se disponha de fato a ir ao tribunal e prefira resolver o caso rapidamente, acabar com isso. Tem ele resistência para o litígio ou se dobrará nos degraus do prédio do tribunal? Se a decisão do outro cliente parecer fraca, uma parte será estimulada a adiantar impetuosamente o litígio, na esperança de intimidar o outro cliente para um acordo a preço baixo. Outros motivos para avançar concentram-se no advogado. "Mary Beth não quer efetivamente resolver esse caso", um litigante conclui sobre sua adversária. "Ela nunca teve experiência de julgamento em assunto como esse. E estamos no verão. Ela vai querer umas férias em agosto. Está sendo cogitada para ser sócia da empresa brevemente, de modo que não arriscará uma grande perda no tribunal. Podemos avançar e, no fim, ela fará concessões para evitar o tribunal." No caso de Tom, o hotel poderia pensar: "Jennifer depende de remuneração. Ela já incorreu em muitas despesas. No fim, ela quererá resolver esse caso em vez de se arriscar a não receber nada no tribunal. Temos de aguentar firme."

A PREPARAÇÃO DE UM JULGAMENTO QUE NUNCA ACONTECE: "VEREMOS VOCÊS NO TRIBUNAL"

No litígio, às vezes, parece que cada lado se prepara freneticamente para um julgamento que nunca acontecerá. Um lado rascunha uma queixa, apresenta moções, toma depoimentos, esmiúça a apresentação e revelação de documentos, prepara-se para o julgamento – e com plena consciência de que, provavelmente, resolverá o caso. *E cada lado sabe disso.* É como uma corrida armamentista: cada lado constrói um arsenal, esperando nunca usá-lo. Cada um precisa do arsenal para indicar uma disposição para a batalha. Mas cada um também se beneficiaria se os dois lados concordassem em reduzir as reservas de armas. O problema é que nenhum lado quer desarmar-se primeiro.

Às vezes, a ameaça de litígio, ou seu verdadeiro início, é necessária, para levar uma parte recalcitrante à mesa de negociação. De maneira semelhante, a instrução probatória provoca descobertas essenciais. Ao mesmo tempo, uma vez iniciado, o litígio frequentemente adquire vida própria. Mesmo se os dois lados compartilharem as mesmas expectativas quanto ao preço de continuar até o tribunal, eles nunca descobririam essa convergência, pois estariam muito ocupados com a tentativa de frustrar os planos do outro. Cada parte afirmaria uma posição extrema, com o fim de transmitir grande confiança e força de vontade. É provável que cada parte, então, entre com a ação de modo a modelar a percepção que a outra tem do preço de ir até o tribunal, enquanto as duas continuam a intimidar e

enganar sobre sua própria avaliação desse preço. Esse comportamento será mais radical e hostilizante do que franco, a fim de assegurar qualquer possível vantagem distributiva. E, no processo, é
improvável descobrir que suas expectativas sobre a alternativa do
litígio são semelhantes.

Como cada parte quer parecer confiante para preservar a credibilidade de sua ameaça de ir ao litígio, cada lado enfrenta um dilema: devo
ser o primeiro a mostrar minha verdadeira avaliação do caso? Advogados e clientes em litígio temem que a revelação unilateral arrisque-se à
exploração. "Se eu admitir a fraqueza no meu caso, eles se aproveitarão
dessas avaliações honestas sem reconhecer os furos de sua própria argumentação." Nenhum lado quer parecer fraco ao outro. Admitir dúvida
sobre seu caso é análogo a passar dinheiro para o outro lado. Como resultado, cada parte mantém suas cartas junto ao peito, matraqueia rui-
dosamente sobre a força de sua mão e possivelmente aposta mais no
resultado do que seu caso merece.

Uma das causas desse comportamento é o que Jeffrey Rubin chamou
de "supercompromisso e captura".[14] Para ilustrar esse fenômeno, apreciemos um engenhoso jogo chamado "O leilão de dólares".[15]

Jogamos agora a partida de US$20, como se segue: uma nota de
US$20 é leiloada ao concorrente de mais alto valor, em que o lance ini-
cial tem de ser de pelo menos US$1 e os acréscimos também devem ser
em dólares. A peculiaridade do jogo é que ao *segundo* concorrente em
valor também se exige pagar ao leiloeiro o valor de seu lance, muito
embora esse concorrente nada receba em troca. Por exemplo, se o lance
alto for de US$15, o ganhador leva uma nota de US$20 por US$15, apa-
nhando o lucro de US$5. Se o segundo lance em valor é de US$14, porém, esse concorrente paga ao leiloeiro, mas não recebe nada.

Participamos desse jogo com centenas de advogados, estudantes
de Direito e administradores. O lance de abertura é sempre de uma
quantia pequena – US$2 ou US$3. Em quase todos os casos, porém,
se segue uma competição, e os lances sobem. Na hora em que os lan-

ces chegam acima de US$10, sobram normalmente apenas dois concorrentes, e o leiloeiro sabe que ganhará. Mas para espanto da plateia, os lances, em geral, se elevam acima de US$20. Consideremos a situação em que uma pessoa faz um lance de US$20 e a outra de US$19. O concorrente inferior imagina: "Estarei em melhores condições com US$21 (por uma perda líquida de US$1) do que sendo o segundo em valor (por uma perda de US$19)." Mas tão logo faz o lance de US$21, as posições invertem-se, e o outro concorrente, usando o mesmo raciocínio, pode aumentar o lance de novo.

Vendemos uma nota de US$20 pelo equivalente a US$150, e nunca vimos um leiloeiro perder dinheiro. O jogo apresenta algumas surpreendentes analogias com o litígio. Se não houver nenhum mecanismo para alterar a remuneração, cada litigante paga suas próprias remunerações advocatícias, independentemente de quem ganhar a causa, da mesma forma como cada concorrente tem de pagar seu lance final independentemente de ter ou não ganhado a nota de US$20. Como os concorrentes no jogo do leilão, cada litigante pode tentar ultrapassar a despesa do outro, para melhorar suas possibilidades de vencer. E, como no jogo do leilão, os litigantes caem numa armadilha de dinâmica competitiva em que não querem perder, mesmo se ganhar não valer mais a pena.

PROBLEMAS DE INCENTIVO NA RELAÇÃO ENTRE ADVOGADO E CLIENTE: "VOCÊ NÃO PODE PAGAR O ALUGUEL COM UM TERÇO DE UMA DESCULPA"

A relação entre representado e representante torna mais difícil solucionar ações judiciais e mais difícil criar valor. Para encontrar negócios que criem valor, um advogado precisa conhecer os interesses, os recursos e as aptidões de seus clientes. Muitos litigantes não pensam em indagar ou aprender sobre essas coisas. Em vez disso, uma conversa do advogado com seu cliente volta-se exclusivamente para as oportunidades e riscos do litígio.

Como observamos no Capítulo 3, trocar informações é dispendioso. Como um advogado *pode* dedicar-se ao litígio sem muita informação sobre os interesses do cliente, não é necessário tanto a um advogado quanto a seu cliente perder tempo discutindo esses blocos básicos de construção da criação de valor. Mas sem essas informações as mãos do advogado estarão atadas à mesa de negociação. É provável que o advogado se concentre na negociação distributiva, em torno do valor esperado de ir ao tribunal em vez de se concentrar na descoberta de meios para fazer os negócios irem ao encontro dos interesses dos dois lados.

Além disso, o acordo da remuneração de um advogado cria o tipo errado de incentivo. Os clientes, às vezes, queixam-se de que seus casos não chegarão a acordo – ou chegarão tardiamente –, porque seus advogados se beneficiam financeiramente consumindo mais tempo com o assunto. O que é custo de transação para um cliente é, muitas vezes, receita para um advogado. Os grandes escritórios de advocacia empresarial tratam o litígio, normalmente, em regime de pagamento por hora. Consciente ou inconscientemente, os advogados podem fazer pesquisa jurídica desnecessária, entrar com moções em demasia, tomar depoimentos excessivos ou fazer subir de outro modo os custos de transação em benefício próprio. Nem todo comportamento dessa espécie é condenável. Pelo desejo legítimo de obter uma vantagem competitiva para o cliente e reduzir a incerteza sem deixar nenhuma pedra não contornada, um litigante pago por hora considera proveitoso esse investimento adicional de tempo e de esforço. Todavia, quando há advogados por hora nos dois lados de uma disputa, são grandes os riscos de conflito prolongado, especialmente se ambos os clientes têm os bolsos fundos e interesses altos.

Em casos de responsabilidade civil, em que o advogado do autor trabalha na base da remuneração de contingência, enquanto o advogado de defesa é pago por hora, os incentivos dos dois advogados são bem diferentes. Ao passo que o advogado do autor é motivado para completar o litígio rapidamente e a baixo custo, com o fim de elevar ao máximo o ganho em seu investimento de tempo, o advogado de defesa tem um incentivo para prolongar o litígio tanto quanto possível, para aumentar sua remuneração. Às vezes, o defensor aprova com sinceridade esse passo arrastado, na esperança de explorar a fraqueza peculiar à estrutura da remuneração de contingência, para pressionar o advogado do autor a aceitar um acordo a baixo custo. E alguns clientes tomam a posição de que prefeririam pagar seu advogado do que a outra parte.

As remunerações de contingência também dissuadem os advogados de procurar certos tipos de negócios que criam valor e fazer com que os casos se prolonguem por mais tempo que de outro modo. Como nos disse o advogado de um autor: "Você não pode pagar o aluguel com um terço de uma desculpa." Jennifer, por exemplo, poderia não obter muita recompensa caso Tom largasse o processo ao concordar com o hotel em fazer seus serviços de lavanderia dentro do estabelecimento. Seu acordo de contingência com Tom antecipa um acerto da remuneração da disputa. Considerando-se isso, que incentivo ela tem para procurar tal solução?

Os problemas entre representado e representante dentro de uma organização de um cliente também inibem o acordo. O administrador responsável por um caso talvez queira compensação para proteger sua carreira. Ou um administrador encarregado de um dado escritório ou divisão talvez protele um acordo até ser transferido, de maneira que aquilo não venha a ser de sua alçada. Tal transferência de responsabilidade é igualmente comum quando órgãos do governo são acusados de mau procedimento. Quando ninguém, em um órgão, quer se expor perigosamente e aceitar responsabilidade, o governo pode terminar assumindo uma atitude muito dura para a negociação.

As oportunidades de criar valor

Como demonstra nosso exame dos desafios distributivos, quando dois advogados negociam sobre o valor esperado de ir ao tribunal, frequentemente se comportam como se US$1 a mais para um fosse a menos para o outro. Às vezes, isso é verdadeiro. Mas há oportunidades de criar valor na solução de uma disputa, mesmo se as negociações se concentrarem inteiramente em determinar o resultado líquido esperado do litígio. Solucionar disputas jurídicas não é uma atividade puramente distributiva.

REDUÇÃO DOS CUSTOS DE TRANSAÇÃO

Além de administrar o processo de litígio, os advogados solucionadores de problemas ajudam os clientes a administrar o processo de negociação de modo que diminua os custos de transação. Tornam-se arquitetos do processo. Essa noção não é intuitiva. A maior parte das concepções correntes em torno da negociação concentra-se na substância de um acordo – os termos e as condições, os dólares e centavos de dólar, quem ganha o que e quando – em vez de se concentrar no processo por meio do qual as disputas são solucionadas. No entanto, em toda negociação, os dois lados participam de *alguma* espécie de processo. Os advogados ajudam a projetar um processo em que a disputa seja resolvida de modo a criar valor e a custo mais baixo para as partes.

Por exemplo, muito é escrito sobre a ineficiência e alto custo da revelação. Para reduzir esses custos fizeram-se várias tentativas para promover a fácil troca de informações, pela qual uma parte passa à outra informação crítica, sem necessidade de revelação. O Regulamento Federal do Processo Civil foi recentemente modificado para requerer divulgação (sem um pedido de revelação) de documentos e testemunhos relevantes para "fatos disputados e alegados com minúcia nos autos do processo".[16] Independentemente do que as normas exigem, as partes em disputa podem, por acordo, passar reciprocamente informações sem interrogatórios prolongados, depoimentos e exigência de documentação.

Como arquitetos do processo, os advogados também exploram foros alternativos para a solução da disputa. O litígio formal numa sala de tribunal é um método de solução de disputa, mas muitas outras possibilidades – inclusive a mediação, a arbitragem, ou um minijulgamento – levam a um bom resultado, com menos demora e a custos de transação mais baixos. E em cada uma dessas opções há oportunidades para projetar processo criativo. Descobrimos que, na medida em que os advogados pensem *mesmo* no projeto do processo, veem frequentemente sua escolha como uma decisão entre várias opções alternativas do processo, tais como a mediação contra o litígio. Às vezes, porém, adequar individualmente um processo de solução de disputas é ainda mais vantajoso. Por exemplo, utiliza-se especialistas neutros para reduzir as incertezas técnicas ou jurídicas a um nível mais administrável, ou a mediação e a arbitragem podem ser combinadas.[17]

Não sugerimos que os advogados abandonem inteiramente a opção do litígio ou os processos da revelação tradicionais que os acompanham. Para fazer com que os processos alternativos funcionem, os advogados devem estar confiantes de que, ao empregá-los, não sacrificarão ingenuamente as necessidades e os interesses de seus clientes. Isso significa que os advogados incorporarão, inevitavelmente, o projeto do processo aos mecanismos existentes de solução de disputas, ajustando a mescla de procedimentos a cada cliente individualizado.

A NEGOCIAÇÃO DAS DIFERENÇAS

Além de economizar custos de transação, os acordos criam valor aproveitando as diferenças nas preferências de risco ou de prazo. Muito embora um tribunal condene ao pagamento de uma quantia única, os advogados, às vezes, realizam trocas dessas diferenças por meio de pagamentos estruturados. Por exemplo, um acordo proporcionaria um pagamento mensal para a vida do querelante.

Por meio de um acordo, as partes, muitas vezes, fazem coisas que um tribunal jamais determinaria. Por exemplo, as desculpas de um médico a um paciente representam muito e dão alguns passos na reparação de um relacionamento.[18] As partes também encontram negócios que têm pouca ou nenhuma relação com as questões em jogo na disputa original. Por exemplo, duas empresas de utilidade pública envolveram-se em um litígio sobre as condições de um contrato a longo prazo em que uma companhia vendia energia à outra. Alargando o alcance das discussões para o acordo, as partes encontraram diversos negócios e atividades conjuntas – não ligadas à disputa –, que criaram muito valor e igualmente tornaram mais fácil solucionar a ação judicial. A solução da disputa é usada como catalisadora da realização de novos negócios que vão além do litígio original.

Voltando ao caso de Tom contra o Hotel Big Apple, Tom pensou por muito tempo que a prática do Big Apple de contratar serviços de lavanderia a cada mês não tinha sentido e que, se ele tivesse uns poucos fregueses grandes e dedicados que concordassem em ter contratos de um ou dois anos, ele poderia baixar o custo de fornecimento dos serviços. Também cogitou a ideia de operar as instalações de lavanderia *dentro* dos hotéis, para eliminar o tempo e a despesa de apanhar e entregar a roupa. Embora houvesse um investimento inicial de capital para comprar e instalar as máquinas de lavar, Tom acredita que com o tempo faria com que os hotéis economizassem dinheiro, gerenciando pessoal *in loco*.

É provável que Tom e o hotel discutiam esse plano comercial no curso das negociações em uma ação de indenização? Não muito. Jennifer não saberia nada sobre o plano comercial de Tom. Embora conhecesse seu estrito interesse financeiro de ser indenizado pelos danos sofridos, ela talvez não considerasse seu interesse financeiro mais amplo em negociar com o hotel, no futuro. Qual a importância do Hotel Big Apple para o negócio de Tom? Qual seria o efeito do litígio sobre essa relação com o hotel? Poderiam Tom e o hotel explorar a possibilidade de transações comerciais futuras e criativas se litigam em torno dos danos causados a Tom? Com mais frequência, os advogados litigantes nem mesmo cogitariam falar de tais ideias, nem aconselhariam os clientes a fazê-lo. E, no entanto, um negócio desse tipo ampliaria a finalidade da negociação e levaria à mesa recursos e capacidades que as partes poderiam explorar.

Nosso exemplo continua

Tom e sua advogada estão agora enredados pelo litígio com o Hotel Big Apple. Jennifer continua a progredir perante o juiz. A instrução probatória estendia-se: ela encontrou diversas comunicações internas que indicavam o conhecimento do gerente do hotel do hábito dos empregados de deixar lixo nas áreas públicas do estabelecimento, inclusive na plataforma de carga e descarga. Jennifer está na expectativa de fazer o gerente depor sobre as queixas que Tom lhe fez. Embora sem encontrar uma testemunha que vira o lixo no dia em causa, ela está confiante em poder apresentar a argumentação de que a presença de comida jogada fora e de lixo na plataforma de carga e descarga era um problema conhecido e recorrente.

Finalmente, Jennifer e o advogado da companhia de seguros começaram a negociar a sério. Embora o hotel elevasse sua oferta inicial para US$10 mil, se os dois advogados seguissem o roteiro habitual chegariam a um impasse. Jennifer manifestará confiança no caso do cliente e exigirá uma alta cifra para o acordo. Pedindo o máximo, ela espera firmar a orientação do hotel. O advogado da companhia de seguros dará de ombros e dirá: "Bem, não temos mais nada para discutir." Ou ele poderá atacar os argumentos de Jennifer e tentar depreciar seu raciocínio. Cada lado pode facilmente se distanciar da mesa de negociações, esperando indicar uma disposição de resolver a questão em disputa no tribunal.

Evidentemente, Jennifer adotaria um tratamento diferente – e mais solucionador de problemas. Em vez de aceitar ou rejeitar a oferta do advogado de defesa, Jennifer teria a seguinte conversa:

JENNIFER: Obrigada pela sua oferta dos US$10 mil. Vamos certamente levá-la em conta, embora, baseada no que atualmente compreendo sobre o caso de Tom, não a considere realista. Em vez de contra-atacar com uma exigência mais alta e pechinchar, proponho que você e eu tentemos chegar a alguma compreensão compartilhada do que vale esse caso – qual será a ação mais provável do tribunal se formos a litígio e as oportunidades e os riscos que cada um de nós enfrentará. Se não chegarmos a um acordo, ao menos explicaremos a nossos clientes onde estão nossas diferenças.

DEFESA: Bem, eu já lhe disse, acho que esse caso não vale mais do que US$10 mil para nós.

JENNIFER: Certo, compreendo isso, mas gostaria de saber *por quê*. Tenho certeza de que vocês pensaram em todos os tipos de variáveis – se vocês serão considerados negligentes, se Tom contribuiu para a negligência, quais seriam as indenizações etc.

DEFESA: Sim, pensamos mesmo. E estou muito confiante sobre essa cifra de US$10 mil.

JENNIFER: Bem, sua avaliação pode ser a correta, e a minha pode estar errada, mas por ora, pelo menos, acho que seria útil chegar a uma síntese do que nós dois pensamos sobre o caso.

O que Jennifer tenta fazer? Está tentando negociar com o advogado de defesa sobre o *processo* das suas negociações. Sabe que o hotel chegou, de algum modo, a uma cifra de US$10 mil, e indica que está disposta a prestar atenção à lógica dele, mesmo se não a aprovar. E algo mais importante: ela se dispôs a chegar a expectativas convergentes sobre o valor do litígio como um problema compartilhado, dando a entender que, embora eles ainda não pudessem convergir, pelo menos estariam mais capacitados a explicar suas negociações a seus clientes se compreendessem em que se baseava o outro lado.

Enquanto a negociação se desenrola, Jennifer talvez tenha de fazer muitas dessas manobras de processo. Pode querer, particularmente, propor que Tom e o hotel concordem com um regime de instrução probatória, que economizará custos de transação. Talvez os dois lados concordem em submeter o caso a um médico especialista para uma avaliação neutra do valor dos danos causados a Tom, eliminando assim, em grande parte, os desacordos sobre prejuízos, independentemente de quem fora o causador. Por meio de criativas sugestões processuais como essas, Jennifer tenta reduzir os custos de transação até chegarem a um acordo.

Por ora, imaginemos que Jennifer explique que considera o caso com valor em torno de US$72 mil e explique a lógica que empregou para chegar a tal valor. Tom gastou US$9 mil de despesas médicas. Nos três meses seguintes, seu negócio perdeu US$34 mil por ele não poder trabalhar – vários de seus clientes principais procuraram o serviço em outro lugar. No total, isso perfez US$43 mil de perdas reais. Jennifer raciocinou com um adicional de US$47 mil, estimativa modesta das futuras despesas médicas, da dor e do sofrimento de Tom, além do futuro prejuízo no negócio. Depois, desse total de US$90 mil, ela descontou 20% em função do cálculo que fez da culpa comparativa do cliente.

Ao admitir a possibilidade de provar que o hotel foi negligente, o advogado da companhia de seguros rejeitou inicialmente sua cifra, por achar que um júri consideraria Tom pelo menos 50% responsável. Ele também duvidou da aptidão de Jennifer para provar futuros prejuízos do negócio de Tom, agora que este voltara a trabalhar. Replicou com uma oferta de US$35 mil. Jennifer discordou de seu raciocínio, mas sugeriu que haveria meios de superar a diferença ou processos pelos quais eles poderiam testar suas conflitantes pretensões acerca de como essas questões terminariam no tribunal.

Jennifer também quis apresentar a ideia de encontrar acordos de criação de valor, fora da finalidade imediata da disputa. Ela pode tentar fazer isso numa conversa com o advogado da companhia de seguros, depois de falar primeiro com Tom sobre quais são seus interesses reais.

JENNIFER: A outra sugestão que eu gostaria de fazer é que dediquemos algum tempo para colocar esse litígio de lado e falemos sobre a possibilidade de os nossos clientes conseguirem algum tipo de acordo mais amplo. Sei que Tom e o hotel trabalharam juntos por um bom tempo, por isso provavelmente valha a pena falar sobre todo o interesse deles no negócio e se há coisas que pudéssemos fazer, à parte da solução desse litígio, para encontrar meios de ambos ganharem dinheiro.

DEFESA: Bem, não estou certo de que os proprietários do hotel estejam satisfeitos com Tom após ele dar entrada nessa ação. Eles usaram um outro serviço de lavanderia nesses últimos meses.

JENNIFER: Compreendo. Ainda assim, você se importaria em reservar algum tempo para conversar sobre a possibilidade de eles poderem ter *quaisquer* interesses comerciais que pudessem levar a uma discussão frutífera entre eles? Na verdade, poderia ser útil organizar um encontro a quatro.

DEFESA: Não sei direito. Deixe-me falar com meu cliente sobre isso.

Embora o advogado de defesa esteja inicialmente cético acerca da ideia, Jennifer amavelmente o persuade a destinar algum tempo para conversarem sobre interesses, recursos e qualidades mais amplos do que aqueles imediatamente abordados pelo litígio sobre o acidente de Tom. Ela reconhece que eles poderiam *não* encontrar quaisquer negócios que criassem valor, mas molda sua tarefa como sendo uma exploração e convida o outro lado a participar.

Num encontro posterior, eles discutem os interesses das partes não imediatamente manifestos desde a presença da ação. Jennifer mostra o caminho, estimulando coerentemente o colega advogado a pensar amplamente sobre o que seu cliente deseja. Eles discutem as necessidades e os interesses dos clientes.

Jennifer leva esses registros de volta a Tom, e eles discutem alguns modos pelos quais Tom pudesse pensar em ir ao encontro das necessidades do hotel e vice-versa. Tom fica curioso sobre que especiais necessidades de lavanderia o hotel tem e também sobre que medidas este apreciaria para cortar custos. Talvez eles estivessem interessados nessa ideia de implantar os serviços de lavanderia *in loco* nos grandes hotéis. Jennifer e Tom concordam que deveriam encontrar-se com o proprietário do hotel em algum momento, para discutir que negócios eles poderiam fazer para transformar sua disputa numa transação.

Interesses de Tom	Interesses do Hotel Big Apple
▪ *Em torno da disputa:*	▪ *Em torno da disputa:*
▪ Ser tratado adequadamente	▪ Não pagar mais do que uma justa quantia
▪ Não gastar tempo e dinheiro desnecessários no litígio	▪ Não gastar tempo e dinheiro desnecessários no litígio
▪ Conseguir dinheiro adiantado, para cobrir despesas médicas	▪ Pagar apenas pelas perdas realmente infligidas
▪ Garantir-se de que, se os problemas de saúde continuarem, será compensado no futuro	▪ Acabar com a disputa
▪ *Fora da disputa:*	▪ *Fora da disputa:*
▪ Manter sua boa reputação	▪ Reduzir ao mínimo a propaganda contrária
▪ Fazer o hotel continuar a usar a Spreads, Inc. para suas necessidades de lavanderia	▪ Conseguir serviço de lavanderia especializado e eficiente, adaptado às necessidades especiais do hotel
▪ Expandir seu negócio	▪ Diminuir o custo dos serviços de lavanderia
▪ Reparar sua relação pessoal com o proprietário do hotel, que foi amigo de seu pai	▪ Reparar a relação pessoal entre o proprietário do hotel e a família de Tom

Quadro 7

CONCLUSÃO

Esse breve exame mostra que advogados e clientes têm oportunidade de criar valor em solução de disputa jurídica. Reduzindo os custos de transação, os advogados beneficiam os clientes, mesmo numa negociação que se concentre estritamente no valor esperado do litígio. E propondo acordos relacionados às diferenças entre os interesses, os recursos e as qualidades das partes, os advogados podem até transformar disputas aparentemente intratáveis em negócios produtivos. As oportunidades estão ali, mas advogados e clientes precisam saber como procurá-las.

O cerne da maior parte da solução de disputas jurídicas é avaliar e moldar as percepções, mantidas pelos dois lados, do valor esperado de continuar até o tribunal. Como o valor esperado – e a percepção que cada lado tem dele – não é fixo, a tentação de se envolver numa barganha difícil, em busca de vantagem distributiva, pode ser formidável. E os advogados frequentemente são muito hábeis nas táticas e manhas de barganha difícil, sendo mais cômodo negociar nesse estilo.

Este capítulo identificou dois problemas com o *status quo*. O primeiro é que quando os dois lados contratam galos de briga, ambos terminam numa confusão sangrenta. O litígio torna-se dispendioso e destrutivo, e é improvável as partes resolverem suas diferenças rapidamente, por preço baixo ou de forma que mantenha uma relação de trabalho. O segundo problema é que o tratamento tradicional para as disputas legais não proporciona oportunidade para encontrar negócios mutuamente benéficos. Embora nem todas as disputas jurídicas tenham imenso potencial de criação de valor, muitas o têm. E se os advogados chegarem a um impasse num método de barganha difícil, é improvável que encontrem valor onde este se acha disponível.

5

Os desafios de
realizar negócio

A TEXTILE CORPORATION, UMA INDÚS-
tria de atividades internacionais, decidiu vender um edifício desocupa-
do, de tijolos aparentes, que foi um moinho no século XIX. Essa
propriedade, situada perto de um rio no coração de Berkshires, no oeste
de Massachusetts, foi avaliada com o corretor de imóveis local em
US$3,5 milhões. David Diks está interessado na compra do edifício e do
terreno adjacente, com a finalidade de convertê-lo num centro comercial. David apostava em que a característica arquitetônica do edifício, a
beleza do lugar e o movimento turístico em Berkshires tornariam lucrativo esse investimento.

Depois de examinar várias vezes a propriedade com o corretor e
avaliador imobiliário, e após fazer seu arquiteto e empreiteiro examinar o lugar, David, a 1º de julho, encontra-se com Victoria Leigh, vice-
presidente da Textile Corporation. David conta a Victoria que espera
converter o velho edifício fabril num shopping comercial de estilo,
que estava confiante em obter uma hipoteca para financiar o projeto e
que gostaria de fechar o negócio em 1º de outubro. Após apreciar de-
senhos de projetos semelhantes que David desenvolvera, Victoria manifestou sua aprovação sobre o plano de David e ofereceu o apoio da
Textile Corporation, que possui uma boa relação com os moradores

da cidade e com os negócios locais para ajudar David a obter a aprovação regulamentar do projeto.

Depois de umas poucas horas de negociação, David e Victoria concordaram com o preço de US$2.985.000. David passa a Victoria um cheque de US$10 mil, e o classificou de depósito de boa-fé. Victoria olhou-o fixamente, apertou-lhe a mão e disse: "Temos um negócio de US$2,9 milhões com fechamento em 1º de outubro. Peça a seu advogado para enviar o contrato oficial."

UMA DEFINIÇÃO DE COMO SE REALIZAM OS NEGÓCIOS JURÍDICOS

No sentido mais amplo, os negócios podem ser definidos como acordos econômicos entre duas ou mais partes.[1] Essa definição abrange, virtualmente, toda troca voluntária. Inclui transações sobre produtos padronizados de preços fixos – como a compra de alimentos num supermercado, a aquisição de jornal de um jornaleiro, o pagamento do jantar num restaurante –, assim como as transferências de bens mais efêmeros ou intangíveis, como o arrendamento, em que se cria, se esculpe ou se designa um novo direito de propriedade. Fusões de empresa, vendas de casa, contratos de emprego, *joint ventures*, licenciamento de propriedade intelectual, alianças estratégicas e contratos de fornecimento a longo prazo entre fabricantes e distribuidores, todos esses são negócios complexos.

Para fins de negociação, o que diferencia a realização de negócios da resolução de disputas jurídicas? Na realização de negócios, nenhuma das partes tem uma preexistente reclamação jurídica contra a outra. A alternativa para um acordo é ir a outro lugar do mercado, não ao tribunal. Suponhamos que Ted entre no Anne's Material de Escritório e pergunte quanto Anne cobra pelo papel branco de 22 x 28cm que ele usa na sua impressora de jato de tinta. Anne diz que um pacote de 500 folhas custa US$9. Ted tira duas notas de US$20 e uma de US$10, deixa o dinheiro no balcão e diz: "Você me vende seis pacotes por US$50?" Se Anne lhe disser não, Ted não tem nenhuma queixa legal contra ela. Deve simplesmente procurar outro vendedor, que aceite sua oferta.

Suponhamos que Anne diga sim, pegue o dinheiro de Ted, registre a venda e dê a Ted os seis pacotes. Isso é o que se conhece como uma transação de abatimento no ato: concluída na hora. Antes que a troca se faça – antes do momento em que Anne, literalmente, aceita o dinheiro e passa o papel –, nem o comprador nem o vendedor está legalmente decidido a consumar a venda. Tão logo a transação se complete, Ted não deve nada a Anne (já lhe pagou integralmente), e Anne não tem qualquer obrigação de vender a Ted mais material de escritório. Mas, mesmo nesse negócio simples, a lei proporciona normas de contexto, que modelam a transação e impõem limites com os quais as partes podem concordar. A lei constitui um arcabouço dentro do qual tem lugar a organização privada. Por exemplo, embora Anne não tivesse se comprometido explicitamente em torno da adequação do papel para uso numa impressora de jato de tinta, o Uniform Commercial Code (Código de Uniformização Comercial) fornece tal garantia.[2] A lei, assim, é importante para as negociações em que se realizam acordos, mesmo quando sua função não pareça imediatamente óbvia.

Até algumas transações que criam complexas obrigações legais são concluídas sem advogados. Apreciemos a negociação do aluguel de um apartamento entre um proprietário e um inquilino. O direito de propriedade deve ser definido com precisão – que apartamento, quantas vagas na garagem e quem tem servidão que onere o terreno. Um proprietário pode garantir que o apartamento está habitável sob a legislação do estado ou prometer a realização de certos reparos antes de o inquilino assumir o imóvel. Apesar da complexidade desses acordos, as partes frequentemente estabelecem aluguéis sem a participação de advogados. Em alguns estados americanos, os advogados normalmente já não se envolvem na compra e venda de propriedades residenciais.

Neste capítulo concentramo-nos primordialmente na realização de acordos em que os advogados *estão* envolvidos no processo de criar obrigações jurídicas referentes à troca ou partilha de bens e serviços entre duas ou mais partes. Os advogados tendem a se envolver na realização de acordos quando os bens a serem transferidos são idiossincráticos ou difíceis de definir, quando as partes fazem promessas ou representações que se estendem pelo tempo e quando o valor do acordo entre as partes depende, em parte, de contingências externas, tais como a aprovação de regulação de segurança. Mais comumente, os advogados tendem a se envolver em acordos quando os riscos associados à transação não são bem conhecidos ou quando não há nenhum método padrão para identificar esses riscos.[3]

O PAPEL DO ADVOGADO NA REALIZAÇÃO DE ACORDOS

Muitos acordos originam-se como negociações de princípios gerais, em que os clientes fixam o preço, as datas de entrega e os ajustes de financiamento. Os presidentes de duas empresas, por exemplo, podem concordar em fundi-las, ou o tomador e o emprestador podem concordar sobre a quantia e a taxa de juros de um empréstimo. Os advogados raramente desempenham um papel central nesse estágio da negociação, embora alguns clientes queiram que seu advogado seja responsável por toda a negociação. Nos casos mais característicos, os advogados envolvem-se nas negociações da realização de acordos quando chega a hora de identificar e distribuir grupos de risco e estabelecer compromissos jurídicos obrigatórios com a outra parte.

A identificação dos riscos

Normalmente, os advogados entram na negociação quando cada parte quer especificar com a outra suas obrigações em termos precisos e por escrito.[4] Os advogados, então, assumem responsabilidade direta de traduzir para conceitos legalmente reconhecíveis a compreensão preliminar das partes sobre o acordo.[5] Além disso, o delineamento jurídico implica identificar e distribuir outros riscos em que os clientes podem não ter pensado, mas que podem ter relevantes consequências distributivas.

David Dirks e Victoria Leigh não tinham advogados presentes na hora em que fecharam o negócio com um aperto de mãos. Quando cada um, mais tarde, se aconselhar com um advogado, os dois advogados provavelmente farão perguntas sobre uma série de riscos e contingências, alguns dos quais levam as partes a reconsiderar o valor do negócio. O advogado de David, por exemplo, ficaria preocupado com o fato de a propriedade ser usada como um centro comercial sem uma mudança do zoneamento. David quer o direito de adiar a compra até todos os requisitos de zoneamento serem assegurados? E se o parecer do conselho de zoneamento não aprovar o uso da propriedade? Ele desiste do negócio? De modo semelhante, o advogado de David poderia indagar sobre as condições atuais da propriedade. Precisa ele de um direito de inspeção? O que acontecerá se a inspeção revelar defeitos estruturais? Ou se David ficar sabendo que a conversão do lugar será mais dispendiosa do que a princípio imaginou? Ou se o terreno for inadequado por alguma outra razão, como contaminação ambiental?

Enquanto a conversa progredir, o advogado de David também perguntará sobre diversas questões menores, subsidiárias. Por exemplo, o que exatamente será vendido? Estão as velhas máquinas e instalações de iluminação do moinho incluídas no preço da compra ou deve o vendedor removê-las antes do fechamento do negócio? O advogado de David poderia perguntar as dimensões da propriedade. Sem uma vistoria do terreno, David não tem uma noção precisa de seus limites. Deve o preço de compra ser reduzido se o imóvel for menor do que ambos os lados acreditavam? O advogado de David continuará, presumivelmente, a fazer perguntas até se sentir confiante de que seu cliente compreenda o que exatamente está sendo comprado.

O advogado de David também se preocupará com diversas coisas que poderiam dar errado: riscos da natureza, como a possibilidade de uma enchente ou um incêndio destruir a propriedade antes do fechamento do negócio; riscos reguladores, como a possibilidade de o conselho de zoneamento negar uma mudança; riscos econômicos, como alterações substanciais das taxas de juros. Os advogados, muitas vezes, tentam antecipar e dirigir esses tipos de contingência exógena, alheios ao controle de cada parte.

Há também riscos endógenos, criados pela possibilidade de comportamento estratégico da outra parte.[6] Recordemos o problema dos "pepinos". Compondo o negócio, Victoria tentaria iludir David acerca das condições da propriedade se souber algo que David não descobrirá facilmente. Os advogados procuram delinear precauções contratuais que protejam contra o problema dos "pepinos" e tornem menos provável tal oportunismo pré-contratual.

Do mesmo modo, em quase toda negociação em que as partes tenham uma relação contínua haverá a possibilidade do risco subjetivo. O problema do risco subjetivo é concernente ao oportunismo pós-contratual.[7] Uma pessoa persegue seus interesses particulares às expensas de outra, *depois* de o contrato ser assinado. Recordemos, por exemplo, ter Victoria sugerido que ajudaria David a conseguir qualquer mudança necessária junto ao conselho de zoneamento da cidade, e que encontraria inquilinos em perspectiva. Sem incentivos firmados no contrato, David terá pouca garantia de que Victoria empregará seus melhores esforços para ajudá-lo depois de ele comprar a propriedade. Victoria poderia receber o dinheiro e cair fora. O advogado de David precisaria cogitar incentivos, positivos ou negativos, para desestimular esses riscos.

Como sugerem tais exemplos, os clientes – para sua grande decepção e, às vezes, surpresa – descobrem, ocasionalmente, que fixar as condições básicas de um negócio não resolve todas as mais espinhosas questões distributivas ligadas a este. Suponhamos, por exemplo, que as partes concordem em que o preço de compra de US$2,9 milhões fosse pago em ações da empresa publicamente negociada de David.[8] As partes talvez jamais considerem quando o valor das ações de David deve ser avaliado, ainda que afete significativamente o número de cotas que a Textile Corporation recebe. Deve o preço das ações ser fixado no dia da compra e acordo de venda ou no dia do fechamento do negócio? Neste caso, e se David proceder de modo a elevar artificialmente o preço das ações entre a compra e venda e o fechamento, para que a Textile Corporation receba menos cotas pelo imóvel?

Tais questões de avaliação são muito irritantes e expõem ao risco de sérios conflitos depois. Apreciemos o caso Questrom *versus* Federated.[9] Em 1990, Allen Questrom foi induzido por Nieman Marcus a se tornar diretor-executivo da Federated Corporation, então um gigante do vestuário a varejo à beira da falência. Além de uma bonificação de assinatura do contrato de US$2 milhões e um salário garantido de US$1,2 milhão por cinco anos, seu acordo de emprego também proporcionava uma bonificação que se baseava em qualquer aumento do "valor de capital" da Federated no período especificado de cinco anos. Quando chegou a hora de determinar o abono em 1995, a relação se desfez, e as partes terminaram em litígio. O perito de Questrom afirmou que o valor da Federated, em 1995, era de US$6 bilhões, habilitando-o, pois, a um bônus de US$63 milhões, enquanto o banco de investimentos contratado pela empresa (e inicialmente aceito por Questrom) estimou a Federated em US$4 bilhões, que o habilitavam a ganhar US$16 milhões. Questrom perdeu o caso em julgamento sumário, a 4 de fevereiro de 2000. Uma lição fica nítida: após assinado um contrato, se mais tarde se torna claro que as apostas são altas, uma das partes, ou ambas, num acordo, terá um incentivo para buscar a ambiguidade e elaborar, em benefício próprio, um método de avaliação especificado no contrato.[10] Um dos papéis primordiais de um advogado em negociações é ajudar o cliente a compreender esses riscos.

Distribuição dos riscos e desestímulo do oportunismo estratégico

Após identificar os riscos inerentes a um negócio, um advogado deve considerar o que pode ser feito para proteger o cliente. Há diversas maneiras, contratuais e não contratuais, de se reduzir o risco.

MEIOS CONTRATUAIS: A CAIXA DE FERRAMENTAS DO ADVOGADO

Os advogados usam diversas ferramentas contratuais para negociar com os riscos, as incertezas e o oportunismo estratégico [11] A caixa de ferramentas inclui:

- Declarações e garantias
- Pactos
- Condições
- Remédios

Declarações e garantias

Da ausência de embaraços: "A propriedade cuja venda se acordou será transferida livre e limpa de todos os embaraços, servidão, restrições, impostos, taxas ou taxas especiais e restrições ou pactos de edificação, com as seguintes exceções: _____. O vendedor faz ver e garante não haver nenhum outro embaraço etc."

Da existência de arrendamentos: "A venda e transferência de posse do bem estará sujeita a arrendamentos existentes da mesma, conforme se descreve no quadro__, anexado e incorporado por referência. O vendedor faz ver e garante não haver quaisquer outros arrendamentos."

Da situação da empresa: "O vendedor faz ver e garante que __ e __ são empresas devidamente organizadas e existentes em boa situação conforme as leis dos estados de __, __ e __, respectivamente. Cada empresa tem o poder empresarial de administrar seus bens, assim como de conduzir seus negócios

---

> como estão sendo agora encaminhados, devidamente qualificada para fazer
> acordo e estando em boa situação em cada jurisdição em que a natureza de
> seu negócio torne necessária tal qualificação."

Quadro 8

Uma *declaração* é uma detalhada exposição de fato da matéria de uma transação. Uma *garantia* é uma promessa de que um fato é verdadeiro. Uma declaração poderia descrever a mercadoria a ser embarcada e uma garantia afirmaria que ela está em boas condições. Em negócios que envolvem a transferência de bens, uma declaração ajuda o comprador a tomar conhecimento do produto do vendedor. Por esse motivo, a maior parte das garantias e declarações é feita pelo vendedor.[12] Em nosso exemplo, David precisaria que a Textile Corporation fizesse tantas declarações quanto possível – sobre a comprovação do título de propriedade, a ausência de embaraços, a existência de arrendamentos, os estatutos de zoneamento importantes e sobre a situação da empresa – para completar a transação.

Pactos são promessas de efetuar ou deixar de efetuar certas ações. Um pacto afirmativo exige um conselho de diretores para submeter um plano à aprovação dos acionistas. Um pacto negativo poderia conter uma promessa de não pagar dividendos antes do fechamento do negócio.[13] É provável que ambas as partes incluam pactos em seu acordo. Por causa do risco subjetivo, David poderia preocupar-se com o fato de a Textile Corporation tomar alguma medida, antes do fechamento do negócio, que diminuísse o valor da propriedade. Para lidar com isso, ele procurará um pacto pelo qual a Textile Corporation se compromete a não destruir nem reduzir o valor da terra antes da data do fechamento. Analogamente, se a consumação do negócio for condicionada à obtenção de financiamento, a Textile Corporation pode exigir que David se comprometa a obter financiamento dentro de um período especificado.

Pactos

Uma promessa de não reduzir o valor do imóvel: "O vendedor não demolirá quaisquer das estruturas do local, nem cortará quaisquer árvores da propriedade, sem obter primeiro o consentimento por escrito do comprador. Caso o vendedor venha a demolir estruturas ou cortar árvores da propriedade sem o prévio consentimento por escrito do comprador, este terá o direito de anular este contrato, como opção do comprador, em comunicação escrita ao vendedor. Em tal anulação, o vendedor restituirá ao comprador o depósito anteriormente providenciado, ficando assim este contrato nulo e sem efeito."

Uma promessa de solicitar financiamento: "Parte do preço da compra será pago por dinheiro de hipoteca tomado como empréstimo de um mutuante estabelecido, em nota promissória assegurada por uma primeira hipoteca da propriedade, no montante principal de US$__. O comprador solicitará prontamente o empréstimo hipotecário e envidará seus melhores esforços para obter um compromisso hipotecário. O comprador fornecerá toda informação necessária e pagamentos requeridos pelo mutuante. O compromisso com o empréstimo hipotecário deve ser recebido pelo comprador até __ [data]. O comprador comunicará ao vendedor se o compromisso for recebido nessa data."

Quadro 9

As *condições* são opções de saída. São afirmações que se não satisfeitas "liberam parte da sua obrigação de completar a transação".[14] Por exemplo, a Textile Corporation pode colocar no contrato uma condição de que David deve receber seu financiamento hipotecário a 1º de agosto. As partes, ao procurarem opções de saída, precisarão ampliar o número de termos que funcionam como condições.

Condições

Sobre os estatutos de zoneamento importantes: "Este contrato e a venda providenciada são expressamente condicionados sob o zoneamento de propriedade pelo __ [zoneamento do estado desejado]. O comprador solicitará imediatamente ao __ [nome da autoridade do zoneamento] da __ [cidade ou município], do __ [estado], tal zoneamento, e acompanhará a solicitação com diligência e de boa-fé. Se a solicitação for negada em ou antes de __ [data], ou se nenhuma medida foi tomada sobre a solicitação pela autoridade do zoneamento em ou antes de __ [data], este contrato já não terá força ou efeito, sendo então rescindido e anulado. Todos os custos da tentativa de assegurar o zoneamento serão assumidos pelo comprador."

Uma condição geral para garantir opções de resgate: "A obrigação de fechar o negócio, por parte do comprador, é expressamente condicionada pela satisfação de cada uma das condições descritas neste __ [artigo ou seção, ou como o caso possa ser]. Cada condição pode ser posta de lado no todo ou em parte pelo comprador, em comunicação escrita ao vendedor."

Quadro 10

Finalmente, os contratos podem providenciar *remédios* personalizados, no caso de insatisfação. Isso adapta os remédios que as partes recebem, no caso de algum termo ou condição não ser cumprido, e assegura que o negócio possa depois ir adiante, em vez de se descarrilar em litígio em torno de danos. Por exemplo, as partes podem especificar uma escala móvel para ajustar o preço de compra, se a propriedade for diferente do previsto. De igual modo, elas podem incorporar cláusulas de indenização por danos e prejuízos a serem acionadas se certas promessas forem descumpridas

O PROBLEMA DOS CONTRATOS INCOMPLETOS

Independentemente da eficiência com que um advogado utilize os instrumentos de sua caixa de ferramentas, nenhum contrato pode especificar toda a série de riscos de um negócio ou a quantidade enorme de futuras contingências pelas quais poderia ser importante ter feito algum planejamento. Os contratos são, inevitavelmente, incompletos.

Apreciemos um exemplo simples. Lee Strickland programava uma licença de seis meses em Londres. Ele enfrentou um dilema. De um lado, não poderia justificar a licença se não alugasse sua casa. Por outro lado, como poderia estar certo de que seu inquilino não lhe danificaria a casa primorosamente mobiliada, que ele adorava?

Uma forma de tratar do problema de Lee seria redigir um contrato muito detalhado, que especificasse o nível dos cuidados que qualquer inquilino em perspectiva precisaria ter. Por exemplo, Lee insistiria em que o inquilino encerasse os assoalhos toda quinzena, tirasse o pó toda semana e não pusesse os pés no sofá. Lee poderia fazer uma longa lista de exigências, como a de não comer na biblioteca ou não usar o equipamento de som estéreo acima do volume 5, para poupar os alto-falantes. Mas essa lista seria interminável. Para não falar em como Lee poderia monitorar o cumprimento das exigências, não há nenhum modo pelo qual pudesse detalhar todas as normas necessárias para assegurar um nível de cuidado que o satisfizesse.

Os contratos podem ser incompletos de duas formas. Podem ser *incompletos nas obrigações*, se não especificam todas as obrigações de uma parte para com a outra, ou podem ser *contingencialmente incompletos*, se deixam de explicitar os ganhos comerciais em potencial sob uma série de contingências economicamente relevantes. Um contrato *completo*, ao contrário, especificaria as obrigações das partes de uma forma que fizesse a correspondência mais atraente do que a violação da série de contingências economicamente relevantes.[15]

Se um contrato é omisso a respeito de uma contingência particular, isso não significa que seja incompleto em seu sentido econômico.[16] Mesmo sem um termo de contrato explícito, um acordo ainda pode localizar um risco significativo, porque as normas sobre descumprimento – ou seja, as precauções de segundo plano criadas pela lei contratual – protegem claramente um ou outro lado. Ao delinear o ajuste para a implementação de um negócio, um advogado sempre deve decidir quantos detalhes incluir e que contingências cobrir explicitamente com uma precaução contratual. Na verdade, por motivos táticos, um advogado poderia preferir *não* provocar determinado risco, por ser o regulamento do segundo plano favorável a seu cliente.

Mas os contratos, na maioria, são incompletos, de acordo com a definição dos economistas, por uma ou várias razões. Em primeiro lugar, os que realizam negócios não são, por natureza, inteiramente racionais. Ninguém pode prever o futuro. Nem as partes mais refinadas têm como antecipar todas as contingências relevantes de um negócio.[17] Em segundo lugar, mesmo se é identificado um risco não claramente localizado sob as normas descumpridas, as partes racionalmente decidiriam não consignar o risco em seu contrato. Os custos de transação para se negociar uma precaução para algumas contingências podem sobrepujar os benefícios esperados.[18] As partes poderiam considerar o risco muito remoto. Elas poderiam decidir que, em vez de negociar com ele então, poderiam esperar, observar sua concretização e negociar a seu respeito mais tarde, caso necessário.

Em suma, é impossível prevenir todas as contingências, e experimentá-las pode ser ineficaz. Os advogados servem mal os clientes ao tentar se programar para qualquer eventualidade. No caso de Lee, o absurdo de fazer isso é óbvio. Por outro lado, algumas vezes advogados e clientes dão a mão à palmatória, desesperados, preferindo criar apenas contratos desprovidos, na crença de que cooperativos parceiros de negócios resolverão amistosamente todas as disputas futuras. Essa solução é igualmente imprudente. Os negócios podem e devem canalizar os incentivos de seus realizadores numa direção que dá ao negócio a melhor probabilidade de funcionar bem a longo prazo. Embora haja limites para as atribuições dos contratos, por meio de sensato planejamento muitos riscos são reduzidos por contratos.[19] A característica de um bom advogado de negociações é saber quando reclamar exatidão e quando deixar os termos para resolução *ad hoc*, no futuro.

Outros meios de refrear o oportunismo estratégico

Lee estava claramente insatisfeito com uma solução contratual para seu problema. Não podia detalhar completamente as normas de conduta do inquilino e, mesmo se o pudesse, tal contrato não lhe ofereceria muita segurança. Afinal, um contrato só proporciona alívio depois de realizado o dano. Lee não esperava *qualquer* dano para sua casa – queria prevenir, coibir e evitar uma perda, não remediá-la por meio de compensação. Processar o inquilino por quebra do contrato, após voltar da licença, não era o que Lee tinha em mente. Seria muito trabalhoso, e não seria provável restabelecer o estado original da casa. Desse modo, como Lee melhor a protegeria?

As promessas jurídicas são, com frequência, a segunda melhor solução, dados os custos de transação e a demora ao se fazer respeitar tais promessas no tribunal.[20] Assim, os advogados de negociações devem estruturar os incentivos negociais das partes contratantes de maneira que cada parte deseje aquiescer por motivos independentes da exequibilidade jurídica das promessas contratuais que fizeram. Diversos mecanismos, além da ameaça de ir aos tribunais depois da realização do dano, aumentam o incentivo das partes a aceitar as condições do negócio. Estes incluem:

- tomada de canção;
- troca recíproca;
- mecanismos de notificação prévia;
- perspectiva de futuros negócios;
- mecanismos de compensação.

TOMADA DE CAUÇÃO

Este é um meio comum de alinhar incentivos. Um caução é um bem confiscado a uma parte que não honra seu contrato ou acordo. Um caução eleva o custo do descumprimento e pode, assim, incitar essa parte a honrar suas obrigações.[21] Numa locação, o caução mais comum é um depósito de garantia do inquilino.

O caução, contudo, não era uma solução perfeita para o problema de Lee. Um depósito normal não seria suficiente para assegurar a Lee o cuidado do inquilino com a casa. Ele planejava alugá-la por US$3 mil durante seis meses, num total de US$18 mil. O aluguel de um mês como depósito de garantia não representaria muito para proteger as antiguidades e a valiosa coleção de fotografias de Lee. Ele poderia, é claro, pedir um depósito de garantia muito grande, digamos, de US$50 mil. Isso aumentaria a probabilidade de que o inquilino fosse cuidadoso com os pertences de Lee. Mas esse tratamento apresenta dois problemas. Primeiro, no estado onde Lee mora, os depósitos de garantia, por lei, não podem ser maiores do que o aluguel de um mês. Segundo, mesmo que um inquilino concordasse com depósito tão grande, esse caução criaria seus *próprios* problemas de incentivo.

O caução mais eficiente é válido para o doador, mas não muito válido para o receptor. A fim de vermos por que, consideremos os problemas de incentivo potencial caso o inquilino dê a Lee um grande depósito em dinheiro. Como o caução seria intrinsecamente válido, um proprietário inescrupuloso teria um incentivo para se comportar oportunisticamente no fim da locação – manter consigo mais dinheiro do que o justificável. Talvez fingisse que o modesto desgaste do tapete ou as manchas nas paredes iriam consumir o depósito de segurança para reatapetar ou repintar a casa toda. Com a finalidade de reduzir o risco de oportunismo do outro lado, um acordo melhor envolveria um caução válido para o inquilino – tal como uma relíquia de recordação ou um objeto de valor sentimental –, mas não para Lee. Evidentemente, o inquilino precisaria mostrar fidedignamente que perder o caução não pecuniário seria bastante indesejável para criar a coibição que Lee espera conseguir. Na analogia clássica (se bem que sexista) de Oliver Williamsom, um rei que deseje garantir sua promessa a outro soberano fica em melhor situação oferecendo a filha feia como caução do que a filha bela – não porque o rei tenha menos amor à primeira, mas porque o outro soberano ficará menos tentado a conservá-la com ele após cumprida a promessa.[22]

Que espécie de caução Lee poderia tomar – talvez como acréscimo ao depósito de garantia de um mês – que pudesse ajudá-lo a se tranquilizar? A reputação é um caução não pecuniário comum. Imaginemos que Lee e um inquilino em perspectiva conhecem muitas pessoas em comum. Além de conseguir mais informações sobre o caráter do inquilino, entrando em contato com essas pessoas, a reputação do inquilino pode ser mantida como um caução, desde que Lee pudesse prejudicá-la se o inquilino se mostrasse irresponsável. Melhor ainda, suponhamos que Lee encontre um inquilino que começará a trabalhar num grande escritório de advogados na cidade e que este conheça bem diversos associados para os quais o inquilino estará trabalhando. Admitindo-se que o inquilino se preocupe com sua reputação, esta pode ser um caução mais eficiente do que um grande depósito de garantia em dinheiro.

TROCA RECÍPROCA

A natureza recíproca de algumas transações proporciona automaticamente a ambas as partes um meio de garantir o comportamento da outra. Isso ocorre em situações em que as partes comprem e vendam uma à outra, reciprocamente, "algum produto especializado ou que exija insumo especializado".[23] Como Paul Rubin explicou, "se um empresário da firma B estiver na situação de comprar algum insumo especializado da firma S e receia que S se porte como um oportunista, procurará alguma coisa para B vender a S que torne possível, à firma B, também agir de modo oportuno".[24] Em outras palavras, as partes criam mutuamente uma situação semelhante a um monopólio bilateral, em que cada lado pode explorar o outro.

Para tirar partido da troca recíproca, Lee poderia procurar um inquilino que tivesse uma casa na cidade na qual desfrutaria sua licença. Eles poderiam permutar casas, como em alguns acordos de compartilhamento de tempo. Desde que suas casas sejam de valor aproximadamente semelhante, isso deixaria Lee mais tranquilo de que sua casa estaria segura – afinal, cada lado poderia explorar o outro e, desse modo, cada um teria incentivo de não fazê-lo.

MECANISMOS DE NOTIFICAÇÃO PRÉVIA

Um terceiro meio de sufocar o oportunismo estratégico sem ter em vista a execução pelo tribunal é incorporar mecanismos de monitoramento e notificação prévia. Assim, Lee poderia requerer como condição do arrendamento que o inquilino empregasse seu zelador durante os seis meses de sua licença. Isso atenderia a duas funções: em primeiro lugar, garantiria a Lee que alguém faria a limpeza e a manutenção básicas de uma aprovada por ele mesmo; em segundo, e mais importante, isso forneceria a Lee uma fonte interna de informação sobre as condições da casa. A cada semana, o zelador inspecionaria o imóvel e se comunicaria com Lee se houvesse quaisquer problemas. E *sabendo* disso, seria menos provável que seu inquilino lhe criasse problemas, em primeiro lugar.

PERSPECTIVA DE FUTUROS NEGÓCIOS

Nas relações comerciais, ambas as partes de uma transação podem querer negociar uma com a outra novamente. Nenhuma das partes quer perder a vantagem que obteria com futuras transações.[25] Suponhamos que, independentemente dessa licença, todo verão Lee se ausentasse por dois meses e, normalmente, deixasse a casa desocupada. Se Lee encontrasse um inquilino que todo verão fosse à sua cidade, ambas as partes teriam um interesse substancial em negócios futuros.

Em algum aspecto, porém, não haverá nenhuma perspectiva de negócios posteriores. Não há nenhuma sombra do futuro no que os representantes da teoria dos jogos chamam o "último round" de uma série de transações. Além disso, caso se saiba com antecedência quando termina a relação, há um risco de rescisão. Se um fornecedor souber que sua remessa de dezembro será definitivamente a última a ser entregue a determinado fabricante, e se o fabricante deve pagar sempre adiantado, o fornecedor pode tirar partido dessa oportunidade embarcando mercadorias de qualidade inferior em dezembro, já que nenhuma vantagem futura será perdida.[26] Mas o fabricante, adiantando-se a esse problema em dezembro, também pode comportar-se oportunisticamente: pode cancelar a remessa de dezembro, tão logo chegue a de novembro. Por que pagar as mercadorias de dezembro e depois obter um produto inferior? Sabendo que é provável o fabricante pensar dessa maneira, o fornecedor, por sua vez, será tentado a remeter, em novembro, produtos inferiores. Mas o fabricante, prevendo tal oportunismo, será tentado a acabar com a relação em outubro. E assim por diante.

Como L. G. Telser observa: "Se há um último período conhecido de ambas as partes, então nenhum acordo autoaplicável será executável."[27] Admitidas as suposições apropriadas, é possível demonstrar matematicamente que a rescisão deve ocorrer.[28] O efeito de rescisão é, sem dúvida, menos severo na prática do que na teoria, mas parece claro que quando a sombra do futuro diminui o incentivo a se comportar do modo oportuno aumenta.

MECANISMOS DE COMPENSAÇÃO

Realizar negócios frequentemente envolve acordos em que uma parte fornece, durante certo tempo, serviços que beneficiam a outra. Como

sugerimos no contexto de representado e representante, embora a perfeição talvez não seja possível, alguns mecanismos de compensação são
melhores do que outros para refrear o oportunismo e para alinhar melhor os incentivos. Os exemplos que se seguem ilustram o uso eficiente
dos termos de incentivo. Os advogados devem ser sensíveis a essas questões, quando elas ajudam a estruturar negócios.

Aplica-se os termos de incentivo a um grupo de problemas. Por
exemplo, podem ser usados quando as partes têm diferentes horizontes
de tempo. Consideremos as possíveis relações contratuais entre uma
produtora de cinema (como a Paramount, a Universal ou a Fox) e um
cinema local que exibirá um filme.[29] Num extremo, o exibidor poderia
pagar uma remuneração fixa de aluguel pelo direito de exibir o filme
por um dado período, e reter ele próprio toda a renda. Ou, no outro
extremo, o exibidor poderia cobrar à produtora uma remuneração fixa
de aluguel para exibir o filme, recebendo a produtora todo o rendimento da venda dos ingressos. Como Victor Goldberg mostrou, as partes
normalmente evitam esses extremos. Em vez disso, dividem os rendimentos de uma forma que leve em conta o fato de ambas as partes in-
fluenciarem o sucesso que o filme obterá na exibição, embora os
períodos em que cada uma faz seu esforço sejam diferentes.

O esforço de uma produtora concentra-se um pouco antes de o filme ser lançado, e depois do lançamento o exibidor encarrega-se da
propaganda. O exibidor tem um incentivo posterior de negociar o filme localmente. A fórmula da partilha reflete essa diferença no ajuste do
tempo. Como Goldberg observa, "uma vez que o esforço de venda da
produtora é mais pesadamente concentrado no período inicial, uma
fórmula constante da partilha dos lucros daria ao exibidor uma rentabilidade menor por seus esforços mercadológicos nos últimos estágios
da permanência de um filme em cartaz. Ele tenderia a encerrar logo
essa permanência, uma vez que assumiria quase todos os custos mercadológicos incrementais [de uma permanência em cartaz mais longa],
enquanto colheria apenas uma parcela dos ganhos".[30] Os contratos de

distribuição respondem a essa assimetria reduzindo a parte dos lucros da produtora ao longo do tempo.

Os termos de incentivo também se aplicam a situações em que as partes têm diferentes preferências de risco. Consideremos o problema de alinhamento dos incentivos no que se refere à compensação executiva. Os acionistas querem que os administradores se comportem de modo que eleve ao máximo o valor da empresa – para uma sociedade com ações na Bolsa, isso se refletiria nos preços das ações. Na medida em que parte substancial da compensação total de um administrador depende de um aumento no preço dos títulos, seus incentivos terão melhor alinhamento com os dos acionistas. Oferecer um salário-base mais baixo e mais alternativas de ações seria obviamente melhor a esse respeito do que um acordo de salário fixo. Por outro lado, a compensação vinculada de forma muito estreita a lucros de curto prazo pode levar um administrador a se concentrar demais nos ganhos de curto prazo, à custa de investimentos que proporcionariam lucros de longo prazo.[31]

Finalmente, termos de incentivo são usados para refrear o comportamento oportunístico de uma das partes em *um contínuo empreendimento de risco*. Consideremos uma negociação em que o fornecedor de um novo serviço telefônico de longa distância contrate um corretor, que solicitará aos clientes que mudem o fornecedor comum de longa distância pela nova empresa. O corretor deve receber uma comissão baseada nas contas de telefone a que se acham sujeitos os clientes que ele induz a mudar. Mas o fornecedor do serviço preocupa-se com o fato de que, à sombra desse acordo, o corretor tem um incentivo simplesmente de copiar nomes do catálogo telefônico e apresentá-los ao fornecedor como clientes que autorizaram a mudança no serviço. Evidentemente, o corretor afirmará que jamais se comportaria dessa forma, e pode até prometer não fazê-lo com aquele contrato. Mas isso poderia não ser suficiente. As partes poderiam também precisar de um mecanismo que as habilitasse a determinar, de maneira relativamente barata, se um cliente autorizou as mudanças de serviço, talvez obtendo de cada cliente uma carta assinada de autorização, ou outra espécie de prova. Mas até isso pode não ser suficiente. Afinal de contas, esses tipos de prova podem ser falsificados. O que os advogados devem fazer?

O fornecedor do serviço deseja oferecer ao corretor o maior incentivo possível para apresentar apenas os nomes de clientes que realmente autorizaram uma mudança no serviço. Isso é possível utilizando uma taxa de comissão móvel. Como é provável que os clientes que não autorizaram uma mudança no serviço cancelarão seu serviço depois de estar sujeitos a um ou dois meses de despesa, o fornecedor do serviço pode oferecer comissões que aumentem a cada mês que o cliente permaneça com a empresa. Assim, o corretor pode não cobrar nada no primeiro mês, 2% no segundo, 5% no terceiro e 15% a cada mês depois disso. Articulando a compensação dessa maneira, o corretor ganha incentivo para indicar os clientes que permanecerão no serviço – isto é, os clientes legítimos.

A administração do processo de compromisso

Além de identificar riscos e sufocar o oportunismo estratégico, um advogado desempenha outra função decisiva na realização de negócios: administrar o processo de compromisso. Consideremos a negociação imobiliária entre David e Victoria. Suponhamos que, quatro dias depois de falar com seu advogado, David encontre um lugar alternativo que seja uma oportunidade de investimento ainda mais atraente do que o moinho de Victoria. Imaginemos que ele desejasse se ver livre de seu acordo com a Textile Corporation, se já o tivesse feito. Se ligasse para seu advogado e lhe perguntasse se seu aperto de mão criava um contrato legal, o advogado lhe responderia que quase todos os estados exigem que os contratos para a venda de terra sejam escritos. Por isso, nem

David nem a Textile Corporation estariam comprometidos pelo acordo preliminar.

Os advogados são especialistas na administração e elaboração de obrigações legais executáveis e na especificação de quando as obrigações *não* se destinam a ser executáveis. Normalmente, a maior parte dos negócios progride de um estágio inicial de negociações para sondagem – quando as partes preferem não estar vinculadas – até os estágios posteriores em que as partes, após fazerem investimentos financeiros e emocionais no negócio, preferem comprometer-se. Entre esses polos ficam estágios intermediários de compromisso legal que podem criar incerteza para os clientes. Os clientes podem não compreender as obrigações legais vinculadas a acordos em termos gerais, memorandos de entendimento ou acordos de compra e venda.[32] O mais importante é que eles compreendam, mesmo que vagamente, qual o nível de compromisso legal – em qualquer momento oportuno – que melhor corresponde a seus interesses.

Os advogados têm uma série de mecanismos para ir ao encontro das diferentes preferências dos clientes em relação ao compromisso. Os compradores, por exemplo, frequentemente querem a livre opção de comprar a um preço especificado para um período de tempo, durante o qual eles possam investigar o objeto da compra. Como tais compradores preferem retardar os compromissos obrigatórios até o último momento do processo, seus advogados procuram supri-los com condições que lhes deem uma saída fácil antes do fechamento do negócio. Em nosso exemplo, o advogado de David poderia redigir uma cláusula de inspeção tão ampla que David pudesse considerar a propriedade inaceitável quase por qualquer motivo. Os vendedores, por outro lado, como é comum, procurarão bloquear a saída de emergência do comprador o mais cedo possível, porque podem perder oportunidades de vender para outra pessoa se a sua propriedade se mantiver fora do mercado por tempo longo demais. Eles quererão que as condições sejam estritamente estipuladas e tenham prazos curtos.

Os advogados, muitas vezes, trabalham duro para esclarecer se um compromisso deve ser vinculativo. Por exemplo, frequentemente inserirão linguagem categórica nos acordos de princípios ou folhas de prazos e condições, com a indicação de que aquele documento não obriga ninguém e que apenas um contrato formal assinado, ainda a ser redigido, criará obrigações legais. Às vezes, porém, os advogados criarão intencionalmente ambiguidades quanto a um acordo em termos gerais tender ou não a ser executável. As partes, evidentemente, muitas vezes honram os compromissos mesmo se estes não são legalmente executáveis, e pode haver danos à reputação para quem faltar com a palavra.[33] Além disso, o receio de que um tribunal *talvez* execute tal acordo preliminar aumenta a sensação de compromisso psicológico ou da obrigação moral de completar o negócio. Para o advogado, esse ponto deve ser intencional.

Realizar acordos é como uma dança em que as partes começam cada uma em lados opostos da sala e terminam num abraço apertado. Os advogados coreografam essa dança criando pequenos passos, ou microcompromissos, que aproximam as partes cada vez mais. Esses pequenos compromissos – tais como depósitos iniciais (também chamados "sinal em dinheiro") ou acordos em termos gerais – pavimentam o caminho para compromissos finais, ao permitir a cada uma das partes aprender mais sobre a outra (corrigindo, assim, quaisquer assimetrias de informação), e indicar que ambas as partes são suficientemente sérias para investir recursos. O papel do advogado, como um administrador de riscos, facilita esse processo. Ao identificar e designar os riscos, os advogados, essencialmente, proporcionam segurança a seus clientes. Os clientes consideram mais fácil concordar com um negócio após o advogado aprovar a distribuição dos riscos.

Há uma substancial ação recíproca, portanto, entre os dois papéis do advogado – como distribuidor de riscos e como administrador de compromissos. Por outro lado, os advogados podem conter ou prevenir o compromisso até compreenderem como a distribuição de certos riscos afetará o valor de um negócio para seus clientes. Do mesmo modo, sua aptidão para planejar as contingências mais relevantes habilita-os a proteger os clientes indecisos por meio do processo de firmar compromissos.

FECHAMENTO DO NEGÓCIO

Até o momento, examinamos como os advogados ajudam seus clientes a estruturar as condições do acordo, para reduzir o oportunismo durante o desenrolar de uma negociação. Mas o oportunismo persiste, inclusive na mesa de barganha. Como a resolução de disputas, a realização de acordos tem tanto oportunidades de criação de valor quanto componentes distributivos. E com frequência a realização do acordo é antieconômica ou ineficiente porque as partes se envolvem em barganhas disputadas para garantir vantagem distributiva, gastam mais tempo do que o necessário, sobrecarregam de termos jurídicos as condições do acordo ou destroem um negócio desnecessariamente. Examinamos aqui algumas dessas oportunidades e armadilhas na realização dos negócios.

Oportunidades de criar valor à mesa de negociação

Os advogados quase sempre dizem que, enquanto a resolução de disputas e o litígio são principalmente distributivos, a realização de acordos é um empreendimento de criação de valor. As partes, numa negociação, procuram trocas que deixem uma delas ou as duas em melhores condições; de outro modo, não fariam o acordo. Quando advogados se envolvem na obtenção de acordos, podem ajudar seus clientes a descobrir aquelas diferenças em recursos, em avaliações relativas, prognósticos sobre o futuro, preferências de risco e de tempo que criam o potencial para os ganhos comerciais.

TROCAS DE CONDIÇÕES

A possibilidade de trocas de condições desfaz um quebra-cabeça inerente à estrutura de todos os negócios. Ao julgar qualquer disposição – seja esta uma condição de preço, seja uma representação –, confiantemente prevemos como cada parte preferiria o ajuste dessa condição. A respeito de qualquer condição, a barganha é distributiva. Por exemplo, caso David e Victoria – ou seus advogados – se concentrassem exclusivamente na condição que se refere à data na qual David deveria assegurar o financiamento, David, sem dúvida, desejaria que ela fosse mais tarde, e Victoria desejaria que fosse mais cedo. Mas como as negociações envolvem uma série de condições, cada uma afetando o equilíbrio de risco e rendimento à sua maneira, os negociadores trocam condições, permutando condições relativamente pouco dispendiosas por disposições mais valiosas. Desse modo, David poderia concordar em assegurar o financiamento em 1º de agosto em retribuição a uma promessa mais favorável de Victoria em alguma outra condição.

Se um advogado compreende os interesses, os recursos e as possibilidades do cliente, pode estruturar um acordo que eleve ao máximo valor para o cliente, assegurando disposições vantajosas nas condições mais relevantes para ele, ao mesmo tempo que cede um tanto nas condições que são relativamente mais importantes para o outro lado. Isso não é tão fácil quanto parece. Exige uma eficiente comunicação entre o advogado e o cliente, além de muita confiança. Pode ser bastante difícil para o cliente alcançar uma ampla consciência de como a expressão de diferentes disposições afeta o grau de risco jurídico. Da mesma forma, um advogado pode não estar capacitado para explicar plenamente as oportunidades e os riscos de realizar trocas entre diversas condições legais.

FINANCIAMENTO CRIATIVO

Os acordos de financiamento – isto é, as condições que dirigem a designação dos fluxos de caixa produzidos por um determinado empreendimento – criam valor ao recorrer aos diferentes interesses das duas partes.

Consideremos as opções de David para levantar dinheiro a fim de completar a venda. Admitamos que David possa procurar uma hipoteca de um banco (financiamento de dívida), pagar o preço da compra em reservas líquidas de dinheiro ou se voltar para um associado comercial ou colega, a fim de formar uma parceria em capital de rendimento. Esta é uma escolha simples entre a dívida e duas formas de financiamento do capital. Se David puder ganhar 11% de rentabilidade na propriedade e pedir dinheiro emprestado a 9%, colherá 2% de excedente em cada dólar emprestado. Isso liberará as reservas pecuniárias de David para fazer outros investimentos que também produziriam mais rentabilidade do que o lucro pagável na hipoteca. Além disso, o financiamento da dívida é atraente, porque o pagamento dos juros, habitualmente, é de tributação dedutível. Mas se as taxas de juro forem altas demais, David será aconselhado a tentar a participação de capital – minimizando o custo dos fundos para compor os futuros fluxos de caixa para um parceiro.

É essa a matéria das finanças imobiliárias e que envolve complexas decisões sobre que tipo de investimento elevará ao máximo os fluxos de caixa gerados pelo projeto.[34] Evidentemente, os acordos de financiamento não se limitam a uma simples escolha entre dívida e capital, mas são estruturados de diversas maneiras. Em cada caso, porém, cada uma das partes – a que empresta, a que toma emprestado, a do investidor de capital – deseja mais rentabilidade com menos risco. Todos têm interesse mútuo em elevar ao máximo os fluxos de caixa do projeto, mas – como sugere nossa primeira tensão – cada um compete com o outro por uma fatia maior do bolo. Em todo o processo de financiamento, os advogados ajudam seus clientes a compreender as vantagens e desvantagens das diferentes opções e os vários riscos que cada uma delas apresenta.

Armadilhas comuns

A realização de acordos, evidentemente, não se ocupa completamente com a criação de valor. Embora dois clientes alcancem um acordo de princípios, inevitavelmente ainda haverá questões distributivas para tratar à mesa de negociação. Ao discutir os termos legais, os advogados de cada lado tentam conquistar mais dos ganhos comerciais até então não designados e empurrar o outro lado, tanto quanto possível, para seu ponto de reserva. Nenhum dos lados sabe até onde pode empurrar o outro antes de o acordo correr o risco de se desfazer.

TÁTICAS DE BARGANHA DISPUTADA

Cada lado começa com um projeto de acordo inicial altamente faccioso em seu favor. O protótipo é o arrendamento do proprietário – uma forma padrão extremamente inclinada para o benefício do proprietário. Depois, cada advogado pode tentar cansar o outro lado, de modo que este faça concessões valiosas sobre diversas condições.[35] Isso não é inteiramente irracional, é claro. Como em qualquer negociação, cada lado enfrenta grande incerteza estratégica e nenhuma parte deseja ser demasiadamente generosa, no início, por medo de ceder mais do que o necessário para fazer o negócio. Cada lado, assim, pode entrincheirar-se numa posição inicial que reclama a maior parte do valor do negócio e luta duramente para conceder pouco, enquanto exige concessões do outro lado. Se uma parte está em posição mais poderosa ou dominadora – talvez por ter mais recursos ou ter melhor alternativa no mercado –, pode exigir que o negócio se estruture em suas condições e se recusar a negociar nesses termos com a parte mais fraca.

Quando um advogado diz "Não haverá nenhum acordo, a não ser que você forneça uma garantia na forma que eu sugeri", cria-se um problema básico. É realmente verdade? Ou o advogado tenta criar a percepção de que a disposição é indispensável, quando não é? O advogado pode estar tentando uma queda de braço exatamente para saber a importância que tem essa disposição para você e se você quer se arriscar a ver o acordo se desfazer por causa dela.

O resultado pode ser um impasse. Se os advogados dos dois lados assumem posições extremas quanto a condições legais, podem argumentar para a frente e para trás, sem levar o negócio adiante. Por fim, um dos clientes, ou os dois, intervém para realizar o acordo, particularmente se ficar impaciente com seus advogados, por adiarem as negociações.

SOBRECARGA ADVOCATÍCIA

A sobrecarga advocatícia é um segundo problema. Pode, basicamente, ocorrer de duas maneiras. Em primeiro lugar, os advogados podem desperdiçar o tempo e o dinheiro do cliente, concentrando-se em riscos pequenos ou improváveis que não justificam o planejamento contratual. Por exemplo, durante uma negociação de fusão, o outro lado pediu a James Freund, então sócio do escritório de advocacia Skadden, Arps, em Nova York, que negociasse uma série de cláusulas que se efetivariam na improvável eventualidade de o Securities Act de 1933 ser revogado.[36] Felizmente ou não, não há nenhum limite para o processo de identificar riscos quando advogados inteligentes e criativos estão envolvidos. A consideração crítica a se ter em mente é se o impacto líquido esperado do risco justifica o custo (tanto em dinheiro como em relações) exigido para designá-lo antes do fato.

Outro tipo de sobrecarga advocatícia é mais sutil. Ocorre quando advogados insistem em criar promessas legalmente executáveis, ainda que o custo, a longo prazo, ultrapasse o valor acrescentado. Para compreender esse segundo tipo de sobrecarga advocatícia consideremos os fatores relacionados com o valor de uma promessa jurídica. Além da demora e dos custos do litígio, há também a possibilidade de um tribunal chegar à conclusão *errada*.[37] Em outras palavras, qualquer estimativa do valor de uma promessa legal deve contar com a possibilidade de que, na tentativa de executá-la, o outro lado a defenda vigorosamente da ação de execução e vença.

Por exemplo, no caso de uma cláusula de indenização dada pelo vendedor de uma empresa ao comprador, como explica Ed Bernstein, o valor de tal promessa não é a quantia total em dólares da indenização. "Mais propriamente, é a quantia em dólares da indenização abatida com o intuito de contabilizar o tempo gasto com a obtenção de um julgamento, os custos do litígio e o risco não ponderado pelo comprador, caso o tribunal erre e lhe negue uma reparação completa após uma demanda válida."[38] Inversamente, uma representação ou garantia do vendedor é mais "dispendiosa" do que parece devido ao risco de defesa em uma ação de execução oportunista e à possibilidade de perder essa defesa.

Uma estimativa do valor de uma promessa legal também deve considerar se a relação entre as partes sofrerá – e, mais especificamente, se as expectativas de comportamento que uma tem para com a outra mudarão – se diversas cláusulas de contingências de estado forem propostas. Consideremos os efeitos potenciais da requisição de um acordo pré-marital sobre um relacionamento amoroso. Sua mera sugestão implica, pelo menos, que uma das partes está antecipando mais o rompimento do que o amor perfeito.[39] Os custos para a relação advindos da negociação de tal acordo impedem, muitas vezes, os casais de até falar a esse respeito.

Por analogia, um realizador de acordos comerciais terá a sensação de se casar com seu novo parceiro comercial e talvez reavalie o relacionamento se o outro lado planejar sistematicamente uma separação ao longo do caminho. A dificuldade, naturalmente, é que fingir afronta por negociar em torno de contingências é fácil, sobretudo quando a outra parte realmente corre risco caso a contingência se manifeste. Além do mais, as partes que preferem não planejar em função de certos riscos entram em contradição: subestimam os riscos em prejuízo próprio. Para deixar as coisas mais complicadas, um cliente pode *acreditar* que seu advogado está carregando nos termos jurídicos, mas estar enganado. Os clientes frequentemente se queixam de que os advogados não entendem de acordos e dos tipos de risco que empresários correm a cada dia. Às vezes, estão certos. Por outro lado, os advogados, muitas vezes, se queixam de que seus clientes não compreendem a extensão de um risco jurídico.

Na realização de acordos jurídicos, as melhores decisões exigem uma combinação de conhecimento jurídico e conhecimento dos negócios e das preferências do cliente. Em termos ideais, um cliente bem-informado deve decidir até que ponto seu advogado busca proteção por meio de disposições contratuais. E como alternativa, no caso de um advogado que saiba o suficiente, seria conveniente ao cliente delegar a autoridade de tomar decisões ao juízo dele. Mas cada um desses ideais pode ser muito difícil de se alcançar na prática. Pode ser muito dispendioso (e, às vezes, pouco prático) para o cliente informar-se suficientemente sobre a área de especialidade do advogado, ou para o advogado aprender o bastante sobre os negócios do cliente para tomar decisões fundamentadas.

Não desejamos exagerar o problema da sobrecarga advocatícia. Como os clientes, muitas vezes, se queixam de os advogados não compreenderem o lado comercial de um acordo, os advogados devem andar numa corda bamba com os clientes, identificando e designando os riscos significativos para o cliente, mas sem gastar tempo desnecessário com riscos relativamente triviais. Além disso, advogado e cliente talvez não concordem sobre a natureza dos riscos; o advogado pode considerar importantes riscos irrelevantes para o cliente e vice-versa.

A continuação do nosso exemplo

Voltemos ao negócio imobiliário entre David e Victoria. Para completar nosso exemplo, consideremos como os advogados ajudariam David e Victoria a negociar sobre a possibilidade de que despejos perigosos contaminassem o terreno da Textile Corporation.

Admitamos que o advogado de David redija um contrato para enviar a Victoria. Experiente em transações imobiliárias, ele chama a atenção de David para a possibilidade da contaminação da água ou do solo adjacentes com despejos perigosos pela fábrica. Adverte David de que, sob a lei do Superfundo (CERCLA), ele seria considerado responsável pela poluição criada por proprietários anteriores.[40] Além disso, como a responsabilidade do Superfundo é objetiva e solidária, além de retroativa, existe a possibilidade de David assumir *todos* os custos da limpeza do local, caso existissem. David, naturalmente, não sabe se o local está contaminado com despejo tóxico. Foi um risco que ele e Victoria não discutiram. David, assim, enfrenta o problema dos abacaxis. Está comprando uma propriedade de natureza desconhecida (no caso, uma propriedade sobrecarregada por um incerto montante de responsabilidade). O que ele deve fazer?

Admitamos que a Textile Corporation, após manter a terra como um investimento passivo nos últimos 30 anos, esteja certa de que nada fez para contaminar o lugar. Mas a Textile Corporation nunca testou o solo e as águas subterrâneas ao redor da fábrica. Ela não sabe se, e em que medida, há contaminação local. O dilema básico para David e Victoria, então, é a administração dessas incertezas.

David, evidentemente, deseja que Victoria afirme que a terra não está contaminada, que a Textile Corporation não depositou despejo enquanto possuiu a terra e que não tem nenhum conhecimento de substâncias perigosas na propriedade. David deseja que essas afirmações sobrevivam ao fechamento do acordo e pode até mesmo procurar indenização da Textile Corporation para qualquer responsabilidade do Superfundo relacionada com o local. Pode também solicitar direitos de inspeção, com uma opção de rescindir e anular o contrato, caso os testes revelem contaminação por despejo tóxico. Ao redigir o acordo, portanto, o advogado de David poderia incluir termos assim:

Garantia do Vendedor de que o solo está livre de contaminação por despejo tóxico.

O Comprador, exclusivamente a suas expensas, terá 90 dias a partir da data deste contrato, dentro dos quais efetuará testes de solo e águas subterrâneas da propriedade. O Comprador, qualquer firma ou pessoa designada por este terá o direito de entrar na propriedade para colher amostras do solo e das águas subterrâneas e testar de outro modo o solo e as águas subterrâneas dentro do período mencionado. O Comprador indenizará e manterá o Vendedor ileso de toda responsabilidade, reclamações, perdas, danos, custos e despesas, inclusive honorários advocatícios, que advenham ou resultem da realização de qualquer de tais testes e inspeções.

O Vendedor garante expressamente que o solo e as águas subterrâneas da propriedade estão livres de contaminação por despejo tóxico, quando da data da passagem do título legal da propriedade do Vendedor para o Comprador.

Na eventualidade de especialistas do Comprador determinarem, dentro do período mencionado, que o solo e/ou as águas subterrâneas da propriedade não está, ou não estão, livre(s) de contaminação por despejo tóxico, e um relato analítico escrito pelos especialistas demonstrar conclusivamente que tal é o caso, o Comprador pode por sua opção rescindir e anular este contrato, sendo fornecida comunicação escrita da rescisão e anulação, dada ao Vendedor nos 120 dias, ou antes, a partir da data deste acordo.

Do ponto de vista de David, esse acordo obtém o mais alto grau de revelação a respeito da terra antes da troca objetiva. Caso Victoria se recuse a emitir tal garantia, ficaria implícito algum problema com a propriedade. Além disso, esse acordo, como todas as representações, "assenta as bases da indenização, caso se venha a saber, após fechado o negócio, que a declaração era inverídica".[41]

É provável Victória considerar que o advogado de David esteja pedindo demais. Ela poderia responder requerendo que David tomasse posse da terra no estado em que se encontra.[42] Ela poderia permitir que David inspecionasse a propriedade para sua satisfação, mas insistir em que nenhuma garantia ou representação fosse feita a respeito das condições do meio ambiente. Antes de devolver o esboço ao advogado de David, ela poderia riscar o que ele redigira e inserir o seguinte:

Acordo de Comprador para assumir a Propriedade "no estado em que se encontra". Todos os entendimentos e acordos prévios entre as partes fundem-se neste acordo, que por si só exprime plena e totalmente o acordo delas, celebrando-se o mesmo depois de completa investigação, nenhuma das partes contando com qualquer afirmação, representação, garantias expressas ou implícitas, cauções, promessas, declarações, "arranjos" ou informações não incorporadas a este acordo, feitas pelo outro, ou por qualquer corretor imobiliário, representante, empregado, servente, ou outra pessoa que represente ou pretenda representar o Vendedor. O Comprador inspecionou a propriedade e está totalmente ciente de suas condições e assume-a "no estado em que se encontra", quando da data deste contrato, excetuados o desgaste comum e dano causados pelos elementos ou pelo acaso. O Vendedor não fez e não faz quaisquer declarações quanto a condições físicas, despesas, operação, ou qualquer outro assunto ou coisa que afete ou que se relacione com a propriedade, salvo como especificamente descrito neste contrato. O Comprador sabe que toda representação feita pelo Vendedor, e a respeito da qual o Comprador concordou em fazer este contrato, nele foi incluída.

Victoria pode reclamar que o preço de compra de US$2,9 milhões contemplava uma compra "no estado em que se encontra" e que, se David deseja garantia quanto à qualidade, o preço de compra deve ser aumentado. Ou Victoria poderia reagir com raiva (fingida ou verdadeira) de que David estaria recuando quanto às condições previamente acordadas. Nesse ponto, os negociadores chegariam a um impasse.

Como podem David e Victoria criar valor, ao negociar com esse risco? A Textile Corporation sabe mais acerca do uso da terra no passado do que David. Presumivelmente, é fácil – e barato – para a Textile Corporation indenizar David por quaisquer custos de limpeza reconhecíveis pelo exercício de sua própria propriedade da terra, por ela saber que não fizera ali nenhum despejo. Em troca para a redução dessa incerteza, a Textile Corporation pode pedir a David um preço mais alto, ou concessões em outras condições de negócio importantes para ela. Na verdade, a Textile Corporation pode trocar o que é relativamente não-dispendioso para ela por algo mais valioso.

É provável que o advogado de Victoria ressalte um truque posterior. Ao indenizar David por custos de limpeza, a Textile Corporation se inquietará a respeito do risco subjetivo.[43] Como a garantia da Textile Corporation resguardará plenamente David, o comprador não terá o incentivo mais forte para reduzir os custos de limpeza, caso estes aparecessem. De fato, David poderia mesmo exacerbar o problema – cavando novos poços ou alterando, de outro modo, qualquer área contaminada –, sabendo que qualquer prejuízo acrescentado será atribuído à Textile Corporation. O vendedor, portanto, pode desejar cobrir sua total responsabilidade para com o comprador. A cobertura ofereceria incentivos para o comprador reduzir os custos de limpeza, caso a contaminação se apresentasse. De modo semelhante, a Textile Corporation pediria indenização do comprador para quaisquer custos de limpeza associados a prejuízos durante a propriedade do comprador.

Um problema semelhante surgiria caso David e Victoria tentassem criar promessas contratuais baseadas no que Victoria sabe ou não sobre as condições da terra. Por exemplo, em vez de prometer que não há despejos tóxicos, Victoria asseguraria que ela não *sabe* de nenhum. Ou poderia sustentar não ter nenhum conhecimento em um ou em outro sentido. As partes, evidentemente, enfrentariam uma questão distributiva quanto à rigidez do acordo – David insistiria num acordo que tornasse Victoria responsável em maior quantidade de situações, e Victoria insistiria num ajuste oposto. Em toda essa negociação, o advogado de Victoria se preocuparia com os meios pelos quais David, mais tarde, poderia abusar do acordo. Por exemplo, suponhamos que Victoria afirmasse não saber de nenhum despejo. No caso de *haver* despejo, é quase certo

David alegar que Victoria sabia disso – ainda que não soubesse. E como Victoria provaria que *não* sabia? Se o ônus da prova recaísse sobre ela, poderia achar muito difícil fazê-lo.

Como resultado, talvez Victoria sugira uma abordagem diferente. Em vez de assegurar que não sabe de nenhum resíduo, ela poderia entregar a David, antes da venda, todos os seus registros, livros e arquivos. "Olhe", ela poderia dizer, "eu garanto que isso é toda a informação que tenho sobre a propriedade. Procure você mesmo. Mas, uma vez que você inspecione, o risco é seu." Nessa situação, caso David encontre resíduos posteriormente, recairia sobre ele o ônus de provar que Victoria *não mostrara* todos os documentos e informações, uma tarefa muito mais difícil para David.

Dividir esses riscos e ajustar o contrato a eles criará valor para David e Victoria. Evidentemente, as trocas inteligentes não têm como eliminar inteiramente o conflito distributivo. Grande parte da barganha em torno das condições, numa negociação, envolve tentativas – não obstante sutis – de fazer o melhor pelo seu lado. Talvez o melhor exemplo ocorra quando uma parte deixa de cumprir uma obrigação que é condição para o fechamento do negócio, ou quando vêm à tona informações novas e imprevistas. Enquanto, tecnicamente, uma parte concede uma saída, esses desenvolvimentos muitas vezes são empregados como base para a negociação do preço.

Suponhamos que, na inspeção, David descubra níveis residuais de chumbo nas águas subterrâneas. Admitamos que tais níveis não sejam em si mesmos um risco, e que a lei não exija sua limpeza. No entanto, a possibilidade de que tais depósitos aumentem com o tempo cria o risco de que um dia David tenha, em suas mãos, a responsabilidade de empreender uma significativa limpeza ambiental. David tentaria deduzir do preço de compra a quantia do custo para limpar as porções residuais de chumbo. Presumivelmente, Victoria resistirá. Ela talvez não saiba se David está usando as porções residuais de chumbo como manobra estratégica para reduzir o preço de compra, ou se ele está efetivamente preocupado com futuros riscos ambientais. Poderia ser, de fato, um pouco das duas coisas.

Se achar que David está simplesmente blefando, Victoria pode requerer uma cláusula, no contrato, para assegurar que a limpeza realmente ocorra. Se David *não* desejar limpar os resíduos e estiver apenas tentando reduzir o preço de compra, ele resistiria a essa condição – e seu verdadeiro interesse seria descoberto no processo. Alterando as condições do contrato, Victoria exporia a intenção de David.

CONCLUSÃO

Nosso colega Ronald Gilson desenvolveu uma teoria para explicar como os advogados criam valor nas transações comerciais.[44] Gilson afirma que num mundo de mercados perfeitos quatro condições ideais existiriam:

- as partes de uma transação teriam um horizonte comum de tempo;
- elas compartilhariam expectativas futuras sobre o risco e o proveito de um bem;
- os custos de transação não existiriam;
- toda informação seria disponível sem custo.

Segundo Gilson, os advogados desempenhariam um pequeno papel nesse mundo. Certamente, não aumentariam o valor de uma transação, pois os investidores saem-se muito bem sozinhos. Os preços refletiriam precisamente o valor, e os negociadores transacionariam sem nenhum custo.

Mas essa utopia não existe. O mundo real é cercado de vários tipos de falha de mercado, que aumentam o custo e a dificuldade de realizar contratos. Gilson escreve que são precisamente esses tipos de falha do mercado que fornecem a base para o papel de criar valor do advogado: os advogados intervêm para corrigir essas falhas a um custo razoável. Agem como "engenheiros dos custos de transação", idealizando mecanismos – ou negócios – eficientes, para transpor a distância entre esse hipotético mundo dos mercados perfeitos e o mundo real. "O valor é criado quando a estrutura das transações projetada pelos advogados do comércio permite que as partes ajam, *para aquela transação*, como se as quatro condições ideais existissem."[45]

Como vimos, os advogados de negócios *podem* criar valor projetando uma estrutura de transações que reduza o medo recíproco que têm as partes de uma exploração estratégica. Reduzir essa incerteza ajuda a negociação a se completar e acrescenta valor ao processo. Também vimos, contudo, como a barganha disputada em torno de representações, garantias ou indenizações faz com que um negócio se embarace, muito embora ambas as partes ficassem em melhores condições se ele se concluísse. E mesmo se um negócio se completa, a barganha disputada pode impor custos desnecessários.

Esse dilema, naturalmente, se acha presente tanto na realização de negócios quanto na solução de disputas. No Capítulo 6 nós nos voltamos para as várias razões adicionais para que os advogados e clientes frequentemente acabem em negociações jurídicas antagônicas, em vez de cooperativas.

6

Barreiras psicológicas e culturais

A SOLUÇÃO DE DISPUTAS E A REALIZA-
ção de acordos apresentam desafios substanciais e estratégicos um
tanto diferentes para advogados e clientes, mas em cada campo a
tensão entre criar e distribuir valor é uma poderosa tendência. Enquanto os clientes tentam navegar em cada um dos contextos, um
advogado pode melhorar ou piorar as coisas. Neste capítulo consideramos os desafios psicológicos e culturais que complicam a tarefa do
advogado. Psicólogos demonstraram que diversas forças cognitivas,
sociais e emocionais distorcem a tomada de decisão racional. Para
ser um eficiente solucionador de problemas o advogado deve compreender esses efeitos psicológicos e o papel que desempenham dentro do sistema de uma negociação jurídica. De modo semelhante,
um advogado deve estar consciente do impacto da cultura jurídica – de como as suposições frequentemente implícitas sobre o que é
ser um cliente ou um advogado (e tudo sobre uma negociação jurídica) minam a solução de problemas.

IRRACIONALIDADE E EMOÇÃO

Sob as suposições habituais em torno da tomada de decisão racional em face da incerteza, julga-se que os indivíduos estejam capacitados a confrontar diversos resultados possíveis pela probabilidade que cada um tem de ocorrer e avaliar objetivamente cada um deles, sem considerar o fato de se apresentar como ganho ou como perda comparados com algum ponto de referência arbitrário.[1] Psicólogos cognitivos e sociais demonstraram, porém, que os negociadores, muitas vezes, pensam e interagem de modo a violar esses axiomas básicos da racionalidade.[2] Como consequência, um negociador pode deixar de reconhecer ou aceitar um acordo que, racionalmente, serve a seu próprio interesse. Descrevemos aqui algumas dessas tendências e especulamos sobre como a participação dos advogados exacerba ou abranda seu impacto na barganha jurídica.

Percepções parciais

O que você vê depende, em parte, de onde você está, de quem você é, do que você já viu. Cada um de nós constrói uma realidade baseada em nossas atitudes, valores e experiências passadas. Isso cria o problema das percepções parciais.[3] Embora nós, muitas vezes, admitamos que percebemos e lembramos nossas experiências de maneira neutra e objetiva, as pessoas estão dispostas a "ver" o que esperam e desejam ver, e o que é de seu interesse.

Numa disputa, por exemplo, cada parte, em geral, terá uma história radicalmente diferente sobre o que aconteceu, de quem é a culpa e o que seria um bom resultado; e cada parte, seletivamente, lembrará fatos e procurará novas informações que confirmem, em vez de desafiar, sua narrativa inicial. O efeito sobre a solução de disputas é profundo. Não apenas serão diferentes as lembranças, mas as interpretações e elaborações referentes a quem estava errado, quem começou o conflito e quem traiu quem também serão diferentes. As percepções pessoais levam *cada* disputante a acreditar que suas próprias exigências são razoáveis, mas que as do outro lado são abusivas.

No exemplo de escorregão e tombo do Capítulo 4, Tom Mazetta recorda os restos de lixo na plataforma de carga e descarga, estando certo de que os empregados do hotel os deixavam lá. Ele culpa o hotel pelo dano sofrido. O gerente do hotel, porém, está certo de que não havia nenhum lixo naquele dia, mas lembra-se de ver Tom tentando equilibrar uma pesada carga. Ele culpa a negligência de Tom pelo acidente. Suas histórias são muito diferentes. E quando Tom e o hotel interagem, cada um procura favorecer sua perspectiva e contradizer a do outro lado.

As percepções parciais também afetam as negociações para a realização de acordos. Cada lado verá a legitimidade e suprema importância de seus próprios interesses. Na transação imobiliária do Capítulo 5, David Dirks talvez veja sua necessidade de comprometer o comportamento futuro de Victoria Leigh sob diversas contingências como prudência responsável, pela necessidade de proteger-se das brechas que ela poderia explorar. Ao mesmo tempo, David, confiante em sua própria boa-fé, pode julgar inteiramente razoável manter sua flexibilidade, a fim de se proteger de desdobramentos futuros imprevistos. Se Victoria pede flexibilidade num acordo de negócio, David pode interpretar sua solicitação como indício de que ela de fato pretende explorá-lo no futuro. Mas, caso ela se recuse a conceder flexibilidade a David, ele pode julgá-la despropositadamente cautelosa e desconfiada, acreditando, por esse motivo, que ela não merece confiança. Como cada lado fará tais atribuições parciais sobre as motivações do outro, a dinâmica da realização dos negócios pode, às vezes, ser muito corrosiva.

Tanto na solução de disputas como na realização de negócios, somos rápidos para reconhecer as percepções parciais dos outros, mas lentos para ver as nossas. Cada um de nós vive pensando que o que vemos *é* a realidade objetiva, que percebemos o mundo como ele realmente é. Ironicamente, enquanto deixamos de reconhecer o impacto das predisposições sobre nós mesmos, somos rápidos para vê-las nos outros, especialmente nos que não compartilham nossas opiniões.

Tudo isso coloca uma importante pergunta: como a introdução de advogados afeta a tendência dos clientes a ver o mundo de um modo parcial? Como os advogados se veem como defensores, sua presença pode piorar as coisas. Às vezes, em nossos seminários, pedimos a nossos alunos para ler uma página dos fatos a respeito de uma disputa. Todos recebem fatos idênticos, mas metade recebe uma página intitulada de "Fatos do Autor" e os outros recebem uma página intitulada de "Fatos do Réu". Inicialmente, pedimos a todos que leiam com atenção os fatos e depois entreguem as folhas. Quando, mais tarde, pedimos a todos para lembrar os fatos principais do caso, as pessoas apontadas como advogados dos autores selecionam fatos que são, na maioria, em seu favor, ignorando ou desprezando os fatos favoráveis à defesa. E os advogados da defesa fazem o mesmo.

Como sugere esse exemplo, na negociação jurídica o papel do advogado como tal pode levá-lo a ter uma perspectiva tão distorcida quanto a de seu cliente, se não mais. O advogado de um autor pode procurar indícios que confirmem sua opinião de que o autor deve ganhar a causa e só pode fazer perguntas que revelem tal informação. Sua pesquisa pode concentrar-se em descobrir casos que reforcem a posição do cliente, e ele pode fazer pouco esforço para pesquisar o desenvolvimento da teoria do caso da outra parte. Pode escrever memorandos defendendo sua posição e repetir sua argumentação muitas vezes com colegas e com membros da família. Embora toda essa repetição seja parte da preparação para o litígio, ela também cria tendências, porque interioriza informações seletivamente. Ele pode acabar não ficando mais capaz que seu cliente para a análise desapaixonada das forças e fraquezas da posição do cliente.

Na realização de negócios, os advogados também exacerbam o problema das percepções parciais. Espera-se que experientes advogados de transações protejam seus clientes de risco, e eles podem tornar-se especialistas em imaginar uma extraordinária sucessão de contingências que afetem desfavoravelmente os interesses de seus clientes. Um advogado pode julgar "realista" a necessidade de ter toda desconfiança para com o advogado e o cliente do outro lado, não importa quem sejam ou o que fazem. O mesmo advogado pode ofender-se com a natureza parcial das exigências e expectativas do outro lado.

É evidentemente possível que contar com um advogado abrande a tendência de um cliente a ter percepções parciais e pode ajudá-lo a alcançar uma consciência mais bem-informada e objetiva tanto de sua situação quanto de suas oportunidades e riscos jurídicos. Ao se preparar para um litígio, por exemplo, os advogados aprendem a antecipar quais argumentos o outro lado utilizará e a perguntar-se como o outro lado vê uma dada situação. De modo semelhante, um advogado da realização de acordos pode estar mais capacitado que o cliente para compreender os interesses do outro lado e por que determinada condição é importante. Nos dois terrenos, o advogado pode agir como uma ponte, ajudando o cliente a compreender a perspectiva, os interesses e os argumentos do outro lado. Mas para fazer isso com eficiência um advogado deve estar ciente de que, como todos os outros seres humanos, pode ter percepções parciais, e de que seu papel, como advogado, pode levá-lo a virar uma presa do raciocínio distorcido.

Superconfiança judicativa

Psicólogos documentaram que as pessoas frequentemente depositam injustificada confiança em seus prognósticos sobre acontecimentos futuros. Há dois aspectos neste fenômeno: quão preciso você é em seus julgamentos e quão bem ajustado está para avaliar o risco do erro. Em nossos seminários, por exemplo, muitas vezes fazemos aos participantes uma série de perguntas como: "Quando Átila, o Huno, travou a grande batalha de Châlons?" ou "Quantos anos ficou Oliver Wendell Holmes no Supremo Tribunal Federal dos Estados Unidos?". Os participantes, primeiro, devem fazer sua melhor suposição. Em seguida, pedimos que estabeleçam limites superiores e inferiores para cada resposta, de modo que estejam 95% confiantes de que a resposta correta cairia dentro do alcance estimado. Por exemplo, se uma pessoa achasse que Átila, o Huno, fez sua campanha em 975 d.C. e estivesse muito confiante na resposta, seu limite seria estreito (digamos, de 875 a 1075 d.C.); mas se estivesse menos confiante ela teria um alcance mais amplo (575-1375 d.C.). Obviamente, é difícil alcançar a resposta precisa. Poucas pessoas se lembram de que o Huno travou a batalha em 451 d.C. Mas se uma pessoa está bem ajustada a respeito do risco de erro, quando perguntada por um intervalo de confiança de 95%, seu alcance deve alargar-se bastante para incluir a resposta certa 19 em 20 vezes. A maioria das pessoas, porém, é superconfiante – seu alcance inclui a resposta certa apenas aproximadamente na metade das vezes.

Consideremos o efeito dessa dinâmica na resolução de disputas. A superconfiança pode levar os litigantes a superestimar as próprias possibilidades de vencer no julgamento: os mediadores, muitas vezes, encontram casos em que tanto o réu quanto o querelante acreditam sinceramente que seu próprio lado tem uma possibilidade de 75% de vencer e apenas 25% de perder. Ambos não estão certos, e na verdade, os dois podem estar errados. Max Bazerman e Margaret Neale demonstraram isso no contexto de uma experiência que envolvia arbitragem de proposta final em que se dizia aos indivíduos que se requereria do árbitro escolher a proposta final de uma parte ou da outra. Os concorrentes, sistematicamente, superestimaram a possibilidade de que sua própria proposta seria escolhida em mais de 15% em média.[4]

Por que os negociadores são superconfiantes? Pesquisadores propuseram diversas explicações, algumas das quais são sugeridas pelo nosso estudo das percepções parciais. A razão mais importante é que cada parte somente tem acesso a pouca informação relevante e subestima a importância do que não conhece.[5]

Seria de se esperar que os advogados pudessem ajudar os clientes a abrandar ou eliminar essa tendência, procurando invalidar provas, e oferecer uma avaliação mais independente, mais experiente e especializada. Isso, às vezes, acontece. Mas comparar a avaliação de uma pessoa à de um conselheiro ou de um grupo de colegas se demonstrou, em algumas oportunidades, capaz de *aumentar* a superconfiança judicativa.[6] Há alguma pesquisa (que não envolve advogados) que indica que se consultar com os outros pouco melhora a precisão objetiva das predições de uma pessoa e, em vez disso, deixa a pessoa *mais* certa de que sua predição está correta.[7]

Aversão à perda

Daniel Kahneman e Amos Tversky demonstraram, numa brilhante série de estudos, que os tomadores de decisão tendem a agregar maior peso às perdas em perspectiva do que aos ganhos em perspectiva, mesmo quando o que é um ganho, ou uma perda, dependa de como o resultado se compõe em relação a um ponto de referência arbitrário.[8]

As pessoas nem sempre se comportam racionalmente em face da incerteza e do risco. Consideremos as duas séries de escolhas seguintes:

(1) Por favor, escolha entre:
   (a) um ganho certo de US$240;
   (b) uma possibilidade de 25% de ganhar US$1 mil e uma possibilidade de 75% de não ganhar nada.

(2) Por favor, escolha entre:
   (a) uma perda certa de US$750;
   (b) uma possibilidade de 75% de perder US$1 mil e uma possibilidade de 25% de não perder nada.

Se você escolheu (a) no primeiro problema e (b) no segundo, você não está sozinho. Como Tversky e Kahneman mostraram, na primeira escolha, 80% dos indivíduos selecionam o ganho certo de US$240, muito embora o valor da escolha (b) seja maior (US$250). As pessoas, em geral, são avessas ao risco em relação ao ganho, preferindo ter um pássaro na mão do que dois voando. Ao enfrentar a segunda escolha, porém, 80% dos indivíduos geralmente arriscam e escolhem (b). As pessoas são avessas à perda – não gostamos de perder dinheiro – e, consequentemente, procuram o risco no que se refere às perdas, caso haja alguma possibilidade, ainda que pequena, de evitar qualquer tipo de perda.

A aversão à perda tende a dificultar a decisão de disputas. Alguns réus podem insensatamente resolver litigar em vez de chegar a uma solução sem recorrer ao tribunal, por preferirem arriscar-se a uma grande perda do que aceitar uma perda menor, mas certa. Os querelantes, por outro lado, podem estar mais dispostos a aceitar uma solução modesta, mas certa, em vez de apostar na perspectiva de um ganho potencialmente maior, mas incerto, por meio do litígio.[9]

Russel Korobkin e Chris Guthrie desenvolveram experiências que sugerem que a articulação afeta uma escolha de solução em vez de litígio. Eles argumentam que se uma solução é encarada como um ganho ou como uma perda, pode influenciar a decisão de um cliente.[10] Suas experiências envolveram as duas seguintes situações. Você aceitaria a solução em uma, na outra, nas duas ou em nenhuma das seguintes histórias?

HISTÓRIA A: Seu novo Toyota Corolla de US$14 mil sofreu perda total num acidente que ocorreu claramente por culpa do outro motorista. Suas contas médicas de US$14 mil foram pagas pelo plano de saúde, mas você não tem seguro para substituir seu carro. O outro motorista não tem dinheiro e está desempregado, mas tem seguro de automóvel. Você processou a companhia de seguros do motorista por US$28 mil – o custo do carro mais o da fatura médica. O réu não contesta seus prejuízos, mas sustenta que a apólice tem um valor máximo de cobertura de US$10 mil para acidentes que ocorram enquanto se dirige um carro alugado. Seu advogado lhe diz que, se o caso for ao tribunal e o juiz decidir que há tal limite, você só recuperará US$10 mil. Se o juiz decidir que não há nenhum limite desse tipo, você recuperará os US$28 mil. Seu advogado o adverte de que a linguagem da apólice de seguro do outro motorista é extremamente vaga e ele não pode prever se você ganhará ou perderá. A oferta da posição final do réu é de US$21 mil. Você não terá quaisquer despesas jurídicas. Você aceita essa oferta?

HISTÓRIA B: Todos os fatos são os mesmos da história A, exceto que os seus US$28 mil de prejuízos consistem da perda total do seu novo BMW de US$24 mil e de US$4 mil de fatura médica que serão pagos pelo seu plano de saúde. Uma vez mais, há uma oferta de posição final de US$21 mil.

Em suas experiências, Korobkin e Guthrie descobriram que é mais provável os universitários submetidos ao teste aceitarem uma solução da história A do que da história B, muito embora as oportunidades e riscos do litígio sejam idênticos.[11] Por que seria assim?

Na história A, uma solução de US$21 mil permite ao querelante comprar um novo Toyota e ainda ter US$7 mil de sobra. Isso pode ser visto como uma vantagem. No segundo caso, uma solução com a mesma quantia não pode substituir o BMW. Isso pode ser concebido como uma perda de US$3 mil. No entanto, a similaridade das soluções e da vantagem da aposta no litígio é a mesma em ambos os casos. A aversão à perda oferece uma explicação plausível para os diferentes resultados experimentais.

Os advogados são tão propensos à aversão à perda quanto os clientes? Poderíamos acreditar, de modo plausível, que se um advogado considerar idênticas as oportunidades e riscos de litígio nesses casos não seria mais provável ele litigar no segundo caso do que no primeiro. Curiosamente, Korobkin e Guthrie repetiram suas experiências com advogados da região de São Francisco, a quem perguntaram o que recomendariam a seu cliente quando lhes fosse dito que, "após conduzir uma investigação legal e factual (...), você não pode prever se é mais provável seu cliente ganhar ou perder, se o caso for ao tribunal". Ao contrário de seus outros assuntos, as recomendações de solução por parte dos advogados *não* variaram: os efeitos articuladores da história A e da história B não fizeram, praticamente, nenhuma diferença. Esse resultado sugere que os advogados podem não ser tão propensos à aversão à perda quanto os clientes. Obviamente, esse é apenas um estudo isolado, e precisa-se de mais pesquisas antes de se confiar plenamente na informação. Todavia, é um resultado intrigante.

A aversão à perda sugere que o modo pelo qual um advogado articula uma solução – como uma perda ou um ganho –, faz diferença para seu cliente ou para o outro lado. Os mediadores há muito observaram que não são mais bem-sucedidos em solucionar um caso quando assinalam o que uma parte tem a ganhar – dispondo a questão, evitando custos adicionais ou adquirindo certeza – do que quando ressaltam o que a solução custará. É essa a estratégia que a indústria dos seguros utiliza para induzir os clientes potenciais a comprar seguros: ela ressalta a proteção conquistada contra uma grande, mas incerta, perda futura, ᵃm vez de ressaltar a perda certa, porém menor, por que passaremos hoje, na forma dos prêmios de seguro.

A aversão à perda também afeta acordos. Consideremos a seguinte experiência imaginária em que o dono de um imóvel precisa escolher entre duas ofertas de compra. O comprador A oferece US$1 milhão, com US$500 mil a serem pagos em dinheiro no fechamento do negócio e o restante um ano depois da venda. O comprador A, contudo, enfrenta uma possibilidade de 50% de falir durante o ano. Se o comprador A não pagar a segunda prestação, o vendedor não terá nenhum recurso posterior. O segundo comprador, o comprador B, oferece US$775 mil em dinheiro. À metade dos indivíduos seria dito que a propriedade fora herdada. À outra metade se diria que ela fora comprada dois anos antes por US$1 milhão e agora precisava ser vendida. O dono teria de escolher entre as mesmas duas ofertas. Seria

mais provável quem comprou a propriedade por US$1 milhão se ar-
riscar a vendê-la ao comprador A, para evitar a perda certa? Em sentido mais geral, na realização de negócios, se você fosse comprador e
soubesse que o vendedor enfrenta uma perda na transação, você se
aproveitaria da aversão à perda? Talvez pudesse fazê-lo, criando uma
oferta nominal mais alta, com uma parcela do preço estruturada
como um pagamento contingente, em que seria improvável você ainda ter de pagar o preço total.

Efeitos de atributo

Outra tendência, prima irmã da aversão à perda, é o efeito de atributo.
Quando algo lhe pertence, você pode atribuir a ele um valor maior do
que o do mercado por ser seu. Renunciar a ele, voluntariamente, representa um tipo especial de perda para você – a perda de um atributo, pelo
qual você desejará uma compensação monetária extra.[12]
    Kahneman, Knetsch e Thaler realizaram uma intrigante experiên-
cia, que ilustra esse fenômeno, com canecas de café.[13] Eles deram a cada
indivíduo, num grupo de pessoas selecionadas ao acaso – os vendedores –, uma caneca de café, e lhes disseram que eles podiam levar a caneca para casa ou vendê-la. Os experimentadores comprariam a caneca de
volta por um preço predeterminado e não especificado. Os vendedores
deveriam registrar o preço pelo qual aceitariam as canecas. Se o preço
pedido fosse mais baixo do que a quantia predeterminada (que vinha a
ser de US$5), eles receberiam o dinheiro. De outro modo, eles conserva-
riam a caneca. Para um segundo grupo de pessoas, os experimentadores
não distribuíram canecas. Em vez disso, perguntaram quanto elas gasta-
riam para *comprar* uma caneca.
    O preço médio pedido pelos vendedores foi de US$7,12, enquanto o
preço médio oferecido pelos compradores foi de US$2,88. Embora os
que estavam com e sem canecas enfrentassem a mesma escolha – ir para

casa com uma caneca ou com dinheiro –, os que já possuíam uma caneca pediam mais para se compensarem de perdê-la.

Consideremos a forma com que o efeito de atributo inibe acordos, especialmente onde não seja fácil determinar o valor de mercado dos bens ou serviços no seio da transação. Um vendedor pode ter uma noção exagerada do valor da mercadoria, e as percepções do vendedor e do comprador do valor da transação variam enormemente quanto ao resultado. Evidentemente, um comprador poderia sugerir o uso de um avaliador neutro para contrariar esse efeito. E como o advogado de uma parte não possui o negócio ou a propriedade que seu cliente está vendendo, presumivelmente ele não deveria ser contaminado por essa tendência. No entanto, os efeitos de atributo podem impedir algumas transações que, de outro modo, deixariam os dois lados em melhores condições do que sem acordo.

Desvalorização reativa

Lee Ross e seus alunos fizeram um trabalho experimental que indicou que a avaliação de uma concessão, uma condição de acordo ou um compromisso proposto pode ser diferente e mudar, dependendo de sua fonte. Uma parte, especialmente, pode desvalorizar uma proposta de alguém encarado como adversário, mesmo se idêntica oferta fosse aceitável quando sugerida por alguém neutro ou aliado. Eles também demonstraram que uma concessão efetivamente oferecida é menos valorizada do que outra recusada, e que um compromisso é apreciado em grau mais baixo depois de ter sido posto sobre a mesa do que antecipadamente.[14]

Um estudo desse fenômeno examinou as atitudes dos alunos em relação à redução do ativo pela Universidade de Stanford de empresas que investiam na África do Sul, na década de 1980.[15] Na época, a redução do ativo era uma questão bastante controversa no *campus*. Os pesquisadores pediam às pessoas para ler uma brochura que detalhava a controvérsia e explicava duas propostas de compromisso em potencial – o plano específico de redução do ativo, que acarretava a imediata redução do ativo de empresas que negociavam com as Forças Armadas ou a polícia da África do Sul, e o plano com prazo fixo, que propunha a criação de um comitê de estudantes e depositários para monitorar a responsabilidade dos investimentos, com a garantia de completa redução do ativo dentro de dois anos. Havia três diferentes versões da brochura. Para um grupo de estudantes, a brochura dizia que a universidade apoiava o plano específico de redução do ativo. Para outro grupo, dizia que a universidade defendia o plano com prazo fixo. E uma terceira brochura não dava nenhuma indicação de que a universidade apoiava qualquer dos planos.

Como se previa, os estudantes desvalorizaram o plano que acreditavam apoiado pela universidade. Quando se disse que Stanford apoiava o plano com prazo fixo, 85% dos estudantes acharam que o plano específico de redução do ativo era maior concessão da universidade do que o plano com prazo fixo. Quando a universidade disse apoiar a específica redução do ativo, apenas 40% acharam que era uma concessão mais ampla – a maioria considerou o plano com prazo fixo um negócio melhor para os estudantes. E quando a universidade foi completamente omitida da brochura, aproximadamente 69% acharam que a específica redução do ativo era uma concessão maior pela universidade – mais ou menos no meio.

A desvalorização reativa atua em muitas negociações jurídicas. Os advogados frequentemente contam que clientes, a princípio entusiasmados com a resolução por uma dada quantia, ficam decepcionados quando o outro lado realmente a oferece. Se uma parte terceira ou neutra oferecesse aos clientes a mesma resolução, eles a receberiam. Mas quando ela vem do outro lado, eles recuam.[16]

A desvalorização reativa ocorre, em parte, porque um negociador pode admitir que qualquer proposta vinda do outro lado deve beneficiar aquele lado e que "qualquer coisa boa para o meu adversário não pode ser boa para mim". É verdade que uma oferta deve beneficiar o outro lado – do contrário, eles não a fariam. Também é verdade que a autoria é relevante para sua avaliação. E pode ser que, rejeitando a oferta, o cliente de um advogado assegure uma concessão ainda maior. Mas seguramente não é certo que uma proposta feita pelo outro lado – por essa única razão – não possa servir, da mesma forma, aos interesses do cliente. Ao ajudar o cliente a avaliar uma proposta em função dos próprios interesses e alternativas do cliente, um advogado está capacitado para neutralizar a tendência à desvalorização reativa

Emoção

As emoções podem inflamar-se tanto nas disputas jurídicas quanto na realização de negócios. Pode ser benéfico ser capaz de ameaçar agir plausivelmente *contra* seu próprio interesse, e as emoções podem ajudar a fazer isso. Mostrar verdadeira raiva num acordo desonesto – mesmo se ambos os lados sabem que a oferta sobre a mesa é melhor do que a melhor alternativa existente – pode persuadir o outro lado a melhorar suas condições. E demonstrar uma genuína disposição de se comportar honestamente, ainda que diante da tentação de trapacear (uma coisa que a pesquisa mostra não ser facilmente simulada), é a vantagem mais importante que um negociador pode obter.[17]

Mas muitas vezes as emoções obscurecem o julgamento de uma parte e tornam mais difícil chegar a um acordo. Quer num amargo divórcio, na dissolução da sociedade num negócio, quer numa tomada de posse hostil, a raiva, o ressentimento e a vingança motivam os litigantes mais do que a racionalidade. Nos negócios, a competição, a ansiedade, a frustração, o medo e a inveja complicam a barganha.

Um advogado é capaz de ajudar o cliente demonstrando empatia para com os medos ou a raiva do cliente, ou servindo como um emissá-

rio mais moderado ao outro lado. Por exemplo, dois advogados ajudariam a reparar uma *joint venture* em que os administradores de cada
lado se encontram de tal modo encolerizados que perderam a visão dos
ganhos inequívocos a longo prazo. Advogados, porém, podem igualmente intensificar uma negociação já exaltada. Um advogado pode aceitar o desafio e expressar as paixões do cliente contra o outro lado,
aquecendo a natureza emotiva de uma negociação. Ou um advogado
pode alimentar as chamas do cliente, fornecendo exemplos de como o
cliente foi injustiçado, por que motivo devia zangar-se ou de como a
vingança poderia ser executável.

O DESAFIO DA CULTURA JURÍDICA

A aptidão de um advogado para ajudar um cliente a superar esses efeitos, e para se empenhar numa construtiva solução de problemas, talvez
seja posteriormente limitada pela cultura jurídica – o conjunto de suposições implícitas, expectativas e papéis com os quais tanto os advogados
quanto os clientes atribuem significado a suas relações.[18] Quais são os
roteiros pelos quais advogados e clientes desempenham seus papéis?
Com o que os advogados negociam uns com os outros? O que significa
ser um advogado? Ou ser um cliente? Ou ter um conflito jurídico?

Suposições culturais tácitas a respeito de que jogo você participa
podem ter profunda influência na negociação e no desembaraço com
que a cooperação estabelece. Consideremos uma pesquisa altamente
sugestiva em que se pede a dois grupos para participar de um jogo,
sendo-lhe dadas instruções e oportunidades idênticas para cooperar
ou desertar (isto é, tentar explorar o outro lado), assim como idênticos
pagamentos em dinheiro vivo. A única diferença foi que a um dos grupos de indivíduos foi dito que se estava disputando O Jogo da Comunidade, enquanto ao outro grupo foi dito que se disputava O Jogo de
Wall Street.[19] O que você esperaria que ocorresse? Fiel à hipótese dos

experimentadores, os indivíduos que disputaram O Jogo da Comunidade cooperaram mais frequentemente, e mais duradouramente, do que os que disputaram O Jogo de Wall Street. O último grupo tendeu à deserção, baseado nas suas suposições a respeito de como era O Jogo de Wall Street.

Na medida em que a cultura jurídica evoca noções semelhantes às criadas por O Jogo de Wall Street, ela torna a negociação de modo a criar valor e solucionar problemas mais difíceis para os advogados. Evidentemente, não há nenhuma cultura jurídica dominante e homogênea: diferentes subculturas prevalecem em diferentes partes dos Estados Unidos e em diferentes áreas de prática. A classe jurídica norte-americana é um corpo diverso e descentralizado, e seria errado fingir a possibilidade de identificar um conjunto único de normas culturais partilhadas por todos os membros. Na verdade, uma das grandes forças da classe jurídica é que as normas profissionais locais podem desenvolver-se e florescer de maneira a facilitar e sustentar o comportamento cooperativo entre os advogados.

Contudo, muitos advogados e clientes partilham uma atitude mental que estimula mais o confronto do que a colaboração. Consideremos os seguintes temas culturais que, muitas vezes, parecem prevalecer na negociação jurídica.

A atitude mental de soma zero

Advogados e clientes admitem, com bastante frequência, que as negociações jurídicas são atividades puramente distributivas. "Nossos interesses são opostos aos deles: o que um lado ganha o outro lado perde."[20] Essa atitude mental de soma zero é poderosa e penetrante. Advogados, muitas vezes, relatam que a negociação jurídica é, por definição, barganha estratégica difícil. Embora eles reconheçam que, às vezes, são possíveis medidas para criar valor – particularmente na realização de negócios –, também admitem que a criação de valor é meramente o confeito sobre o bolo, que ainda tem de ser fatiado por meio de uma luta distributiva. Clientes quase sempre compartilham essa opinião e esperam que seus advogados se portem de acordo.

A atitude mental adversa

Muitos advogados e clientes encaram a negociação jurídica como um combate. O negociador mais rígido, mais audaz, mais agressivo, vence, e o fraco ou mais conciliador perde. Alguns advogados dizem que só um pit bull pode sobreviver.[21] Qualquer tentativa de mudar esse *modus operandi* é considerada branda ou equivocada. Em resposta a um apelo crescente por maior civilidade entre os advogados,[22] por exemplo, em 1997 o advogado de divórcios Raoul Felder, de Nova York, escreveu um editorial no *The New York Times* em que sustentou que os advogados são contratados para serem adversários e que a advocacia gira em torno do conflito. Seu artigo intitulou-se "Sou pago para ser rude".[23]

Muitos jogadores das pelejas jurídicas *gostam* da competição feroz, quer o admitam, quer não. Desse modo, a cultura jurídica oferece uma conveniente cortina de fumaça que permite aos advogados serem tão agressivos quanto lhes agrada, ao mesmo tempo que responsabilizam o outro lado e um sistema intratável pelo seu comportamento. E os clientes também gostam de competir. Muitas vezes, recrutam advogados como seus agentes de agressão para representar suas fantasias mais hostis e proclamar aquelas coisas que os clientes jamais poderiam persuadir-se a dizer ao outro lado. Como um litigante recentemente comentou: "Os clientes adoram advogados sórdidos; somos contratados para fazer o trabalho sujo que eles não querem ou não podem fazer. 'Processe os canalhas' não é conversa fiada. Se você foi prejudicado, você quer arrancar o couro. Assim, o advogado malvado agarra o touro à unha. Ele é mesquinho, rijo, inflexível, intrometido, esmurrador, exigente, impeditivo como condiz com a oportunidade de frustrar o outro lado. Sejamos francos: ser difícil, traz (...) grandes recompensas."[24] Alguns clientes não ficam satisfeitos a não ser que seus advogados arranquem sangue. Embora os clientes reconheçam, cada vez mais, que o sangue é dispendioso[25] e aleguem que desejam que os advogados se comportem de modo mais eficiente e civilizado, muitos clientes continuam a admitir que a negociação jurídica deve caracterizar-se por ameaças, táticas de poder e fogos de artifício emocionais.

Naturalmente, nem todos os advogados são guerreiros e nem todos os clientes querem pit bulls. Essas atitudes, indiscutivelmente, assinalam mais o processo de litígio do que a realização de acordos. Mas, em ambos os campos, muitos advogados e clientes admitem, implicitamente, que o papel do advogado é ser um lutador que ataca para valer.

A atitude mental de mercenário

Os clientes podem esperar que os advogados se comportem agressivamente quando negociam com o outro lado, mas nas relações dos advogados com seus próprios clientes tudo deve mudar. Dentro das cômodas fronteiras da relação entre advogado e cliente espera-se que o primeiro deixe de ser um pit bull para passar a ser um golden retriever. Evidentemente, todo cliente tem direito à lealdade, ao sigilo e à diligência sob o código de ética profissional do advogado. Estamos falando aqui de algo mais: da noção de que um advogado devia aprovar não-criticamente a agenda de seu cliente, e seguir sob comando.

Os clientes frequentemente esperam mais do que apenas empatia de seu advogado: muitos esperam uma devoção canina.[26] E muitos advogados acreditam que têm de proporcioná-la. Mas a devoção acrítica não é habitualmente melhor para o cliente no decorrer do tempo. Se um advogado adota um papel exclusivamente empático e não afirmativo com o cliente, não pode explorar de modo adequado os interesses dele. Além disso, ao tomar uma posição antagônica para com o outro lado pode deixar de ouvir, indagar ou demonstrar compreensão, e pode não comunicar eficazmente as opiniões do outro lado a seu cliente, uma vez que este pode não querer ouvi-las.

Na medida em que um cliente espera apenas empatia e concordância do advogado, um advogado que recue pode apanhar o cliente de surpresa. Isso pode ter sérias repercussões no conjunto inteiro de relações que constitui uma negociação jurídica. Um advogado precisa ajudar o cliente a estabelecer seus próprios interesses e precisa estar certo de que o cliente tem expectativas realistas sobre as oportunidades e riscos dos caminhos alternativos. No entanto, um advogado inseguro sobre sua relação com o cliente considera mais fácil não entornar o caldo: a adoção de uma posição simpática para com o cliente e uma posição altamente adversa para com o outro lado reafirmará ao cliente que o advogado age em seu melhor interesse e não deixará margem a dúvidas sobre sua lealdade.

Mas quando tal advogado negocia, pode não estar preparado para recorrer a uma abordagem de solução dos problemas por não conhecer os interesses do cliente e não ter pensado sobre possíveis oportunidades de criar valor. Se a outra parte parecer jogar pesado, o advogado ficará ainda mais tentado a seguir o roteiro padrão. E se ele tentar compreender o ponto de vista do outro lado, como vai explicar isso ao cliente? Ele não pensará que seu advogado está sendo desleal, se este passa a lhe explicar como o outro lado encara a situação?

Damos a isso o nome de *problema de assimilação*. Assim como os países se preocupam com o fato de seus diplomatas internacionais terem "virado nativos" e adotado os costumes, práticas ou crenças do país hospedeiro – em detrimento potencial de sua aptidão de representar os interesses de sua terra –, também nas negociações jurídicas um cliente teme que seu embaixador (o advogado) troque seus laços de lealdade durante as negociações. Esse temor pode levar o cliente a desprezar o conselho do advogado, a marginalizá-lo ou até substituí-lo por causa de dúvidas acerca de sua capacidade para advogar de maneira vigorosa por seu cliente. Pode ser mais fácil criticar destemperadamente o outro lado do que defender com adequação o próprio cliente. Às vezes, os advogados criam solidariedade com os clientes infernizando o outro lado – criando uma dinâmica do "nós contra eles". Um advogado pode descrever os atos do outro lado para o cliente de forma que o provoque, e não de modo a favorecer a tomada racional de decisões. A tentativa do advogado de escorar sua relação com o cliente pode, por fim, prejudicar a relação entre advogado e advogado, a relação entre cliente e cliente e – de maneira potencial – sua própria relação de advogado com o cliente (se este vier a saber que ele exagerou sua história a respeito do outro lado).

CONCLUSÃO

Tanto a solução de disputas quanto a realização de negócios apresentam grande número de desafios estratégicos e interpessoais: questões distributivas rígidas e de altos patamares, primeiramente em torno de dinheiro; emoções explosivas e, às vezes, relações inamistosas; tentações de explorar, desertar, intensificar, obstruir; e oportunidades de usar os advogados e o processo jurídico para obter vantagem à mesa de negociação. A irracionalidade, a emoção e as normas culturais adversas também complicam o processo de administrar as três tensões da negociação.

A atitude mental de soma zero aumenta a tensão entre a criação e a distribuição de valor, porque predispõe advogados e clientes a admitir que o bolo é fixo e que a tarefa do advogado é simplesmente lutar pela sua divisão. Quando advogados ou clientes superestimam seu caso e deixam de entender os méritos do outro lado, torna-se mais difícil alcançar o acordo. A atitude mental adversa leva os advogados a ressaltar a assertividade na negociação, à custa de demonstrar compreensão das opiniões do outro lado. As percepções parciais podem deixar cada lado pronto para culpar o outro por diferenças ou conflitos e tornar difícil ouvir as opiniões do outro lado.

Depois há os desafios de representação. Se as disputas e negócios se convertem em combate, é fácil para um advogado justificar os custos crescentes culpando o outro lado. Em vez de aceitar a responsabilidade apropriada por sua própria participação num conflito destrutivo, um advogado pode esconder-se atrás do sistema de relações e concentrar a atenção do cliente em outros desse sistema. Além disso, um advogado pode manipular as tendências psicológicas e as emoções do cliente, para aumentar ou justificar remunerações. Se um cliente é confiante demais, um advogado pode sustentar a opinião do cliente, em vez de testá-la no mundo real. Se um cliente tem percepções parciais, um advogado pode adotar a versão que ele tenha dos acontecimentos, a fim de prolongar o litígio ou uma negociação em realização de acordos. Um advogado pode – consciente ou inconscientemente – modelar escolhas para seu cliente, de maneira a tornar mais ou menos atrativo entrar em acordo, dependendo dos interesses do advogado. Todos esses fatores tornam mais difícil administrar a terceira tensão nas negociações jurídicas.

Na Parte III oferecemos aconselhamento aos advogados para ajudá-los a administrar melhor as três tensões no contexto do sistema de relacionamentos. Conferimos ênfase à relação entre advogado e cliente e à importância de trabalhar com o cliente para mudar as suposições do adversário. Também demonstramos como você pode enfrentar e dominar o comportamento do adversário, no outro lado da mesa.

Parte III

UMA ABORDAGEM DE SOLUÇÃO DOS PROBLEMAS

JAKE E SAMANTHA GREENE CASARAM-SE oito anos atrás, logo que saíram da faculdade. Jake fez pós-graduação para obter um MBA e agora trabalha em marketing para um distribuidor de alimentos da Costa Leste ganhando US$85 mil por ano. Samantha trabalhou em jornalismo por uns anos, mas quando ela e Jake resolveram ter o primeiro filho, ela começou a redigir anúncios para um site da internet sobre crianças, dirigido por um grande grupo editorial. Eles agora têm dois filhos, Gordon, de 5 anos, e Jimmy, de 2. Samantha continua trabalhando fora, dois dias por semana, ganhando aproximadamente US$20 mil por ano. Eles têm uma casa que compraram seis anos antes, por US$110 mil, e que agora vale cerca de US$190 mil. O saldo hipotecário é de US$79 mil. Eles têm dois Honda, um de dois anos, o outro, de cinco. O carro mais novo tem um empréstimo com US$6.200 de saldo, pagável a US$300 por mês. Eles têm US$22 mil em poupança e contas correntes, e Jake tem US$45 mil em ações que herdou três anos atrás do avô. Jake também tem cerca de US$35 mil acumulados na sua conta de previdência.

Por diversos motivos, há aproximadamente seis meses, a pedido de Samantha, eles se separaram. Jake alugou um pequeno apartamento perto da casa, e eles têm conversado com um advogado, uma vez por semana. Durante essa fase, Jake frequentemente foi à casa para ver os filhos, e eles pagaram várias contas e trataram das finanças como antes. Há duas semanas, Samantha anunciou que, como não via possibilidade de reconciliação, desejava prosseguir com o divórcio. Ela contratou desde então um advogado e deu entrada numa petição para iniciar o processo. Em sua petição de divórcio, ela reivindicou a guarda física exclusiva dos dois filhos, pagamentos mensais para o sustento das crianças e a propriedade da casa da família. Reivindicou também "pensão alimentícia permanente" – sustento matrimonial por mês, sem data de término estabelecida. Jake surpreendeu-se ao receber a petição, pois não esperava que Samantha apressasse o pedido. Também estava abalado com o que considerava exigências nada razoáveis dela. Ele está prestes a se encontrar com seu advogado, Tony Watson, para discutir pela primeira vez o que fazer em seguida.

A Parte III delineia nossa visão de como um advogado solucionador de problemas poderia administrar de modo eficaz os desafios de uma negociação jurídica como essa, tanto com seu cliente quanto com o advogado da outra parte. A essa altura os objetivos de um advogado que quer tratar a negociação como um solucionador de problemas deveriam estar razoavelmente claros. O propósito mais abrangente é administrar eficientemente os aspectos distributivos da barganha e criar valor onde possível. Cada uma das três tensões sugere finalidades subsidiárias, como:

- procurar transações que criem valor e façam uso das diferenças nas preferências relativas; minimizar os custos de transação e proteger o cliente do oportunismo e elaborar um acordo negociado segundo os interesses do cliente, à luz das oportunidades e dos riscos jurídicos;
- demonstrar compreensão da história, dos interesses e das prioridades do cliente; defender eficazmente as opiniões do cliente ante o outro lado; demonstrar ao outro lado a disposição para escutar e ajudar o cliente a compreender melhor as opiniões do outro lado;

- estabelecer uma relação com o cliente que determine eficientemente papéis e responsabilidades; usar incentivos e monitoração para minimizar os custos da representação e estar ciente das relações de representação do outro lado.

A capacidade de um advogado para resolver problemas depende, em parte, de sua relação tanto com o cliente quanto com o cliente e advogado do outro lado. No caso mais simples, cada um no sistema deseja resolver problemas. O relacionamento subjacente de cliente com cliente pode ser sólido e amistoso: você e o advogado do outro lado podem ter uma relação de trabalho anterior, e ambos os clientes podem ter trabalhado com seus respectivos advogados produtivamente. Em tais situações, as condições são ideais para a solução de problemas. Num caso mais complicado, o advogado do outro lado pode desejar resolver problemas, mas seu cliente não. Ou todos os jogadores do sistema desejam resolver problemas, exceto seu cliente. Nessa situação, você terá de tentar instruir o cliente a respeito dos benefícios de resolver problemas, enquanto vai ao encontro das necessidades e expectativas dele.

Às vezes, os dois advogados podem querer resolver problemas, mas nenhum dos clientes pode concordar. Os dois advogados podem ter um relacionamento forte e produtivo no passado, e cada um pode ter trabalhado anteriormente com o respectivo cliente. Mas os clientes podem ter uma relação repleta de conflitos, marcada pelo rancor e por afrontas passadas. Um empregado que processa um antigo empregador por discriminação de idade pode estar indignado por ser preterido para uma promoção. Uma mulher que move ação de divórcio pode estar rancorosa em torno da nova relação do marido com outra mulher. Duas empresas podem ter uma longa história de desconfiança que se antepõe a qualquer conflito atual. Mesmo na realização de acordos, duas partes podem aproximar-se uma da outra cautelosamente, caso tenham uma tradição de desentendimentos passados ou de má-fé. Nessas situações, a solução de problemas ainda pode prevalecer. A relação passada entre advogado e advogado pode auxiliar esses profissionais a trabalhar juntos para ajudar a resolver os problemas de seus clientes. E a existência de interações anteriores entre advogado e cliente torna as sugestões para a solução de problemas mais agradáveis e persuasivas para clientes que, quanto ao mais, sejam céticos.

Em alguns casos, evidentemente, você e seu cliente desejarão colaborar com o outro lado, mas este não quererá cooperar. Eles podem iniciar as negociações com uma postura muito adversa e tentar tirar proveito de você. Nessa situação, o advogado solucionador de problemas e o cliente devem resolver se podem persuadir o outro lado a cooperar ou se terão de adotar uma estratégia diferente para se protegerem.

O caso final, e talvez o mais difícil, é aquele em que um advogado deseja resolver problemas mas ninguém mais quer isso. Você fica preso no meio, entre seu cliente e a outra parte, sem ver qualquer aliado. Você jurou proteger os interesses de seu cliente e se vê pressionado, tanto por este quanto pelo outro lado, para negociar com todo cuidado possível. Apesar das melhores intenções de encontrar oportunidades de criar valor e equilibrar a empatia com a assertividade, você pode não ver nenhum meio de fazê-lo sem correr o risco de que seu cliente seja explorado e sua reputação fique abalada. Seria esse o contexto mais exigente em que se adota uma abordagem de resolver problemas.

Os próximos dois capítulos sugerem como estabelecer relações que apoiem a solução de problemas com seu cliente (Capítulo 7) e com o outro lado (Capítulo 8). Com cada um, você frequentemente *orientará* o caminho. Isso requer que você:

- mantenha sua cabeça em ordem, com a atitude mental correta e clareza a respeito de suas finalidades como prerrequisitos essenciais;
- empenhe-se em atividades essenciais de solução dos problemas com a destreza apropriada ao implementar a abordagem geral com o conhecimento do que fazer e de como fazê-lo;
- mude o jogo quando necessário e supere a resistência quando seu cliente ou o outro advogado tiver uma abordagem antagonista mais tradicional.

Nos Capítulos 9 e 10 lidamos com as disputas e acordos independentemente e oferecemos aconselhamento específico sobre como melhor fazer frente aos desafios da negociação apresentados em cada terreno. Começamos com o exemplo do divórcio por inúmeras razões. Primeiro: as negociações de divórcio são um híbrido da solução de disputas e realização de acordos. De um lado, Jake e Samantha claramente negociam à sombra da lei: se não resolverem sua disputa, um tribunal o fará. Por outro lado, a negociação deles tem aspectos de realização de acordos, porque eles estão estruturando sua contínua relação futura de modo que satisfaça seus interesses e reduza ao mínimo o oportunismo. Enquanto as partes que se divorciam podem considerar o que um tribunal determinaria se elas não chegassem a acordo, elas têm ampla liberdade para estruturar um entendimento negociado que reflita sua situação singular. Por questão de formalidade, um tribunal reexamina os acordos feitos em relação às crianças antes de determinar o divórcio, mas os tribunais normalmente endossam um acordo dos pais, desde que os filhos sejam tratados adequadamente.

Segundo: nas negociações de divórcio, a tensão entre as questões distributivas e as oportunidades de criação de valor é onipresente. A divisão da propriedade, a distribuição da renda futura mediante pensão alimentícia, o sustento financeiro contínuo das crianças, assim como sua guarda e combinação de visitas, tudo apresenta difíceis questões distributivas. Ao mesmo tempo, em quase todos os casos, as oportunidades de criação de valor podem ser encontradas, caso as partes estejam dispostas a procurá-las. A pensão alimentícia, por exemplo, pode ser paga ao longo do tempo ou numa quantia única, antecipadamente. A pensão alimentícia e a divisão da propriedade podem ser associadas criativamente para melhor satisfazer os interesses dos cônjuges. De diversas maneiras, as questões financeiras com frequencia são estruturadas para minimizar as consequências tributárias. E os acordos para guarda e visitação são preparados tanto para promover os interesses dos filhos quanto para refletir as preferências dos pais.

Finalmente, muitos cônjuges que se divorciam têm pouca experiência com o sistema jurídico e, desse modo, apoiam-se pesadamente em seus advogados para administrar essas questões distributivas e oportunidades de criar valor. A triste verdade é que os advogados, algumas vezes, deixam as coisas pior, não melhor. Alguns advogados de divórcio são conhecidos por atiçarem as chamas do conflito e da desconfiança em vez de as abafarem. Em vez de negociar uma dissolução matrimonial que reduza ao mínimo possível os custos de transação – quer financeiros, quer emocionais –, e preserve a possibilidade de uma relação futura e produtiva entre os cônjuges divorciados, alguns advogados empenham-se avidamente em táticas de jogo pesado, alegando ser esse o único meio de ganhar o máximo possível para o cliente.

Em compensação, os advogados têm grandes vantagens comparativas sobre seus clientes nas negociações de divórcio. Mesmo se dois cônjuges estiverem demasiadamente perturbados, seus advogados podem negociar com tranquilidade e trabalhar um com o outro para resolver as diferenças de forma amigável. E, mais significativamente, os advogados podem ajudar seus clientes por meio de um divórcio, ao mesmo tempo que preservam, em vez de destruir, o que restou da subjacente relação dos clientes. Isso é particularmente importante no caso de pais que se divorciam, que terão de manter uma relação ativa no futuro, de modo que possam administrar as responsabilidades de criação dos filhos. Entre outras coisas, os Capítulos 7 e 8 mostram o que uma negociação de divórcio – e, por extensão, outras negociações legais – *poderia* parecer, caso os advogados adotem a abordagem da solução de problemas tanto com o cliente quanto com o lado oposto.

7

Atrás da mesa

ATRÁS DA MESA, O OBJETIVO DE UM AD-
vogado é estabelecer uma relação cooperativa e voltada para o cliente,
que sustente a negociação da solução de problemas.[1] Uma relação voltada para o cliente é importante porque as energias e habilidades do
advogado devem concentrar-se em ajudar o cliente a compreender melhor seus próprios interesses e prioridades para depois buscar essas
prioridades eficazmente, por meio da negociação. A colaboração é importante, porque tanto o advogado quanto o cliente têm habilidades e
recursos a fim de contribuir para seu empreendimento comum, assim
como informações de que o outro necessita para tomar decisões sensatas acerca de sua negociação.

Nossa abordagem baseia-se nos valores essenciais da *escolha infor-
mada* (pela qual um advogado ajuda um cliente a ver os verdadeiros
custos e consequências dos diferentes tratamentos dados a problemas
do cliente) e *autonomia* (do advogado e do cliente). Ela repousa na convicção de que os clientes merecem respeito; de que os advogados devem
se comprometer a servir a seus clientes e a agir com lealdade e de que os
advogados também devem respeitar a si próprios e a seus interesses,
como pessoas e profissionais.

COLOCANDO SUA CABEÇA EM ORDEM: A ADOÇÃO DE UMA ATITUDE MENTAL COOPERATIVA E VOLTADA PARA O CLIENTE

Um advogado talvez precise mudar sua atitude mental a respeito do cliente e da relação entre advogado e cliente para sustentar a solução de problemas. Para alinhar sua posição com o objetivo de estabelecer uma relação cooperativa e voltada para o cliente um advogado deve alterar seu pensamento em diversos aspectos básicos:

- *Controle compartilhado:* em vez de admitir que um deles, advogado ou cliente, exerça o controle unilateral da relação entre eles, um advogado pode compartilhar o controle, tanto respeitando as opiniões do cliente quanto exprimindo as suas.
- *Aprendizagem mútua:* em vez de acreditar que o papel do advogado é simplesmente instruir o cliente com relação à lei, ele pode abordar a relação esperando aprender também com o cliente. Embora pesar as oportunidades e os riscos jurídicos seja frequentemente essencial, um advogado estará mais capacitado para negociar de modo eficaz com o outro lado caso compreenda opiniões, interesses, recursos, capacidades e prioridades do cliente.
- *Diferenças já esperadas:* em vez de se frustrar com o fato de o cliente não perceber os benefícios da solução de problemas, ele deve esperar que a orientação de um cliente para a negociação seja muitas vezes diferente. Tais diferenças são, caracteristicamente, um assunto de negociação entre o advogado e o cliente.
- *Discussão de conflitos:* em vez de fingir que seus interesses econômicos estão sempre perfeitamente alinhados com os do cliente, e que é melhor nem mencionar tais preocupações, os problemas do representado e do representante podem ser tratados de maneira compartilhada.

Controle compartilhado, aprendizagem mútua, diferenças já esperadas e discussão de conflitos são elementos que devem compor a abordagem de um advogado com o cliente.[2] Com essas coisas em mente, analisamos quatro tarefas básicas na relação entre advogado e cliente e indicamos como a atitude mental do advogado pode ajudar ou prejudicar.

CONVERSA SOBRE INTERESSES

A menos que um advogado compreenda interesses, recursos, capacidades e prioridades do cliente, será praticamente impossível para ele criar valor. No entanto, os advogados, às vezes, deixam de sondar essas informações por causa de suposições restritivas sobre a negociação, seus clientes e a relação entre advogado e cliente.[3]

INTERESSES DO CLIENTE

Os advogados frequentemente acreditam que conhecem, ou supõem conhecer, os interesses de seus clientes e, por isso, não sondam com o intuito de desvendar esses interesses (ver quadro 11). Outros advogados sentem-se tolos sondando as preocupações de um cliente. Acreditam que ser profissional significa usar uma máscara de onisciência, e que indagar sobre as prioridades do cliente deixaria exposta sua ignorância. Uma posição de genuína curiosidade para com o cliente é essencial. Mesmo se um advogado negociou uma dezena de transações ou disputas semelhantes, tratar cada cliente como um indivíduo com necessidades e interesses especiais é a única forma de descobrir se de fato esse cliente específico tem preocupações idiossincráticas. Embora alguns clientes prefiram que seus advogados simplesmente digam "sossegue e deixe-me resolver tudo", é mais comum os clientes apreciarem a disposição de seus advogados para ouvir e aprender.

Suposições restritivas	Suposições mais proveitosas
■ Fazer perguntas sobre os interesses do cliente me faz parecer tolo ou desinformado.	■ Genuína curiosidade sobre as singularidades do cliente sobre suas necessidades nessa transação me ajudará a criar valor para o cliente.
■ Sei quais devem ser os interesses do cliente, porque tenho longa experiência nessa área.	■ Embora eu seja um especialista nesse campo, ainda preciso aprender com o cliente.
■ Conheço os interesses do cliente – ele quer vencer!	■ Posso ir além de ganhar nessa negociação, ajudando meu cliente aumentando o tamanho do bolo.

Quadro 11

OS INTERESSES DO OUTRO LADO

Como qualquer acordo deve necessariamente satisfazer alguns dos interesses e das prioridades do outro lado, compreendê-los facilita a procura de negócios para criar valor. Mas muito embora um cliente possa, com frequência, esclarecer as preocupações do outro lado, muitos advogados *não* levantam essas questões com os clientes. Um advogado pode admitir que seu cliente não se importa com os interesses do outro lado, que discutir tais interesses fará surgir dúvidas sobre a lealdade do advogado ou que compreender o outro lado poderia enfraquecer a determinação do cliente. Um advogado deve ajudar o cliente a perceber que compreender o outro lado não significa anuir a suas opiniões (ver quadro 12).

Essas suposições deixam os advogados de mãos atadas e os impedem de tentar trabalhar com os clientes de maneira a solucionar problemas. E debaixo de "meu cliente quer guerra, por isso não devo falar sobre os interesses do outro lado" está uma convicção fundamental, mas inexpressa, de que o cliente é incapaz de aprender, não muda suas opiniões ou não quer

ver a complexidade da situação. Um advogado deve desafiar esses estereó-
tipos fundamentais e admitir que um cliente pode aprender a ver a importância dos interesses do outro lado e compreender que seu advogado está
fielmente servindo a *seus* interesses, ao investigar os do outro lado.

Suposições restritivas	Suposições mais proveitosas
• O cliente não se importa com os interesses do outro lado.	• Preciso explicar a relevância de compreender os interesses do outro lado para negociar eficientemente.
• O cliente interpretará minha atenção sobre os interesses do outro lado como um sinal de que não lutarei por ele.	• Posso estar aberto a essa opção sem parecer desleal ao cliente.
• Se o cliente tentar compreender os interesses do outro lado pode ceder bastante facilmente.	• O cliente pode explorar os interesses do outro lado, sacrificar seus próprios interesses.

Quadro 12

Pode ser útil simplesmente explicar por que raciocinar, a partir da
perspectiva do outro lado, muitas vezes beneficia seu cliente e é parte fundamental dos preparativos da negociação. Você também pode
tentar instruir o cliente a ver as coisas do ponto de vista do outro
lado. Pode pedir ao cliente para assumir o papel do outro lado e sustentar a opinião do outro lado sobre o caso. Faça o cliente mudar fi-
sicamente da cadeira dele para uma outra, reservada à outra parte.
Insista em que o cliente fale na primeira pessoa – usando o pronome
"eu" –, como se *fosse* o outro lado. Comece fazendo ao cliente algumas perguntas básicas para colocá-lo no papel, como "Há quanto
tempo você está casada com Jake?" – quando seu cliente *é* Jake. Isso
pode ajudar o cliente a se acostumar a falar como se fosse o outro
lado. Depois, faça perguntas sobre como o outro lado se sente a respeito do caso, o que espera e como vê seu cliente.

O papel inverso pode produzir resultados proveitosos e, às vezes, profundos. Frequentemente, os clientes conhecem há muito tempo a outra parte de uma disputa ou negócio – especialmente nos casos de casamento ou de parceria em negócios – e compreendem muito mais as preocupações da outra parte do que estariam dispostos a admitir. O papel inverso ajuda os clientes a exprimir esse conhecimento oculto. Em alguns casos, os clientes voltam transformados, após se colocarem na situação alheia.

O debate das oportunidades e riscos jurídicos

Avaliar as oportunidades e os riscos jurídicos em jogo numa negociação é outra tarefa indispensável à relação entre advogado e cliente. Advogados e clientes frequentemente se agarram a uma quantidade de suposições restritivas acerca dessa tarefa (ver quadro 13).

Os advogados devem conscientizar-se de que devem assinalar todas as possibilidades ruins no caso de um cliente – garantindo-se, assim, contra uma decepção –, e também assegurar ao cliente que tudo dará certo. É serviço do advogado, em parte, identificar e explicar ao cliente os riscos associados a qualquer curso de ação específico. Mas exagerar e estender-se em torno de todas as coisas extremamente improváveis que poderiam dar errado é raramente proveitoso. É mais útil comunicar a *natureza* e a *magnitude* dos riscos, considerando os interesses expressos do cliente. Isso envolve identificar os riscos de ocorrência mais provável e planejar criativamente para limitá-los.

Suposições restritivas	Suposições mais proveitosas
▪ Minha tarefa, como advogado, é assinalar todas as coisas que poderiam sair errado.	▪ Para o cliente fazer julgamentos seguros devo ajudá-lo a distinguir entre riscos significativos e riscos insignificantes ou remotos.
▪ Minha tarefa, como advogado, é assegurar a meu cliente que tudo dará certo.	▪ Minha tarefa é oferecer aconselhamento claro e franco, e dar o melhor de mim, sem a pretensão de ter controle sobre o incontrolável.
▪ Será benéfico *para mim* mesmo se esvaziar as expectativas do meu cliente sobre o que é provável acontecer no tribunal ou na negociação por vir, porque, se algo prejudicial acontecer inesperadamente, ou se eu conseguir menos do que esperava, meu cliente ainda achará o resultado bom.	▪ Meu cliente tomará melhores decisões se receber meu aconselhamento franco.

Quadro 13

Nem é o papel primordial do advogado persuadir o cliente de que tudo dará certo. Certamente, um advogado deve assegurar ao cliente seu ininterrupto compromisso quando ocorrerem fatos negativos. Mas as avaliações de dourar a pílula, para fazer um cliente se sentir bem, impedem o tipo de racionalidade e ponderação completa que permitem que ele faça uma escolha fundamentada.

Quando os advogados tentam manipular as expectativas de seus clientes, é frequentemente por um desejo de controlar o resultado de um negócio ou disputa. Até certo ponto, evidentemente, um advogado é responsável pelo resultado – presume-se que um advogado trabalhe com diligência para conseguir um bom acordo negociado ou uma decisão litigiosa. Mas alguns advogados, implicitamente, assumem responsabilidades demais. Se o mercado de ações afunda, se há vazamentos que contaminam o meio ambiente, se o mercado muda, se uma testemunha

morre, não é por ação do advogado. Se um cliente dá um péssimo testemunho em juízo, naturalmente o advogado deve assumir a responsabilidade adequada, se não preparou o cliente de modo suficiente. Mas a
conduta do cliente, afinal, está sob o controle do advogado? Provavelmente não. Abandonar – só em parte – o anseio de controlar o resultado
liberta-o da necessidade de manipular as expectativas de um cliente e
pode, por isso, tornar mais fácil, para você, ser franco com seus clientes.

Ampliação do relacionamento entre advogado e cliente

Às vezes, os advogados têm suposições restritivas a propósito da finalidade da relação entre advogado e cliente (ver quadro 14). Especificamente, alguns advogados acham que as questões comerciais
ou as dimensões pessoais de um negócio ou disputa estão fora de
seus limites. Os clientes, na maioria, procuram o aconselhamento
jurídico de seus advogados, não aconselhamento administrativo,
prognósticos econômicos ou consultoria de família. Ao mesmo tempo, as fronteiras entre questões pessoais, jurídicas e comerciais são
permeáveis e difíceis de definir com precisão. Para resolver bem um
problema, os advogados frequentemente devem sondar as dimensões pessoais e comerciais da situação.[4] Isso não quer dizer que os
advogados devem tentar ser oniscientes. Mas eles, muitas vezes,
acumulam experiência e habilidades tanto comerciais quanto interpessoais, as quais os clientes julgam proveitosas.

Suposições restritivas	Suposições mais proveitosas
• Não é minha tarefa examinar com um cliente as dimensões pessoais ou emocionais de seu problema jurídico.	• As questões jurídicas, muitas vezes, têm importantes consequências pessoais e emocionais que devem ser levadas em conta.
• A tarefa de um advogado é fornecer aconselhamento e bom senso, não debater questões ou decisões comerciais.	• As questões comerciais e jurídicas frequentemente são interligadas, e minha tarefa é ajudar o cliente a resolver o problema.

Quadro 14

Obviamente, as fronteiras entre a vida pessoal e a profissional são necessárias, e os advogados não podem passar todo o tempo deles debatendo assuntos pessoais com os clientes. Ainda assim, alguns advogados receiam tanto estabelecer *qualquer* contato pessoal com os clientes que agem como máquinas, não como pessoas. Um advogado deve procurar lembrar-se de que os clientes, muitas vezes, estão muito emotivos no momento em que chegam, como último recurso, à porta de um advogado; de que os clientes precisam de algum contato pessoal para se sentir à vontade com o advogado e de que há muito pouco a arriscar – e muito a ganhar – ao se ligar a um cliente no plano das emoções. De modo semelhante, se um cliente solicita aconselhamento comercial, e o advogado é de fato competente em sua especialidade, deve sentir-se livre para dar sua opinião – com a qualificação relativa a seu treinamento ou experiência na área.

Negociação das remunerações

Finalmente, alguns advogados têm grande dificuldade em discutir as remunerações com os clientes. Alguns se atrapalham nas explicações e confundem os clientes. Outros tratam das remunerações de uma forma

rígida e superficial. Isso ajuda na perda de uma oportunidade de consolidar a relação entre advogado e cliente.

Várias suposições restritivas impedem os advogados de falar sobre as
remunerações eficientemente (ver quadro 15). Estabelecer a remuneração de
um advogado *é* uma negociação primordialmente distributiva, mas não exclusivamente. As negociações de remuneração incluem mais do que fixar a
quantia em dólares ou a porcentagem do ganho eventual. Como ressaltamos,
advogados e clientes podem criar valor, designando esquemas de incentivo e
monitorando acordos que facilitem uma forte e eficaz relação de trabalho.

Suposições restritivas	Suposições mais proveitosas
• A negociação da minha remuneração é um problema exclusivamente distributivo.	• Negociar um conjunto de compensações que crie incentivos apropriados é melhor para os dois.
• É inconveniente discutir remunerações com um cliente.	• Meu cliente e eu podemos ter interesses opostos a respeito do valor da minha remuneração, mas podemos estar aptos a criar valor indo ao encontro dos nossos respectivos interesses, organizando acordos de monitoramento e um esquema de incentivo.
• Meu cliente pensará que a remuneração para a qual me sinto legitimamente habilitado é alta demais, e eu não quero iniciar o problema da negociação.	• Posso discutir minhas remunerações de um modo voltado para a solução de problemas e sem alteração.

Quadro 15

Do mesmo modo, é certamente verdadeiro que seria desconfortável
para advogado e cliente se empenharem numa barganha difícil sobre
as proporções da remuneração do advogado. Mas advogados e clientes podem discutir acordos de compensação sem se considerarem

adversários. Evidentemente, se um advogado e seu cliente não concordam sobre o que seria uma remuneração razoável, é melhor descobrir esse desacordo no início do que depois de a representação ter começado. Um acordo de remuneração é habitualmente muito mais difícil de negociar *depois* de realizado o trabalho, especialmente se não houver nenhuma expectativa de futuro trabalho conjunto. Falar franca e antecipadamente a respeito de remuneração firma um forte alicerce para a relação entre advogado e cliente.

O ENCONTRO COM O CLIENTE

A atitude mental é parte da equação; a ação é outra. Quando se dá o encontro com o cliente, em que atividades principais um advogado se deve empenhar para estabelecer uma relação voltada para o cliente, cooperativa e que sustente a criação de valor com a outra parte? Administrar as três tensões com eficiência exige que um advogado mantenha em mente certos objetivos fundamentais.

- Compreender (e ajudar o cliente a compreender melhor e priorizar) os interesses, as necessidades, os recursos e as aptidões do cliente, bem como os do outro lado.
- Deixar o cliente contar sua história e demonstrar empatia – sem necessariamente concordar.
- Explicar o processo jurídico e ajudar o cliente a pesar as oportunidades e os riscos jurídicos.
- Avaliar (e talvez aperfeiçoar) a MAAN do cliente.
- Examinar as oportunidades da criação de valor com o cliente.
- Determinar papéis e responsabilidades.
- Debater a orientação da negociação do advogado, limites profissionais e remunerações.

Quando Tony Watson se encontrou com Jake Green pela primeira vez, Jake pareceu um tanto nervoso e agitado. Explicou que só uma vez contratara um advogado, quando ele e Samantha compraram a casa. Antes do encontro, Jake enviou a Tony uma cópia da petição de divórcio a que Samantha dera entrada, juntamente com algumas informações básicas sobre as finanças da família. Jake confessa que esperara que ele e Samantha fizessem o divórcio eles próprios, sem advogados. Mas como Samantha contratara um advogado, e ele realmente não sabia como funcionavam as leis do divórcio, achou que precisava de representação. Conseguiu o nome de Tony com uma colega de trabalho, a qual Tony representara em seu divórcio.

Tony não se sente obrigado a alcançar as metas esboçadas acima em quaisquer condições determinadas. Elas não são fases ou etapas pelas quais suas discussões com Jake avançarão. São metas a serem alcançadas num processo entrelaçado que dependerá, em grande parte, do que Jake deseja debater e de como Jake reage às ideias e conselhos de Tony. Tony deseja que Jake se sinta à vontade e confie nele. Por essa razão, estimulará Jake a falar e se esforçará para juntar empatia à explicação. Tony procurará demonstrar seu compromisso com a compreensão da história, dos interesses e das preocupações de Jake ouvindo-o atentamente, e começará o processo de instruir Jake a respeito de como funciona o sistema jurídico e como eles poderão trabalhar juntos.

Empatia sem concordância

Por solicitação de Tony, Jake conta a história de seu casamento e sua derrocada. Manifesta raiva de Samantha e alguma culpa por sua própria contribuição para o que considera um fracasso. Tony trabalha duro para mostrar a Jake que compreende sua história – sem indicar concordância com as percepções e crenças do cliente. Essa é uma ótima orientação para a conversa. Jake pode *querer* que Tony concorde com ele quanto a Samantha tratá-lo injustamente ou a ela merecer mais reprovação. Tony não precisa concordar ou discordar. Em vez disso, tem de procurar compreender Jake e sua perspectiva.

A explicação do processo jurídico

Antes de completar a história, Jake diz: "Chega dessa história toda. Diga-me como funciona o processo do divórcio. O que posso esperar? Terei de ir ao tribunal? Quanto tempo tomará? Quanto vai custar? O que eu vou fazer se Samantha for despropositada?"

Embora, nessa etapa, Tony saiba comparativamente pouco sobre o caso judicial de Jake, em vez de insistir em que Jake primeiro lhe forneça mais fatos legalmente relevantes, Tony decide esboçar brevemente as bases da ação judicial. Ao fazê-lo, ele começa a desenvolver um tema que ressoará durante todo o encontro dos dois: as oportunidades de negociar um acordo que sirva melhor ao cliente do que um final em litígio.

TONY: Deixe-me dar a você um rápido panorama de como funciona o processo de divórcio. Enquanto continuamos, precisarei saber mais detalhes sobre sua família e suas circunstâncias financeiras. Mas quero tentar deixar o processo de obtenção de um divórcio judicial um pouco menos misterioso do que pode parecer no momento.

Este é um estado em que não há culpa.* Isso significa que cada cônjuge pode terminar com um casamento sem qualquer demonstração de culpa ou reprovação. Há, realmente, quatro grandes questões que devem ser resolvidas em divórcios que envolvem crianças: primeiro, quem cuidará das crianças em termos do dia a dia? Em outras palavras, quais serão os acordos sobre guarda e visita? Segundo, quais serão as obrigações financeiras permanentes de cada um dos pais para com os filhos, enquanto eles estiverem crescendo? Isso se refere ao sustento dos filhos. Terceiro, como vocês dois dividirão qualquer propriedade que um possua e quaisquer dívidas que cada um tenha? E, quarto, quais as obrigações permanentes que cada um terá para ajudar no sustento do ex-cônjuge? Isso, naturalmente, é a pensão alimentícia.

---

*Referência à legislação estadual específica, nos Estados Unidos, em que, nos casos de divórcio, não se atribui responsabilidade a nenhuma das partes pelo rompimento dos laços matrimoniais. (N. do T.)

Falaremos muito mais a respeito de cada uma dessas questões, e posso inteirar você da legislação mais relevante. Mas o indispensável para você compreender é que a maior parte dos casais que se divorciam resolve todos esses problemas por meio da negociação, não do litígio. Às vezes, os próprios cônjuges que se divorciam fazem a negociação, talvez depois de cada um consultar um advogado. Frequentemente, as negociações são feitas por um jurisconsulto, que permanece em estreito contato com os respectivos clientes. De qualquer maneira, uma vez que um acordo negociado seja aceitável para você e Samantha, um tribunal, quase sempre, aprovará esse acordo. A lei não exige qualquer resultado específico. Isso quer dizer que você e Samantha têm grande flexibilidade para projetar um acordo que realmente vá ao encontro dos seus interesses – e dos interesses de Samantha.

Em toda a nossa negociação, tanto o advogado de Samantha quanto eu ficaremos de olho no que acharmos que um tribunal provavelmente faria se os dois *não* chegarem a acordo. Em outras palavras, se houver uma questão que não se possa resolver por meio de negociações, haverá litígio, e um tribunal decidirá. Assim, enquanto negociarmos com Samantha e seu advogado, desejaremos comparar o que será oferecido com o que eu preveria que um tribunal determinaria, se litigarmos. E o advogado de Samantha fará o mesmo.

A compreensão dos interesses do cliente

Tony e Jake passarão muito tempo conversando sobre interesses, necessidades, recursos e aptidões de Jake. Para começar esse processo, Tony pergunta: "Ao olhar para a frente, quais são as coisas mais importantes para você?" Jake demonstra que está mais preocupado com a guarda e que, acima de tudo, ele deseja a guarda primária dos dois meninos. Tony explora o que subjaz a essa posição, perguntando: "Por quê? Por que você quer que os meninos morem com você? Qual é sua preocupação com isso?" Jake explica que o aflige o fato de que, sem a guarda, ele venha a perder o relacionamento com os filhos. "Eles passarão todo o tempo com Samantha, e eu poderei não vê-los nunca. Ela poderia voltar os meninos contra mim."

Tony reelabora a resposta de Jake, para demonstrar o que talvez seja seu interesse subjacente. "Você deseja desempenhar um papel ativo na vida das crianças, enquanto crescem. De modo que seu interesse é manter forte seu relacionamento com seus filhos e passar tanto tempo quanto possível com eles. Está certo?" Jake diz: "Ver meus filhos por um dia apenas, de dois em dois fins de semana, não seria bastante. Eu perderia o contato. Eu acharia que não os conheço mais."

A avaliação dos riscos e oportunidades legais

Jake e Tony continuam conversando sobre a guarda, e Tony explica-lhe as opções disponíveis em seu estado.

> JAKE: O que você acha que um tribunal faria a respeito das crianças? Se eu pedir a guarda, quais são minhas possibilidades?
>
> TONY: Bem, é importante saber que lidaremos com dois tipos de guarda – guarda física e guarda judicial. A primeira designa quem será o principal guardião das crianças. A segunda se refere não ao lugar onde as crianças morem, mas a decisões sobre a educação, religião e tratamento médico das crianças. Neste estado, mesmo quando um cônjuge tem apenas a guarda física, os pais normalmente compartilham a guarda judicial. O que você está perguntando é sobre a guarda física. Você quer que os meninos morem com você.
>
> JAKE: Certo. Se eu me opuser à petição de Samantha para guarda exclusiva, o tribunal deixará as crianças morarem comigo? Quem ganhará?

Tony pede a Jake para dizer mais sobre como ele e Samantha partilhavam as responsabilidades de criação dos filhos durante o casamento e com quem as crianças moraram durante a separação. Fica sabendo que Samantha passara mais tempo oferecendo cuidados maternais, embora Jake fosse um pai razoavelmente envolvido. Jake informa também que as crianças parecem bem-ajustadas e que Samantha é uma boa mãe.

TONY: Se tanto você quanto Samantha procurarem a guarda física exclusiva, o padrão jurídico recai sobre o mais interessante para a criança. Normalmente, um tribunal tenta avaliar quem predominou em oferecer cuidados, quem passou mais tempo com as crianças, quem as levou ao médico, quem comprou suas roupas, esse tipo de coisa. Pelo que você me disse, Samantha provavelmente provaria que, nisso, foi ela, não você, a pessoa principal, enquanto viveram juntos. Nessas circunstâncias, Samantha teria motivos mais fortes, salvo se houvesse prova de as crianças estarem em risco ao permanecerem com ela. Isso não parece provável.

JAKE: E a guarda física conjunta, em que os garotos passassem mais ou menos a metade do tempo comigo?

TONY: Isso seria uma opção real, neste caso. Se você e Samantha concordarem com isso, tenho certeza de que um tribunal aprovaria.

JAKE: E se ela insistisse em sua guarda física exclusiva e eu pedisse a um tribunal a concessão da guarda física conjunta? Quem ganharia?

TONY: Não tenho certeza. A guarda física conjunta exige muita coordenação e cooperação entre os pais, pois as crianças ficam mudando de um lado para o outro. Se os pais não puderem concordar com isso, muitos juízes ficam *bastante* relutantes para impor.

Jake fica desapontado, mas Tony lembra-lhe que seu interesse fundamental é manter um relacionamento substancial com os filhos. Isso poderia ser alcançado por um acordo para a guarda física conjunta ou por visitação que proporcionasse contato regular e substancial com as crianças, mesmo se Samantha tivesse a guarda física exclusiva.

JAKE: Bem, você pode estar certo de que eu terei a oportunidade de contato regular? Que tipo de visitação eu conseguiria?

TONY: Mesmo se as crianças morarem com Samantha, você terá direito a uma visitação razoável. Você e Samantha negociarão um acordo relativo às visitas – ou à escala dos pais –, que funcione bem para você.

JAKE: E se não chegarmos a acordo? O que faria um tribunal?

TONY: Bem, há certas normas informais ou práticas que prevalecem nos tribunais locais. Se um tribunal for obrigado a decidir a questão das visitas, admitindo-se as idades das crianças, você poderia esperar vê-las por não menos do que um fim de semana sim, outro não, inclusive com um pernoite, e uma ou duas vezes ao longo da semana por uma tarde ou noite.

Nas negociações com Samantha, eu obviamente acentuarei a importância, para você, de ter tanto tempo quanto possível para passar com as crianças. Antes de me encontrar com o advogado de Samantha, você e eu precisaremos discutir o que efetivamente devemos solicitar. Mas não façamos isso ainda até falarmos mais sobre suas outras preocupações e você diga mais sobre os prováveis interesses de Samantha.

Compreensão dos interesses do outro lado

Tony também tenta aprender, e ajuda Jake a melhor compreender como Samantha encara a situação.

TONY: Vamos falar sobre Samantha. Quais são suas prováveis vontades neste divórcio? Com que ela vai estar preocupada?

JAKE: Acho que realmente ela quer a guarda, mas acho também que ela gostaria de que eu continuasse muito envolvido com as crianças. Quando pediu para se separar de mim, ela disse que me achava um bom pai. Durante os últimos seis meses, as crianças passaram muito tempo comigo – aproximadamente, dois pernoites por semana. Ela também quer que eu continue sustentando-a, sem a menor dúvida. Fiz um MBA, e ela nunca fez curso superior. Ela realmente se ressente disso. E acha que por ganhar mais dinheiro do que ela eu deveria pagar todas as contas.

TONY: Parece, assim, que as questões econômicas serão a prioridade dela, e que é provável ela estar concentrada no seu poder aquisitivo. Você acha que ela quererá sustento somente por um curto período de tempo ou por um longo prazo? Vejo que, em sua petição, ela pede sustento sem nenhuma data de término. Quais são os planos da carreira dela, a mais longo prazo?

JAKE: Não estou certo de quais sejam os planos de Samantha a longo prazo. Talvez ela queira passar a trabalhar em tempo integral, de maneira que não fique presa ao meu sustento. Ela falou de um MBA. Sei que ficará nervosa a respeito dos meios econômicos de garantir o futuro dela própria e dos filhos.

Discussão das questões distributivas e oportunidades de criar valor

Jake, repentinamente, fica um tanto frustrado com a conversa.

> **JAKE:** Por que nos importamos tanto com os interesses dela? Ela quer mais dinheiro, eu quero dar-lhe menos. Isso não é simples?
> **TONY:** Talvez sim, talvez não. Como você, ela provavelmente tem uma quantidade de interesses diferentes. E aí pode haver trocas. Ela pode importar-se muito com certas coisas que não são verdadeiras prioridades para você e vice-versa. Para nos prepararmos para a negociação, precisamos cogitar quais são, mais provavelmente, seus interesses e prioridades. Por exemplo, você disse que ela talvez queira fazer um MBA. Se isso for verdade, poderíamos elaborar um acordo criativo, que deixe você passar bastante tempo com as crianças. E se o poder aquisitivo dela puder aumentar, isso modificaria substancialmente os recursos econômicos.

Tony está tentando ajudar Jake a compreender como são possíveis as oportunidades de criação de valor. Mas Tony não se inclina à dimensão distributiva. Em vez disso, trabalha com Jake para determinar o que está em jogo na negociação para seu cliente e quais soluções Jake imagina para essas questões distributivas com o outro lado. Ele também explica as normas que um tribunal utilizaria, se as partes não chegassem a acordo.

> **TONY:** Você me disse que não quer ser sobrecarregado com muita pensão alimentícia, especialmente a longo prazo.
> **JAKE:** Ela é jovem e trabalha. Não acho que devesse tirar nada do que eu ganho daqui para a frente. As crianças, sim. Estou disposto

a ser generoso acerca do sustento delas. Mas Samantha deve cuidar de si mesma.

TONY: Certo, de modo que você acredita que ela não merece pensão alimentícia, ou a menor possível. Samantha talvez discorde. Sua petição solicitou pensão alimentícia por prazo indefinido. Se ela chegou a isso, é provável que um tribunal o obrigue a pagar pensão alimentícia por cerca de oito anos – a norma local equivale aproximadamente ao tempo em que vocês estiveram casados. A pensão alimentícia sem nenhuma data de término é bastante improvável. Mas Samantha e seu advogado, provavelmente, rejeitarão qualquer acordo que não contenha alguma pensão alimentícia, salvo se você estiver preparado para compensar a diferença com um amplo acordo sobre a propriedade, ou algum outro meio.

JAKE: O que você quer dizer?

TONY: Propriedade, pensão alimentícia e sustento das crianças, se um tribunal tiver de decidir, são tratados como questões distintas. Mas cada um desses elementos encontra-se essencialmente em torno do dinheiro, e por meio da negociação acho que podemos frequentemente descobrir conjuntos que combinem esses elementos de modos diferentes do que um tribunal faria, mas que deixem ambas as partes em melhores condições. Muitas vezes, as partes têm diferentes preferências sobre o aproveitamento do tempo. Dependendo dos planos de Samantha, por exemplo, ela estaria disposta a aceitar menos propriedade se os pagamentos da pensão alimentícia fossem maiores. Ou ela talvez prefira um acordo de taxação inicial em que a pensão alimentícia termine relativamente cedo, mas os pagamentos sejam mais altos durante o período em que ela faça faculdade. Também podemos juntar conjuntos que deixem os dois em melhor situação, por causa da adaptação à taxa.

Jake novamente indica que prefere pagar mais para o sustento das crianças e evitar a pensão alimentícia. Tony explica-lhe que tal acordo seria possível, mas o oposto teria os benefícios fiscais.

TONY: Qualquer pensão alimentícia que você pague é dedutível da sua renda e acrescentada à de Samantha. Devido à pensão alimentícia, sua economia fiscal será maior do que o custo fiscal para Samantha. De modo semelhante, seja o que for que façamos com a pensão alimentícia, seria compreensível conferir a você as isenções fiscais para as crianças, pois uma vez mais o valor dos dólares, para você, será maior do que o custo para Samantha. Seria prematuro, para nós, nos incomodar demais com esses detalhes, mas os estou mencionando como exemplos dos tipos de consideração que desejaremos fazer na preparação de um negócio que beneficie você.

Discussão do relacionamento profissional

Até aqui, Tony concentrou-se na história de Jake, nos interesses das partes, nas opções de criar valor e na lei. Ele também deseja discutir o tipo de relacionamento profissional que espera ter com Jake.

TONY: Você provavelmente já tem uma noção da minha orientação para com a prática do divórcio. Minha abordagem preferida é trabalhar com o advogado do outro lado, para negociar uma resolução que sirva bem a seus interesses e mantenha no mínimo possível os custos, tanto emocionais quanto financeiros, de obtenção do divórcio. Não me envolvo em táticas de terra arrasada. Vou trabalhar duro para protegêlo e fazer o máximo possível para manter isso longe do tribunal.

JAKE: Tudo isso parece bom, naturalmente, mas sobre o que estamos falando aqui? Se as coisas ficarem feias, quero saber se você poderá lutar por mim.

TONY: Fui a litígio com meia dúzia de casos de divórcio, nos últimos quatro anos, e os advogados de divórcio, nesta cidade, sabem que não faço corpo mole. Estou familiarizado com a sala do tribunal. Mas minha preferência decidida é por evitar o litígio, se possível. Devemos estar dispostos a elaborar um acordo que sirva a seus interesses muito melhor do que uma batalha na sala do tribunal. O divórcio já é bastante penoso por si mesmo.

FRONTEIRAS PROFISSIONAIS

Um advogado também deve compreender, e ajudar o cliente a compreender, quais são as fronteiras pessoais, éticas ou profissionais do advogado. O que o advogado fará e não fará pelo cliente, e por quê? O cliente está à vontade com esses limites e, caso não esteja, precisa procurar outra representação antes de o relacionamento avançar? Frequentemente, advogados e clientes evitam estas questões – particularmente se referentes aos interesses financeiros ou profissionais dos advogados – e tratam-nas como indiscutíveis. Se não são explicitadas, contudo, estas importantes questões causam sérios problemas para a relação posterior entre advogado e cliente.

Evidentemente, algumas vezes, os advogados tomam o cuidado de traçar suas próprias fronteiras logo no começo, pelo receio de afastar um cliente em potencial. Eles prefeririam esperar e falar sobre esses assuntos de acordo com a necessidade. Não há nenhuma resposta fácil para a abordagem dessa decisão. Se no início de sua relação Tony disser a Jake "Quero deixar claro que não vou tratar as crianças como objetos de barganha, e que não trabalho com clientes que escondam bens ou os desperdicem intencionalmente", ele poderia afastar Jake. "Com que espécie de cliente esse cara normalmente lida?", Jake poderia pensar. "E quem ele pensa que *eu* sou?" Ao mesmo tempo, se Tony não apresentar essas preocupações – diplomaticamente –, fazê-lo mais tarde seria muito difícil. Tony resolve dizer o seguinte: "Qualquer coisa que discutirmos, eu manterei no mais estrito sigilo. Mas tenho de adverti-lo de uma coisa: as pessoas que passam pelo divórcio são algumas vezes tentadas a ocultar bens de seu cônjuge. Eu positivamente não participarei disso. A lei deste estado prescreve claramente que você é obrigado a revelar completamente seus recursos financeiros como parte do processo de divórcio." Estabelecer logo limites claros permite a Jake fazer uma escolha bem-informada quanto a contratar Tony ou procurar outro advogado.

REMUNERAÇÕES

Advogados e clientes também devem negociar sobre compensação razoável e acordos de monitoração, de sorte que o cliente se sinta satisfeito com o fato de os incentivos independentes do advogado não o levarem a agir com deslealdade. Tratar explicitamente dessas questões no início da relação entre advogado e cliente contribui para amenizar os receios, por parte do cliente, de que seu advogado esteja além de seu controle e nem sempre trabalhando em prol de seus melhores interesses.

TONY: Estou certo de que você está interessado em compreender como cobro por meus serviços e quais devem ser, provavelmente, os custos totais.

JAKE: Devo admitir que me perguntei quando falaríamos disso.

TONY: Eis como trabalho. Cobro US$175 por hora, mais as despesas extras. Esses custos, inicialmente, são pagos por meio de um honorário antecipado de US$3.500. Se a antecipação se esgota, envio-lhe contas mensais para quaisquer custos adicionais. Farei tudo o que estiver a meu alcance para manter baixos os custos, negociando um bom acordo, tão eficientemente quanto possível. Seus custos jurídicos totais variarão, provavelmente, entre US$3.500 e US$7.500, dependendo de quanto tempo será gasto nas negociações. Mas eu quero ser muito claro: isso não está inteiramente sob meu controle, ou sob seu controle. Também depende do outro lado. Se as negociações forem muito prolongadas, custarão mais. E, naturalmente, se terminarmos em litígio, os custos podem extrapolar. Uma briga pela guarda pode facilmente custar de US$20 mil a US$25 mil, ou mais.

JAKE: Seu preço por hora me parece razoável, mas sempre me perguntei uma coisa: como um cliente pode saber em que o advogado está usando seu tempo?

TONY: Antes de empregar qualquer tempo significativo em alguma coisa, eu o farei saber primeiro. E lhe mandarei todo mês uma exposição detalhada, descrevendo em que eu trabalhei. Se você por acaso tiver quaisquer perguntas, *por favor*, faça-as a mim. Realmente não me sentirei afrontado.

JAKE: Ótimo! Gostaria que você me representasse nesse assunto.
TONY: Veja aqui uma cópia da carta padrão de compromisso da empresa sobre as taxas. Leve-a para casa e leia-a cuidadosamente. Ligue para mim, se tiver qualquer pergunta. Se estiver tudo certo, assine uma cópia e mande-a de volta com seu cheque de sinal. Antes de sair hoje, vamos comprometer-nos a nos encontrar de novo, de preferência na próxima semana. Depois disso, entrarei em contato com o advogado de Samantha e colocarei no papel uma proposta referente aos acordos temporários quanto à guarda e ao dinheiro, para o período em que se espera o divórcio. Gostaria também de me encontrar com o advogado dela para saber algo sobre a atitude de Samantha para com a guarda conjunta, assim como os planos dela sobre trabalho.

MAS E SE...

Alguns clientes acharão fácil estabelecer uma relação que sustente uma abordagem de resolução de problemas para a negociação. Esses clientes compartilharão sua orientação desde o início. Outros, como Jake, terão preocupações e perguntas, mas estão abertos a aprender e ver as possibilidades de uma abordagem cooperativa. Mas alguns clientes são muito mais difíceis. Alguns apenas querem mostrar que podem ser mais duros do que o outro lado. Outros têm expectativas excessivas e infundadas. Nessas situações, um advogado deve negociar com o cliente a respeito de suas crenças e suposições. Mas pode ser difícil insistir com um cliente – afinal, o cliente está pagando as contas. Oferecemos aqui aconselhamento a respeito das formas produtivas de cativar, e muitas vezes persuadir, clientes difíceis, tanto sem lhes impor suas opiniões unilateralmente quanto sem se afastar com bastante rapidez.

E se meu cliente tiver uma atitude mental de soma zero?

Um advogado pode empenhar-se em criar valor, mas sentir-se constrangido pelo cliente. O que você deve fazer caso seu cliente tenha uma atitude mental soma zero?

SABER A RAZÃO

O primeiro passo é averiguar por que um cliente não pode, ou não deseja, conhecer as possibilidades da criação de valor. Os motivos variam. Às vezes, o cliente deseja punir o outro lado; às vezes, se sente irritado, traído, ou quer vingança. As emoções podem distorcer a capacidade do cliente para agir de modo a satisfazer seus interesses de longo prazo. Em outras situações, ainda, os clientes não veem nenhum modo de terminar uma disputa sem que a reputação deles seja prejudicada.

Além disso, um cliente pode duvidar da utilidade de resolver problemas. Algumas das preocupações comuns são:

- "Resolver problemas parece exigir que me relacione bem com o outro lado; não *quero* um relacionamento com eles";
- "Não compreendo os benefícios dessa abordagem de solução de problemas";
- "Isso parece bastante arriscado; o outro lado nos explorará";
- "Resolver problemas parece que tomará mais tempo do meu advogado e me custará mais dinheiro dos honorários."

Seu cliente pode ter alguma dessas preocupações, ou todas. A saída é conhecer logo os receios dele. Em vez de tentar persuadir o cliente sobre a solução dos problemas, *escute-o*. Deixe o cliente saber que foi ouvido. E, depois, ajude-o a trabalhar ao longo dos custos e benefícios das diferentes abordagens.

EXAMINE OS BENEFÍCIOS E OS CUSTOS DAS ABORDAGENS ALTERNATIVAS

Um cliente talvez não compreenda a criação de valor. Ele pode estar tão acostumado a fatigantes disputas distributivas que simplesmente não sabe que existem outros modos de negociar. Nessa situação, os advogados podem ressaltar como *ambos* os lados ficariam em melhores condições tentando a solução de problemas.

Para ter essa conversa, os advogados não precisam usar a teoria ou o jargão da negociação. Você não precisa dizer: "Vamos fazer um debate livre!" ou "Vamos nos concentrar nos seus interesses subjacentes e nos do outro lado!" ou "Vamos imaginar a sua MAAN". Os advogados podem simplesmente dizer algo como: "Estive pensando muito nas vantagens que você terá nessa negociação. Nós não podemos guerrear com eles. Acho que valeria a pena conversar a respeito da possibilidade de resolver sua disputa de algum modo que seja menos dispendioso do que o litígio."

Ao explicar a solução de problemas para um cliente é útil ser concreto e oferecer alguns exemplos. "A solução de problemas pode criar valor para você" não é particularmente tão persuasivo quanto "Num divórcio negociado por mim, e que envolvia um casamento de longa duração, em vez de pagar substancial pensão alimentícia indefinidamente, elaboramos um acordo em que o marido pagasse todas as despesas da esposa na ida para a faculdade de Direito de Colúmbia por três anos, sem pensão alimentícia subsequente".

Muitas vezes nosso cliente pode considerar essa negociação puramente distributiva, por considerar apenas um de seus interesses e não ver, assim, a possibilidade de trocas. Ora, ele pode acreditar que tudo que fosse negociável para o outro lado é necessariamente ruim para ele. É importante compreender – e ajudar o cliente a compreender – todos os interesses e objetivos dele, de modo que você possa achar maneiras criativas de satisfazê-los.

Um membro de um grande escritório de advogados de São Francisco contou-nos uma história que ilustrava isso. A negociação envolvia a dissolução de uma *joint venture* entre duas empresas. Esse cliente do advogado, o diretor-executivo de uma das empresas, estava furioso com o diretor-executivo do outro lado. Ele estava tão ansioso para acabar com a relação que não falaria com o outro diretor nem mesmo concordaria em estar na mesma sala. O outro reagia da mesma forma. No entanto, cada um desses clientes também tinha interesse em aumentar o valor dos bens conjuntos dos donos. Os advogados podiam esboçar um processo que satisfizesse esse objetivo, apesar da animosidade entre os clientes.

Os advogados explicaram a seus clientes por que permitir que um tribunal impedisse seus acordos fazia pouco sentido para os dois lados. Consultando seus respectivos clientes, os advogados dividiram os bens da companhia em grupos que preservavam as sinergias e complementaridades desses bens específicos. Se havia uma coisa em que os clientes *podiam* concordar, era que os bens deviam ser mantidos juntos para se elevar ao máximo seu valor. Os advogados, depois, levaram seus clientes para o mesmo edifício (não a mesma sala) e procederam a um leilão dos grupos de bens. Os advogados conduziriam – de modo totalmente literal – os lances para lá e para cá, até o lado oposto. Ao leiloar os bens, os advogados asseguraram que estes fossem para o cliente que os apreciava em mais alto grau (a definição clássica da eficiência). E os clientes não precisavam encontrar-se face a face. Desse modo, eles, que inicialmente não viam nenhuma forma de resolver problemas, obtiveram um negócio muito melhor do que a provável alternativa do litígio, pois seus advogados os instruíram acerca de um processo que serviria melhor a seus interesses.

DIRIJA-SE AO MEDO DE EXPLORAÇÃO DOS SEUS CLIENTES

Um cliente pode aceitar que se ambos os lados contratarem advogados cooperativos eles poderão estabelecer um acordo criativo e mutuamente vantajoso. Mas um cliente pode temer que se seu advogado tentar ser um solucionador de problemas e o do outro lado não ele se aproveitará disso. A única escolha racional – como o cliente a considera – será contratar um gladiador.

A tarefa, nessas situações, é explicar que você pode proteger seu cliente da exploração, enquanto trabalha para persuadir o outro lado de que ambas as partes podem beneficiar-se de uma abordagem de resolver problemas. Para convencer seu cliente, você terá de se convencer. Como explicamos no Capítulo 8, *há* maneiras de reduzir ao mínimo o risco de exploração. Você tornou-se suficientemente capaz como negociador para empregar essas técnicas? Se assim for, e se estiver confiante em suas aptidões, muitos clientes perceberão que tentar resolver problemas não os deixará vulneráveis.

E se meu cliente tiver expectativas despropositadas?

Os advogados, normalmente, não gostam de lidar com clientes que têm expectativas despropositadas a respeito do provável resultado no tribunal, do tamanho do bolo que *devem* receber num acordo negociado, da duração do tempo que o advogado pode levar para terminar a negociação ou da facilidade com que uma negociação particular pode ser conduzida. Frustrados, alguns advogados param de tentar comunicar-se com tais clientes, dizendo a si mesmos que tentaram dar o melhor de si, ou que seu cliente jamais conseguirá isso. Em vez de se descomprometer, nosso conselho é o de escutar bem, investigar a fonte das expectativas de seu cliente e, depois, discutir francamente o que você observa ser as oportunidades e os riscos.

APRENDA POR QUÊ

Rotular seu cliente de despropositado não é a melhor maneira de estabelecer um método de conversar sobre o risco jurídico. De onde vêm essas expectativas "despropositadas"? Talvez seu cliente seja juridicamente refinado e simplesmente chegue a uma conclusão diferente a partir dos mesmos precedentes jurídicos que você interpretou. Talvez seu cliente tenha informação concreta a respeito do caso que você não tenha. Talvez o cliente esteja apenas mais aberto a correr riscos que você não correria. Você deve prestar atenção para o caso de seu cliente trabalhar com premissas básicas diferentes das suas.

Fazer perguntas como "Por quais razões você considera sensatas suas opiniões?" fornecerá informação sobre os motivos por que o cliente sustenta as opiniões que tem.

EXPRIMA SUAS PREOCUPAÇÕES

Às vezes, os clientes fixam suas expectativas em função do que desejam, mais do que em função dos riscos e das oportunidades jurídicas. Um cliente poderia dizer: "Só pagarei US$1.200 por mês de sustento das crianças e nem um centavo mais." Se você achar que isso é irrealístico, precisa explicar por quê.

Não deixe correr solto. Não se valha de evasivas, barreiras ou restrições; seu cliente pode ficar frustrado, apreensivo ou zangado. Não é difícil dizer quando alguém está sendo ambíguo. É melhor dar as más notícias antecipadamente e acompanhar, com empatia, as reações do cliente. Lembre-se de que Tony fez isso muito bem ao discutir a guarda com Jake. Tony foi direto: não evitou as informações negativas. Um bom advogado não procura a aprovação do cliente: comunica claramente sua avaliação e formula seu objetivo, enquanto fornece firme aconselhamento com a finalidade de tomar decisões eficientes. Não há mágica nenhuma nisso. Se o cliente continuar sem se convencer, dê-lhe algum tempo. Às vezes, um cliente precisa de tempo para deixar suas aspirações iniciais, mesmo diante de sólidos conselhos jurídicos. Ou talvez você precise apresentá-los novamente. Se o cliente persistir, e você explicar bem seus motivos, você pode aceitar a sugestão do cliente, ainda que discorde dela. Como alternativa, se os lances estiverem altos demais, o cliente pode achar proveitoso ter uma segunda opinião. Talvez haja alguém mais na empresa que possa fazer uma avaliação. Ou talvez haja um desconhecido respeitado que possa ser consultado.

E se o meu cliente for muito emotivo?

Em muitos contextos legais, os clientes têm fortes sentimentos que podem turvar seu julgamento. Casais que se divorciam, irados parceiros de negócios, empregados afastados, rancorosos rivais de empresa, vítimas de acidentes, todos podem, de tempo em tempo, tornar-se muito emotivos. Trabalhar com esse tipo de cliente é difícil. "Quero que meus clientes sejam mais razoáveis, mais racionais, menos emotivos" é uma frase comum dos advogados. "Não é meu serviço lidar com emoções e segurar a mão do meu cliente."

Para se dedicar de forma mais eficaz às emoções de seu cliente, reoriente sua posição para longe da surpresa e do aborrecimento, mas para a empatia, o empenho. Os advogados devem *esperar* fortes sentimentos de seus clientes. As disputas e os negócios são, com muita frequência, de arrebentar os nervos. Em vez de pensar "Por que eles agem dessa maneira?" você poderia pensar, mais logicamente: "Isso é um comportamento perfeitamente natural, dadas as circunstâncias em que esta pessoa se encontra." Você pode ajudar seus clientes a explorarem suas emoções e se tornarem mais experientes na compreensão e expressão delas. Um advogado emocionalmente perspicaz tem muito a oferecer a um cliente.[5]

O primeiro passo é claro: demonstrar compreensão. Se o seu cliente está zangado, perturbado, triste, angustiado ou temeroso, simplesmente reconhecer que você deu ouvidos a sua emoção pode tranquilizá-lo. Às vezes, a ajuda provém apenas de ouvir um advogado dizer: "Aposto como é difícil para você vender esse empreendimento depois de todos os anos que você passou desenvolvendo-o"; "Uma vez que este é seu primeiro depoimento, pode parecer um pouco assustador para você"; "Ter de gastar todo esse tempo nos detalhes dessas representações e garantias deve ser frustrante" ou "Você se sente desiludido pelo fato de essa *joint venture* chegar a um fim?".

Após reconhecer os sentimentos do cliente você pode, algumas vezes, ir mais adiante e ajudar o cliente a descobrir uma série de sentimentos mais sutis e complexos. Nossos colegas Doug Stone, Bruce Patton e Sheila Heen escreveram que as pessoas, muitas vezes, expressam apenas um sentimento – a emoção dominante ou mais destacada –, quando elas, de fato, têm uma mistura mais complicada.[6] Enquanto você trabalha com o cliente, pode ajudá-lo por intermédio do processo de chegar à compreensão e exprimir, ao menos para você, a série de emoções que ele experimenta, de modo que venha a ter melhor e mais completo controle da situação. Numa ação de divórcio, por exemplo, além de raiva, um cliente também pode sentir medo, mágoa e culpa.

Em segundo lugar, você pode ajudar seu cliente a determinar em que crenças, suposições e atribuições possivelmente infundadas a respeito do outro lado suas emoções se baseiam. Às vezes, essas emoções obtêm sua intensidade da crença, equivocada, de que o outro lado deseja se aproveitar da pessoa ou fez alguma coisa cruel ou desonesta. Frequentemente confundimos impacto e intenção. Um cliente, por exemplo, pode estar muito consciente do impacto desfavorável que os atos da outra parte têm sobre ele, podendo inferir que esse impacto prejudicial é o que o outro lado pretendia. Às vezes, isso é verdadeiro, mas frequentemente não é. Você pode ajudar o cliente a separar essas atribuições.[7] Por exemplo, um cliente pode acreditar que a esposa requereu a pensão alimentícia sem data de encerramento com o fim de puni-lo. Um advogado verificaria essas suposições, dizendo: "O que sua esposa perguntou, em sua petição, é um normal e ótimo lance de abertura de advogado. Pode também refletir as ansiedades financeiras dela. Eu não daria peso demais a isso." Se o quadro que o cliente vê muda, suas emoções podem mudar também.

Em terceiro lugar, você pode ajudar o cliente a fazer escolhas a propósito de que sentimentos expressar durante as negociações com a outra parte. Nem todas as emoções precisam ser partilhadas com o outro lado. Às vezes, é melhor *não* revelar seus sentimentos ao outro lado. Talvez você considere melhor para seu cliente de divórcio restringir as emoções quando se encontrar com a esposa, para evitar cair num padrão familiar de amarga recriminação. Talvez uma fusão de negócios se completasse mais facilmente se as discussões emocionais se adiassem até a transação ser fechada. Essas escolhas são de contexto específico e difíceis. Mas um advogado pode agir, muitas vezes, como uma caixa de ressonância e filtro para provocar a consciência de um cliente a respeito de que emoções comunicar ao outro lado.

Todas essas técnicas podem ajudar quando as emoções do cliente surgem no caminho. Mas, nos casos mais extremos, você percebe que o cliente encontra-se tão perturbado que seria insensato, para ele, tomar decisões importantes e irreversíveis naquele momento. Você pode precisar dizer isso a seu cliente explicitamente. E, evidentemente, pode ter a necessidade de sugerir que um cliente transtornado procure ajuda profissional.

E SE MEU CLIENTE NÃO SOUBER O QUE QUER?

Alguns advogados se aborrecem quando um cliente não entra no escritório onde trabalham com uma série de prioridades bem-formulada e coerente nos interesses. Podem pressupor que um cliente saiba, ou deva saber, que fins ele deseja que seu advogado persiga. Mas nem sempre este é o caso. Muitos interesses dos clientes são incompletos e imprecisos quando eles procuram a representação. Os interesses de um cliente serão muitas vezes determinados, em parte, por meio da interação com

seu advogado no preparo de uma negociação ou em seu curso.[8] Às vezes, os objetivos de um cliente se alterarão ao longo do tempo.

A situação mais difícil é quando as prioridades de um cliente são
instáveis e errantes. "Na última semana, meu cliente desejava manter a
casa, estar certo de que receberia a guarda conjunta e limitar o sustento
do cônjuge a três anos", podia queixar-se um advogado. "Esta semana,
ele está dizendo que a casa, afinal, não é tão importante, e quer, principalmente, um acordo de visitas em que ele fique com as crianças durante seis semanas de cada verão." Isso pode ser frustrante (e embaraçoso)
para os procuradores e, obviamente, complica enormemente as negociações. O que você deve fazer?

Os interesses dos clientes alteram-se por diversas razões. Alguns
clientes simplesmente não estão prontos para praticar e obter um
acordo. Consciente ou inconscientemente, podem estar adiando o
processo para evitar tomar uma decisão. Outros podem ter uma genuína ambivalência a respeito do que desejam. A proposta sobre a
mesa pode sacrificar alguns interesses e satisfazer outros, e pode não
estar claro, para um cliente, se ela é aceitável. Outros clientes não se
sentem ainda ouvidos por seus advogados ou pelo outro lado, podendo, portanto, relutar para concluir as negociações. Por fim, para
algumas pessoas, o equilíbrio dos fatores apresenta muitas diferenças entre o fim de uma negociação, quando elas se defrontam com
uma opção concreta, e o começo, quando consideravam uma possibilidade abstrata. Como aqueles, entre nós, propensos a alterar nosso pedido no último minuto em que o garçom aparece, quando chega
a hora de efetuar o acordo, um cliente pode compreender que suas
prioridades se modificaram.

Um advogado nessa situação pode ser tentado a assumir o controle
e dizer ao cliente o que fazer. Outros advogados podem evitar esse confronto e, de maneira irresoluta, passar a procurar uma nova saída do
cliente. Nosso conselho é o de tentar empenhar-se pacientemente com
o cliente. Trabalhar duro para saber o que está havendo. Quais são os

motivos do cliente para mudar seu ponto de vista? Se você fizer o cliente refletir sobre comportamento e explicar as consequências para você e para a negociação, será capaz de explicar suas prioridades, que se alteraram. O cliente pode não estar pronto para chegar ao acordo, que você pode discutir explicitamente. Apesar dos custos, a demora pode, no cômputo geral, ser conveniente. Ou, se as consequências forem rigorosas, você talvez precise explicar suas preocupações a seu cliente e ajudá-lo a compreender os riscos de continuar a mudar de posição.

CONCLUSÃO

Alguns clientes não têm particularmente boa comunicação ou habilidades para a negociação. Não sabem como escutar ativamente ou se impor com clareza. Esquivam-se ou acomodam-se e, com isso, deixam seus interesses não-expressos, ou se impõem com demasiada veemência, deixando pouco espaço para as opiniões dos outros. Embora seja difícil trabalhar com tais clientes, eles frequentemente se beneficiam quando seu advogado assume o papel de instrutor. Ao ser explícito a respeito do que é necessário – mais empatia, mais afirmação ou mais uma coisa e outra –, o advogado ajuda o cliente a desenvolver habilidades para a negociação dentro dos limites relativamente seguros da relação entre advogado e cliente.

Quando uma relação não funciona bem, os advogados, como a maior parte das pessoas, muitas vezes, censuram o outro indivíduo. A nosso ver, criar o tipo certo de relacionamento é uma responsabilidade compartilhada. Como profissional, contudo, o advogado deve tomar a frente. Ser suficientemente franco para se perguntar "Qual a minha contribuição?", ter em mente objetivos claros, manter a cabeça em ordem, ser autoconsciente e fazer uso de suas habilidades na comunicação: tudo isso pode prosperar muito na melhoria da relação entre advogado e cliente, mesmo com clientes difíceis.

8

Do outro lado
da mesa

O OBJETIVO À MESA DE NEGOCIAÇÃO É estabelecer um relacionamento e um processo com o outro lado que permita a criação de valor, ao mesmo tempo que proteja seu cliente da exploração. Nos próximos dois capítulos oferecemos aconselhamento específico sobre as finalidades que você deve ter nas disputas (Capítulo 9) e acordos (Capítulo 10). Nesse ponto, estudamos três objetivos que se aplicam às negociações de ambos os campos. Primeiramente, para sua preparação, sugerimos diversas alterações indispensáveis na atitude mental, que podem ser essenciais. Em segundo lugar, mostramos que você deve tomar a dianteira e negociar com o outro lado um processo que fortaleça a solução de problemas. Você descobrirá que muitos advogados seguirão seu exemplo e se tornarão eles próprios solucionadores de problemas. Mas como nem sempre isso acontecerá – alguns advogados gostam de jogar pesado –, terminamos com aconselhamento sobre a melhor maneira de negociar com as táticas de barganha difícil.

COLOQUE SUA CABEÇA EM ORDEM: ADOÇÃO DE UMA ATITUDE MENTAL PELA SOLUÇÃO DE PROBLEMAS

Além de reorientar sua posição para trabalhar com o cliente, um advogado deve reconsiderar suas hipóteses básicas a respeito de negociar com o outro lado. Muito frequentemente, os advogados tornam-se presa de soma zero, a cultura desfavorável descrita no Capítulo 6. Isso dá origem a várias suposições restritivas (ver quadro 16).

Os advogados, muitas vezes, relatam que as negociações duras, adversas, são lugar-comum no mundo jurídico e que, para seu pesar, a solução de problemas não é a norma. Em geral, eles censuram o outro lado. A maioria dos advogados defende ser "de dar o troco": sua abordagem da negociação depende do comportamento do outro advogado. "Se o outro advogado é cooperativo, eu serei também. Mas, se for adverso, respondo na mesma moeda."[1]

Suposições restritivas	Suposições mais proveitosas
▪ Não há saída. Todo mundo sabe como o jogo é; não há nada que eu possa fazer para mudar isso.	▪ Frequentemente, se eu abrir o caminho, o outro lado me seguirá. Há muitas maneiras de mudar o jogo.
▪ As questões distributivas são a parte importante das negociações jurídicas; se eu tentar criar valor, parecerei ingênuo.	▪ Há oportunidades de criar valor tanto nas disputas quanto nos acordos; a criação de valor é boa para meu cliente e para o comércio.
▪ Se eles jogarem duro, eu tenho de retaliar (ou intensificar isso), para proteger meu cliente. Não tenho escolha.	▪ Mesmo se eu adotar uma abordagem adversa, posso proteger meu cliente e ainda perseguir uma abordagem de solução dos problemas.

Quadro 16

Até certo ponto, isso é perfeitamente natural. Quando somos atacados, nosso instinto é de "lutar ou fugir". Para os advogados que representam clientes, fugir dificilmente é uma opção aceitável. Receosos de ser explorados e preparados para admitir que o outro advogado é irremissivelmente um adversário, muitos advogados só começam dando murros. "Eu sei como funcionam as coisas, e minha melhor aposta é ser o melhor no jogo!"

Essa, é claro, é uma opção, mas tem sérias desvantagens. Ela cede sua escolha de estratégia ao outro lado: é reativa, não proativa. Apesar de conduzir à vitória ocasionalmente, o revide puro conduz com mais frequência à intensificação posterior, custos mais altos de transação, relacionamentos desgastados e negociações fracassadas. Uma abordagem reativa assegura virtualmente que suas negociações se tornem de confronto, por dois motivos: primeiro, o mundo está cheio de advogados (e clientes) que entram nas negociações com uma atitude mental de soma zero ou adversa. Segundo, a negociação jurídica é um processo ruidoso. Como muitas vezes pode ser difícil saber se o comportamento de um outro advogado indica uma intenção de explorar suas aberturas colaborativas, a "resposta na mesma moeda" de um advogado pode de fato desencadear uma guerra, não só continuar.[2]

Essas suposições constrangem indevidamente os advogados e os impedem de experimentar meios de criar valor para seus clientes. Guardar-se contra o risco de que você retorne a essas atitudes básicas, quando negociar, pode ajudá-lo a se comprometer previamente com um diferente conjunto de crenças.

- *Proativo:* em vez de determinar sua estratégia inteiramente como reação à abordagem do outro lado, você pode tentar abrir caminho para a solução de problemas.
- *Otimista:* em vez de admitir que as negociações jurídicas são primordialmente sobre distribuição, você pode entrar em disputas e negócios procurando transações de criação de valor e dispondo essa busca como parte essencial do serviço prestado ao cliente.

- **Realista:** em vez de retaliar com um gatilho sensível, quando você perceber a barganha difícil no outro lado, pode tomar medidas para proteger o cliente, enquanto continua a tentar cativar o outro lado para uma negociação construtiva.

Como dissemos, somos otimistas realistas. A atitude mental mais proveitosa é a em que se adota a crença básica de que há, quase sempre, um potencial para criar valor – mas não se engane, pois a exploração distributiva ainda é uma possibilidade. É menos provável que um advogado com disposição de espírito otimista, mas realista, seja desviado de seu equilíbrio pelas táticas do outro lado. Não há nenhuma razão, imediatamente, para demonizar o outro advogado e lutar, num dos lados, ou sucumbir, no outro. Em vez disso, você pode *esperar* o outro lado começar as negociações numa postura agressiva – afinal, isso continua a ser a norma – e adotar uma atitude proativa em relação àquele. "É parte do meu serviço tentar reorientar sua abordagem; posso abrir o caminho."

ABERTURA DE CAMINHO: COMO ESTABELECER UM PROCESSO QUE SUSTENTE A SOLUÇÃO DE PROBLEMAS

Em negociação, "o jogo é aquele que as partes representam como se fosse".[3] As regras do jogo estão disponíveis para qualquer um. Sua criatividade e clareza a respeito de interesses e opiniões depende do processo em que você negocia com o outro lado. O primeiro passo é você mesmo abrir o caminho. Os objetivos de um advogado que soluciona problemas devem estabelecer um processo que, na medida do possível:

- crie uma relação de trabalho cooperativa com o advogado do outro lado;

- promova a comunicação eficiente sobre as oportunidades e os riscos jurídicos, e sobre a legislação aplicável;
- facilite a comunicação eficiente acerca de interesses, recursos e prioridades das partes, a fim de procurar transações de criar valor;
- estimule o desenvolvimento de opções criativas;
- reduza ao mínimo os custos de transação;
- trate das questões distributivas como problemas compartilhados;
- não prejudique (e tente melhorar) a relação entre os clientes;
- defenda seu cliente contra a exploração.

Seja explícito desde o começo

Quando você tiver se preparado totalmente, estará pronto para se encontrar com o outro lado. Os momentos de abertura de uma negociação podem ser fundamentais. Em questão de minutos os advogados podem envenenar a atmosfera ou montar o cenário da colaboração.[4] Os negociadores *comprometem-se*, o que significa que cada um está enviando mensagens implícitas e explícitas a respeito de sua avaliação da contraparte e interpretando as mensagens que recebem. Os negociadores também estão *compondo* – para eles próprios e um para o outro – a tarefa que estão prestes a empreender. Uma composição é a história ou narrativa que cada negociador conta a si próprio sobre a negociação.[5] Se você perguntou "Sobre o que é a negociação?", sua pergunta revelaria como você compreende – ou compõe – o que você e o outro negociador estão negociando e o que você acha da tarefa que tem pela frente.

Esses momentos de comprometimento e composição, na abertura, são uma oportunidade de estabelecer um processo de resolver problemas para sua negociação. As partes, habitualmente, negociam sobre a *substância*: quanto de aluguel o inquilino pagará; quem conseguirá a guarda dos filhos; que suprimentos entram num contrato. Mas quando as pessoas fazem esses tipos de pergunta, elas também estão negociando – implícita ou explicitamente – a respeito do *processo* pelo qual essas questões substantivas serão decididas. Como *resolveremos* quanto de aluguel será pago? Vamos pechinchar? Vamos escolher um número aleatoriamente? Olharemos os aluguéis comparáveis de outras propriedades? Que processo empregaremos para elaborar as condições de um acordo de guarda? Esse é um processo eficiente, bom, e é provável que crie valor, ou gerará animosidade e um resultado ineficiente? No começo de uma negociação, pergunte à sua contraparte que processo vocês dois devem usar para chegar a um acordo. Pergunte como ela gosta de trabalhar e explique como você prefere. Discuta os prós e os contras das diferentes abordagens e, depois, crie uma agenda.

Frequentemente, ela ajuda a delinear como o jogo é normalmente praticado; em seguida, descreva um processo alternativo que possa servir melhor aos interesses de ambos os lados. Por exemplo:

TONY: Nosso serviço, aqui, é resolver o divórcio de Jake e Samantha. A abordagem característica seria você me transmitir um acordo muito unilateral e eu lhe passar de volta um esboço, igualmente tendencioso, que favorecesse Jake. Discutiríamos cada termo de um lado para o outro e, por fim, provavelmente solucionaríamos as coisas, mas apenas depois de horas, ou dias, de pressões e posições assumidas. Eu ameaçaria cair fora, e você sustentaria que uma cláusula específica arruína os negócios, e continuaríamos nessa.

Mas eu gostaria de saber se você não pode preparar algo de maneira mais eficiente e cooperativa. Você pode ter algumas ideias sobre como fazer isso. Uma abordagem que muitas vezes achei proveitosa é a de nos sentarmos antes do esboço e nos assegurarmos de que cada um compreende os interesses e as preocupações do outro, bem como identificarmos antecipadamente as providências que nos apresentarão problemas mais desafiadores para resolvermos. Poderíamos também discutir diversas opções e abordagens antes de fazermos uma tentativa de criar o primeiro esboço. O que você acha?

Esse tipo de discussão indica que não se tiraria proveito de você, mas que você estaria pronto para propor uma forma de procedimento mais cooperativo. Qualquer coisa pode ser concebida como um problema conjunto. Mesmo nas negociações em que as partes se detestam, em que a única saída é a de quanto, se for o caso, uma parte deve pagar à outra, os negociadores ainda podem tratar desse modo as questões distributivas. A estrutura exige que se *reconheça explicitamente* que as questões distributivas existem e que se convide o outro lado a pensar criativamente sobre como essas questões devem ser resolvidas. "Obviamente, mantidas as mesmas condições, Samantha preferiria receber mais sustento, e Jake gostaria de pagar menos. Nossa tarefa é chegar a um acordo sobre um montante aceitável para ambos os clientes."

Negocie um processo – não o imponha

Apesar do seu desejo de resolver problemas, é importante não tentar impor um processo ao outro lado. É improvável que o outro advogado reaja bem, se você entrar numa negociação com uma agenda fixa que dita a "solução dos problemas" em seu programa: "Primeiro vamos falar sobre os interesses e sobre como criar valor. Depois faremos um brainstorm – nenhuma propriedade de ideias! Em seguida tentaremos resolver nossas diferenças distributivas, abordando isso como um problema compartilhado." Essa rigidez, de modo geral, alienará o outro procurador, que provavelmente vai considerá-lo incorrigivelmente ingênuo e rejeitará suas ideias, ainda que tenham mérito.

Tentar impor a alguém um processo de solução dos problemas é incoerente com o espírito da negociação de resolver problemas, mais bem-vista como uma atividade *conjunta*. Depois de você ressaltar a desvantagem de praticar o jogo tradicional, frequentemente o outro lado concordará imediatamente que seria melhor fazer algumas alterações. Então eles procurarão você para sugestões. Quando der suas opiniões sobre como poderia fazer melhor uso do seu tempo, certifique-se de verificar bem reações e preocupações. Essa é uma negociação a respeito do processo. A vantagem dessa abordagem é evidente: quando os dois advogados criam uma programação juntos e concordam num processo, é provável que cada um sinta a propriedade que mencionamos e fique mais disposto a ir até o fim, mesmo quando o andamento ficar difícil.

Confie na reciprocidade

Ao discutir o processo, confie na reciprocidade como uma norma para estruturar sua negociação. A programação deve designar tempo para *ambos* os lados se afirmarem, e para cada um demonstrar compreensão do ponto de vista do outro. Ambos os lados devem pesquisar por lucros. Ambos os lados devem participar de uma procura de opções e negócios criativos.

Nas negociações litigiosas – e especialmente na resolução de disputas –, o outro lado pode estar mais do que disposto a afirmar seu ponto de vista, e você tem de demonstrar que o compreende. Mas quando chegar a vez da sua perspectiva, eles só querem continuar afirmando. E afirmando. E afirmando. Deixam você engasgado: o que dizer da sua oportunidade de contar a história a seu cliente? O poder da reciprocidade, como uma norma do processo, é difícil de vencer. Se você tiver negociado um processo antecipadamente e for explícita a oportunidade de ambos os lados contar sua história, então você pode confiar na reciprocidade nos momentos de confusão. "Lembre-se de que nós concordamos em que cada um teria uma oportunidade de contá-la como nós a vemos. Tentei escutar sua história e mostrar-lhe que a compreendi. Agora, eu realmente ficaria satisfeito se você tentasse fazer o mesmo." Usando a reciprocidade como um recurso, você, muitas vezes, pode até manter negociadores intransigentes numa trilha de solução dos problemas.

Integre um processo produtivo para discutir a lei

Quando os advogados invocam argumentos jurídicos, o processo de negociação frequentemente parece uma luta de boxe: um lado, aparatosa-
mente, apresenta um amplo argumento jurídico; o outro lado rejeita o
argumento e lança de volta cinco dos seus. O primeiro advogado diz ao
segundo que está errado e repete seu argumento original. Nenhum dos
lados admite qualquer força no argumento do outro, e os dois exageram,
despudoradamente, sua própria causa.

Se o outro lado disser: "Um tribunal, com toda certeza, acharia vocês
negligentes", será difícil persistir numa atitude mental de resolver problemas. Em vez de dizer "Então você acha que nós seríamos considerados
negligentes; diga-me por quê", a maioria dos advogados logo replicaria:
"Não acharia, não. Não há nenhuma possibilidade." Qualquer outra coisa
parece uma admissão de que sua causa é fraca. Mas ouvir os argumentos
jurídicos do outro lado é uma oportunidade, não um risco. É uma oportunidade de aprender como eles veem a situação e de exprimir de volta,
para eles, a compreensão que você tem de suas opiniões. Pode parecer
muito radical, mas você pode demonstrar compreensão dos argumentos
jurídicos do outro lado – não somente dos seus interesses e de sua perspectiva. Dar voltas em torno de argumentos jurídicos é como dar voltas
em torno de qualquer outra coisa: você escuta, parafraseia e pergunta. Seu
objetivo é compreender as pretensões do outro lado e demonstrar que as
compreende. A vantagem de dar voltas em torno dos argumentos jurídicos é que o outro lado fica sabendo que você pelo menos ouviu o que são
suas pretensões jurídicas. Assim, se você continuar a discordar, o outro
lado não se veria tentado a dizer "Eles apenas não ouviram o que dissemos." Dar voltas em torno dos argumentos jurídicos também convida o
outro lado a escutar os seus contra-argumentos. E se isso acontecer, você
terá construído um processo em que ambos os lados podem explorar com
sinceridade as forças e fraquezas de suas alternativas jurídicas.

Continue a discutir o processo enquanto a negociação se desenrola

Negociar a respeito do processo não é empreendimento de um único lance. Enquanto sua negociação progride, os encontrões do percurso exigirão que se reinstale a discussão do processo. Ou, talvez, no meio de uma sessão de livre debate, supostamente capaz de gerar opções, e não avaliar, o outro advogado permaneça explicando por que várias alternativas não funcionarão. Seja qual for o problema, reabrir um diálogo explícito sobre o processo é, muitas vezes, a solução.

Além disso, é útil lembrar ao outro lado onde você se encontra em sua negociação enquanto ela continua. "Está certo, assim falamos dos nossos interesses. Ou poderíamos discutir as oportunidades e os riscos de prosseguir com litígio, ou pôr isso de lado, por ora, e discutir opções para resolver alguns dos problemas que se encontram na mesa. Quais as suas ideias sobre como continuar?" Verificar as coisas desse modo serve para mantê-lo no caminho certo e permitir a ambos os lados levantar problemas e preocupações enquanto estas e aqueles ocorrem.

MAS E SE ELES QUISEREM JOGAR PESADO?

Apesar do seu convite para ver uma negociação como uma oportunidade de resolver problemas de maneira eficiente e imparcial, alguns advogados demonstrarão, por seus atos (bem como por suas palavras), que eles veem a negociação jurídica como uma forma de combate, que preferem luta em vez da diplomacia. E aí?

Reconheça as táticas pesadas de barganha

Um primeiro passo importante é reconhecer as táticas do adversário e saber como ele trabalha. Sem compreensão não pode haver nenhuma vigilância. No Capítulo 1 identificamos nossa lista das dez táticas principais frequentemente usadas por negociadores que desejam abocanhar a parte do leão do bolo proverbial:

- pretensões extremas, seguidas de pequenas e lentas concessões;
- táticas de compromisso;
- propostas de pegue-ou-largue;
- provocação de propostas sem reciprocidade;
- recuo;
- ofensas pessoais;
- iludir, exagerar e mentir;
- ameaças e advertências;
- depreciar as alternativas da outra parte;
- policial bom e policial mau.

Tanto nos acordos como nas disputas são usadas comumente variantes dessas táticas. Consideremos as três primeiras, com alguns detalhes.

PRETENSÕES EXTREMAS, SEGUIDAS DE PEQUENAS E LENTAS CONCESSÕES

Talvez a mais comum de todas as táticas de barganha pesada, essa abordagem tem inegáveis vantagens. Principalmente, ela protege um negociador de subestimar o que o outro lado está disposto a conceder. Lembramos nosso exemplo do Capítulo 4, da ação judicial movida por Tom Mazetta contra o Hotel Big Apple, por causa do acidente na plataforma de carga e descarga. A proposta do acordo inicial do hotel foi de US$5 mil. Considerando-se os danos de Tom e os fatos básicos, foi uma proposta extremamente baixa, muito menor do que as perdas extras de Tom. Mas se a proposta inicial do hotel for de US$30 mil, uma quantia que estava na parte inferior da provável linha de barganha, mas razoavelmente aceitável para Tom, não haveria qualquer possibilidade de acordo por menos, muito embora Tom, compreensivelmente, aceitasse menos. A tática análoga na realização de acordos, como estudamos no Capítulo 5, é o proverbial "arrendamento do proprietário".

Além disso, começar alto e fazer pequenas concessões confere sólidas vantagens. A pesquisa experimental sugere que os negociadores têm expectativas fluidas e altamente maleáveis nas etapas de abertura de uma negociação. Uma exigência inicial alta tende a firmar as percepções da linha de barganha do outro negociador, muito embora o outro lado saiba muito bem que a exigência de abertura é provavelmente um blefe de autossatisfação.

Numa notável experiência que ilustra essa dinâmica pediu-se a um grupo de indivíduos que estimasse a percentagem de Estados-membros das Nações Unidas situados na África.[6] Antes de entregar suas estimativas, mostrou-se aos indivíduos uma roda da fortuna marcada com números de 1 a 100. Para um conjunto de indivíduos, a roda parou no 10; para outro conjunto, parou no 65. Embora os indivíduos soubessem que o resultado da rotação era casual e completamente sem relação com a estimativa que estavam para fazer, o número médio do primeiro grupo foi 25, e o do segundo, 45. Um padrão semelhante foi observado em ambientes de negociação. Alguns negociadores disporão insensatamente seu nível de aspirações – e, às vezes, até seu valor de reserva – conforme a exigência ou proposta extrema da outra parte.

O maior inconveniente dessa tática, porém, é que ela diminui a possibilidade de que um negócio seja feito, mesmo quando possível. Se uma proposta for demasiadamente extrema, ou as concessões lentas demais, o outro lado poderá concluir que o proponente é exagerado e nada sério a respeito de negociar um acordo. Eles podem simplesmente cair fora. Essa tática também provoca a altercação prolongada, que inibe os negócios de criação de valor que se revelem, frequentemente gerando demora e custos de transação mais altos. A maioria dos negociadores espera alguma adulação, mas as frustrações inerentes a negociar com propostas extremas pode prejudicar a relação entre as partes. Embora alguns barganhadores possam iniciar praticando esse jogo e mais tarde se deslocar para uma abordagem de resolução de problemas, outros envenenaram tão completamente sua relação com o outro lado que uma alteração fica impossível.

TÁTICAS DE COMPROMISSO

Convencer o outro lado de que você não tem nenhuma liberdade de escolha a respeito de determinada questão pode ser uma estratégia poderosa. Num exemplo clássico frequentemente atribuído a Thomas Schelling, dois carros começam a entrar num cruzamento ao mesmo tempo.[7] Ambos os motoristas querem atravessar o cruzamento primeiro, mas nenhum deles quer bater. Todavia, se um motorista pudesse arrancar seu volante e visivelmente arremessá-lo para fora do carro, o outro motorista teria de lhe permitir a travessia. Por quê? Porque o primeiro motorista teria modificado as opções do segundo: este, agora, deve submeter-se à vontade alheia ou provocar uma colisão, ao passo que antes havia alguma possibilidade de que o outro motorista diminuísse a velocidade primeiro. Eis como funcionam as táticas de compromisso: quando uma parte limita sua liberdade de ação em determinado problema, "o outro barganhador fica engasgado. Enfrenta uma escolha predeterminada entre aceitar o ponto de compromisso – que está, ao menos, na disposição da barganha – ou tomar sua própria, e menos desejável, alternativa".[8]

As estratégias de compromisso funcionam de diversas formas, mas para ser eficiente um compromisso deve parecer obrigatório. Criar um compromisso que seja admissivelmente irreversível não é fácil, porque, muitas vezes, se perceberá que uma parte tem o poder de alterar a trajetória. Os advogados comumente afirmam, por exemplo, que seus clientes se comprometem com um certo resultado do qual o advogado não tem autorização para se desviar. "Não há nada que eu possa fazer. E precisamos chegar a um acordo, se houver, nos próximos dois dias." Mas por que se acredita que a decisão do cliente é irreversível? O cliente sempre poderia, mais tarde, ampliar a autoridade do advogado (a pretensão do advogado poderia ser mais admissível, se pudesse demonstrar que o cliente deixara a cidade e estava num veleiro, em algum lugar do Pacífico, onde não pudesse ser alcançado por telefone, durante algumas semanas).

Os negociadores, às vezes, empenham suas reputações com o fim de fazer um compromisso parecer admissível. Por exemplo, um líder sindical poderia dizer tanto a seus constituintes quanto aos meios de comunicação que renunciaria a seu posto de liderança em vez de aceitar aumento salarial de menos de 7% nas próximas negociações. Fazendo esse voto público, o líder sindical tenta limitar sua liberdade de ação na mesa de negociação, indicando ao empregador que está pondo a carreira em risco.

As estratégias de compromisso implicam fazer promessas a terceiros. Os vendedores inserem cláusulas de nação mais favorecida nos acordos com os compradores, como um dispositivo de compromisso. A cláusula habilita um vendedor, que negocie com um comprador subsequente, a afirmar fidedignamente que a concessão de termos preferenciais é impedida por seus acordos precedentes, com outros compradores. Essa estratégia de compromisso é utilizada em vários contextos. Se um proprietário de centro comercial puder mostrar que fazer uma concessão de arrendamento a determinado inquilino exigirá que ele modifique arrendamentos anteriores com dez outros inquilinos, e portanto que o custo de fazer a concessão seria alto demais, o proprietário poderia persuadir a contraparte a deixar de lado os pedidos relativos a essa providência.

Há riscos óbvios nessas táticas de compromisso. Primeiro, caso *ambas* as partes entrem no jogo e desperdicem seus volantes, elas se espatifarão no meio do cruzamento. Segundo, como compromissos anteriores podem ferir algumas das noções dos negociadores sobre o *processo* legítimo nas negociações, eles podem prejudicar as relações exatamente como ocorre com o jogo das pequenas concessões.

PROPOSTAS DE PEGUE-OU-LARGUE

Numa terceira tática comum, uma parte ameaça pôr fim à negociação caso sua proposta (ou exigência) não seja aceita. Os advogados, muitas vezes, fazem o "jogo do covarde" desse modo. Os negociadores usam as propostas de pegue-ou-largue pela mesma razão pela qual empregam as estratégias de compromisso: indicar ao outro lado que irão até certo limite e não mais adiante.

Tais ofertas não precisam ser extremas. Na verdade, alguns negociadores desenvolvem uma reputação de *não* altercar. Lemuel R. Boulware, vice-presidente do serviço de relações públicas da General Electric, de 1946 a 1960, informou os sindicatos de que estudaria cuidadosamente as condições do mercado e quanto recebiam os empregados de outras empresas, para, depois, fazer uma "proposta boa e firme".[9] Um componente decisivo da estratégia da GE foi um programa de comunicações contemporâneas que vendia sua proposta a seus empregados e ao público em geral. Isso também serviu como estratégia de compromisso para manter a empresa em sua posição. Essa técnica foi finalmente desafiada com o pretexto de que era uma prática sindical injusta que, no fundo, equivalia a uma recusa a negociar, por parte da General Electric. O "boulwarismo", hoje, é usado para descrever uma tática de negociação em que uma parte, unilateralmente, avalia o que é bom em sua mente e, depois, faz uma firme proposta final baseada nessa decisão.

Semelhante a essa tática é a proposta explosiva, que se autodestrói após certo período de tempo. Uma loja poderia anunciar: "Colchões em promoção – somente hoje!" Ou, como os estudantes de alguma faculdade de Direito aprenderam em penosa experiência, um juiz poderia dizer a um candidato a funcionário: "Oferecerei a você um lugar de funcionário em minhas salas de audiência, mas apenas se o aceitar hoje." Os advogados frequentemente sugerem que uma proposta de acordo tem pouca extensão e será retirada se não for aceita rapidamente. A Tony, por exemplo, se poderia dizer: "Se Jake concordar, hoje, em pagar a Samantha US$1.500 por mês de pensão alimentícia por 12 anos, poderemos chegar ao acordo. Mas se ele não aceitar hoje, a proposta será retirada e iremos a tribunal."

Uma proposta explosiva que seja melhor do que seu valor de reserva pode ser extremamente difícil de se rejeitar. Muito de seu poder é extraído do que o psicólogo Robert Cialdini chama de princípio de escassez, pelo qual "as oportunidades geralmente nos parecem mais valiosas quando sua viabilidade é limitada".[10] Tanto a aversão à perda quanto o efeito de atributo oferecem explicações psicológicas para o princípio de escassez. Cialdini postulou que a explicação para esse princípio é que as pessoas, muitas vezes, são mais motivadas para prevenir uma perda do que para ganhar algo de igual ou menor valor, e que elas tendem a desejar mais a posse de um item se a escassez lhe ameaçar a disponibilidade.

Os riscos da proposta de pegue-ou-largue são semelhantes àqueles associados às táticas de compromisso. O perigo é que, se as duas partes fizerem o "jogo do covarde", pode não haver nenhum negócio.

Mudança do jogo: a abordagem que sugerimos

Se você começar suas negociações abrindo o caminho para a solução de problemas, estará pronto para deter as táticas de barganha pesada no início. Mas e se, seja lá por que razões, o outro lado não descobrir nada sobre seus interesses e simplesmente fizer exigências extremas, adotar posições despropositadas e se empenhar em outras táticas? O que você deve fazer? Você precisa preparar-se para lidar com as táticas de barganha pesada do outro lado, de uma forma que proteja os interesses de seu cliente, enquanto continua a tentar converter o outro lado a uma abordagem mais cooperativa. Consideramos aqui uma série de respostas que podem encorajar a solução de problemas.[11]

CONTINUE COM SEU JOGO

Não deixe as táticas do outro lado o inibirem de pôr em prática seu jogo. Apenas por que o outro lado utiliza uma estratégia diferente não significa que a abordagem geral, que planejamos, não funcione. Obviamente, a solução de problemas funciona melhor se ambos os lados, juntos, se envolvem nisso. No entanto, se você permanecer concentrado nos interesses, em avaliar as oportunidades e os riscos jurídicos, e em gerar opções criativas, o progresso é muitas vezes possível. Quase tudo o que diz um negociador pesado pode ser reelaborado e reafirmado como um interesse, uma opção ou uma sugestão sobre uma norma que poderia ser usada para resolver as questões distributivas. Isso pode ser uma forma de "jiu-jítsu da negociação", que afasta a tática difícil e trata o que quer que o outro lado tenha dito como parte da negociação de solução dos problemas.[12]

Voltando ao nosso problema do divórcio, imaginemos que, no início da negociação, o advogado de Samantha enunciasse uma exigência "não negociável" de US$4 mil por mês de pensão alimentícia, pagável nos próximos 20 anos, com reajustes de acordo com a inflação. Tony reelaboraria isso de diversas maneiras. Poderia dizer: "A segurança financeira a longo prazo é obviamente importante para sua cliente. Ajude-me a compreender os outros interesses dela" (reelaboração como interesse e indagação). Ou poderia dizer: "É uma opção. Vamos discutir alguns outros modos de proporcionar segurança financeira" (reelaboração como uma das muitas opções). Alternativamente, Tony poderia concentrar-se nas normas e pedir: "Ajude-me a compreender por que você acha que isso é razoável e por que acredita, se este caso for litigioso, que um tribunal concederia isso."

Suponhamos que o advogado de Samantha faça uma afirmação categórica a propósito do que um tribunal faria. Ele diz: "Se você chegar ao tribunal, um juiz dará a Samantha metade da propriedade herdada por seu cliente." Tony poderia dizer: "Bem, acho que é um resultado possível, mas o considero improvável. Vamos falar mais especificamente a respeito de como nós dois avaliamos aqui os riscos e as oportunidades jurídicos. Tenho um caso em que um juiz se recusou a tratar da propriedade herdada como parte das posses de um casal que estava unido há oito anos. Mas você pode conhecer alguns casos que eu não conheci: ajude-me a compreender a base da sua conclusão."

As táticas difíceis frequentemente funcionam por induzirem a um ciclo de reações e contrarreações em que esquecemos qual a nossa finalidade. Mas você não deve cair nessa armadilha. Se eles estiverem insultando, você pode ignorá-los. Se fizerem uma proposta de pegue-ou-largue, você pode tratá-la como uma proposta qualquer e fazer uma contraproposta. Um barganhador pesado pode pedir a você para jogar contra si mesmo, mas isso não significa que você tenha de ir adiante. Durante todas as negociações você pode somente contornar suas táticas de barganha pesada e tentar fazer uso do que os outros disserem para favorecer sua abordagem da solução de problemas.

MENCIONE O JOGO E SUGIRA OUTRO

Um modo parecido de lidar com táticas difíceis é especificar o jogo delas e negociar explicitamente para abordar as negociações de forma mais produtiva. Consideremos nosso exemplo do Capítulo 5, envolvendo dois advogados que negociam sobre a venda da uma velha fábrica que poderia estar em área contaminada:

> **ADVOGADO DE VICTORIA:** Consultei minha cliente. Não vamos dar *nenhuma* garantia quanto às condições ambientais do lugar. Infelizmente, terá de ser assim, se você quiser incrementar essa propriedade.

ADVOGADO DE DAVID: Veja, eu posso entender por que seu cliente prefere vender a propriedade "como está". No fundo, você está dizendo: "Pegue-a ou largue-a." Mas eu também posso participar desse jogo. Depois de consultar meu cliente, eu poderia informar-lhe que ele *insiste* em que, como uma condição do negócio, o vendedor garanta que a propriedade está em inteira conformidade com todas as leis aplicáveis do meio ambiente e que, além disso, você apresente decidido termo de responsabilidade para dar apoio a isso. Depois você poderia tanto pôr mãos à obra quanto praticar o "jogo do covarde" e ver quem pisca primeiro. Mas acho que nosso *problema comum* é o de como aprender, a um custo razoável, o que se sabe agora, se é o caso, a respeito de terreno, e o que se pode facilmente descobrir acerca das atuais condições da propriedade. O que podemos fazer para organizar um processo com o qual se resolva esse problema mútuo?

Essa resposta envolve vários passos. Primeiro, você partilha sua percepção do que a outra parte está fazendo. Em alguns casos, você pode duvidar de que ela esteja empregando uma tática de barganha pesada intencionalmente. Nessas circunstâncias, talvez seja necessário comprovar sua observação experimentalmente, dizendo alguma coisa como: "Não estou convencido de que isso seja correto, embora me pareça que você está dizendo não poder prosseguir nessa questão por causa da insistência de seu cliente. Na verdade, o cliente lhe atou as mãos. É isso mesmo?" O segundo passo é mostrar que *você* também pode participar do jogo. Desse modo, o conselho de David deixa o outro lado saber que ele poderia sustentar que *seu* cliente atara *suas* mãos, na mesma disposição.

O último passo é iniciar uma conversa sobre um outro processo que poderia funcionar melhor da perspectiva de *ambas* as partes. Um negociador ficará interessado em somente mudar a tática caso o novo jogo produza melhores resultados do que eles obteriam com jogar pesado. Mas, como você ficou capacitado para especificar o jogo deles, e talvez até demonstre sua inutilidade, indicando que você também pode participar do jogo, você está bem colocado para esboçar os benefícios potenciais da solução de problemas.

MUDANÇA DOS JOGADORES

Outra técnica para lidar com táticas difíceis é mudar a tática mudando os jogadores. Na vida cotidiana, todos utilizamos essa técnica. Quando um profissional de vendas não quer fazer uma devolução ou permitir uma troca, você educadamente pede para falar com o gerente. É desnecessário dizer que, em negociações jurídicas, isso é um tanto mais complicado. Mas, com frequência, pode ser inteiramente possível.

Às vezes, o advogado do outro lado está sendo difícil, e você conclui que, caso você ou seu cliente se comunicassem diretamente com o cliente do outro lado, você poderia resolver suas desavenças restantes. O meio mais comum de evitar o outro advogado e se comunicar diretamente com o cliente é fazer uma proposta escrita que contenha sua argumentação e exponha por que, da perspectiva do outro cliente, algum outro curso de ação faz mais sentido. Na maior parte dos estados, um advogado deve fazer ao cliente uma proposta escrita.

Outro meio de mudar os jogadores para evitar o outro advogado é solicitar um encontro com os dois advogados e clientes. Em tal encontro, você pode focalizar seu interesse no cliente do outro lado, fundamentalmente contornando o advogado importuno. Ao fazer perguntas ao outro cliente e dirigir-lhe explicações, você pode convencê-lo e resolver o assunto.

E se você se convencer de que o advogado do outro lado tem de sair para a realização de um acordo? Às vezes, isso pode ser realizado. Consideremos este exemplo. Um grande banco, representado por um importante escritório de advogados de Nova York, estava em meio ao processo da aquisição de um banco regional menor. O advogado que representava o grande banco, após passar várias horas infrutíferas tentando explicar a um advogado inexperiente, do outro lado, por que o rascunho de documento que o advogado tentara criar a partir do nada não funcionaria, chegou à conclusão, com relutância, de que o negócio não iria ser concluído dentro do tempo disponível, salvo se, de algum modo, o vendedor fosse representado por um advogado mais experiente. Mas como se livrar do outro advogado? O advogado do banco adquirente sabia que não podia ligar para o diretor-executivo do banco à venda e lhe dizer para arranjar um novo advogado. Mas outros podiam fazê-lo. O advogado do banco adquirente explicou a situação ao diretor-executivo de seu próprio cliente e ao banqueiro de investimentos deste último. Eles, por sua vez, telefonaram para o diretor-executivo do vendedor e para seu banqueiro de investimentos, e ambos transmitiram a mesma mensagem: o sucesso da transação exigia que o vendedor fosse mais bem representado. Tanto o banqueiro de investimentos como o diretor-executivo do comprador se ofereceram para providenciar uma lista de conceituados procuradores que poderiam habilmente representar o vendedor. O vendedor rapidamente enfiou a carapuça e conseguiu um novo e refinado consultor jurídico.[13]

Evidentemente, você também pode mudar os jogadores no *seu* lado da mesa. Se sua relação com o outro advogado não funcionar e você não encontrar um modo de afastá-lo, talvez você deseje afastar-se, ao menos temporariamente. Tenha um colega mais antigo que intervenha ou se junte a você à mesa. Delegue diversas sessões de negociação a um subordinado experiente. Ou, quem sabe, retire-se completamente do caso. Quando um não quer, dois não brigam. Se você e o outro advogado não puderem "brigar", não servirá aos interesses do seu cliente importunar o outro lado.

Você também pode desejar mudar a estrutura do jogo, acrescentando-lhe partes neutras, tais como um mediador ou um especialista neutro para a negociação. O neutro melhoraria o processo ao organizar sessões em que os clientes se encontrassem sem seus advogados, por exemplo, ou ajudando as partes a se comunicarem. Ou você pode contratar um neutro para ajudar a avaliar seu caso. Numa negociação para a realização de acordos, um especialista pode estar capacitado a surgir com opções a serem negociadas com os perigos do meio ambiente, por exemplo, que as duas partes aceitassem.

PARTICIPE DO JOGO DELES, MAS MELHOR

Às vezes, seus esforços para resolver problemas diante das táticas de barganha pesada não parecerão funcionar ou valer a pena. Se o outro lado não mudar de direção e você tiver uma decidida confiança de derrotá-los no próprio jogo deles, participar desse jogo fará sentido. Ou, se os riscos forem pequenos e você não estiver muito preocupado quanto a criar um precedente ou estabelecer um processo de solução dos problemas prosseguindo, haverá pouco a perder. O essencial é fazer uma escolha deliberada: não responder só reativamente à abordagem deles, combatendo o fogo com fogo.

VOCÊ PODE SEMPRE SE VALER DO SEU MAAN

Finalmente, você pode decidir que o outro lado nunca vai mudar sua abordagem e que seu melhor modo de agir é suspender as negociações. Se ficar claro que a proposta deles não é tão boa quanto a sua melhor alternativa, essa é uma escolha relativamente fácil. Mas o que fazer quando o outro lado apresenta uma proposta à mesa exatamente um pouco melhor do que a sua alternativa, mas que parece muito unilateral e deselegante? Imaginemos, por exemplo, que você represente um querelante em litígio e que esteja muito confiante em que, se fosse ao tribunal, lhe seriam concedidos aproximadamente US$100 mil, mas que um processo custaria a seu cliente uns U$30 mil adicionais em custos de transação que, do outro modo, seriam evitados. Você também sabe que o réu enfrenta custos semelhantes, o que significa que qualquer proposta entre US$70 mil e US$130 mil deveria ser melhor, para ambos os lados, do que o litígio. Você oferece entrar em acordo por US$100 mil e a oferta "firme e última" do réu é de US$72 mil. A data de o processo começar é amanhã. O que você recomendará a seu cliente?

Não há nenhuma resposta fácil. A opção na mesa é melhor do que a MAAN do cliente, mas ela vai ao encontro dos seus interesses? Muitos clientes poderiam manter-se litigando – mesmo se sujeitos a custos – em vez de aceitar uma proposta que eles e seu advogado acreditam, na verdade, ser desigual e injusta. Tomar sua decisão exige, obviamente, muita coordenação e comunicação entre advogado e cliente, porque várias preocupações intangíveis estão envolvidas. O cliente bem pode resolver rejeitar a proposta e seguir para o tribunal. Mas é importante ajudar o cliente a compreender as oportunidades e os riscos jurídicos, e a fazer uma escolha bem-informada, à luz de sua completa esfera de interesses.

Juntar tudo

Para fazer funcionar essa série de respostas é fundamental não recompensar o mau comportamento do outro lado. Se você deseja resolver problemas, não deve deixar um advogado adversário acreditar que, usando táticas de barganha pesada, levará vantagem sobre você. Se você o fizer, ele não terá nenhum motivo para mudar o jogo.

Nenhuma dessas respostas é "branda". Para empregá-las com sucesso você precisará ser afirmativo e lutar por um processo de solução dos problemas. Não é fácil subjugar um negociador pesado ao mesmo tempo que protege os interesses de seu cliente. Mas é certamente mais produtivo do que as alternativas: ceder e, depois, precisar explicar por que você se intimidou pelos estratagemas do outro lado, ou responder na mesma moeda desnecessariamente e, depois, ter de se ocupar de uma negociação amarga e prolongada.

Quando diante de táticas de barganha pesada você pode recorrer a cada uma dessas habilidades separadas ou a elas combinadas. O exemplo seguinte mostra como essas técnicas poderiam ser integradas numa abordagem unificada.

ADVOGADO DE VICTORIA: *(Proposta de pegue-ou-largue; policial bom e policial mau)* Consultei minha cliente e decidimos não dar nenhuma garantia a respeito das condições ambientais no local. Embora eu tenha me envolvido em transações em que os vendedores mostraram mais flexibilidade, minha cliente, neste ponto, está firme. Infelizmente, é o melhor que podemos fazer por você.

ADVOGADO DE DAVID: *(Reelaboração)* Ajude-me a compreender por que, da perspectiva do comprador, o acordo não vale a pena, exceto se a propriedade for vendida categoricamente como está. A vendedora sabe de alguma coisa sobre o risco ambiental?

ADVOGADO DE VICTORIA: Bem, eu não desejo envolver-me em fazer afirmações sobre o que sabemos ou não sabemos da terra.

ADVOGADO DE DAVID: *(Escuta e indaga)* Por que essas suas preocupações em torno de fazer tal declaração?

ADVOGADO DE VICTORIA: Porque, no fim do dia, ela é irrelevante, visto que minha cliente insiste em que não daremos garantia a respeito dos riscos ambientais na propriedade.

ADVOGADO DE DAVID: *(Escuta)* Tudo bem, então você acha que conversar sobre uma garantia é irrelevante porque sua cliente não oferecerá uma.

ADVOGADO DE VICTORIA: Sim, qual o motivo para perder tempo?

ADVOGADO DE DAVID: *(Reelaboração; designar seu jogo)* Bem, fico contente em ouvir que você não deseja que desperdicemos nosso tempo. É uma preocupação minha também. E, justamente agora, tenho de dizer que sua posição me deixa numa situação difícil. Você fez uma proposta de pegue-ou-largue. Eu poderia retribuir, ir além e fazer uma exigência semelhante, de que a cláusula esteja no contrato – sem alterações. Lutaríamos em torno disso, provavelmente teríamos um impasse e perderíamos muito tempo. Mas se os dois fizermos esse jogo, não terminaríamos num acordo embora exista um acordo com que os dois clientes poderiam ficar felizes. O que podemos fazer para evitar esse resultado?

ADVOGADO DE VICTORIA: Essa é a maneira como a minha cliente quer.

ADVOGADO DE DAVID: Talvez você possa explicar à sua cliente que nós não compreendemos por que isso é uma condição de venda de pegue-ou-largue.

ADVOGADO DE VICTORIA: Discutimos como isso poderia ser comunicado, como eu disse antes. Tomei parte em negociações de venda de terra em que o vendedor mostrou muito mais flexibilidade do que minha cliente atual. E embora você possa não ter uma boa compreensão dos motivos por que minha cliente insiste nessa providência, e talvez eu não possa censurá-lo, isso é realmente tudo o que estamos preparados para oferecer.

ADVOGADO DE DAVID: Vamos supor que haja um risco ambiental. E vamos supor, mais adiante, que pudesse ser provado que a vendedora sabia a respeito. Sob as normas ambientais ora existentes, qual a sua compreensão da responsabilidade potencial da vendedora?

ADVOGADO DE VICTORIA: Qual a diferença que isso faz?

ADVOGADO DE DAVID: *(Mudam-se os jogadores; reelaboração)* Porque minha compreensão é de que, de fato, sua cliente *estaria* em desvantagem, mesmo se vendesse a terra como está. Se houver um problema que o comprador conheça, aí vender a propriedade como está não seria bastante para dar à sua cliente a proteção que ela deseja. Deixe-me sugerir o seguinte. Por que você não conversa com a cliente de novo? Talvez pergunte se sua cliente realmente conhece quaisquer riscos ambientais ou fez algo, durante seu período como proprietária, que contaminasse o local. Se houver problemas, gostaríamos de saber agora. Possivelmente, não são tão sérios quanto a cliente imagina, e podemos investigar a quanto chegaria a transação para corrigi-los. Por outro lado, se sua cliente verdadeiramente não souber de nada errado com a propriedade, dar essa garantia certamente lhe custará pouco, e vale alguma coisa para mim. Eu poderia supor que combinaríamos essa garantia com uma inspeção, cujo custo dividiríamos. Isso daria bastante segurança ao comprador e, como questão prática, eliminaria qualquer risco real para a vendedora.

ADVOGADO DE VICTORIA: Bem, acho que posso falar com minha cliente a esse respeito.

Nesse ponto, o advogado de David tenta, pacientemente, fazer virar a abordagem do outro lado para a solução de problemas. Ele combina escuta, reelaboração e designação do jogo alheio para tentar convencer o outro lado. Por fim, tenta mudar os jogadores: mandar o outro advogado de volta ao outro cliente para posteriores negociações à mesa. Em todos os aspectos, defende os interesses do cliente, enquanto trabalha, de maneira antecipada, para mudar o jogo.

CONCLUSÃO

Os advogados criam um valor enorme para seus clientes, forjando fortes relações entre advogado e cliente e trabalhando depois com sua contraparte, para chegar eficientemente a acordos sensatos. Mas você não se converterá em um advogado de solução dos problemas todo o tempo. Eis por que o aconselhamento, neste capítulo, é apresentado como um primeiro passo para ajudá-lo a mudar o jogo à mesa. Embora nem todo advogado, lá fora, seja um solucionador de problemas, os advogados que seguem essas técnicas *podem* proteger seus clientes, enquanto mantêm aberta a possibilidade de resolver problemas.

9

Aconselhamento para resolver disputas

O DESAFIO ESTRATÉGICO DE UM ADVOGA-
do na solução de disputas é se dedicar aos interesses do cliente e se defender contra a exploração num contexto de negociações marcado pela grande
incerteza e pela adoção de posturas, enquanto simultaneamente estabelece
uma relação com o outro lado que permita transações de criação de valor.
Mas como o ponto de referência dominante para o acordo é, habitualmente, o valor esperado de se dirigir ao tribunal, as negociações são frequentemente muito distributivas – US$1 a mais para um lado e US$1 a menos
para o outro.[1] Como resultado, os litigantes, em geral, concentram-se na
divisão do bolo, não no seu crescimento.

Isso cria dois problemas. Primeiro, as partes terminam numa rancorosa
altercação que gera desnecessários e exorbitantes custos de transação. Isso
pode ocorrer como resultado de diversos problemas que exploramos: advogados e clientes podem entrar em negociações com uma atitude mental
soma zero e adversa; os advogados podem beneficiar-se das remunerações
mais altas geradas pelo litígio prolongado; a comunicação e a interação entre advogado e cliente podem ser pobres e a natureza fluida e inconstante do
litígio pode tornar difícil mudar o jogo para a solução de problemas.

Segundo, embora o litígio *possa* conter oportunidades de criar valor,
as partes, muitas vezes, as deixam de lado. O processo característico de

negociação não deixa espaço para uma discussão mais ampla dos interesses e das opções criativas. Os advogados e os clientes podem estar tão concentrados em demonstrar sua vantagem no litígio que ignoram os acordos – potencialmente fora da finalidade da disputa original – que poderiam deixar as partes em melhores condições.

Este capítulo sugere meios de mudar o *status quo*, para dar origem a liquidações de disputa mais eficientes e satisfatórias. Mas, novamente, somos otimistas realistas. É possível mudar, mas não é fácil. A cultura jurídica adversa está profundamente entrincheirada, as tentações estratégicas são grandes e as relações improdutivas no sistema de uma negociação legal podem representar desafios formidáveis. No entanto, os advogados (e os clientes) acreditam, com bastante frequência, que nada pode ser feito e, assim, não fazem nada. Apresentamos, aqui, algumas possibilidades de mudança do jogo, enquanto os riscos de seu cliente são reduzidos.

Nosso conselho geral é o de tentar resolver as disputas jurídicas no começo, em vez de no fim, e de construir um processo de barganha que permita verificar se os negócios em forma de transação são possíveis. Isso pode não ser executável (ou mesmo desejável) em todos os casos. No início, você e seu cliente devem preparar uma estratégia de negociação para a situação de seu cliente. Recomendamos que você faça três perguntas.

Primeiro, é este o caso raro em que o acordo não faz sentido, mesmo se o outro lado está disposto a se entender? No princípio de uma disputa, talvez mesmo antes de o litígio ter começado, um advogado deve considerar se os interesses de seu cliente exigem uma vitória completa, seja no tribunal, seja mediante a capitulação do outro lado. Uma derrota no tribunal servirá aos interesses do cliente melhor do que um acordo? Algumas disputas jurídicas ameaçam o melhor quinhão de uma empresa – por exemplo, colocando em risco o cerne da propriedade intelectual.[2] Em outras, pode ser indispensável criar ou defender um precedente jurídico obrigatório. Ou um cliente deseja coibir um tipo especial de litígio, ao demonstrar um compromisso no sentido de nunca se entender. Para casos que você e seu cliente concluam que caem nessa primeira categoria, uma abordagem da negociação para solução dos problemas não é tão relevante. Uma palavra de advertência, porém: advogados e clientes também podem, rápida e superficialmente, colocar casos nessa categoria.

Segundo, como posso criar valor reduzindo ao mínimo os custos de produção e explorando transações baseadas em diferenças de tempo ou preferências de risco? Oferecemos duas normas práticas:

- *Adote o acordo próximo como um objetivo.* Um advogado que soluciona problemas explorará vigorosa e regularmente as possibilidades de acordo, mesmo antes de moverem uma ação, e especialmente depois.
- *Utilize a análise das decisões como uma ferramenta.* Para uma disputa jurídica, procurar o litígio é, caracteristicamente, um MAAN do cliente. Um processo de entendimento racional exige que um cliente compare as vantagens e desvantagens de um possível acordo com as oportunidades e os riscos do litígio. É responsabilidade de um advogado avaliar sistematicamente as oportunidades e riscos do litígio, e a análise das decisões é uma ferramenta que pode ajudar. Ela também pode ajudá-lo a se comunicar com o cliente. E a mesma ferramenta pode, às vezes, ser usada em ligação com o outro lado, para facilitar o acordo.

Terceiro, poderiam as partes dessa disputa admissivelmente criar valor explorando oportunidades para uma série mais ampla de negócios? Esta pergunta deve ser feita sempre que as partes já se relacionaram no passado – ou possam se relacionar no futuro. Muitos conflitos comerciais ocorrem com clientes, fornecedores, sócios, competidores, empregados ou algum departamento do governo. Alguns conflitos jurídicos são entre membros da família, amigos ou vizinhos. Em todas essas disputas, nosso conselho, conforme demonstramos a seguir, é:

- *Procure meios para converter a disputa em um acordo.* Em algumas disputas, você pode procurar acordos que criem valor com base nos interesses, recursos e prioridades das partes. Esses negócios podem não ter qualquer relação com a disputa jurídica formal das partes. E o acordo pode ser de tal sorte que um tribunal jamais o consideraria impositivo. Como sugerimos a seguir, negociar desse modo exige, frequentemente, trazer novos jogadores à mesa e mudar substancialmente os papéis dos advogados e clientes.

Imaginamos uma metáfora simples – as "duas mesas" – para explicar os dois modos básicos de negociação na resolução de disputas. Com duas mesas, não queremos dizer, necessariamente, dois locais físicos para negociar, embora este, às vezes, seja o caso. Queremos dizer duas formas de referência que advogados e clientes adotam, quando negociam disputas jurídicas. Chamamos essas mesas de *mesa do resultado líquido esperado* e *mesa baseada nos interesses* (ver quadro 17).

Estabelecer uma disputa jurídica exige, quase sempre, avaliar a alternativa do litígio, passando algum tempo à mesa do resultado líquido esperado. Essas disputas, que podem converter-se em acordos, também permitem a discussão de uma série mais ampla de oportunidades para criação de valor à mesa, baseada nos interesses. Neste capítulo explicamos nossa abordagem das duas mesas.

Mesa do resultado líquido esperado	Mesa baseada nos interesses
• As partes concentram-se na avaliação e formulação do valor do litígio.	• As partes concentram-se na ocultação dos interesses, relacionados ou não ao litígio.
• Normas e argumentos jurídicos são essenciais.	• Sobrepõem-se normas e padrões não jurídicos.
• Os advogados desempenham um papel fundamental.	• Os advogados desempenham um papel menor.
• O valor pode ser criado por meio do delineamento do processo, poupando custos de transação e estruturando entendimentos, a fim de tirar partido das diferenças nas preferências de risco e de tempo.	• O valor só pode ser criado mediante negócios desligados da disputa.

Quadro 17

NEGOCIAÇÃO À MESA DO RESULTADO LÍQUIDO ESPERADO

Em todas as disputas jurídicas, reduzir os custos de transação pode criar valor. Deve, portanto, ser seu objetivo perseguir o acordo próximo, sempre que for no melhor interesse de seu cliente.

Procure cedo o acordo

Frequentemente se diz – clientes, juízes, estudiosos e livros (como este) – aos advogados para chegarem logo a um acordo na negociação. É um bom conselho. O problema, no litígio, não é que os casos não se resolvam; é que se resolvam lentamente, após o acréscimo de enormes custos no dispendioso processo de produção de provas. Mas se resolver cedo fosse fácil, estaríamos confiantes de que os advogados o fariam com mais frequência e que menos casos se arrastariam em litígios prolongados. Descrevemos, aqui, os desafios de chegar a acordo cedo e os meios pelos quais um advogado pode trabalhar para superá-los.

OS DESAFIOS DE CHEGAR A UM ACORDO CEDO

Imaginemos que, como advogado, você ajude seu cliente a resolver uma disputa a baixo custo. Gostaria de chegar a um acordo logo, se possível. Como começamos a verificar no Capítulo 4, diversos fatores tornam isso difícil.

Primeiro, no início de uma disputa, cada lado, quase sempre, está agudamente consciente do quanto não sabe. Uma empresa que seja ré pode não saber se seus empregados estão efetivamente voltados para a má conduta de que são acusados. O autor pode não conhecer a extensão das suas lesões ou se será capaz de achar prova de que o réu lhe causou seus danos. Como esses problemas afetam o valor esperado do litígio, cada parte pode imaginar que, por meio da instrução probatória, ela encontrará uma prova inequívoca para fortalecer seu caso e enfraquecer o do outro lado. Mas a busca dessa prova inequívoca é dispendiosa – e enganadora. E por grande parte do tempo o que uma parte descobre faz *seu* caso parecer pior. Se uma parte espera chegar a um acordo até possuir todas as informações relevantes que possam afetar o resultado, ela terá de completar a instrução probatória, aconselhar-se com especialistas e fazer toda a pesquisa necessária para decidir o caso. A maior parte da possível economia dos custos de transação estará perdida.

Segundo, a procura de informações ocorre no contexto de intensa interação estratégica. Nenhum dos lados deseja demonstrar fraqueza e cada um quer tirar vantagem das incertezas que cercam o litígio para captar mais benefícios distributivos para si mesmo. Ter um deles mais movimentação, apresentar extensos interrogatórios ou tomar outro depoimento forneceria essa força extra necessária para levar o outro lado a concessões. O dilema é que, à margem – em cada ponto que um advogado ou cliente considere se leva ou não o litígio adiante –, parece fazer sentido gastar o dinheiro a mais para saber mais ou confundir o outro lado. No cômputo final, porém, os benefícios desses investimentos de acréscimo frequentemente serão ilusórios.

Os desafios adicionais dificultam o início do entendimento. Um advogado litigante pago por hora não tem qualquer incentivo para estimular o cliente a aceitar um acordo, quando permanece uma incerteza substancial a respeito do caso, pois o advogado ganha mais trabalhando para reduzir essa incerteza. Um cliente de empresa também pode ter problemas internos entre responsável e representante. Pode não haver ninguém, na empresa, com coragem ou autoridade para solucionar um assunto rapidamente. A não ser que o advogado tenha acesso à administração superior, um caso pode prolongar-se muito com a instrução probatória por ninguém querer assinar o cheque do acordo.

É também frequentemente difícil chegar a um acordo cedo, por ser tensa a relação entre os dois clientes e nenhum deles ter sido ainda fatigado pelos encargos do litígio prolongado. Os clientes estão com raiva um do outro, inteiramente dispostos a esbravejar em torno de vingança e a ir ao tribunal ou defender uma ação judicial por questão de princípio. Cada um pode querer punir o outro. Trata-se de um composto bastante volátil.

Finalmente, os avanços no processo do litígio formal minam as tentativas de acordo mais cedo. Muitas vezes, há no litígio uma vantagem do primeiro passo. Quando um cliente comercial recebe uma carta ameaçadora de um litigante longínquo sobre um contrato de fornecimento, faz mais sentido entrar com ação rapidamente para um julgamento declaratório na jurisdição local do que procurar a negociação com seu adversário em potencial. Apoderar-se de vantagem jurisdicional, inicialmente, afeta o valor do caso. De modo semelhante, os primeiros passos do litígio, para mudar de foro, passar para tribunal federal, acrescentar ou rejeitar partes nos estágios iniciais podem ter consequências dramáticas. O inconveniente, claro, é que tais passos também contrariam o outro lado, provocam a elevação dos custos e tornam impossível o acordo cedo.

CONFIE EM SEU CLIENTE

Não há nenhuma solução fácil para esses problemas, mas há custos, claramente, para *não* tentar uma conciliação cedo e muitos benefícios se você o conseguir. Frequentemente, você terá de abrir caminho, primeiro com seu cliente e, depois, com o outro lado.

Atrás da mesa você deve, primeiro, diagnosticar se seu cliente e sua relação entre advogado e cliente aguentarão o acordo cedo. Seu cliente *deseja* resolver o assunto de modo rápido? O cliente é institucionalmente capaz de tomar as difíceis decisões necessárias para enfrentar os riscos de fazê-lo, mesmo diante das restantes incertezas a respeito do litígio? Sua relação com o cliente é suficientemente forte para você trabalhar com ele pela resolução negociada logo?

Em seguida, você deve testar suas próprias suposições a respeito do cliente e os riscos a serem enfrentados. Com frequência, advogados e clientes têm muitas atitudes distintas com relação ao risco. Como Richard Weise, ex-consultor jurídico geral da Motorola, escreveu: "os advogados, como classe, não estão preparados para muito risco. Gostam de entender todos os fatos antes de tomar uma decisão. Se é bom fazer dez entrevistas antes do litígio, fazer 20 será melhor. Na sala do tribunal, um advogado raramente faz uma pergunta, exceto se souber a resposta. Inversamente, o cliente acredita que ele toma decisões extremamente importantes com uma pequena fração de fatos significativos: 'Que tecnologia procurar?'; 'Que pesquisa e desenvolvimento seguir?'; 'Que produtos projetar?'; 'Que mercados ter em vista?'; 'Que fábricas construir?'; 'Quem contratar?' etc. Na verdade, sei de clientes capazes de acreditar que eles, todo dia, tomam decisões mais importantes do que os problemas jurídicos mais difíceis que geralmente encontram. A questão, aqui, é: *Não deixe o cliente no escuro!* O cliente é inteligente o suficiente para ser esclarecido com noções de risco." [3]

Esse é um bom conselho. Acreditando que seu cliente é bastante refinado para pesar custos e benefícios de mudar rapidamente, mesmo diante da incerteza, você pode consolidar a relação entre advogado e cliente. Você deve, evidentemente, trabalhar para assegurar ao cliente tanta informação quanto possa ser reunida, para tomar tais decisões tão sabiamente quanto possível. Mas, afinal, são as preferências *do cliente* com relação ao risco que devem prevalecer.

MUDE O JOGO

Como o Leilão de US$20 (ver Capítulo 4), há alguns jogos dos quais você não deve participar. Às vezes, o litígio tradicional é um deles. Se o outro lado está resolvido a avançar para o processo de litígio, pode não haver nenhum modo de obrigá-lo ao acordo: você tem de defender seu cliente. Mas muitas vezes há formas pelas quais você pode mudar o jogo, para vantagem mútua.

Um cliente talvez queira cogitar o uso de uma consultoria de negociação.[4] A consultoria de negociação significa simplesmente que um cliente tanto contrata um litigante como um negociador, às vezes de diferentes escritórios de advogados. O negociador designado, ou consultor jurídico de acordos, não tem autoridade para conduzir o litígio. Ele não toma depoimentos, não escreve sumários, nem discute atos processuais. Ele, fundamentalmente, se distancia do litígio, de modo a não se empolgar no calor da batalha. Se o outro lado deseja tratar de acordo, terá de se dirigir a ele.

O consultor de acordos, é claro, introduz um novo participante, com novos incentivos, informações, organização e problemas de comunicação. Embora a utilização da consultoria de negociação ajude a superar algumas das dinâmicas culturais e psicológicas que podem levar os advogados e clientes a serem capturados pelo litígio intensificador e prolongado, o advogado que cuida do acordo deve ainda se organizar com os advogados litigantes para avaliar o valor do caso do cliente e, nesse sentido, permanece ligado às alterações em curso destinadas a melhorar as possibilidades do cliente. O papel fica longe da perfeição. No entanto, em algumas situações, introduzir um novo advogado expressamente designado como negociador torna mais fácil, a esse advogado, comunicar o genuíno desejo que o cliente tenha de chegar a acordo.

As partes podem também explorar a substituição do processo de revelação formal pelo seu próprio regime de troca de informações. A revelação civil é um instrumento rude. Como nenhum dos lados deseja que informações essenciais escapem aos limites do fraseado de uma requisição ou se desprendam das perguntas feitas às testemunhas, as requisições de documento e os depoimentos são longos e abrangentes, necessitando, em geral, de dados irrelevantes. Ao trocar, no início, informações essenciais, as partes evitam esses custos. Habitualmente, é possível identificar duas ou três fontes fundamentais de informações cruciais na solução de uma disputa. Num caso de imperícia médica, cada lado pode se limitar a dois depoimentos e concordar em trocar documentos de inspeção médica e fichas correspondentes. Ou as partes podem, voluntariamente, concordar com um regime em que toda revelação deve ser completada em seis meses. Por exemplo, pode-se permitir a cada lado um número máximo de horas do tempo de depoimento, durante as quais apenas objeções à forma são colocadas. Ou as partes concordam em proibir o uso de interrogatórios controversos, que exijam mais do que uma simples resposta.

Evidentemente, um advogado pensará, com cuidado, na adequação ou não dessa revelação personalizada, e em quando é necessária. Se o advogado procura uma prova conclusiva, a revelação extensiva pode ser necessária. Mas quantos casos realmente envolvem provas tão dramáticas? A questão não é que os advogados devam abandonar as ferramentas tradicionais de sua atividade, mas que o uso dessas ferramentas deve ser uma escolha deliberada e antecipatória, não uma reação de reflexo patelar.

Introduzir *cedo* um mediador neutro e como terceira parte também pode ser um modo eficiente de resolver uma disputa de maneira relativamente rápida e de lidar com diferenças na avaliação do resultado líquido esperado.[5] Às vezes, as pessoas são mais francas com um neutro do que umas com as outras. Um neutro pode agir como um instrumento temporariamente confiado a terceiros, que compare, essencialmente, as informações particulares das partes, para saber se um acordo rápido é possível.[6] E um neutro, muitas vezes, ajuda as partes, por meio da avaliação de seu caso, e evidencia os custos do litígio tradicional.

Além disso, algumas vezes as partes querem submeter problemas específicos a um árbitro para rápida solução. Essa necessidade não significa franquear uma arbitragem completa, complexa e dispendiosa do caso todo. Em vez disso, você pode negociar cerca de nove em cada dez questões e submeter somente a décima a uma decisão.

O QUE EU GANHO COM ISSO?

Chegar a acordo cedo nem sempre parece ser de interesse do advogado. Pode haver enormes benefícios econômicos de curto prazo no litígio prolongado. Os colegas, num escritório de advogados, levantariam ceticamente as sobrancelhas, caso o advogado encerrasse "prematuramente" uma questão de litígio potencialmente lucrativo. E entrar em acordo cedo impõe certos riscos – a revelação adicional poderia fazer surgir uma prova que favorecesse um dos clientes. Um advogado que cogite um acordo cedo pode legitimamente perguntar: "O que eu ganho com isso?"

A pergunta gira em torno dos objetivos e hipóteses de um advogado. Caso você se dedique a servir aos interesses de seu cliente e confie na aptidão que ele tenha para tomar decisões, então trabalhar para um acordo cedo faz sentido. E se você admite que os clientes que recebem o que há de melhor o recompensam, seja a curto prazo, seja a longo, então resolver uma disputa rapidamente assemelha-se mais a um investimento num futuro acordo do que uma perda econômica.

Advogados e clientes também podem, evidentemente, criar incentivos para um acordo cedo dentro de sua relação. Um cliente pode oferecer a seu advogado um bônus por concluir o litígio antes da revelação. Embora o bônus, obviamente, não iguale as remunerações geradas pelo prolongamento do caso, nesse contexto ele pode contrabalançar a tensão entre o representado e o representante.

Use a análise das decisões para fazer uma avaliação realista do seu caso

Uma razão primordial por que os casos se resolvem tarde ou não se resolvem é que as partes têm expectativas divergentes sobre o que acontecerá no julgamento. Uma das tarefas básicas de um advogado na solução de disputas é encontrar meios de avaliar o caso de seu cliente eficaz e realisticamente. A análise das decisões pode ser uma ferramenta muito útil com essa finalidade.[7]

Para ilustrar o poder da análise de decisões consideremos o seguinte e simples exemplo. Dois meses atrás, Paula Jackson, caixa de um banco local, foi ferida num acidente de automóvel. Um carro dirigido por Steven Smith bateu no carro dela enquanto ela fazia uma curva para o lado esquerdo, num cruzamento movimentado. O acidente foi positivamente grave. Paula quebrou o joelho direito e o polegar direito, e seu carro foi seriamente danificado. Ela deixou de trabalhar por três semanas. Embora tenha voltado a trabalhar em tempo integral, ficou incapaz de executar algumas tarefas por causa do polegar. Seu médico esteve em dúvida quanto a ela recuperar a total mobilidade daquele dedo, em vista da gravidade da fratura.

No hospital, depois do acidente, Paula contou ao policial designado para investigar o caso que ela começava a curva para a esquerda, quando o sinal de tráfego estava amarelo para ela e todo o tráfego próximo parecia reduzir a velocidade, e que o carro de Smith surgiu sabe-se lá de onde e colidiu com o dela. Paula contou também ao policial que não estava usando o cinto de segurança no momento do acidente. Smith transmitiu, praticamente, a mesma versão dos acontecimentos. Disse à polícia que avançou mais depressa devido à luz amarela, e somente viu Paula quando era tarde demais. Duas testemunhas contaram ao policial da investigação que Smith parecia se deslocar bem acima da velocidade permitida quando entrou no cruzamento.

Paula e seu advogado avaliaram as oportunidades e os riscos do litígio sistematicamente, identificando as fontes de incerteza jurídica e calculando a quantidade dos riscos dessa natureza. Todo caso contém incertezas, na lei, nos fatos, no comportamento do outro lado, de um juiz ou do júri. A mente humana tem grande dificuldade de lutar com essa incerteza. Em vez de raciocinar com ela, as pessoas, de modo geral, só se valem da intuição. Os advogados não são exceção. Muitos advogados não fazem mais do que chegar a uma total sensação intuitiva de quanto vale o caso deles. Mas a intuição pode levar a erros. Como vimos no Capítulo 6, os advogados viram presa da superconfiança otimista sobre o que ocorrerá no julgamento, por não identificar as fontes fundamentais da incerteza jurídica e atribuir probabilidades a estas, ou sucumbir à aversão da perda, a percepções parciais ou à desvalorização reativa. O advogado de um querelante, por exemplo, pode dar peso indevido a um resultado altamente favorável, mas relativamente improvável, como um veredicto do júri de US$500 mil no caso de Paula.

Para evitar esses mal-entendidos, você tem de ter um modo sistemático de lidar com a incerteza. Recomendamos uma abordagem disciplinada, que identifique as questões isoladas referentes ao resultado líquido esperado do caso, estime em termos percentuais a possibilidade que tem um cliente de ser bem-sucedido em cada uma dessas questões e isole aquelas que exijam pesquisa adicional dos fatos e de caráter jurídico.

Suponhamos que depois de proceder a alguma pesquisa jurídica o advogado de Paula fique sabendo que, na jurisdição respectiva, um motorista negligente não seja responsável por danos causados, se atribuíveis à querelante que tenha deixado de usar o cinto de segurança. E que ele saiba também que os querelantes lesados podem reparar os prejuízos por dor e sofrimento, além dos alusivos a despesas médicas e pagamentos perdidos. Que venha, por fim, a saber que as indenizações punitivas não são viáveis, a não ser que o dano seja intencional. Então, o advogado de Paula tem uma compreensão básica dos problemas que se referem fundamentalmente ao resultado líquido esperado daquele caso. Esses fatores podem ser representados graficamente num *diagrama de dependência* (ver Figura 8).[8]

Um diagrama de dependência é uma ferramenta utilizada por analistas de litígio para identificar as mais decisivas incertezas e relações concernentes ao resultado líquido esperado do caso. Esses diagramas, habitualmente, fazem distinção entre *problemas básicos* (os que poderiam ser ordenados quanto à responsabilidade ou aos prejuízos) e *fatores de influência* (os que afetam as diferenças com que um problema básico será resolvido, de uma forma determinada). Em nosso exemplo, o problema básico com relação à responsabilidade é se Steven Smith transgrediu uma obrigação ordinária de cuidado com Paula Jackson. Os fatores de influência incluem a possibilidade de as duas testemunhas atestarem que viram Smith correndo para o cruzamento e a de o relatório da polícia – que conclui que o réu estava correndo – ser admissível e assim por diante.

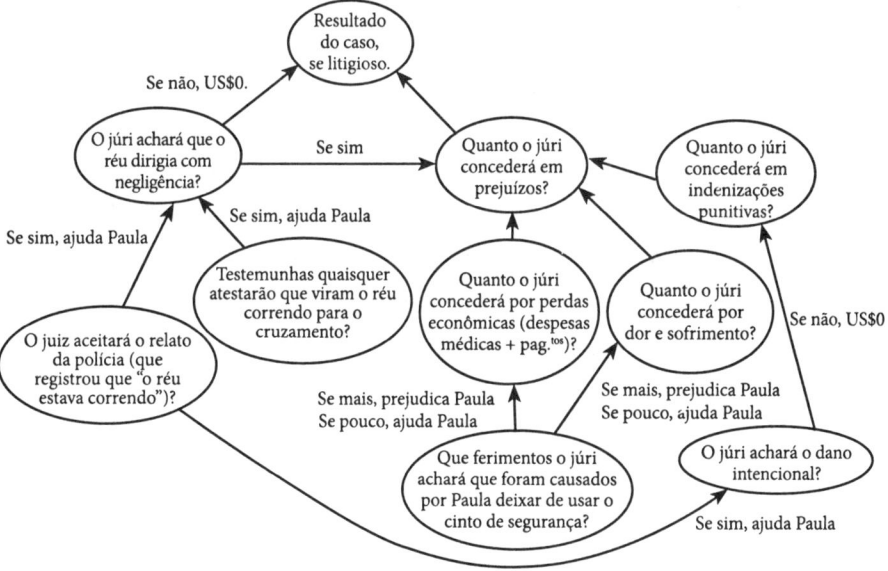

Figura 8

O próximo passo, para o advogado, é fixar estimativas percentuais para as possibilidades de Paula, no julgamento, prevalecer sobre os problemas relevantes. Nessa etapa, esses números são só estimativas grosseiras. No entanto, pensar probabilisticamente ajudará Paula e seu advogado a compreender melhor quanto vale o caso. Suponha-

mos que a seguradora ofereça um acordo de US$50 mil. Sem identifi-
car as fontes de incerteza jurídica e exprimir em quantidade o risco
jurídico, o advogado de Paula poderia recomendar que ela rejeitasse
a oferta de acordo por ser seu caso "extremamente forte". Ele poderia
mesmo dizer a Paula que, "se nós vencermos, quase certamente recu-
peraremos todos os seus US$100 mil em despesas médicas". Observe-
mos, aqui, que o advogado trabalha a partir de uma avaliação intuitiva
do resultado líquido esperado e se comunicando com a cliente numa
linguagem simples, mas altamente imprecisa. Para o advogado, o conselho parece bom. A diferença de recuperar US$100 mil parece alta, e
US$100 mil é muito melhor do que US$50 mil.

Mas para ser sistemático a propósito da decisão o advogado de
Paula deve identificar os fatores relevantes que se referem ao resultado
líquido esperado do caso e atribuir probabilidades a eles. Ela poderia
analisar a decisão do entendimento utilizando uma árvore de decisão.
Um ramo representaria o acordo; o outro representaria a continuação
para o julgamento (ver Figura 9). O objetivo de decompor as escolhas
dessa maneira explícita é ajudar advogados e clientes a comparar os
benefícios incertos de continuar até o julgamento com a oferta de um
acordo concreto.

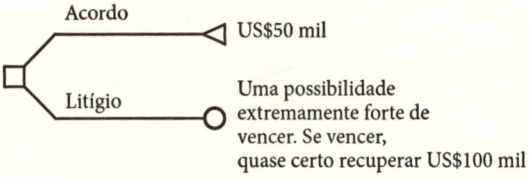

Figura 9

A fim de valorizar o caso de Paula, seu advogado deve estimar a probabilidade de sucesso. Admitamos que, quando ele diz que o caso é "extremamente

forte", ele quer dizer que há cerca de 80% de possibilidades de o júri considerar Smith negligente. Se isso for a única incerteza, o valor esperado do caso é de, aproximadamente, US$80 mil (US$100 mil x 0,8; ver Figura 10).

Figura 10

Mas na maior parte dos casos há diversas fontes de incerteza. Suponhamos que Paula peça a seu advogado para atribuir uma probabilidade à sua previsão de que é "quase certo" ela recuperar todas as despesas médicas, se vencer. O advogado de Paula explicaria que há uma pequena possibilidade – 10% – de que o júri não recompensará os prejuízos, mesmo se Smith tiver sido negligente, por ter o júri concluído que todos os danos de Paula ocorreram como resultado de ela não estar usando o cinto de segurança. Essa remota possibilidade reduz o valor esperado do caso para US$72 mil (0,8 x 0,9 x US$100 mil; ver Figura 11).[9]

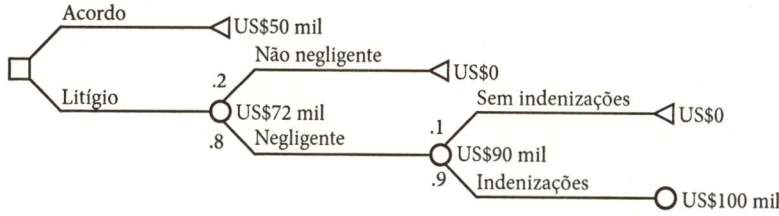

Figura 11

Embora o caso de Paula ainda seja "extremamente forte" e "quase certo" ela recuperar todas as perdas econômicas, a oferta de acordo de US$50 mil parece muito mais atraente do que inicialmente. Em vez de pensar em torno de US$100 mil, Paula e seu advogado estão, agora, se concentrando num valor esperado mais realista, de US$72 mil.

São possíveis outros refinamentos. O advogado de Paula deve admitir como fatores os custos de transação e o valor da moeda na época. Se os custos de continuar até o tribunal forem de US$20 mil, o valor para Paula de manter o caso em litígio cai para US$52 mil (ver Figura 12). O valor da moeda na época pode reduzir ainda mais o resultado líquido esperado.

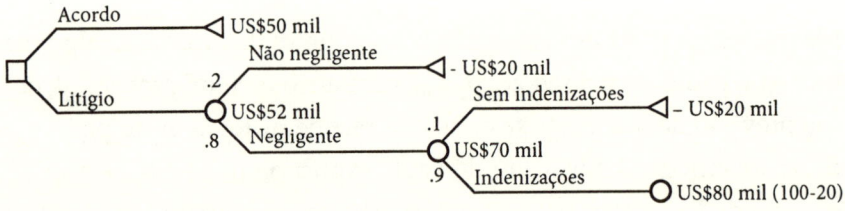

Figura 12

O valor da moeda na época é um princípio básico de finanças pelo qual US$1 hoje vale mais do que US$1 um ano depois. O motivo é que um investidor racional pode investir esse US$1 de hoje num certificado de depósito bancário, num título ao portador ou numa participação acionária e esperar receber uma retribuição um ano depois.[10] Como os julgamentos levam tempo, e Paula não receberá seu dinheiro até o caso estar concluído, o advogado de Paula tem de converter os esperados US$52 mil em dólares do dia, descontando-o. Se ela admitir que o pagamento de uma recompensa julgada ocorreria em um ano, e que a taxa de desconto aplicável seria de 5%, o valor presente da retribuição do litígio esperado por Paula seria de US$49.524 (US$52 mil ÷ 1,05). Se a taxa de desconto apropriada fosse de 10%, então o valor presente seria, evidentemente, mais baixo, de US$47.273.

Por fim, o advogado de Paula deve considerar as preferências de risco que ela tem. Quando os clientes são avessos aos riscos, seu valor de reserva será provavelmente menor do que o resultado líquido esperado por uma quantia conhecida como *gratificação de risco*. Em muitos (e talvez na maioria) dos casos, os clientes serão avessos aos riscos. Do ponto de vista de um réu, por exemplo, se os prejuízos em jogo envolverem uma porcentagem significativa dos bens do réu, este poderá estar disposto a impedir a possibilidade de uma perda catastrófica no julgamento. Em outros casos, os clientes podem ser neutros para com os riscos ou até interessados em riscos. Nessas situações, um advogado deve deixar suas próprias preferências de risco ditar suas recomendações de acordo.

O valor esperado traduz-se num *equivalente de certeza adaptada aos riscos*. A árvore das decisões da Figura 12, por exemplo, sugere que o litígio exige que Paula enfrente a incerteza sobre: (1) se Steven será considerado negligente e (2) se, nesse caso, um júri concederá indenizações. O valor presente líquido dessa transação, descontado o tempo, é de US$49.524. Poderia ser perguntado a Paula: por que quantia em dólares você ficaria indiferente entre assumir essa transação e aceitar um pagamento garantido? Se Paula fosse neutra para com os riscos, essa quantia seria de US$49.524. Mas como é avessa aos riscos, ela poderia informar que essa quantia é de US$45 mil, seu equivalente de certeza adaptada aos riscos.

Observemos o efeito potencialmente dramático da análise de litígio sobre as percepções da oferta de acordo por um cliente e seu advogado, embora ambos ainda possam acreditar que têm um caso muito forte. Nesse exemplo, altamente estilizado, mostra-se que a oferta de acordo de US$50 mil é *mais alta* do que o valor líquido esperado do caso. Ao usar a análise sistemática e a teoria da probabilidade para incorporar a intuição do consultor jurídico a respeito

da diferença de sucesso nas questões fundamentais, o advogado de
Paula salvou sua cliente de rejeitar imediatamente uma oferta razoável de acordo.[11]

A análise de decisões não elimina os efeitos potencialmente defor-
madores da tendência à superconfiança, como se descreveu no Capítulo
6. A análise é apenas tão boa quanto os julgamentos que inspiram as
avaliações probabilísticas incorporadas. A cautela em torno da "presença ou não de lixo" aplica-se claramente. Mas o melhor da análise de decisões é que obriga advogados e clientes a serem explícitos acerca dos
julgamentos críticos. Isso pode servir para melhorar a comunicação e
atenuar a tensão de representado e representante entre um advogado e o
cliente. Ao exigir que o advogado exprima a quantidade de seus julgamentos jurídicos, o cliente pode, com mais facilidade, avaliar se é sensato investir mais adiante em litígio.

Construa uma árvore de decisões conjunta

Pode ser útil, à mesa, construir em conjunto uma árvore de decisões.
Isso ajuda a concentrar os advogados nas questões definidas que eles
consideram preparatórias no litígio, para esclarecer o que cada lado vê
como forças e fraquezas do caso, e acentuar que passos precisam ser
dados para produzir expectativas convergentes sobre o que acontecerá
no julgamento.

Uma árvore de decisões conjunta não é difícil de criar. Primeiro,
ambas as partes trabalham juntas para ver se podem concordar sobre a
estrutura da árvore. Que problemas o litígio suscitará? Embora dese-
nhar uma árvore seja, de modo geral, positivamente fácil, o passo seguinte é mais difícil. Os advogados discutem suas respectivas avaliações
das diferenças para cada questão.

Alguns advogados podem temer, com alguma razão, que revelar
francamente sua honesta avaliação do caso ao outro lado prejudicará

seu cliente, sobretudo se o consultor jurídico oposto não retribuir. Não desejamos comentar o problema estratégico apresentado por esse tipo de troca de informações. Falar sobre as oportunidades e os riscos do litígio também envolve a primeira tensão generalizada. Mas, mesmo se ambas as partes não se mostrarem tão francas quanto às diferenças ligadas às dificuldades específicas, o processo pode revelar que incertezas têm mais impacto sobre o resultado líquido esperado.

Construir uma árvore de decisões conjunta ajuda a reduzir os hiatos de expectativa. Além disso, tentar construir uma árvore de decisões *pode* produzir benefícios estratégicos. Ela oferece aos advogados uma oportunidade de "desmascarar" o consultor jurídico oposto, se ele revelou francamente suas opiniões sobre as oportunidades e os riscos do litígio. O advogado de Paula, por exemplo, poderia pôr à prova a afirmação da seguradora de que a lei naquela jurisdição não é clara. Ele poderia mencionar a seguradora para a autoridade competente e perguntar por que tal lei é obscura ou inconvincente. Se a seguradora não puder apresentar motivos, ou caracterizar os casos com elementos vagos, o advogado de Paula poderá continuar a afirmar sua análise original da lei.

Por outro lado, se a seguradora apresentar uma argumentação razoável ou citar uma autoridade controladora, o advogado de Paula estará capacitado para precisar exatamente em que a interpretação da lei pela seguradora difere da dela. Isolar desse modo a finalidade da discrepância é útil. Suponhamos que a seguradora afirme que, embora a lei seja um tanto obscura, será mais provável o tribunal decidir que, se a autora deixou de usar um cinto de segurança, ela não pode obter indenização, sob a doutrina da culpa concorrente. Suponhamos, mais adiante, que este é o único problema jurídico importante sobre o qual os dois advogados discordam. Eles poderão, então, voltar-se para a procura de um meio eficiente de resolver esse impasse – talvez concordando em contratar um especialista para dar uma opinião exclusivamente sobre esse problema.

Construir uma árvore de decisões conjunta pode também identificar fatos disputados. Em alguns casos, o padrão jurídico dominante é relativamente direto, e o desacordo das partes concentra-se em como a lei será aplicada a seus fatos específicos. No caso de Paula, por exemplo, os litigantes, normalmente, utilizariam testemunho especializado quanto a terem ou não os danos de Paula sido causados por não ser utilizado o cinto de segurança. Os advogados que solucionam problemas poderiam evitar a despesa e a demora desse processo procurando maneiras criativas de produzir expectativas convergentes acerca de como um júri resolveria essa questão. Por exemplo, Paula e seu advogado poderiam entrar em acordo com a seguradora no sentido de contratar um especialista independente para examinar a ficha médica de Paula e fazer uma avaliação sobre a extensão dos prejuízos do cinto de segurança. Essa estimativa pode levar um dos lados, ou os dois, a rever sua opinião sobre o que o júri faria. Se as partes estiverem predispostas, concordarão em se *ligar* pela determinação do especialista independente.

NEGOCIAÇÃO COM BASE NOS INTERESSES

Ao admitir que suas negociações do resultado líquido esperado estão a caminho, como transformá-la em uma negociação baseada nos interesses, caso a situação permita a conversão da disputa num acordo? E, uma vez que a negociação tem como base os interesses, o que você faz?

Mudança para a negociação com base nos interesses

Convidar o consultor jurídico oposto a explorar a oportunidade para criar valor à mesa baseada nos interesses pode parecer arriscado. Ambos os lados ficam relutantes em partilhar interesses, já que se acham entrincheirados em litígio. A mesa, baseada nos interesses, apresenta uma nova noção que pode ser difícil, para alguns advogados e clientes, aceitar: a solução dessa disputa é uma oportunidade de encontrar negócios que criem valor, bem como um tempo para levar a guerra adiante.

Por esse motivo, aconselhamos os advogados interessados em mudar para a negociação com base nos interesses a transmitir três mensagens explícitas às suas contrapartes. Primeiro, procurar acordos pode ser bom para os dois lados. Mudar para a negociação com base nos interesses reforça a relação entre as partes, facilita os acordos de criação de valor e alivia as tensões distributivas nas negociações do resultado líquido esperado. Segundo, procurar acordos não exige ou implica um cessar-fogo. O litígio continua, e uma parte não precisa revelar informações, nas negociações baseadas nos interesses, que julgue capazes de minar sua posição em negociações do resultado líquido esperado. Por fim, discutir interesses não indica fraqueza. Na verdade, uma disposição para alargar a finalidade das negociações pode ser concebida como um sinal de força e confiança.

À procura de acordos

Se o outro lado estiver disposto a tentar converter sua disputa num acordo, você, primeiro, deve negociar um processo. Se você refletir cuidadosamente sobre os interesses do outro lado e propuser opções que vão ao encontro desses interesses, ficará tentado a desvelar todas as suas ideias de uma vez, como: "Sei o que você realmente quer e consegui a solução que lhe dá o que você quer." Esta é uma tendência perigosa, e é improvável que funcione. Mesmo se você tiver presumido corretamente os interesses do outro lado, é possível que ele rejeite o que você propõe, seja por não lhe ter sido dada uma oportunidade para falar por si mesmo, seja por causa da desvalorização reativa.

Em vez disso, explore conjuntamente o que interessa a cada lado e suas razões, bem como o que cada lado espera ser alcançado pela ação judicial. Pense amplamente, não incluindo apenas interesses óbvios relacionados à ação, como "chegar a acordo rapidamente" ou "receber boa compensação". Considere, também, os interesses além da finalidade do litígio. Se duas transações comerciais estão envolvidas, quais são seus interesses comerciais em geral? Vender mais produtos? Atrair mais clientes? Expandir-se geograficamente? Especializar-se em algum setor? Reduzir custos? Quais são os interesses dos indivíduos que fazem esses negócios? Que sinergias existem? Pode um dos lados fornecer ao outro lado bens ou serviços de uma forma mutuamente vantajosa? Que diferenças existem entre as partes em recursos, capacidades e preferências. Como elas podem negociar com essas diferenças?

Em alguns casos, as partes têm importantes interesses além da quantia em dólares das indenizações em debate. Um réu, num processo de discriminação no emprego, pode estar ansioso a respeito de sua reputação. Autores que apresentam uma queixa de direitos civis contra um departamento policial estão interessados numa admissão de mau procedimento, na mudança das práticas policiais e das polícias no futuro. O vendedor sob um contrato de fornecimento a longo prazo pode ter interesse em firmar um programa de entrega mais flexível, para corresponder às mudanças do mercado.

Cogite, também, envolver os clientes mais na negociação com base nos interesses do que na do resultado líquido esperado. Evidentemente, se um procurador se acostumou às negociações que se concentram na avaliação do resultado líquido esperado do litígio, ele pode não ficar à vontade em ter os clientes desempenhando um papel ativo à mesa de barganhas. Renunciar ao controle pode ser difícil. Mas, como observamos, os clientes, muitas vezes, compreendem melhor seus interesses e as prioridades relativas entre tais interesses do que seus advogados, podendo, com frequência, ser muito prestativos na negociação com base nos interesses.

Finalmente, considere os terceiros que se envolvam na procura de negócios. A tendência, na solução de disputas jurídicas, é se concentrar somente nas pessoas ou instituições que são chamadas partes no litígio e esquecer que cada lado tem muitas outras relações que podem ser afetadas pela ação judicial. Acrescentar alguns desses jogadores na negociação com base nos interesses pode ser proveitoso. Se, por exemplo, um proprietário de edifício e um empreiteiro geral disputam sobre pagamento, eles incluirão um funcionário da instituição de crédito que subscreve o projeto para participar de sua negociação. Se eles encontrarem um negócio de criar valor que exija crédito adicional, esse funcionário será indispensável para tornar possível sua solução criativa. Do mesmo modo, numa disputa entre coautores sobre problemas de direitos autorais, será proveitoso incluir um representante do editor. Enquanto o quadro da negociação se amplia, as partes de fora podem ser essenciais para delinear negócios refinados.

A administração de conflitos potenciais entre as duas mesas

As negociações à mesa do resultado líquido esperado nem sempre correm regularmente. Uma parte, ou as duas, pode tornar-se hostil ao não conseguir suportar uma postura de solução dos problemas. Em tais casos, as negociações de resultado líquido esperado podem se chocar desfavoravelmente com o relacionamento entre as partes e impedi-las de procurar negócios. Como você pode evitar isso?

Primeiro, discuta logo esse perigo. Seja explícito sobre a possibilidade de a tensão na negociação do resultado líquido esperado envenenar a atmosfera na negociação com base nos interesses. Se necessário, repita essa discussão em todas as negociações do resultado líquido esperado. Se as coisas esquentarem, um advogado ou cliente da solução de problemas deve tentar limitar os conflitos à mesa do resultado líquido esperado de modo que eles não sejam despejados sobre as discussões à mesa com base nos interesses.

Segundo, pode ser útil separar as duas negociações tanto no tempo quanto no espaço. Você poderia, primeiro, se empenhar numa completa negociação de resultado líquido esperado, fazer uma pausa e, em seguida, proceder à negociação com base nos interesses. Se a pausa for suficientemente longa, as alteradas disposições à negociação do resultado líquido esperado podem se acalmar, tornando possível a negociação com base nos interesses. Ou você pode desejar fazer os dois tipos de negociação ocorrerem em diferentes salas para ajudar a distanciá-las no pensamento de cada lado.

Terceiro, tente dividir entre advogados e clientes a responsabilidade de negociar nas duas mesas: os advogados trabalham na negociação do resultado líquido esperado e os clientes na negociação com base nos interesses. Onde há tão clara divisão de trabalho, as negociações podem continuar ao longo de ambas as trilhas simultaneamente.

Quarto, considere as normas para a troca de informações entre as negociações. Essas normas devem ser projetadas para manter conhecidas as informações nas duas mesas separadas. Essa técnica funciona melhor em casos complexos, em que muitos jogadores estão envolvidos e em que jogadores diferentes estão negociando em cada mesa. Em tais casos, um anteparo pode ser colocado entre as diferentes equipes de negociadores, de modo que nenhuma das mesas esteja a par do que a outra está fazendo, até o processo praticamente se completar.

Um exemplo: a Digital contra a Intel

O acordo de outubro de 1997 do processo de violação de patente movido pela Digital Equipment Corporation contra a Intel ilustra como uma disputa pode, às vezes, se transformar numa oportunidade para fazer acordos, mediante negociações com base nos interesses. A disputa é digna de nota, quer pelas substanciais somas em jogo, quer pela criatividade demonstrada – principalmente pelos clientes – na solução do processo. Em maio de 1997, para surpresa dos analistas da indústria, a Digital entrou com uma ação de violação de patente contra a Intel, a principal fabricante de circuitos integrados de computadores do mundo. A Intel foi uma fornecedora fundamental de circuitos integrados para a linha de computadores pessoais da Digital, e tinha uma reputação de defender vigorosamente sua propriedade intelectual. A Digital alegou que a Intel, ao desenvolver os microprocessadores de seu Pentium, apropriara-se indevidamente de tecnologia relacionada com o microprocessador Alpha, da Digital.[12] Os circuitos integrados do Pentium estavam rendendo à Intel perto de US$20 bilhões em vendas por ano. Em dois dias, o preço das ações da Intel caiu, enquanto os analistas calculavam que as pretensões da Digital, se fidedignas, valeriam bilhões de dólares.[13]

A disputa entre as duas companhias intensificou-se rapidamente. O presidente da Digital, Robert B. Palmer, falou, mais tarde, da decisão de acionar a Intel: "Eu não esperava que isso melhorasse nosso relacionamento."[14] Pouco mais de duas semanas depois a Intel entrou com sua própria ação judicial, pedindo a devolução de documentos fornecidos à Digital sob acordos de não divulgação que continham informações que a Digital precisava para produzir computadores que fizessem funcionar o mais novo microprocessador da Intel.[15] Os novos computadores da Digital deviam ser montados no início de 1998, mas sem esses documentos a linha de montagem da Digital seria interrompida drasticamente. A Intel também informou à Digital que não renovaria o contrato para fornecimento a longo prazo de processadores Pentium, Pentium Pro e Pentium II, da Intel, uma vez que tal contrato expirava no terceiro trimestre de 1997, e que ela encerraria toda a cooperação tecnológica informal entre as duas empresas.[16] Era uma notícia arrasadora para a Digital, que dependia fundamentalmente do acesso aos circuitos integrados do Pentium. No ano fiscal de 1997, a Digital vendeu US$2,2 bilhões em computadores pessoais instalados com circuitos integrados da Intel, mais de um quarto do total de suas vendas de produtos naquele ano.[17]

Passado um mês da ação original, a Intel retaliou, sustentando que o microprocessador Alpha da Digital continha indevidamente a tecnologia da Intel.[18] Por sua vez, a Digital sustentou que a Intel estava usando poder de monopólio para exigir restituição de informações técnicas sobre os circuitos integrados, uma pouco velada acusação de que a Intel possivelmente estava violando as leis antitruste.[19]

A maioria dos analistas jurídicos e da indústria acreditou que, por mais forte que fosse a pretensão inicial da Digital, nenhum tribunal jamais atenderia à sua solicitação de um mandado que proibisse a Intel de vender circuitos integrados Pentium. Quanto ao mérito das pretensões da Digital, havia divergência generalizada. As equipes técnica e jurídica da Digital concluíram, ambas, que a Intel violara as patentes.[20] Essas equipes indicaram também que uma ação judicial causaria pressão sobre a Intel da Comissão Federal de Comércio, que investigara a empresa anteriormente, por possíveis violações antitruste. Além disso, pelo menos aos olhos de alguns analistas da indústria, o fato de um dos principais advogados de patentes do país, Herbert Schwartz, ter concordado em representar a Digital dava a entender que o caso da Digital tinha algum mérito.[21] Ainda, segundo relatos da imprensa, o presidente da Digital, Robert Palmer, acreditava firmemente que a violação de patente da Intel era o motivo mais importante do fracasso comercial do circuito integrado Alpha, cujo desenvolvimento ele dirigira e patrocinara durante anos. Por fim, o conselho dos diretores da Digital, embora preocupado com a reação da Intel, resolveu que o caso tinha mérito suficiente para prosseguir.[22]

The Wall Street Journal noticiou que "alguns, no campo da Intel, temiam que as pretensões da Digital pudessem ter algum mérito".[23] A maioria dos analistas jurídicos e da indústria rejeitou as alegações em contrário da Intel como infundadas, mas observou que elas alongariam o litígio. Fosse como fosse, a Intel ficou sabendo que estava enfrentando a real possibilidade de que um tribunal declarasse a violação e impusesse indenizações de centenas de milhões de dólares. Dito isso, contudo, qualquer sentença determinada por um tribunal sobre dinheiro ficava muito longe. O circuito integrado Pentium poderia estar obsoleto por essa época, o que superaria as indenizações da Digital. O valor de qualquer pagamento seria reduzido pelo valor da moeda na época. E um relacionamento antagônico prejudicaria demais as vendas de computadores pessoais da Digital no futuro. Os riscos e as oportunidades do litígio, reunidos, são mostrados no quadro 18.

Riscos e oportunidades na negociação do resultado líquido esperado

Digital

+ Alguma possibilidade (10-40%) de recuperar centenas de milhões de dólares em indenizações.

+ A CFC poderia dar outra olhada nas práticas da Intel no mercado de circuitos integrados.

– Improvável ganhar o mandado que proibisse a Intel de montar circuitos integrados Pentium.

– Quaisquer indenizações seriam concedidas muitos anos mais tarde.

– A tecnologia dos circuitos integrados Pentium poderia ficar obsoleta em poucos anos.

– A incerteza causada pelo litígio poderia assustar os investidores.

– A Intel acabaria com o *status* da Digital de mais prestigiada do país, dificultando a capacidade da Digital de vender computadores pessoais.

Intel

– Possibilidade extrema de ter de pagar centenas de milhões ou mesmo bilhões de dólares.

– Imagem desfavorável.

+ Pequena possibilidade de prevalecer sobre as alegações em contrário.

Quadro 18

As partes tinham outros importantes interesses em jogo. A Digital interessava-se pela concepção direta de um novo circuito integrado de alta qualidade, projetado numa *joint venture* entre a Intel e a Hewlett-Packard. Esse novo circuito integrado, de codinome Merced, foi programado para ser divulgado em 1998 e competiria com o circuito integrado Alpha, da Digital.[24] Este último acumulara apenas modestas vendas, desde o início. Na verdade, nos diversos anos passados, a fábrica de processamento dos semicondutores em que o circuito integrado Alpha foi produzido perdera US$100 milhões, e a Digital gastara aproximadamente US$250 milhões por ano para aperfeiçoar o recurso, que funcionava entre a metade e dois terços da capacidade. A Digital também tinha interesse em receber descontos prioritários em todos os circuitos integrados da Intel, a fim de elevar a competitividade das vendas de seus computadores.

A Intel, evidentemente, estava ansiosa para limitar as perturbações do litígio e eliminar a possível competição futura entre o Alpha e o Merced. A Intel também desejava elevar seu desempenho nos mercados de computadores não pessoais e portáteis, onde fora historicamente fraca, pelo fato de seus circuitos integrados tenderem a gerar calor em demasia. Os interesses das partes fora da finalidade de seu litígio são mostrados no quadro 19.

É assim que as coisas estavam quando, em outubro de 1997, foi anunciado um acordo que o diretor-geral de operações da Intel descreveu como "ganha-ganha".[25] O acordo capitalizava interesses dos dois lados. A Intel concordava em comprar por US$700 milhões a fábrica em que o circuito integrado Alpha foi feito, conceder licença ao circuito integrado Alpha da Digital por aproximadamente US$200 milhões durante quatro anos e produzir o circuito integrado para a Digital durante sete anos.[26] Além disso, a Intel concordou em oferecer à Digital descontos em todos os seus circuitos integrados, que os analistas estimaram valer US$100 milhões, ao longo de sete anos.

Interesses da Digital	Interesses da Intel
• Melhorar a probabilidade das vendas do Alpha.	• Evitar responsabilidade e reduzir ao mínimo as despesas jurídicas.
• Obter descontos em todos os circuitos integrados da Intel.	• Garantir comprador para o circuito integrado Merced, para computadores de alta qualidade.
• Eliminar perdas da produção.	• Obter nova tecnologia para processadores portáteis que não são do PC.
	• Obter de modo barato o recurso de um novo semicondutor

Quadro 19

Por outro lado, a Intel adquiriu o recurso de um semicondutor do mais alto nível tecnológico por menos da metade do US$1,5 bilhão que custaria comprar um novo recurso, e adquiriu também todo o empreendimento de circuitos integrados não-Alpha da Digital, inclusive os direitos para o StrongARM, um processador bastante apreciado, utilizado em computadores portáteis e telefones celulares. Além disso, a Digital anunciou que trabalharia com a Intel para tornar o sistema operacional Digital's Unix compatível com o circuito integrado Merced, o que implicava um endosso implícito do Merced. Embora o Alpha ainda fosse produzido por mais sete anos, com o correr do tempo o circuito integrado Merced não teria um sério competidor.[27]

CONCLUSÃO

O que podemos aprender com esse acordo? Primeiro, dispostas a realizar negociação com base nos interesses, ambas as partes obtiveram resultados melhores do que o resultado líquido esperado no julgamento. Mesmo que a Digital ganhasse uma sentença de US$500 milhões, não receberia da Intel o status de favorita do país, ou compraria a fábrica do seus circuito integrado Alpha. E ela, mais provavelmente, perderia dinheiro adicional enquanto o litígio continuasse, por causa da decisão da Intel de eliminar a Digital da utilização futura de circuitos integrados Pentium. Quanto à Intel, acabou com um pequeno, mas não inexpressivo, risco de responsabilidade pelas centenas de milhões de dólares, ao mesmo tempo que adquiriu uma nova fábrica e nova tecnologia, enquanto oferecia à Digital descontos em toda a série dos circuitos integrados Pentium – a mesma espécie de negócio que já havia fechado com outros poucos fabricantes de computadores pessoais.

Segundo, o inovador acordo entre as partes não era algo que um tribunal pudesse ter determinado. As únicas questões em jogo à mesa do resultado líquido esperado eram se a Intel violara as patentes da Digital e que indenizações seriam concedidas, caso a responsabilidade fosse declarada. Assim, negociando com base nos interesses, as partes voltavam-se para preocupações que não podiam ser conhecidas ao se enfocar apenas o resultado líquido esperado do litígio.

Terceiro, o exemplo ilustra que a criação de valor com base nos interesses pode ocorrer ao lado de um comportamento altamente afirmativo nas negociações do resultado líquido esperado. Desde o começo, ambas as partes empenharam-se em guerra na negociação do resultado líquido esperado, sem qualquer restrição. Por exemplo, *The Wall Street Journal* noticiou que a Digital passara muitos meses "imaginando como surpreender a Intel [e] calculara que, entrando com uma ação no tribunal de Worcester, [Massachusetts,] não (...) longe do quartel-general [da Digital], conseguiria um júri simpático, assim como um tribunal com um número de casos relativamente pequeno".[28] A Intel, por sua vez, entrava com um contraprocesso na Califórnia, longe da base de operações da Digital, e com outra ação no Oregon. A Digital tendeu a atacar algumas das pretensões da Intel como intempestivas; a Intel se inclinou para o julgamento sumário, em suas pretensões na Califórnia;[29] e ambos os lados contrataram importantes advogados de patentes, divulgando afirmações que refletiam sua intenção de debaterem o caso até o fim.[30]

Quarto, o exemplo reafirma a importância de envolver os clientes em negociações com base no interesse. De fato, não fica claro se os advogados encarregados do litígio estão substancialmente envolvidos em qualquer conversa baseada nos interesses. O acordo, a princípio, foi entabulado num jantar de numerosos diretores de ambas as empresas.[31] Quando os diretores da Intel ficaram sabendo que a Digital podia estar interessada em vender o circuito integrado Alpha, as discussões recorreram ao presidente da Digital, Robert Palmer, e ao diretor-geral de operações da Intel, Craig Barrett.[32] Em junho de 1997, Palmer e Barrett se encontraram para discutir o acordo e elaborar seus termos preliminares. O acordo final foi negociado pelos dois homens e seus diretores financeiros. Os advogados foram mantidos a par do processo, mas os clientes, de modo geral, se encarregaram pessoalmente dos assuntos, à mesa baseada nos interesses.

Finalmente, o exemplo ilustra como os litigantes podem criar valor explorando opções que não têm nenhuma relação com os problemas envolvidos em sua disputa jurídica. Como dissemos, não há nenhuma garantia de que uma negociação com base nos interesses se mostrará frutífera. Mas as partes podem abandonar muito valor sobre a mesa, se deixarem de tentá-la.

10

Aconselhamento
para a realização
de acordos

PETER FRENCH, DE 42 ANOS, É VICE-PRESI-
dente do departamento agroquímico de uma grande empresa nacional. Ele
acaba de receber a proposta de um novo emprego, de vice-presidente administrativo e diretor-geral operacional da Montero West Corporation, empresa de biotecnologia, de médio porte e capital aberto, sediada em Denver,
Colorado. A Montero West produz agroquímicos, inclusive pesticidas e her-
bicidas, bem como sementes geneticamente modificadas, espécies selecionadas e alguns produtos farmacêuticos.

Há três meses Peter foi contatado por um recrutador de pessoal que
providenciou um encontro seu com o presidente e diretor-geral da Montero West, Henry Phills, e com uma comissão avaliadora de diretores dessa
empresa. A família Phills controla a maioria das ações da Montero West,
que foi fundada pelo avô de Henry. Peter é cogitado para o segundo posto
de comando, com amplas responsabilidades operacionais no dia a dia.
Henry, que tem agora 60 anos de idade, espera aposentar-se aos 65 anos.
Embora Peter seja informado de que não pode haver nenhuma garantia,
Henry e a diretoria lhe deram a entender que, quando Henry se aposentas-
se, Peter seria o principal candidato a presidente.

Henry e Peter acertaram as condições financeiras fundamentais da
proposta da Montero. Em nome da empresa, Henry enviou a Peter uma

"carta de intenção sem compromisso", resumindo o acordo, que compreendia o seguinte:

- "Você será vice-presidente e diretor-geral operacional, subordinado diretamente ao presidente e à diretoria";
- "Você receberá um salário-base anual de US$475 mil, com uma bonificação adicional de incentivo anual, a critério da Comissão de Compensação da Diretoria, que a fixará";
- "Ao ser contratado, você receberá opções para adquirir 100 mil ações da Montero West, ao preço corrente de US$30 cada ação. Vinte por cento dessas ações serão adquiridos a cada ano, ao longo de cinco anos";
- "A critério da Comissão de Compensação da Diretoria, opções adicionais também poderão ser-lhe concedidas no futuro, anualmente";
- "Você receberá também o conjunto regular de benefícios para diretores, inclusive plano de saúde, seguro de vida, seguro contra invalidez e benefício de aposentadoria. A empresa também concorda em pagar suas despesas de transferência aceitáveis";
- "Nosso acordo será formalizado em um contrato de trabalho por escrito, com prazo de cinco anos."

Para representá-lo na negociação do contrato de trabalho, Peter recorreu aos serviços de Janice Dobson, sócia de um escritório de advocacia de porte médio, em Denver. A Montero West encaminhou o assunto a Bill Stodds, sócio do escritório de advocacia em Denver, que é seu consultor jurídico externo, para que tratasse do contrato em seu nome.

A REVISÃO DAS OPORTUNIDADES E OS DESAFIOS AO FAZER ACORDOS

Neste capítulo nossa atenção concentra-se na melhor maneira de os advogados adotarem uma atitude voltada para a solução de problemas, ao negociar a linguagem jurídica usada para fechar negócios. Em muitas transações, como no nosso exemplo, os clientes já negociaram um acordo preliminar das condições básicas, sem o envolvimento direto de advogados. Os clientes incluem advogados na transação para elaborar os documentos escritos que formalizem o acordo.

Por que pode ser mais fácil negociar do que disputar

Até certo ponto, a solução de problemas deveria ser mais fácil ao fazer acordos do que ao conciliar disputas. Ao fazer acordos, as partes veem a possibilidade de ganhos comuns e criação de valor quase por definição. As partes iniciam negociações porque se veem em melhor situação ao transacionarem juntas do que se não o fizerem. Elas querem que o acordo se complete e querem conquistar o valor da transação pretendida. Assim, todo o empreendimento de fazer acordos é frequentemente voltado para a criação de valor.

Segundo, ao negociar, os representados, com frequência, chegam a um acordo sobre as dimensões distributivas de muitos pontos importantes antes que advogados sequer intervenham na negociação. Peter e Henry, por exemplo, acertaram as condições básicas mais destacadas do seu acordo: o valor do salário, a duração do contrato e assim por diante. Embora restem aos advogados muitos pontos a tratar, é provável que as partes considerem esses pontos secundários em relação às relevantes condições centrais que já foram abordadas.

Terceiro, ao fazer acordos, as partes, com frequência, preveem que terão um relacionamento de trabalho futuro. Peter e Henry, por exemplo, esperam trabalhar juntos pelos cinco anos seguintes. Nenhum dos dois quer que a negociação sobre a contratação de Peter prejudique esse relacionamento inicial. Em casos como esse, em que a sombra do futuro é longa, os clientes podem ser menos tentados a agir por oportunismo ou pressionar pelo que poderia ser percebido como ganho distributivo despropositado. É mais provável que eles colaborem para resolver as divergências de forma amistosa, justa e eficiente.[1]

Por fim, a solução de problemas pode ser mais fácil em negociações do que em disputas, porque frequentemente os advogados têm um incentivo econômico para concluir acordos. Advogados comerciais, ainda que em geral pagos por hora, quase sempre reduzem seus honorários de forma significativa se uma negociação fracassa, e podem receber uma bonificação se o acordo seguir adiante. A realidade é que alguns advogados serão pagos somente quando e se o acordo se completar. Ao contrário de um litigante que é pago por hora e receberá menos se houver um acordo antecipado, advogados negociadores em geral têm forte incentivo para alcançar um acordo negociado.

Os desafios para os advogados ao fazer acordos

Apesar dessas vantagens de fazer acordos sobre conciliar disputas, a negociação da linguagem de documentos que completarão um negócio é muitas vezes difícil. Os advogados enfrentam dois desafios básicos. Primeiro, eles devem comunicar-se com os clientes de forma clara acerca dos riscos que podem afetá-los ao longo do caminho. Segundo, devem lidar com o desafio estratégico inerente a todas as negociações: o que denominamos de primeira tensão.

A COMUNICAÇÃO ENTRE ADVOGADO E CLIENTE

Os advogados negociadores são especialistas em imaginar o que poderia não dar certo em uma negociação e como proteger seus clientes de riscos evitáveis e compromissos imprudentes. A questão complicada é saber que nível de risco um cliente deve aceitar – quais riscos são importantes e quais são menos importantes.

Para tomar decisões sensatas, um advogado deve apurar as prioridades e preferências do cliente, e o cliente deve ser informado como diferentes arranjos legais alteram o risco e afetam o valor da transação. Mas esse tipo de conhecimento exige que advogado e cliente se comuniquem de forma eficaz e eficiente, à medida que se desenrola a negociação com o outro lado.

Muitos advogados e clientes não dominam a comunicação entre eles muito bem. Algumas vezes os advogados não sondam o suficiente os interesses dos clientes. Ou os clientes não estão muito seguros quanto aos seus interesses e têm dificuldade em estabelecer prioridades claras. Além disso, os advogados com frequência consideram árduo explicar aos clientes como diferentes cláusulas legais afetariam os prováveis resultados se uma determinada eventualidade surgisse no futuro. Pode ser difícil discutir alguns temas e riscos porque eles podem desencadear uma reação exaltada no cliente. Por exemplo, um cliente pode relutar em se concentrar em cláusulas que se referem à sua demissão por incompetência ou à sua dispensa em caso de invalidez. Particularmente, quando um cliente encara determinados riscos como remotos, advogados e clientes podem ficar mutuamente frustrados. O advogado pode achar que o cliente não leva suficientemente a sério um dado risco. E pode recear que, mesmo se um cliente concordar hoje em abrir mão da linguagem protetora, ele ainda assim responsabilizará o advogado posteriormente se a eventualidade de fato ocorrer. De outro lado, os clientes às vezes acham que o advogado está fazendo um bicho de sete cabeças ou simplesmente tentando "pôr as barbas de molho".

O DESAFIO ESTRATÉGICO

Além de lidar com esse desafio de comunicação atrás da mesa, os advogados enfrentam um desafio estratégico no lado oposto da mesa ao negociar condições de acordos. Depois de alcançar as condições principais de um acordo, um cliente ou ambos os clientes podem perguntar-se: "Que concessões maiores eu arrancaria do outro lado se tivesse pressionado mais?" Alguns clientes são tentados a usar a fase jurídica das negociações, para buscar ganhos distributivos adicionais nas condições secundárias. Um ou ambos os lados podem pensar: "Ainda que meu advogado proponha condições secundárias que são extremamente favoráveis aos meus interesses, o outro lado, obviamente, quer esse acordo – no fim, ele cederá em vez de ir embora." Por exemplo, a Montero West pode pensar: "Peter está muito ansioso em trabalhar para nós – poderíamos conseguir que trabalhasse por menos de US$475 mil. Mesmo que insistíssemos em cláusulas bastante unilaterais com relação a opções de compra de ações e dispensa, ainda assim ele concordaria com o contrato."

O dilema é complexo porque alguns advogados – ou clientes – *estão* dispostos a fazer concessões se forem pressionados. As negociações para fazer acordos podem, assim, começar com um ou ambos os advogados tentando avaliar o quanto o outro lado é experiente, esperto e agressivo, para decidir quanta pressão aplicar. Se o outro lado parece um "trouxa", ou se mostra excessivamente ansioso para aceitar o acordo, pressionar para obter concessões faz sentido. Para evitar essa dinâmica, cada advogado pode adotar uma atitude extremamente agressiva de modo a não parecer fraco ou inseguro.

Em consequência, as negociações sobre condições legais ao fazer negócios – como qualquer negociação – podem tornar-se extremamente adversas. As partes podem embutir, nos seus esboços iniciais, exigências unilaterais com as quais, na verdade, não se importam, mas contam ceder posteriormente, como trunfos a descartar. Quanto às cláusulas com as quais não se importam, cada lado pode principiar com uma posição radical e ceder muito lentamente, na esperança de cansar o outro lado.

A negociação pode virar uma queda de braço, em que várias condições são caracterizadas como violadoras do negócio ou "não passíveis de negociação". Cada lado pode tentar dar a impressão de que tem menos a perder se o negócio não se efetivar. Cada um pode achar que o outro lado irá vacilar primeiro. Nenhum dos lados se informa muito sobre os verdadeiros interesses ou preocupações do outro e ficam inexplorados meios alternativos para resolver suas divergências. No fim, os advogados podem chegar a um impasse, com cada lado pouco disposto a recuar, apesar de não ter certeza de até aonde o outro lado pode ser pressionado antes de se retirar da negociação. Pode ser necessário envolver os clientes – com frequência, irritando-o – para reengrenar o acordo e salvar a transação. E, às vezes, ainda assim as negociações malogram, mesmo quando um sem número de conciliações deixa ambos os lados em melhor situação do que sem acordo.

PREPARAÇÃO PARA SOLUCIONAR PROBLEMAS

Ao fazer acordos, os desafios atrás e no lado oposto da mesa estão claramente relacionados. Para minimizar o risco de impasse, os advogados devem trabalhar junto aos clientes para identificar riscos fundamentais, descobrir os interesses deles e rascunhar a linguagem contratual para levar à mesa de negociação.

Identificar pontos controversos e riscos

Os advogados estão envolvidos em diversos tipos de negociações, inclusive arrendamentos complexos, vendas de imóveis, contratos de empréstimo, fusões e aquisições, financiamento de empresas, contratos de compensação, contratos de sociedade, licenciamento de propriedade intelectual e patentes. Cada contexto tem seus riscos e oportunidades específicos. Qual o melhor meio de um advogado identificar os pontos críticos e riscos em uma determinada transação?

Provavelmente, o modo mais importante para os advogados compreenderem esses riscos é pela experiência anterior – analisar repetidamente um determinado tipo de acordo, talvez a princípio com colegas mais antigos que possam identificar problemas típicos. A experiência com um dado tipo de acordo pode ajudar um advogado a conhecer quais são os pontos distributivos nesse contexto e quais meios de criar valor são frequentemente encontrados. De forma análoga, a experiência ajudará o advogado a identificar com que riscos seu cliente deve preocupar-se mais.

Além de recorrer à experiência, muitas vezes os advogados identificam os riscos de uma transação utilizando catálogos, livros de modelos e minutas de acordos semelhantes usados anteriormente. Ao examinar condições de acordos semelhantes – inclusive as letrinhas miúdas dos contratos –, em geral um advogado pode descobrir os riscos e as preocupações que as partes estavam tentando abarcar por meio da linguagem contratual. E, evidentemente, não faz sentido reinventar a roda. Frequentemente, o exame de modelos fornecerá a um advogado uma percepção proveitosa sobre como vários riscos em um acordo podem ser limitados ou partilhados.

Um terceiro modo de identificar riscos é simplesmente imaginar que dentro de um ano, ao relembrar, você se dará conta de que esse acordo – e o contrato que o formalizou – foi uma calamidade total para seu cliente. Ele perdeu dinheiro, foi logrado pelo oportunismo do outro lado e teria ficado em melhor situação se jamais tivesse concluído o acordo. Como isso ocorreu? O que causou essa reviravolta da sorte, considerando-se que hoje – ao entrar em negociação – as condições do contrato parecem atraentes?

Um último modo relacionado é considerar os incentivos que poderiam atuar sobre a outra parte em vários contextos. Caso se dispuser a ser inescrupuloso e astucioso, como o outro lado poderia tentar aproveitar-se do seu cliente? Em qualquer acordo, cada parte deve perguntar-se como a outra poderia já estar agindo estrategicamente, ao reter informações sobre a qualidade dos bens a serem comercializados (o problema dos "pepinos"), ou poderia agir estrategicamente no futuro, ao aproveitar-se de incentivos e cláusulas no acordo (o problema do risco moral). Ao examinar as condições de um acordo a partir da perspectiva do outro lado – perguntando por que o outro lado está tão ansioso para assinar o contrato –, um advogado pode, muitas vezes, identificar riscos que precisam ser tratados.[2]

Na negociação de Peter French com a Montero West, um advogado experiente perceberá que um conjunto crítico de riscos se relaciona com o que ocorrerá se Peter trabalhar para a empresa por menos de cinco anos. Em que circunstâncias e com quais consequências a companhia pode demitir Peter? O que ocorre se Peter pedir demissão? Se um contrato de trabalho não trata explicitamente desses pontos, normas legais antecedentes poderiam propiciar, a um ou ao outro lado, um pedido de indenização por quebra de contrato. As partes poderiam questionar em juízo tais pedidos, mas com frequência haveria bastante incerteza quanto à responsabilidade e ao valor da indenização. Por esse motivo, os contratos de compensação de executivos geralmente contêm cláusulas explícitas detalhando as consequências da rescisão de contrato por qualquer das partes.

No caso de executivos de posição elevada, a maioria das empresas insiste no direito de rescindir a relação de trabalho antes do combinado, não apenas por justa causa, caso o executivo quebre o contrato, mas também sem justa causa, se a empresa simplesmente quiser fazer uma alteração. O que resta a ser negociado é saber que consequências resultarão de uma demissão. Segundo a praxe, se uma empresa dispensar um empregado por justa causa, o empregado não recebe nada. Os contratos de executivos, todavia, estipulam também que se o empregador demitir o executivo sem justa causa, então este receberá compensação por demissão – detalhada no contrato –, em vez de indenização ou outras reivindicações.

Uma série análoga de distinções regula o pedido de demissão feito pelo empregado. Em geral, se um executivo se demite voluntariamente, ele perde o direito à indenização por demissão e não pode reivindicar compensação futura à empresa. De outro lado, muitos contratos de trabalho de executivos estipulam que, se o executivo desiste do emprego pelo que constitui "bom motivo", ele terá direito a um conjunto predefinido de medidas indenizatórias, que pode ser idêntico ou pode ser diferente do conjunto para dispensa sem justa causa.

Não causa surpresa que, quando acertaram as condições básicas do negócio, Peter e Henry não tenham discutido esses pontos de rescisão antecipada. Assim como um casal às vésperas do casamento raramente quer cogitar de condições de um potencial divórcio, homens de negócios prestes a trabalhar juntos raramente apreciam discutir cláusulas para rescisão ou para partilha de riscos se um negócio fracassar.

No entanto, a advogada de Peter entende que definir o que constitui "justa causa", "bom motivo" e o valor dessas indenizações por demissão está, com frequência, no cerne da negociação de um advogado em tais negócios. O alcance dessas definições terá sérias consequências distributivas no caso de eventual rescisão. Se Peter for dispensado sem justa causa, por quanto tempo seu salário continuará depois que não estiver mais trabalhando para a Montero? Por um ano? Dois anos? Até o fim do período de cinco anos? E o que acontece com suas opções não exercidas de compra de ações? Ele conserva apenas as que já foram adquiridas? Ou ele conserva também as que foram concedidas, mas ainda não foram adquiridas? A advogada de Peter crê que estes pontos serão centrais nas negociações com a Montero West.

Compreender e priorizar os interesses do seu cliente

Com esses pontos em mente, Jan Dobson tem o primeiro encontro com Peter. Peter explica que está animado com a perspectiva de trabalhar na Montero West, que espera que a empresa progrida bastante, que está muito satisfeito com o salário oferecido e que considera inteiramente satisfatório o conjunto de benefícios adicionais da empresa. Enquanto ele fala, Jan presta atenção e sonda se algo o preocupa quanto à transação. Ela apura dois fatos de importância considerável. Primeiro, uma razão fundamental por que Peter está aceitando o emprego é que ele espera tornar-se o presidente de uma empresa de capital aberto. "Essa sempre foi minha ambição", diz Peter. "Se permanecesse no meu emprego atual, acabaria dirigindo um departamento, mas nunca seria presidente." Peter explica que ao contratá-lo a diretoria da Montero deixou claro que ele está sendo preparado para ser o próximo presidente. "Não há garantia, mas só depende de mim." Jan pergunta a Peter o que ele faria se a Montero optasse por outra pessoa para ser presidente quando Henry se aposentar. "Se começar a parecer que não serei presidente, irei para outro lugar", diz Peter. "Não considero permanecer na Montero na segunda posição. Eu gostaria de ter a liberdade de deixar a Montero antes de expirados os cinco anos se optarem por outra pessoa."

Peter descreve uma segunda preocupação. A Montero West destaca-se em biotecnologia agrícola e, portanto, pode ser, em algum momento nos cinco anos seguintes, um alvo principal para aquisição por uma indústria química maior. A família Phills controla a maioria das ações em circulação e, assim, a diretoria pode impedir uma compra indesejada de participação majoritária. Mas se decidisse deixar o negócio no futuro, a família poderia usar seu controle para efetuar uma venda. A preocupação de Peter é que, então, ele ficaria sem um cargo ou em um cargo que não desejaria. "Em vez de ser presidente de uma Montero West independente", explica Peter, "na melhor das hipóteses eu poderia acabar dirigindo um departamento de uma empresa química maior. Não quero isso."

Em seguida, Jan suscita a questão de a diretoria demitir Peter antes do término do prazo de cinco anos. "Isso não vai acontecer", diz Peter "Confio totalmente em Henry Phills e sei que vamos trabalhar bem juntos." Apesar do otimismo de Peter, Jan enfatiza a necessidade de planejar para essa eventualidade. Ela explica a diferença entre dispensa por justa causa e sem justa causa e ressalta que, embora as negociações acerca da definição de "justa causa" possam parecer desinteressantes e técnicas, há muito em jogo. Ainda que as relações de Peter com Henry sejam agora muito amistosas, as coisas poderiam mudar. Henry poderia morrer. A composição da diretoria poderia alterar-se. Os relacionamentos poderiam deteriorar-se. Se em algum momento no futuro a empresa quiser livrar-se de Peter, a diretoria poderia tentar reduzir os custos alegando que houve justa causa para a dispensa. Jan diz: "Uma vez que a empresa decide que você não está sendo eficiente, então não há mais relacionamento futuro com que se preocupar. Pode ser muito tentador jogar pesado e economizar alguns dólares quando a relação de trabalho está basicamente encerrada."

Jan explica que a maioria das cláusulas de justa causa inclui termos que permitem à empresa dispensar um empregado sem indenização se ele cometer um delito grave, incorrer em abuso de confiança nas funções ou fizer intencionalmente algo que prejudique de forma considerável os interesses da empresa. "Duvido que essas cláusulas provoquem muitos problemas", explica Jan. "Existem dispositivos bastante padronizados com que podemos contar. A parte mais difícil dessas negociações será definir se, e quando, a empresa pode dispensá-lo por não apresentar um bom desempenho. A questão é sempre mensurar um desempenho insuficiente. Eles quererão uma cláusula ampla, que lhes permita dispensá-lo por justa causa com muita facilidade, e nós teremos de insistir para restringir os termos, a fim de protegê-lo."

Estabeleça expectativas realistas

Durante toda a discussão Jan tenta ajudar Peter a estabelecer expectativas realistas acerca da negociação por vir. Ao fazer acordos, essa é uma parte crucial do desafio de comunicação atrás da mesa. Em vez de evitar essas conversas penosas ou prometer o impossível, um advogado precisa falar francamente com o cliente sobre o que ele pode esperar e que procedimento o advogado recomenda. Os clientes apreciam a sinceridade, e a melhor maneira de os advogados assegurarem que os clientes tenham expectativas realistas é serem diretos, claros e verdadeiros.

Por exemplo, Jan e Peter falam sobre a indenização que ele deve esperar se for dispensado sem justa causa. "Se realmente me despedissem sem justa causa," diz Peter, "eu gostaria de receber meu salário integral pelo resto do prazo de cinco anos e todas as minhas opções. Devemos fazer com que fique caro para eles me despedirem sem justa causa." Jan concorda que Peter deve receber mais indenização se for dispensado sem justa causa do que se pedir demissão. Ela ressalta que é comum conceder a um executivo dispensado um ou dois anos de salário, mas o pagamento do salário até o fim do prazo de cinco anos (se restarem mais de dois anos) seria incomum para alguém no nível de Peter em uma empresa do porte da Montero. "Poderíamos batalhar por isso", diz Jan. "Mas é algo que eu não recomendaria. Acho que não deve esperar mais do que uma indenização salarial de dois anos. A Montero não vai ficar satisfeita em lhe pagar um salário por muito tempo depois de você começar a trabalhar para uma concorrente. As normas da indústria quanto a opções não são tão claras. Sem dúvida, vou batalhar para que todas as suas opções sejam mantidas imediatamente se houver dispensa sem justa causa, ou se você pedir demissão por um bom motivo."

Compreenda as prioridades do seu cliente

Jan compreende que algumas condições do contrato de trabalho são mais importantes para Peter do que outras. Embora os advogados, algumas vezes, esquadrinhem cada condição em um contrato, Jan sabe que procurar permutas entre condições é a chave para criar valor ao fazer acordos. Assim, ela se empenha com Peter para compreender as permutas que ele estaria disposto a fazer entre várias cláusulas. "Você parece bastante preocupado em conseguir uma indenização alta se o dispensarem sem justa causa", diz ela. "Compreendo isso, eu reagiria do mesmo jeito." Em seguida, Jan e Peter discutem quais são os interesses de Peter com respeito à indenização. Ele ficará sem dinheiro? Por quanto tempo ele espera ter de procurar um emprego? Peter acha que conseguiria um novo emprego com certa rapidez. "O que é mais importante para você: um ano adicional de indenização ou conservar todas as suas opções?", Jan pergunta. Peter explica que a continuação do salário seria boa, porém lhe interessaria mais conservar todas as 100 mil ações. "Essa empresa tem excelentes perspectivas de crescimento. Essas ações poderiam chegar a valer milhões."

Jan e Peter falam também sobre a possibilidade de a Montero West se opor a conceder uma indenização se ele pedir demissão por não vir a ser presidente. Ela procura descobrir com o que ele se importa mais. Ela também explica que talvez não consiga obter *tudo* que ele quer – por isso está tentando, e continuará tentando, compreender como ele encara as várias permutas que poderiam fazer à medida que as negociações avancem.

Peter e Jan conversam igualmente sobre diversos outros pontos, menos centrais. Peter está preocupado em assinar uma cláusula de não concorrência que lhe dificultaria assumir um cargo administrativo na mesma indústria posteriormente. "É óbvio que não vou fazer nada errado, como roubar os segredos comerciais da empresa", diz Peter, "mas não quero assinar algo absurdo. Alguns dos termos ali são realmente amplos demais." Jan assegura-lhe que examinará atentamente a proposta. Peter também quer ter certeza de que receberá um excelente plano de saúde para a família – sua esposa tem uma doença renal hereditária e pode necessitar de diálise no futuro. No caso de dispensa por qualquer motivo, ele precisa que a cobertura continue ininterrupta até conseguir um novo emprego.

NEGOCIAR NO LADO OPOSTO DA MESA

Jan está agora quase prestes a concluir os preparativos e começar a negociar com o outro lado. Ela crê que haja sérias divergências sobre algumas cláusulas essenciais no contrato – o que constitui "justa causa", por exemplo –, mas espera que eles consigam resolver essas divergências de forma amigável e eficiente. Ela também sabe que determinadas oportunidades de criar valor são comumente exploradas em acordos de indenização de executivos. Por exemplo, às vezes, ao adiar a indenização – fazendo com que a empresa pague determinadas quantias ao empregado após a aposentadoria, em vez de enquanto o empregado está de fato trabalhando –, o empregado pode reduzir o imposto de renda porque, presumivelmente, estará em uma alíquota mais baixa em data posterior. De forma análoga, às vezes, a empresa pode economizar impostos ao estruturar cuidadosamente a indenização. Por exemplo, embora uma empresa possa deduzir de suas despesas somente US$1 milhão por ano em salário por empregado, ela pode deduzir indenização adicional se o dinheiro for desembolsado como bonificações dependentes do desempenho. O objetivo de Jan é tentar adequar o contrato para atender os interesses de ambos os lados e, no processo, criar valor para seu cliente.

Mostrar o caminho para a solução de problemas

Quando o outro lado, em um acordo, inicia uma negociação jurídica com movimentos que indicam que ele pretende ser astucioso, não há motivo para ficar confuso, surpreso nem insultado – é assim que o jogo é frequentemente jogado, e o outro lado espera obter vantagens distributivas jogando esse jogo melhor do que você. Você precisa preparar-se para se defender dos movimentos distributivos do outro lado, ao mesmo tempo que mostra o caminho para uma abordagem mais cooperativa.

O PROBLEMA DO PRIMEIRO ESBOÇO

Com frequência, a primeira questão que os advogados têm de resolver, ao fazer acordos, é quem redigirá o esboço inicial do contrato. Elaborar o primeiro esboço confere vantagens óbvias, pois dá ao redator muitas oportunidades de disfarçar a linguagem do contrato e articular a negociação em favor do seu cliente. Cada lado sabe disso e, portanto, ambos podem manobrar pela oportunidade de produzir o primeiro esboço.

Jan, por exemplo, sabe que existe uma série de meios de esboçar uma cláusula de justa causa para favorecer o empregador ou o empregado. Ela possui uma pilha de acordos de indenização de executivos nos seus arquivos, de clientes anteriores, e retira dali diversas cláusulas de justa causa:

> *CLÁUSULA A:* A Empresa pode rescindir este Acordo no caso de falha repetida e demonstrável da parte do Executivo em desempenhar as funções pertinentes ao cargo administrativo de Executivo (...) de forma competente e falha do Executivo em reparar substancialmente tal falha dentro de 30 dias após o recebimento de notificação específica e por escrito de tal falha, da parte da Empresa.[3]
>
> *CLÁUSULA B:* Rescisão por "Justa Causa" significará falha intencional e reiterada em desempenhar firmemente suas funções abaixo, com a condição de que, no entanto, se tal causa for aceitavelmente sanável a Empresa não rescindirá o contrato do Executivo a não ser que a Diretoria primeiro notifique sua intenção de rescindir e o Executivo não tenha, dentro de 30 dias seguintes ao recebimento de tal notificação, sanado tal causa.
>
> *CLÁUSULA C:* O termo "Justa Causa" abrangerá o envolvimento intencional do Executivo em má conduta flagrante que seja gravemente prejudicial à Empresa. Para os objetivos deste parágrafo, nenhum ato ou omissão de agir da parte do Executivo será considerado "intencional" salvo se praticado de má-fé e sem convicção aceitável de que tal ação ou omissão fosse em melhor proveito da Empresa.

Os acordos estabelecem padrões diferentes de desempenho básico para os executivos. A Cláusula A inclina-se, decididamente, em favor do executivo. Ela conjuga uma linguagem contratual forte (tal como "falha repetida e demonstrável") com uma notificação de 30 dias e período de correção. A Cláusula B é também favorável a um executivo. Tem linguagem mais moderada, mas o mesmo período de notificação. A Cláusula C elimina o período de notificação, mas reforça a linguagem contratual básica ao exigir que o executivo aja de má-fé e sem convicção de que seu ato seja no melhor proveito da empresa.

QUANTO PEDIR?

Considerando a amplitude de abordagens possíveis dessa condição essencial (e de outras) no contrato de Peter, Jan vê diversos modos de solução de problemas para tratar do problema do primeiro esboço. Primeiro, se não houver discrepâncias, Jan gostaria de redigir o primeiro esboço. Se o fizer, a fim de indicar o caminho para a solução de problemas, ela não apenas usará o esboço para marcar uma posição, como enviará à Montero West uma carta, anexa ao esboço, para explicar os interesses de Peter e como ela elaborou cada uma das cláusulas do esboço apresentado para atender esses interesses. Ela pode também querer explicar o que supôs serem os interesses da Montero West e como tentou conciliar esses interesses no esboço. Ao unir a linguagem do esboço a esses interesses, ela pode acentuar que, em última análise, ambos os lados terão de levar em consideração as preocupações do outro. E ela pode demonstrar que seu esboço não é meramente tirado de um livro de modelos, mas adaptado para satisfazer as necessidades específicas do seu cliente.

A segunda abordagem é negociar um processo com o outro lado que contorne o problema do primeiro esboço, travando uma discussão inicial com o outro lado *antes* que esboços sejam sequer trocados. Se as partes discutirem suas preocupações quanto aos diversos pontos envolvidos em um acordo, com frequência podem elaborar um acordo estrutural que identifique os pontos essenciais e resolva muitos deles de forma bastante conveniente. Em seguida, elas podem trabalhar juntas para produzir o projeto de linguagem para as condições mais importantes e evitar o duelo de esboços que pode manifestar-se quando um lado rejeita a linguagem contratual do outro e defende sua versão.

Se Jan enviar mesmo o primeiro esboço, até que ponto ela deve pressionar o outro lado? Deve começar com uma linguagem extremamente favorável a Peter? Ou tentar começar com uma solução razoável e ater-se a ela? Nosso conselho é que Jan elabore um documento que sirva otimamente aos interesses de Peter, possa ser justificado com bons motivos, mas *não* seja exageradamente unilateral. Ao fazer acordos, frequentemente as pessoas esperam barganhar, regatear, fazer concessões, alcançar um acordo em algum ponto entre as duas propostas iniciais. Este é um comportamento difundido no meio jurídico. Portanto, Jan seria sensata ao pedir mais do que julga poder receber. Ao mesmo tempo, é um erro iniciar negociações com uma proposta que até o proponente considera draconiana. As primeiras rodadas de uma negociação estabelecem o tom para as rodadas subsequentes. Ao pedir demais, o redator do esboço envia uma mensagem implícita de que a disputa será ferrenha e extenuante sobre cada uma das condições.

E SE O OUTRO LADO COMEÇAR COM UM ESBOÇO SEVERO?

Embora Jam proponha que ela escreva o primeiro esboço, o advogado da Montero West insiste em que eles utilizem o acordo de emprego "padrão" da empresa como base de suas negociações. Jan alerta o outro advogado de que seu cliente tem preocupações especiais com a rescisão e as providências da demissão, mas diz que ficaria contente em avaliar o esboço da empresa como ponto de partida.

Quando Jan receber o acordo em esboço da Montero West, ela o reverá, mantendo em mente as preocupações de Peter. O acordo estipula que 20 mil opções de compra de ações serão adquiridas no fim de cada ano do contrato de cinco anos. O esboço da empresa não apresenta uma cláusula de bom motivo mas, em vez disso, estipula que Peter não receba nenhum tipo de benefício, caso seu emprego acabe, por qualquer motivo. O esboço continha ainda uma disposição extremamente categórica de dispensa por justa causa, que daria à empresa ampla margem para despedir Peter:

> DISPENSA POR JUSTA CAUSA: O emprego do executivo na empresa pode ser suspenso por justa causa, caso se verifique ter o executivo: (1) agido com incompetência ou desonestidade, ou se envolvido em deliberado mau comportamento; (2) faltado à lealdade fiduciária, com o fim de obter proveito pessoal; (3) negligenciado o desempenho de suas funções, ou desempenhado inadequadamente obrigações a ele atribuídas; ou (4) violado qualquer lei, norma ou regulamento.[4]

Esta é uma situação comum para os advogados que fazem negócios. Em geral, o outro lado começará o processo de negociação com um esboço. Como Jan deve responder? Jan deseja dar à empresa informações importantes sobre os interesses e prioridades de seu cliente. Ela pretende informar que Peter reconhece que a empresa deve poder suspender seu emprego por qualquer motivo, mas que a dispensa só será "por justa causa" se Peter tiver feito algo de muito grave. Desejará explicar suas preocupações sobre a generalidade e a vagueza da medida de demissão por justa causa da Montero. Por exemplo, o que significa ter "agido com incompetência"? E se Peter tomar uma decisão comercial que pareça certa no momento mas finalmente se revele inadequada? Os diretores gerais de operações tomam enorme quantidade de tais decisões todos os dias, e muitas não dão bons resultados. É isso incompetência e causa para afastamento sem demissão? E o que é "ter desempenhado inadequadamente obrigações a ele atribuídas"? Por acaso isso inclui assuntos triviais como preencher um relatório de despesas na hora ou comparecer a uma reunião? Da mesma forma, a colocação de ter "violado qualquer lei, norma ou regulamento" é muito geral. Isso inclui, por acaso, ter levado uma multa por excesso de velocidade? O esboço da Montero parece rígido demais.

Jan certamente vai querer enviar um esboço revisto que: (a) contenha uma cláusula de bom motivo; (b) reduza as razões para rescisão de contrato e (c) explique por que essas medidas são importantes para Peter. A respeito das medidas de demissão por justa causa, Jan deve fazer um julgamento sobre como a revisão por ela proposta devia ser unilateral. Deve ela usar a medida da Montero como base e precisar sua linguagem acrescentando, por exemplo, uma exigência de que o mau comportamento deve ter um "efeito material" nos bens da empresa? Ou deve ela lançar uma medida inteiramente nova e, se o fizer, quão severa deve ser sua contraproposta? Deve lançar uma medida de demissão por justa causa que exija "falhas repetidas", comunicação escrita e uma oportunidade para superar o problema, como na Medida A, acima? São assuntos a serem considerados.

A solução é responder a um esboço rigoroso de forma que indique uma aptidão para se defender, mas não provoque intensificação posterior. Você deseja afirmar os interesses de seu cliente, mas igualmente demonstrar, no processo, a compreensão dos interesses do outro lado. E você deseja manter-se preparando o caminho para um processo cooperativo de solução dos desentendimentos.

Explore os negócios que criam valor

Por causa da maneira como Peter dá prioridade a suas preocupações, Jan resolve lançar uma nova medida de rescisão por justa causa, que ela acha razoável, enquanto, ao mesmo tempo, ressalta a importância crucial de acrescentar uma medida de bom motivo. Jan lança a fraseologia que se segue, em uma carta que explica os interesses de seu cliente, e propõe o encontro entre ela e o advogado da empresa:

DISPENSA POR JUSTA CAUSA: O emprego do executivo na empresa pode ser suspenso por justa causa, caso se verifique que o executivo: (1) se envolveu intencionalmente em fraude, distorção, desencaminhamento ou outra conduta ilegal que seja materialmente prejudicial à empresa; (2) faltou à lealdade fiduciária, com o fim de obter proveito pessoal; ou (3) falhou de maneira repetida e demonstrável, após adequada comunicação escrita, no cumprimento de obrigações substanciais sob este acordo.[5]

Isso protege Peter, mas também dá à empresa o que ela mais provavelmente deseja – a garantia de que se Peter cometer alguma coisa realmente grave a Montero pode despedi-lo.

Jan pode lançar a medida de bom motivo que se segue:

DISPENSA POR DIRETOR: (a) Se durante o prazo deste acordo o conselho da empresa escolher uma nova pessoa que não o executivo para a posição de presidente, o executivo terá o direito de se demitir do cargo e receberá as indenizações de rompimento estipuladas na Seção acima.

(b) Se a empresa se tornar parte de uma incorporação em que não é a empresa sobrevivente, ou se a empresa vender todos ou praticamente todos os seus bens, ou se vier a ocorrer uma mudança no controle da empresa, em virtude de uma mudança ou mudanças na propriedade de seus títulos em aberto e com direito a voto, então o executivo terá o direito de se demitir do cargo dentro de 90 dias após receber a notícia de tal ocorrência, e receberá as indenizações de demissão estipuladas na Seção acima.

Ela explica por que essa medida se volta para as preocupações de Peter.

Quando Jan e o advogado da Montero se sentarem para negociar, os dois advogados facilmente concordarão que, na ocasião da dispensa por justa causa, Peter só manterá suas opções investidas e não receberá qualquer indenização por demissão. Eles também podem concordar na definição da causa de Jan.

As medidas da demissão apresentam problemas mais difíceis. Jam afirma que Peter merece salário de dois anos e todas as suas opções, investidas e não investidas, se a Montero o despedir sem justa causa. Na cabeça de Peter, as opções são um bônus demonstrativo – algo a que tem direito, a menos que seja dispensado por justa causa. Bill Stodds, o advogado da Montero West, discorda. "Não são um bônus demonstrativo", ele insiste. "São um plano de incentivos. Os 20% de cada ano são destinados a mantê-lo na empresa e motivá-lo a trabalhar." Também insiste em que a indenização por demissão se limitam a um ano: "Afinal, Peter recebe a indenização mesmo se tiver um novo emprego."

Jan e Bill, obviamente, têm diferentes imagens sobre o que essas cotas representam, um bônus demonstrativo ou um plano de incentivos. Jan tenta voltar-se para a diferença. "A empresa preocupa-se claramente em alinhar os incentivos de Peter com correção, e tratar das opções e de um plano de incentivos faz sentido para essa finalidade." Ela demonstra, porém, que esse raciocínio só vai até aí. Se a empresa despedir Peter sem justa causa, é decisão da empresa cancelar seu emprego, sem ser por motivo de qualquer culpa de Peter. Em tal cenário, ele deve receber todas as opções como parte das suas medidas de demissão. Jan reconhece que se Peter for embora *sem* bom motivo, não deve receber nenhum conjunto de indenização. Mas se for embora *com* bom motivo, Peter e a Montero West partilharão, então, a responsabilidade por tal dispensa. "Ele não estaria saindo por um capricho", diz ela. "Estaria saindo por uma série de eventualidades que o conselho pode controlar: um novo diretor foi admitido ou houve uma mudança no controle."

Em conversa posterior, os dois advogados exploram a possibilidade de haver diferentes conjuntos de medidas de demissão: (1) se Peter for dispensado sem justa causa; (2) se ele sair por ter ocorrido uma mudança no controle; (3) se sair, por não se tornar presidente. Jan sugere que Peter poderia estar disposto a aceitar um período mais curto de continuação dos salários (digamos, um ano) na circunstância 3. Bill aceita esse princípio e sugere o seguinte ajuste: todas as opções se investem em cada uma dessas situações, com indenizações de demissão de 18 meses, se Peter for dispensado por justa causa, rescisão de um ano se Peter sair por causa de uma mudança de controle, mas nenhuma indenização de demissão se algum outro for admitido como presidente. A empresa se preocupa em estabelecer um mau precedente para futuros empregados ao pagar a rescisão porque um executivo não recebeu uma promoção. Jan concorda em discutir essa proposta com Peter, indicando este que ela é aceitável.

CONFIE NAS NORMAS

Jan e a Montero West também podem confiar nas normas – precedentes, regras ou meios geralmente aceitos de fazer as coisas – para resolver algumas de suas questões distributivas.[6] As esferas jurídicas variam na medida em que há normas bem-estruturadas que facilitam a documentação dos negócios. Em alguns contextos, tais como a venda de imóvel residencial, utilizam-se amplamente contratos padronizados, que tornam a documentação muito rápida e fácil. Em outros, a mesma espécie de acordo é feita várias vezes – como um acordo de fusão e aquisição ou um acordo de aluguel. No outro extremo do espectro, algumas esferas são em grande parte destituídas de normas. Em novos tipos de acordo, por exemplo, pode não haver ainda um método geralmente aceito para localizar riscos ou corrigir determinadas assimetrias de informação.

Tudo isso sugere a importância de aprender as normas, em determinado contexto. Um advogado deve descobrir como negócios semelhantes foram feitos anteriormente. Melhor ainda, ele deve descobrir como sua contraparte, através da mesa, negociou tal acordo antes.[7] Toda transação tem seus aspectos únicos, mas um advogado negociador não pode efetivamente proclamar afronta em determinadas condições, quando, numa transação idêntica, dois meses antes, ele próprio solicitou e obteve as mesmas condições. Além disso, se uma parte reluta em executar uma representação que é comum no mercado, um experiente negociador pode exigir recompensa, argumentando ser provável que um afastamento da norma altere as expectativas ou gere ineficiência.[8]

No caso de Peter, Jan se volta para as normas, a fim de resolver diversas questões distributivas. Jan e o advogado da empresa divergem sobre as medidas ligadas à dispensa, no caso de inaptidão. Jan propôs que se Peter não puder executar suas obrigações por 180 dias exatamente – seis meses –, então a Montero West pode dispensá-lo. A Montero West também propõe que Peter deve receber apenas os pagamentos a ele devidos de acordo com a política da empresa quanto à inaptidão, os quais se elevariam a aproximadamente 60% de seu salário normal. Jan discorda disso, insistindo que a empresa deve completar a diferença entre o plano de inaptidão e o salário normal de Peter. Eles também divergem quanto a Peter ter ou não direito às opções e aos bônus, quando sair por inaptidão.

Finalmente, Jan se volta para as normas a fim de resolver esse desentendimento, que não é *o* importante para Peter na estrutura global do negócio. "Eis um modo de podermos resolver isso", diz ela. "Estou bastante certa de que, nessas condições, Peter estaria à vontade para aceitar qualquer medida de dispensa por inaptidão que esteja no contrato de Henry. Seja o que for que a empresa esteja oferecendo a seu presidente, também parece suficientemente bom para o diretor-geral de operações. Por que não concordamos logo em pedir à empresa para enviar a cada um de nós uma cópia dessas condições do acordo de Henry para a indenização de executivos, para o tomarmos como base da nossa linguagem?"

COMPREENSÃO DOS LIMITES DAS NORMAS

As normas não abrangerão toda questão distributiva. Frequentemente, haverá normas conflitantes no mercado e as partes terão de negociar sobre que norma aplicar. Às vezes, um lado não gostará da norma dominante e procurará usar outra, que lhe seja mais favorável. As normas, de qualquer modo, não encerrarão as negociações. No entanto, pode ser proveitoso estar preparado para dar *motivos* ao que você requer – tentar persuadir o outro lado mais por meio de raciocínio concentrado em normas do que com táticas de pressão.

Uma segunda nota de advertência sobre as normas: só por que uma norma existe não significa que é eficiente e oferece a melhor solução para seu problema específico. Como as normas de inadimplência,[9] algumas, mas nem todas, podem ser eficientes. Mas num mundo repleto de interação estratégica e informação imperfeita o uso de condições de acordos padronizadas pode ter mais a ver com a imitação do que com a eficiência.[10]

Consideremos uma história que nos foi contada por um experiente advogado de imóveis que representava uma empresa que vendia um empreendimento na América do Sul. O comprador potencial – uma grande companhia que frequentemente empreende negócios na América Latina – mostrou-se preocupado com os possíveis custos da limpeza ambiental. O advogado do comprador propôs que cada lado obtivesse um relatório ambiental de um especialista independente que indicasse quanto custaria, se fosse o caso, eliminar quaisquer perigos ambientais. Em vez de o vendedor indenizar o comprador, as partes poderiam simplesmente reduzir o preço da compra, pela média das duas estimativas. Se as estimativas somassem mais de US$100 mil separadamente, os dois especialistas proporiam um terceiro, cuja determinação seria obrigatória. O comprador, porém, insistia em obter uma indenização, porque "é a maneira como as coisas sempre são feitas". O advogado do vendedor ainda ressaltou os riscos da indenização para o comprador: certamente, se um perigo fosse descoberto mais tarde, o vendedor teria um incentivo para se defender, vigorosamente, contra uma ação judicial sobre a medida da indenização, empurrando para cima os custos de transação, para ambos os lados. Mas o comprador estava inflexível, e a transação se completou com a indenização.

É difícil achar um argumento de eficiência para a estrutura dessa transação, uma vez que o comprador poderia obter informação completa e detalhada sobre quaisquer possíveis problemas ambientais por meio de um relatório. Mas a norma prevaleceu no final. Essa história sugere que pode haver circunstâncias em que as normas poderiam deixar valor sobre a mesa, muito embora atenuem um pouco as questões distributivas. A tarefa de um advogado é considerar as normas dentro do arcabouço do nosso modelo básico de comércio baseado nas diferenças das avaliações relativas: quando uma norma atrapalha uma troca personalizada mais eficiente, os advogados devem cogitar afastar-se dela.

Mude os jogadores para acabar com um impasse

Além de usar normas, os advogados negociadores frequentemente mudam os jogadores para acabar com um impasse distributivo. Desde que os clientes, afinal, devam se sustentar com quaisquer que sejam os acordos que seus procuradores esbocem, quando o procedimento endurece, os advogados negociadores, muitas vezes, procuram a ajuda de seus clientes.

Uma possível vantagem de envolver os clientes é que isso pode permitir que as condições de preço sejam reabertas e ajudar a resolver questões distributivas. As condições de preço, nos negócios, raramente mudam, porque os representados chegam a um acordo e, em seguida, passam apenas os assuntos jurídicos para seus advogados. Para um economista, isso é um quebra-cabeça, porque a negociação subsequente, entre os advogados, frequentemente envolve a localização de riscos que podem ter impacto significativo sobre o valor total da transação. Como, de modo geral, as condições do dinheiro são fungíveis, as condições de preço flutuariam, enquanto o valor líquido atual do acordo mudasse, para cada uma das partes.

Mas é fácil compreender por que as condições se mantêm fixas. Primeiro, um advogado pode não ter autoridade para reapreciar as condições básicas do acordo. Segundo, o advogado pode se sentir pouco à vontade para se aproximar do cliente e solicitar que as condições de preço sejam novamente postas em jogo. Especialmente nas relações entre advogado e cliente, em que este é refinado e vê o advogado mais como um escriba do que como conselheiro, a negociabilidade das condições de preço pode ser difícil de se organizar.

Terceiro, reapreciar as condições básicas do negócio pode ser altamente desestabilizador para os clientes. Ambos os representados podem achar que o negócio está feito, e quando um ouve de seu advogado que o outro lado deseja reduzir as condições de preço, pode se sentir como se o outro lado estivesse tentando descumprir a palavra. Isso acontece especialmente quando o representado não tem uma boa compreensão de como é importante localizar determinados riscos. O outro lado pode pensar que você está tentando usar uma cláusula de artimanha, para conseguir mais dinheiro do negócio.

E isso pode, evidentemente, ser verdadeiro. Há ainda, algumas vezes, boas razões para reapreciar as condições de preço. Fazê-lo pode revelar uma sucessão de negócios que de outro modo poderiam não ser possíveis, se as partes barganhassem as condições uma a uma. As condições de preço constituem uma espécie de válvula de segurança na transação: sua abertura permite a uma parte ceder numa cláusula determinada, em troca de dinheiro, quando nenhuma outra espécie de negócio é executável.

Uma visão do futuro:
medidas para a solução de disputas

Nenhum contrato cobre todo problema, risco ou contingência. Nas *joint ventures*, arrendamentos, sociedades e acordos de custódia os negócios secundários são atacados em data posterior, quando as circunstâncias não antecipadas surgirem. No caso de Peter, como em muitos negócios em que um relacionamento em curso está sendo criado, problemas posteriores, a serem negociados, se desenvolverão no decorrer do relacionamento no emprego. Contra qual pano de fundo essas futuras negociações terão lugar? Estarão as partes barganhando à sombra do litígio de seus desentendimentos? Ou podem criar *agora* algum outro mecanismo de solução das disputas, que reduzirá os custos de transação da solução de desentendimentos nessas futuras negociações?

As medidas para solução de disputas contratuais são cada vez mais comuns. Frequentemente, as cláusulas de solução das disputas alternativas preparam o caminho da arbitragem sob os auspícios de uma agência patrocinadora, como a American Arbitration Association. O contrato poderia apresentar essa cláusula, por exemplo:

> *MEDIDA DE ARBITRAGEM:* Qualquer controvérsia ou pretensão que surja deste contrato, referido a ele ou ao seu rompimento, será resolvida por arbitragem administrada pela American Arbitration Association, em conformidade com seu Regulamento de Arbitragem Comercial, e o julgamento sobre a sentença proferida pelo(s) árbitro(s) pode ser arrolado em qualquer tribunal que tenha jurisdição sobre o assunto.

Essa medida deixa muitas questões sem resposta. Uma medida melhor poderia tornar claro que a controvérsia será submetida a um árbitro ou a um júri de três árbitros. No último caso, cada uma das partes tradicionalmente escolhe um dos árbitros e eles, depois, selecionam um terceiro, neutro, para servir como presidente do júri. Se eles não puderem concordar sobre um terceiro, a AAA poderá escolher essa pessoa. Além disso, uma cláusula de arbitragem preparará o caminho da notificação das partes, escolha da lei e outras peculiaridades técnicas que tornem qualquer uso futuro da arbitragem tão regular quanto possível. Alguns contratos preparam o caminho de um processo de solução de disputas escalonadas, que começa com a mediação e avança até a arbitragem. As partes somente são limitadas pela sua criatividade.[11]

CONCLUSÃO

O fundamental para os advogados lembrarem, quando tentam fechar negócios, é que eles são apenas parte de uma equação maior. Em negociações mais complexas, os clientes partilham a responsabilidade de fazer o acordo funcionar. São os clientes, não os advogados, que lidam com muitas das medidas mais importantes. Da perspectiva dos clientes, os procuradores parecem negociar sobre contingências relativamente remotas, de pouca relevância prática para o negócio atual. Em suma, o valor que os clientes dão ao trabalho dos advogados não pode ser nem a metade do que estes lhes atribuem.

Isso não quer dizer que os advogados devam submeter-se à compreensão, por parte de seus clientes, da importância das diversas medidas jurídicas, nem que devam menosprezar seu próprio insumo no processo de fazer negócios. Pode ser simplesmente proveitoso lembrar que, se você não puder vencer numa dada questão distributiva ou de risco, o mundo provavelmente não acabará. O negócio, mais provavelmente, chegará ao fim, e seu cliente, mais provavelmente, ficará feliz. O risco pode nunca materializar-se e, mesmo que isso ocorra, desde que seu cliente venha a fazer uma escolha esclarecida a esse respeito, você terá feito o melhor que podia.

Parte IV

QUESTÕES ESPECIAIS

As negociações jurídicas são complicadas. As três tensões apresentam barreiras estratégicas, interpessoais e mediadoras a superar. Tanto fazer acordos quanto resolver disputas envolvem a lei e obrigam os advogados a parlamentar à sombra do processo judicial formal. A cultura jurídica difunde com frequência pressuposições inúteis. Prevenções psicológicas e emoções podem minar tentativas de solucionar os problemas de forma racional e eficiente. E a barganha difícil é sempre uma ameaça e um obstáculo.

Na Parte III apresentamos uma abordagem para reorientar seu modo de pensar e suas atitudes, a fim de facilitar a solução de problemas mesmo com clientes e outros advogados que talvez não partilhem, a princípio, seus objetivos. Antes de concluir, no entanto, voltamo-nos para dois tópicos especiais que podem complicar ainda mais as negociações legais: problemas de ética profissional (Capítulo 11) e dificuldades quando há várias partes envolvidas (Capítulo 12). Esses capítulos analisam as maneiras como os advogados são tanto auxiliados quanto limitados pelo fato de integrarem uma profissão, um escritório de advocacia ou uma comunidade jurídica local. Embora possa certamente haver uma extensa lista de outros desafios peculiares para advogados negociadores – inclusive questões de sexo, raça e etnia, assim como complicações oriundas do trabalho em áreas legais muito específicas (tributação *versus* litígio, tributação internacional *versus* tributação de pessoas jurídicas e assim por diante) –, concentramo-nos nessas duas áreas centrais devido à sua importância para um amplo espectro de advogados e à centralidade dos temas relacionados com negociação que elas suscitam.

11

Dilemas profissionais e éticos

QUANDO OS NEGOCIADORES PARTILHAM informações essenciais, em especial informações cuja verificação independente é dispendiosa, descobrir permutas que criam valor fica obviamente mais fácil.[1] Mas reter ou manipular informações pode conferir vantagens distributivas reais. Mentir sobre sua melhor alternativa para alcançar um acordo ou exagerar o que você está disposto ou autorizado a aceitar pode influenciar o que contentará o outro lado. De forma análoga, criar trunfos, exigindo itens insignificantes para você, mas que podem ser custosos para o outro lado conceder, pode levar a permutas posteriormente, quando você abrir mão dessas concessões insignificantes em troca de outras; mais valiosas.

Considere os seguintes exemplos:

- Você está negociando em nome de uma companhia imobiliária para adquirir um grande conjunto de apartamentos. Sua oferta final foi de US$9 milhões. O vendedor contrapôs US$11 milhões. Sua cliente autorizou-o a aceitar essa contraproposta se necessário, embora preferisse pagar menos, se possível. Você pode dizer "Estou autorizado a pagar US$10 milhões e nem um centavo a mais" para conseguir que o outro lado reduza o preço? Isso é legal? Isso viola os códigos de conduta profissional? É ético?

- Enquanto você negocia em nome de seu cliente para decidir seu divórcio, fica claro que a esposa está profundamente preocupada com os dois filhos e não quer submetê-los a mais sofrimento emocional no processo de divórcio do que o absolutamente necessário. Seu cliente, um próspero empresário, diz-lhe confidencialmente que não está de fato interessado na custódia física dos filhos. "Mas diga a ela que estou interessado", diz ele. "Tenho dito isso também. Vamos pressionar pelas crianças e assustá-la, então, no final, podemos conceder uma trégua quanto à custódia, caso ela concorde em acabar com a pensão alimentícia depois de dois anos." Você requer a custódia como o seu cliente sugere?

  Você é consultor jurídico interno, negociando para resolver um litígio contra a sua empresa. As negociações concentram-se no valor da indenização que um júri provavelmente determinaria, pois, apesar dos seus protestos, a responsabilidade é clara. Enquanto você negocia, fica evidente que o advogado do outro lado não viu um parecer recente do Supremo Tribunal Estadual, dando margem a uma indenização punitiva em caso semelhante. Você tem obrigação de revelar ao outro advogado a alteração na lei? Ou você tem obrigação para com seu cliente de nada dizer, de modo a minimizar o valor do pagamento?

Este capítulo aborda os desafios éticos ocasionados por atos enganosos ou omissões comuns nas negociações legais.[2] As questões propostas podem ser avaliadas a partir de vários pontos de vista:

- Que atos ou omissões equivalem a fraude e são, portanto, ilegais?
- Quais são as restrições impostas à conduta de um advogado pelos códigos formais de ética profissional?

Esses modelos, juntos, constituem uma base ética para a conduta de todos os advogados responsáveis. Mas um profissional consciencioso também indagará:

- Embora meu comportamento esteja acima dessa base, a conduta compensa o risco em relação à minha reputação e a outros interesses pragmáticos?
- Essa conduta é compatível com minhas aspirações morais?

Embora nosso foco principal seja sobre a lei de fraude e os códigos profissionais de conduta, conservemos esses quatro pontos de vista em mente enquanto analisamos as complicações práticas para advogados e clientes que lidam com dilemas éticos.

ÉTICA NAS NEGOCIAÇÕES LEGAIS

As questões éticas mais críticas na negociação giram em torno de mentiras, afirmações enganosas, revelações parciais e sonegação de informações. Para compreender as implicações éticas dessas iniciativas em negociação, é útil ver as diferenças entre elas.

O *continuum* da revelação

Numa extremidade do *continuum* da revelação um negociador poderia mentir – fazer intencionalmente uma afirmação falsa sobre informações importantes, a fim de enganar o outro lado. Na outra extremidade, um negociador poderia espontaneamente revelar todas as informações pertinentes, sem levar em conta se o outro faz revelações de igual modo. No meio, um negociador pode decidir não revelar determinadas informações, pode induzir em erro o outro lado ou exagerar para obter vantagem distributiva (ver Figura 13).

O *continuum* da revelação

Revelação plena, franca e verídica de todas as informações	Sonegação de informações importantes	Sonegação quando o outro lado tem suposições errôneas	Afirmações enganosas sobre questões importantes	Afirmações intencionalmente falsas sobre fatos importantes ou lei

Figura 13

Imagine que você está vendendo seu carro. Ele funciona bem, mas você suspeita que possa haver algum defeito grave, pois o carro passou a consumir 1 litro de óleo a cada 800 quilômetros. Você não providenciou um exame do motor e não sabe quanto custaria o conserto do problema, mas receia que em breve seja necessária uma revisão completa do motor. O que você deve revelar a compradores em perspectiva? Um vendedor poderia revelar espontaneamente o problema do óleo a um comprador e sugerir que ele submetesse o carro a uma revisão. Ou um vendedor poderia não dizer nada e esperar que o comprador não descobrisse o problema. Evidentemente, até o silêncio pode ser enganoso. E se o comprador disser: "É, o carro está ótimo e não parece ter problema algum. Estou procurando algo que não dê aborrecimento." Esse comprador pode confiar no seu silêncio e ser enganado por ele.

Mais adiante no *continuum*, um vendedor poderia enganar um comprador de modo mais afirmativo, sem efetivamente dizer uma mentira. "Gosto muito deste carro", você poderia dizer. "Ele tem sido ótimo. Além da manutenção normal, nunca precisei gastar US$1 em consertos. Esses Toyota são mesmo construídos para durar, e este carro só rodou 150 mil quilômetros." Como a infame tentativa do presidente Bill Clinton de analisar gramaticalmente a expressão "relações sexuais", tais comentários, embora de uma defensável exatidão técnica, em conjunto, apresentam um quadro muito enganoso.[3]

Por fim, é claro que você pode mentir sem culpa. "Seu carro tem algum problema?", pergunta o comprador. "Nadinha", diz você. "Nada mesmo. Funciona que é uma beleza. E não há sinal de qualquer defeito."

As normas de conduta profissional e a lei de fraude

Na negociação legal, advogados e clientes devem levar em conta dois constrangimentos fundamentais à mentira e à sonegação de informações: os códigos de conduta profissional e a lei de fraude.

MENTIRA

Os cânones profissionais tratam diretamente da mentira e do falseamento. Focalizamos aqui, principalmente, as Normas Modelares de Conduta Profissional, da Associação dos Advogados Americanos.[4] A Norma Modelar 4.1 estabelece que um advogado, intencionalmente, não:

(a) fará uma declaração falsa sobre fato essencial ou lei para terceiro; nem
(b) deixará de revelar um fato essencial a terceiro quando a revelação for necessária para evitar assistência a um criminoso ou ato fraudulento de um cliente, a menos que a revelação seja proibida pela Norma 1.6.

Assim, um advogado não pode dizer que um automóvel rodou 60 mil quilômetros se o carro, na verdade, rodou 160 mil quilômetros. Nem pode um advogado afirmar que a empresa do seu cliente é economicamente sólida se souber que o cliente é insolvente ou tem usado métodos de contabilidade ilegais para adulterar os livros. E um advogado não deve fazer afirmações sobre a lei da jurisdição pertinente se souber que são falsas.

A Norma 4.1 não obsta, porém, todas as falsas declarações de fato ou lei. Ela, antes, impede um advogado de mentir sobre fatos ou lei *mate-*

riais. De acordo com as Normas, a materialidade depende das circunstâncias. O Comentário à Norma 4.1 afirma que, "sob convenções geralmente aceitas em negociação, determinados tipos de declaração usualmente não são encarados como declarações, de fato, materiais". O Comentário enuncia dois tipos de declarações não materiais. Primeiro, "estimativas de preço ou valor aplicadas ao objeto de uma transação" são consideradas não essenciais. Assim, por exemplo, blefar que você está muito confiante em ter êxito no julgamento é permitido. De forma análoga, se um advogado estivesse vendendo o carro do seu cliente no exemplo anterior, ele poderia blefar acerca do valor: "Sem dúvida, acho que o carro vale pelo menos US$10 mil." Segundo, "as intenções de uma parte quanto a uma aceitável solução de uma demanda" não são abrangidas pela interdição da Norma 4.1. Portanto, as normas parecem dar a entender que um advogado poderia declarar "meu cliente não aceitará um centavo a menos que US$100 mil", mesmo que saiba que ele aceitará, porque as intenções de uma parte são não essenciais.

O alcance da Norma 4.1 é ainda mais reduzido porque um advogado só é proibido de falsear fatos ou lei. Isso não pode, por exemplo, impedir que um advogado falseie uma opinião. Assim, um advogado poderia licitamente dizer: "Eu *acho* que o querelante terá sérias dificuldades médicas no futuro, no valor de pelo menos US$150 mil", embora ele ache que isso não seja verdade. Mas um advogado não pode dizer "Dr. Jones, nossa testemunha especializada, acha que o querelante terá sérias dificuldades médicas no futuro", a menos que o Dr. Jones esteja, de fato, disposto a depor nesse sentido. Como consequência, advogados tarimbados sabem ficar bastante atentos a ressalvas como "na minha opinião" ou "a meu ver". Tais expressões podem indicar que o advogado procura atenuar o que, de outro modo, seria um falseamento material.

Certos tipos comuns de mentiras, no entanto, *são* obstados pela Norma 4.1. Por exemplo, a nosso ver, uma mentira sobre sua alternativa em uma transação para a realização de acordos é uma declaração falsa de fato material. Assim, um advogado que assevera "Meu cliente não

aceitará menos de US$1 milhão pela sua propriedade porque está anali-
sando outra proposta nesse valor" provavelmente violaria a Norma 4.1
se tal proposta não existisse. (Tal mentira poderia também ser considerada fraude.) O mesmo advogado poderia, no entanto, dizer "Meu cliente não aceitará menos de US$1 milhão" ou mesmo "US$1 milhão é um
preço justo pela propriedade", ainda que essas declarações fossem falsas,
porque não seriam consideradas essenciais.

SONEGAÇÃO DE INFORMAÇÕES

Tanto a Norma 4.1 quanto a lei de fraude impõem obrigações afirmati-
vas para revelar informações essenciais em circunstâncias restritas.
Quanto à revelação de lei pertinente, a Norma 4.1 não impõe dever de
revelar. Enquanto a alínea 4.1(a) proíbe fazer uma *declaração* falsa sobre
a lei, a alínea 4.1(b) se aplica somente a uma omissão em revelar fatos
essenciais. Imagine, por exemplo, que durante várias semanas você esteve envolvido em negociações para resolver uma disputa judicial. Você
representa o réu e espera resolver o caso hoje por US$50 mil. Baseou
essa cifra parcialmente na lei aplicável no seu Estado, relativa a como se
devem calcular indenizações. Pouco antes de se dirigir para a negociação de hoje, porém, seu assistente lhe entrega uma cópia de um caso
julgado no final da tarde anterior pelo Supremo Tribunal do Estado. O
caso altera fundamentalmente a lei pertinente, tornando muito mais
provável que seu cliente seja considerado responsável por US$200 mil
ou até US$250 mil. O que as Normas determinam que você faça com
essa informação na negociação final de hoje?

Se o advogado contrário não fizer perguntas que lhe exijam expor o
que é a lei pertinente, a Norma 4.1 dá a entender que você não tem o dever
de informar o advogado da alteração. Contanto que não faça um falseamento categórico, você não viola as Normas ao se manter calado. Os
advogados têm, no entanto, o dever categórico de revelar lei pertinente
em processos mais formais. Perante um juiz, por exemplo, a Norma Mo-

delar 3.3(a)(3) obriga um advogado a revelar fontes controladoras, ainda que elas sejam prejudiciais à tese jurídica do advogado.

Quanto à sonegação de fatos essenciais, a Norma 4.1(b) determina que um advogado exponha um "fato essencial a um terceiro quando a revelação for necessária para evitar assistência a um criminoso ou ato fraudulento de um cliente, a menos que a revelação seja proibida pela Norma 1.6". Assim, por exemplo, se um cliente que reivindica US$20 mil por despesas médicas lhe contar que, na realidade, suas despesas foram de apenas US$5 mil e que um amigo falsificara contas médicas para os US$15 mil adicionais, uma omissão em revelar essa informação provavelmente resultaria em o cliente enganar o réu. Ao mesmo tempo, a Norma 4.1(b) condiciona o dever de revelar a primeiramente cumprir o dever do advogado, conforme a Norma 1.6, de guardar as confidências do cliente.[5] A Norma Modelar 1.6(a) estabelece que um "advogado não revelará informações relativas à representação de um cliente a menos que o cliente, após ser consultado, consinta, exceto para revelações que são implicitamente autorizadas a fim de cumprir a representação". A Norma 1.6(b) modifica a Norma 1.6(a) ao permitir que um advogado divulgue informações na medida em que ele, justificadamente, julgue isso necessário para impedir o cliente de cometer um ato criminoso que, na opinião do advogado, provavelmente deverá resultar em morte iminente ou considerável lesão física, ou o advogado precisa divulgar a informação para provar uma alegação ou justificação em uma contradição entre o advogado e o cliente. Na maioria das negociações legais, porém, essas duas exceções raramente se aplicam.

Portanto, informações obtidas de um cliente de forma confidencial não podem ser reveladas ao outro lado em uma negociação, *mesmo que* pudessem ser reveláveis de acordo com a Norma 4.1. Em vez disso o advogado seria obrigado a se desligar da representação se não conseguisse convencer o cliente a revelar a informação espontaneamente.[6] De acordo com as Normas, um advogado pode, às vezes, achar conveniente fazer um "desligamento rumoroso", rompendo a relação advogado-cliente ao mesmo tempo que repudia qualquer documento ou opinião que houvesse declarado anteriormente, no decorrer da representação. Um desligamento rumoroso claramente indica que o cliente pode estar agindo de forma antiética.

Além disso, a Norma 4.1(b) só é tão forte quanto a lei de fraude. Em outras palavras, ela determina que os advogados ajam apenas para evitar crime ou fraude por parte do cliente. Tradicionalmente, muito poucos tipos de sonegação de informações constituíram fraude. No caso Laidlaw *versus* Organ,[7] expressão clássica da legislação sobre sonegação de informações, a Suprema Corte dos Estados Unidos decidiu que, em geral, não há obrigação de revelar mesmo informações materiais que, segundo seu conhecimento, um negociador contrário consideraria importantes para a transação subjacente. O caso envolvia a venda de tabaco em seguida ao término da guerra de 1812. O comprador, Organ, sabia que a guerra acabara; o vendedor, Laidlaw, não. Organ sabia que quando se difundisse a notícia do fim da guerra o preço do tabaco dispararia. Apesar disso, o Supremo Tribunal julgou que ele não tinha obrigação de revelar essa informação a Laidlaw, embora soubesse que este estava desinformado. Essa norma – "cautela do comprador" – há muito é encarada como padrão na jurisprudência americana. Embora em alguns contextos, como negociações com imóveis residenciais envolvendo legislação ambiental ou de valores, essa norma tenha sido modificada por lei ou regulamento, ela ainda tem ampla aplicação.[8]

Permanecer calado não é, porém, permissível em todos os casos. A lei de fraude impõe obrigações categóricas de revelar em determinadas circunstâncias. Primeiro, a "cautela do comprador" não se aplica quando as partes se acham em relação fiduciária. Advogados e clientes, fiduciários e beneficiários, testamenteiros e beneficiários bem como outros em relações semelhantes, devem revelar informações importantes mesmo que ninguém as exija. Em muitos estados, tribunais começaram a definir mais transações como de natureza fiduciária, inclusive algumas transações bancárias e entre franqueador e franqueado. Um advogado deve, portanto, estar familiarizado com o tratamento dispensado por sua jurisdição a relações fiduciárias nos contextos comerciais em que trabalha.

Segundo, se uma parte sonegadora de informações fizer uma revelação parcial que induza em erro o outro lado, a parte sonegadora pode ter problemas com a lei. Um advogado, por exemplo, pode ter informações de que a empresa de seu cliente se defronta com um prejuízo potencial no ano fiscal corrente. A princípio, o advogado pode guardar silêncio acerca de lucros, sabendo que ele não deseja discutir o prejuízo previsto e que, se conseguir evitar o tema, ficará em melhor situação. No entanto, se o advogado menciona que a empresa está obtendo grandes lucros com um produto (digamos, o programa de reconhecimento de fala) e omite os prejuízos com outro produto (digamos, o provedor de acesso à internet), ele provavelmente cometeu fraude. O comprador da empresa do cliente presumivelmente suporia que o advogado forneceu um quadro completo dos lucros correntes, com base na revelação parcial – e enganosa – do advogado.

Terceiro, em alguns estados, a lei de fraude impõe uma obrigação mais ampla a vendedores do que a compradores. Na Califórnia, por exemplo, o dono de uma casa deve fazer revelações consideráveis sobre o que sabe a respeito do estado da propriedade.[9] Ele deve revelar infestação de cupins ou quaisquer outros problemas na casa que possam dissuadir um comprador ou reduzir o preço da aquisição. De outro lado, o comprador não precisa revelar ao vendedor que espera descobrir petróleo na propriedade.[10]

QUESTÕES ÉTICAS COMUNS

As normas de responsabilidade profissional e a lei de fraude fornecem apenas uma base: os advogados, ao negociar, podem agir de acordo com as normas e ainda assim induzir em erro outras pessoas, mediante omissões astutas e uso hábil da linguagem. Evidentemente, considerações pragmáticas e moralidade pessoal podem, contudo, compelir um advogado a não se comportar dessa maneira. Tal logro, ainda que não punível, pode custar caro. Ser enganador pode prejudicar a reputação e tornar mais difícil a realização de negócios no futuro. Além dessas preocupações pragmáticas, tal procedimento pode afetar o seu código moral pessoal. Seja cristão, budista, comunitarista, kantista ou utilitarista, muitos advogados oportunamente levam às negociações princípios éticos mais exigentes do que as normas possam requerer.

A nosso ver, uma reputação de integridade e honestidade é o maior trunfo de um profissional. E os benefícios pessoais de definir suas convicções morais e guiar-se por elas ao longo do tempo superam com facilidade os supostos custos de agir eticamente em determinada negociação. Mas os advogados empenhados em proceder honradamente e assegurar que sua conduta se conforme às normas enfrentam desafios difíceis porque têm de negociar no âmbito de um sistema de relações. E se o seu cliente pressioná-lo para fazer algo antiético? E se o outro lado estiver mentindo? Abordamos aqui algumas das perguntas mais comuns que os advogados formulam sobre ética nas negociações.

E se o cliente quiser que eu engane o outro lado?

Às vezes, os clientes querem que os advogados mintam, atenuem a verdade ou retenham informações essenciais. Obviamente, se um cliente lhe propuser violar os códigos de conduta profissional ou cometer fraude, você deve recusar e tentar convencê-lo a adotar outra postura. Se o cliente rejeitar seu conselho, você deve afastar-se. Mas, e quanto aos casos que são menos nítidos, como quando o cliente lhe pede para fazer algo que não é uma evidente violação das normas, mas ainda assim o deixa constrangido por motivos profissionais ou éticos? O que você deve, então, fazer?

Existem boas razões para um cliente contratar um advogado conceituado e depois tirar partido de sua reputação. Até certo ponto, ter um patrono permite que os clientes evitem espinhosos dilemas éticos. Imaginemos que Ed Burgess esteja prestes a negociar um acordo de indenização com seu patrão, o sr. Jenks, que deseja que ele se aposente três anos antes de completar 65 anos e de seu atual contrato de trabalho expirar. Não há cláusulas de indenização. Ed gostaria de receber indenização equivalente a uma parcela considerável do seu salário atual pelo período de três anos e, depois, esperaria receber a pensão integral como se tivesse trabalhado até os 65 anos. Ao debater o salário, Ed sabe que o sr. Jenks irá supor que ele terá dificuldade em arranjar um novo emprego; o mercado está retraído e não existem muitos postos disponíveis na área. Jenks, portanto, está propenso a ser razoavelmente generoso com Ed. Na última discussão com o chefe, Ed falou longamente sobre as agruras que sua família teria de suportar se a empresa se recusasse a pagar uma considerável remuneração anual.

Há várias semanas Ed não conversa com Jenks. Ele acaba, porém, de receber uma proposta de uma firma concorrente para um bom cargo, de analista e consultor sênior. Ed poderia ganhar aproximadamente 75% do seu salário anterior e espera aceitar esse emprego *depois* de negociada a indenização. Ed sabe que se negociar pessoalmente com Jenks sentirá uma íntima pressão moral para revelar essa informação, mesmo que Jenks não indague sobre sua situação financeira. O que Ed poderia fazer caso quisesse obter de Jenks uma polpuda indenização? Contratar um advogado. Mesmo que Ed revele a proposta de consultor de investimento a seu advogado, este não pode revelar a informação a Jenks sem autorização. Omitir a informação, provavelmente, não constituiria fraude. (É claro que se Jenks perguntasse diretamente sobre uma proposta concorrente ao advogado, este teria de responder a verdade, ou não dizer nada.)

Seria possível questionar se é ético Ed usar um advogado de tal maneira estratégica. Mas ele pode preferir evitar os dilemas pessoais mais diretos suscitados em uma discussão frente a frente com Jenks. Ed pode até achar conveniente não fornecer essa informação ao advogado. Se mantiver a informação completamente em segredo, então ele pode evitar até discutir se tem ou não alguma espécie de obrigação moral de fazer a revelação.

PROCURE ENTENDER A OPÇÃO DO CLIENTE

Se um cliente lhe pede para enganar o outro lado, a primeira providência, como sempre, é tentar entender por quê. De que maneira esse pedido faz *sentido* para o cliente? Coloque-se no lugar dele. Se fosse o cliente, você proporia a mesma coisa que ele está propondo?

Ao identificar os incentivos que levam o cliente a lhe pedir para enganar o outro lado, você pode conseguir relacionar-se melhor com ele ao conversarem sobre o pedido. A chave é apurar por que o cliente acha que você deve manipular a verdade. O que vê como vantagens? O que ele vê como riscos? Quais são as preocupações dele? Ao ouvir e demonstrar compreensão, você consegue, frequentemente, levar o cliente a falar sobre a subjacente opção da estratégia.

FORMULE EXPLICITAMENTE SUAS PREOCUPAÇÕES

Os advogados devem também aprender a discutir dilemas éticos explicitamente. Você pode ficar em uma situação muito constrangedora se nem você nem o cliente estiverem dispostos a discutir conflitos éticos. Aprender a manter tais conversas de forma produtiva é uma habilidade decisiva.

Se o cliente lhe pedir para enganar o outro lado, você deve conversar com ele e tentar ajudá-lo a entender seu ponto de vista. Deve explicar-lhe que não quer violar normas estabelecidas de responsabilidade profissional nem fazer algo que não seja para o melhor proveito dele. Você não quer contrariar suas convicções pessoais nem fazer algo que prejudique sua reputação. Ao explicar seus interesses e perspectiva – ao mesmo tempo que continua a demonstrar compreensão para com o ponto de vista do cliente –, você pode iniciar uma conversa acerca do dilema que enfrenta.

O advogado de Ed, por exemplo, deveria explicar que, confrontado com o questionamento do sr. Jenks, teria de dizer a verdade sobre uma proposta concorrente ou recusar-se a responder uma pergunta direta. "Isso provavelmente trairia a questão ali mesmo", Ed poderia comentar. "Você não poderia simplesmente dizer: 'Não, ele não recebeu outras propostas'?" "Não", o advogado poderia explicar. "Não posso mentir sobre uma informação essencial como essa. E devo dizer-lhe que isso, provavelmente, equivaleria a fraude. Considerando que cedo ou tarde ele vai descobrir se você está trabalhando de novo, mentir sobre isso poderia provocar sérios problemas posteriormente."

LEMBRE-SE DE QUE SUA REPUTAÇÃO É UM TRUNFO VALIOSO

Os clientes, às vezes, querem usar a reputação de honestidade de um advogado como mascarar seu próprio comportamento antiético. Se um advogado é conhecido por dizer a verdade, essa reputação é uma cortina de fumaça perfeita para despistar o outro lado. Se o cliente o convence a mentir, contudo, ele pode aproveitar-se da sua reputação para ganho próprio a curto prazo, desconsiderando o efeito a longo prazo sobre sua carreira e bem-estar.

Tomamos conhecimento de um exemplo recente em um caso de divórcio. Após descobrir que a esposa contratara um advogado, o marido contratou um eminente advogado de família – conhecido na comunidade como um respeitável solucionador de problemas. No passado, os dois advogados cuidaram juntos de muitos casos de divórcio e desenvolveram muita confiança. Em geral, eles não se fiavam em procedimentos formais de instrução probatória, preferindo, em vez disso, trocar informações de maneira não convencional. Isso poupava a seus clientes bastante tempo e dinheiro.

Nesse caso, o marido insistia para que o advogado não revelasse ao outro lado determinadas informações financeiras, salvo se forçado a fazê-lo mediante produção de provas formal. O advogado do marido enfrentou um verdadeiro dilema ético. Quando o colega propôs que eles trocassem informações de maneira não convencional, como haviam feito no passado, o que ele devia fazer? Sabia que se fizesse uma revelação parcial mas retivesse as informações em questão isso iria de encontro à expectativa certa do colega e, eventualmente, prejudicaria sua reputação de negociador honesto. Ao mesmo tempo, estava obrigado a obedecer à vontade do cliente de não revelar as informações financeiras.

Por fim, ele resolveu recusar-se a participar do processo não convencional de troca de informações com o outro advogado. É claro que isso indicou implicitamente que esse divórcio era diferente dos outros que, até então, eles negociaram juntos. Muitos advogados relataram-nos que em situações semelhantes tendem a indicar ao outro lado que as regras normais do jogo estão suspensas e tudo o que se deve esperar são as normas básicas de ética profissional. Um advogado referiu-se a um caso em que entrou na sala onde a negociação deveria ocorrer, sentou-se à mesa em frente a um colega de longa data e disse apenas: "Em guarda." Ambos souberam de imediato que as regras normais de participação cooperativa estavam temporariamente suspensas.

Evidentemente, tal indicação suscita difíceis questões éticas. De um lado, por que um cliente deveria poder obter vantagem distributiva escondendo-se atrás da reputação do seu advogado? Isso não desserve os outros clientes do advogado que confiam em sua capacidade para solucionar problemas? Ao se recusar a participar do processo de revelação informal que se baseava na confiança, o advogado não dá ao cliente meramente o que este obteria de qualquer outro advogado que *não* gozasse da reputação de honestidade? De outro lado, é legítimo um advogado *não* fazer algo que maximizaria a vantagem distributiva para um dado cliente? Se a abordagem de um advogado for incompatível com a do cliente, a melhor abordagem seria simplesmente se desligar?

A nosso ver, o desligamento é uma solução possível. Na prática, como já discutimos, contudo, advogados *e clientes* defrontam-se com constrangimentos financeiros e logísticos reais que podem tornar o desligamento pouco atrativo. Depois de trabalhar com um cliente por certo tempo, o advogado acumulou muito conhecimento e experiência atinentes apenas àquele cliente, e o cliente investiu tempo e dinheiro para instruir o advogado sobre os pormenores do caso. Em tais circunstâncias, em vez de se desligar, parece razoável que o advogado indique ao outro lado que, para essa negociação, ele não deve esperar nada além do que determinam as normas de revelação formal.

A lição que extraímos, contudo, é de que a preparação entre advogado e cliente é fundamental. Quando se inicia uma relação entre advogado e cliente, o advogado deve ser claro com o cliente sobre sua orientação para a solução de problemas e o que isso exige. Se um advogado for inequívoco sobre o que fará e não fará, o cliente pode fazer uma escolha esclarecida sobre qual advogado contratar. Tais conflitos éticos têm, assim, muito menos probabilidades de surgir.

E se o outro lado me fizer uma pergunta que não desejo responder?

Advogados negociadores são, às vezes, pegos desprevenidos quando se lhes faz uma pergunta em que uma resposta sincera seria desvantajosa para seu cliente. Por exemplo, se você fosse o advogado de Ed e o sr. Jenks lhe perguntasse: "Ed recebeu outras propostas de emprego?", o que você poderia fazer para se livrar da situação sem violar as normas de conduta profissional?

Os advogados tratam essas ocasiões de diversas maneiras. Muitos recusam-se a responder tais perguntas. Alguns talvez simplesmente fiquem calados. Outros podem dizer "Sem comentários", "Não estou autorizado a falar" ou "Terá de perguntar ao meu cliente". Um advogado poderia assinalar que não pode revelar informações porque viola-ria as confidências do cliente. Considerando o alcance extremamente restrito das exceções da Norma 1.6(b), a ampla obrigação de sigilo da Norma 1.6(a) atua como sério embaraço aos advogados. A obrigação de guardar as confidências do cliente é um dos pilares centrais da ética profissional. A prerrogativa evidente de advogado e cliente protege a relação entre ambos da intromissão da maioria de estranhos, e a obri-gação do sigilo resguarda a relação da divulgação desautorizada de informações por parte do advogado. Essas barreiras em torno da rela-ção destinam-se a assegurar que os clientes possam falar aberta e sin-ceramente com os advogados, sem receio de que seus segredos se tornem de conhecimento público.

A fragilidade do uso da Norma 1.6 como justificativa em uma nego-ciação é que um cliente sempre pode autorizar um advogado a revelar algo – e se o outro lado insiste para que você responda a uma pergunta, ele provavelmente insistirá para que procure o cliente a fim de obter permissão para fazê-lo. O problema mais óbvio é que o outro lado pode interpretar sua recusa em responder, quer você tenha invocado a norma explicitamente ou não, *como* uma resposta – nesse caso, que Ed tem *mesmo* outras oportunidades.

Em consequência, muitos advogados tentam evasivas nessas oca-siões. Eles procuram mudar de assunto. Ou, em vez de não responder, um advogado poderia responder uma pergunta diferente da que fora feita – a clássica técnica de entrevista dos políticos. Ou um advogado poderia retrucar fazendo uma pergunta própria, para esclarecer ou para mudar os temas. No caso de Ed, um advogado poderia tentar desviar-se da pergunta indagando: "Quem o contrataria?" Ou: "O mercado de trabalho está bastante retraído no momento, não é?" É claro que advogados atentos podem desmascarar tal estratagema com perguntas insistentes.

Uma diferente espécie de problema apresenta-se, caso o advogado do outro lado lhe pergunte os limites da sua autoridade para decidir ou:

"Qual é o valor mínimo que Ed está disposto a aceitar como indenização?" Embora as Normas Modelares pareçam indicar que um advogado
tem grande margem para falsear tais informações, frequentemente é
muito melhor recusar-se a responder e explicar por quê.

Você pode especificar o problema inerente a essas perguntas difíceis:
elas o induzem a mentir. "Sabe, não considero perguntas como essa tão
úteis assim, este o motivo. Se perguntasse isso a *você*, embora o julgue
uma pessoa decente, eu o estaria induzindo a me enganar. É mesmo uma
pergunta difícil de responder e é tentador distorcer a verdade. Eu confia-
ria muito pouco na sua resposta e, por isso, não tenho certeza de que a
pergunta em si seria muito útil para mim. Minha sugestão é que adiemos
essa pergunta." Ao especificar o problema estratégico criado por tal pergunta, você, com frequência, consegue dissuadir o outro lado de perseguir
uma resposta para ela. E você mostra que entendeu a situação estratégica
e a motivação para perguntar. Isso pode esvaziar tais indagações.

O segredo é *preparar-se*. Antes de negociar, faça uma lista das perguntas espinhosas que o outro lado poderia fazer. Pense em todas as
indagações que o deixariam embaraçado ou poderiam levá-lo a mentir.
Em seguida, prepare respostas que poderiam livrá-lo dessas situações
com o máximo de elegância possível. Suas respostas podem não ser perfeitas, mas você será capaz de reagir com mais habilidade do que se simplesmente enganasse o outro lado.

E se eu achar que o outro lado está mentindo ou sendo enganoso?

Na negociação, frequentemente o desafio é o comportamento do outro
lado, não o seu. Alguns negociadores gabam-se de poder perceber as
mentiras e logros do outro lado. Outros receiam não poder fazê-lo e
buscam conselhos sobre como distinguir a verdade das mentiras. Sem
dúvida, algumas vezes, há pistas quando as pessoas mentem, e pode ser

possível adquirir habilidade para identificar enganos.[11] Mas as pesquisas indicam que a maioria das pessoas exagera sua capacidade de detectar mentiras. O fato persistente é que elas, às vezes, lhe mentirão, e com frequência você não saberá disso. Com maior frequência ainda, ficará sem saber se deve confiar ou não no outro lado. O que você pode fazer se receia que o outro lado esteja mentindo, sendo enganoso ou não lhe esteja comunicando informações essenciais?

DESMASCARAR O ENGANO

Uma técnica é desmascarar o comportamento antiético. Como vimos, as Normas Modelares não determinam que os advogados divulguem muitas informações espontaneamente. Como consequência, fazer perguntas francas e sondagens sobre informações é indispensável para o êxito do trabalho do advogado. Evidentemente, se não quiser responder à sua pergunta, o outro lado pode ser evasivo ou recusar-se, exatamente como você poderia fazer se lhe perguntassem. E ele poderia mentir. Mas só perguntando você realmente testará sua disposição de responder com franqueza. Você não pode pressupor que de outra maneira ele lhe fornecerá fatos essenciais. Enquanto sonda, você pode tentar fazer uma triagem das afirmações do outro lado para descobrir discrepâncias que demonstrem engano ou tentativa de ser enganoso.[12]

VERIFICAR INFORMAÇÕES

Outra maneira de lidar com suas dúvidas acerca do outro lado é, sempre que possível, verificar informações essenciais. Por isso, o devido zelo é tão importante para se fazer negócios e a revelação é tão importante no litígio; cada lado deve procurar, de forma independente, verificar informações essenciais acerca do outro. Apesar de o vendedor afirmar o bom estado da casa que você está adquirindo, não deixe de fazer uma vistoria, seja como for. Apesar de o outro lado insistir que sua empresa está indo bem, mande seu contador examinar-lhe os livros.

Evidentemente, verificar informações é dispendioso. Uma relação sólida e confiante é valiosa, em parte, porque reduz esse custo de fazer negócio: você talvez não precise gastar tanto tempo e dinheiro com verificações. Ainda assim, a verificação independente de informações cruciais é, com frequência, um componente central da função de um advogado.

ELABORAR DECLARAÇÕES E GARANTIAS PARA SE PROTEGER DE RISCOS

O engano só funciona se você se fiar na falsidade do outro lado. Se duvidar do outro lado, você pode estruturar o acordo negociado de modo a não confiar nas suas afirmações e de modo a salvaguardar o risco, caso se verifique que ele não falou a verdade.

Os advogados têm uma vantagem comparativa na negociação, porque podem usar sua experiência em redigir contratos e minutas para buscar representações escritas acerca de fatos essenciais. Em vez de confiar informalmente nas promessas verbais do outro lado, os advogados podem incorporar declarações e garantias a acordos e condicionar o arranjo à veracidade dessas representações. Se estiver exagerando ou mentindo, o outro lado pode rejeitar fazer tal declarações escrita. O pedido serve, então, para desmascarar o comportamento antiético por parte do outro lado.

Garantias podem igualmente coibir, ou reparar, mentiras e sonegação de informações. Você deve estar sempre de sobreaviso para o problema dos limões, por exemplo. Em qualquer compra e venda, o vendedor tem um incentivo para reter informações sobre o estado do bem em questão. Buscar declarações e garantias pode reduzir esses riscos e diminuir seu prejuízo, se ele mentir.

Fazer contrato é, assim, o instrumento mais útil ao negociador jurídico para descobrir e inibir o comportamento enganoso do outro lado. Não aceite simplesmente sua palavra – faça com que ele a coloque por escrito e garanta que ela é verdadeira.

O perigo, evidentemente, é que, ao perceber que não confia no outro lado, você pode ser tentado a buscar declarações e garantias acerca de *tudo*. Se o outro lado demonstrou não merecer confiança, o que em outros casos seria advogar em excesso pode ser necessário. Mas você deve dosar suas suspeitas. Os advogados empolgam-se com excessiva facilidade e imaginam que um documento escrito proporciona proteção completa. Como assinalamos nos Capítulos 5 e 10, declarações e garantias não são um remédio perfeito. Uma quebra de uma garantia deve ser descoberta e provada, e o cumprimento é tanto dispendioso quanto imperfeito.

DAR AO OUTRO LADO UM MEIO DE SALVAR AS APARÊNCIAS

Ao descobrir ou suspeitar que o outro lado está mentindo ou sendo enganoso, você pode querer encerrar as negociações. Certamente, não queremos defender aqueles que mentem ou são enganosos, nem pedir desculpas por eles. Ao mesmo tempo, antes de suspender as negociações ou desmascarar o outro lado, reflita cuidadosamente sobre o que atenderá melhor os interesses preponderantes do seu cliente. Se a solução de problemas é o método que você prefere, pode ser mais produtivo lidar com a incorreção do outro lado, ao mesmo tempo que lhe dá um meio de salvar as aparências.

Por quê? Porque ser apanhado mentindo é constrangedor. O outro lado pode não querer continuar negociando com você se ficar evidente que você sabe que ele estava tentando enganar. Além disso, se admitir que o apanhou, *você* talvez não possa mais negociar com *ele*: para resguardar sua reputação, você não pode ficar conhecido como uma pessoa que faz negócios com mentirosos.[13] Por exemplo, imagine que você sabe que seu empregado falsificou alguns relatórios de despesas. Você não quer despedi-lo, mas quer que ele mude seu comportamento. No entanto, não pode inteirá-lo do seu conhecimento sobre as transgressões passadas, porque, então, *teria* de demiti-lo: a política da sua empresa exigiria isso. Nessa situação, mencionar a questão ética tornaria mais difícil trabalharem juntos no futuro, ainda que ele tenha se comprometido a não mais roubar a empresa.

Com frequência, você pode achar maneiras criativas de indicar ou dar a entender ao outro lado que seu comportamento antiético não funcionará ou foi descoberto, ao mesmo tempo que deixa a mensagem bastante ambígua para permitir que ambos os lados continuem a trabalhar juntos.

Quanto tenho de contar ao meu cliente?

Como vimos, pode ser muito fácil para um advogado manipular um cliente a fim de atender os próprios interesses. Por exemplo, muitos advogados admitem fazer estimativas por baixo para os clientes, a fim de estabelecer expectativas executáveis. Se o cliente não espera muito, então qualquer decisão ou acordo obtido pelo advogado parecerá uma vitória. Alguns advogados podem até mentir aos clientes para dar a impressão de eficiência. Por exemplo, se o outro lado fez uma proposta verbal de US$50 mil para conciliar a reivindicação de um cliente, um advogado poderia inicialmente dizer ao cliente que o outro lado propôs US$35 mil e, em seguida – dias depois –, dizer-lhe que, após árduas negociações, o outro lado aumentou a proposta para US$50 mil.[14]

Os advogados podem, também, exagerar a fim de retardar o acordo e elevar seus honorários. Um advogado poderia exagerar os comentários negativos feitos pelo outro lado e tentar levar o cliente a prosseguir com o litígio. Ou pode alterar sua avaliação do valor da reivindicação do cliente e sustentar que uma existente proposta de acordo é insuficiente. O advogado, em suma, pode manipular as percepções do cliente em favor das suas próprias finalidades.

Por fim, os advogados, às vezes, retêm informações pela razão oposta: para encerrar uma negociação com mais facilidade e rapidez. Isso pode ser feito a pretexto de atender os "verdadeiros" interesses do cliente. Se um advogado passou muito tempo aconselhando um cliente obstinado e frustrante, manipular informações pode parecer mais fácil do que prosseguir nessas conversas difíceis. Mas essa racionalização também pode ser simplesmente uma desculpa para favorecer os interesses do advogado à custa do cliente.

Obviamente, um advogado não deve mentir aos clientes. E dizer que o outro lado propôs US$35 mil quando a proposta foi de US$50 mil é uma mentira que a maioria dos advogados julgaria abominável. Mas essas situações são menos frequentes em relação a mentir em si do que em relação a atenuar a verdade ou não revelar informações. O que as Normas Modelares dizem sobre essas questões? A Norma Modelar 1.4 determina que os advogados mantenham os clientes "razoavelmente informados sobre a situação de um caso e prontamente aquiesçam a pedidos razoáveis de informações". A Norma 1.4(b) determina que os advogados expliquem as questões "na medida razoavelmente necessária para permitir ao cliente tomar decisões esclarecidas quanto à representação". E o Comentário 1 à Norma 1.4 afirma que quando é obtida uma proposta *por escrito* o advogado "deve prontamente informar sua essência ao cliente, a menos que discussões prévias com o cliente deixem claro que a oferta será inaceitável".

A maioria dos comentaristas vai mais longe e recomenda que os advogados apliquem a Norma 1.4 igualmente a uma proposta verbal. Embora a Norma não seja tecnicamente aplicável, o objetivo subjacente da Norma 1.4 é manter um cliente "razoavelmente" informado sobre o progresso do seu caso jurídico. A omissão de um advogado em repassar dados a um cliente deve, portanto, ser considerada violação dos preceitos profissionais, se o comportamento do advogado deixar o cliente de tal forma no ar que não se possa dizer que ele é capaz de tomar uma decisão esclarecida. Na nossa opinião, isso abrange uma omissão em transmitir uma proposta verbal de acordo ou uma tentativa de manipular, mediante estimativas por baixo ou outros artifícios, a impressão do cliente quanto a uma proposta de acordo.

Ao mesmo tempo, é importante observar que as Normas Modelares deixam ao advogado grande autonomia e flexibilidade para decidir por si mesmo quanta informação deve ser partilhada com o cliente. Mesmo que um advogado deva transmitir propostas de acordo tanto escritas quanto verbais, há informações que o advogado talvez *não* precise partilhar. Por exemplo, os códigos não determinam que um advogado discuta o que ocorreu na mesa de negociação, o que se disse, que estratégia ou tática o advogado utilizou ou como o outro lado reagiu. Se um advogado emprega táticas de barganha difícil muito agressivas, por exemplo, e o outro lado reage negativamente e se recusa a continuar negociando, o advogado está sujeito a uma obrigação profissional de explicar quais táticas empregou e quais foram as consequências? Ou o advogado pode apenas inteirar o cliente de que o outro lado se recusou a continuar as discussões? Os códigos parecem indicar que se um cliente *solicitar* tais informações, o advogado tem de fornecê-las. Na falta de um pedido direto, contudo, o advogado pode não ter o dever de revelar tais informações ao cliente.

No entanto, nós recomendamos aos advogados que partilhem tais informações com os clientes, ou pelo menos negociem explicitamente com os clientes sobre a espécie de informação que eles *querem*. Concentrar-se no interesse e no cliente pode exigir uma alteração na atitude implícita do advogado para com o cliente. Basicamente, porém, a advocacia eficiente exige que um advogado encare o cliente como uma pessoa com informações valiosas, com as quais o advogado pode aprender, e como uma pessoa que merece a oportunidade de fazer uma escolha esclarecida sobre seus assuntos jurídicos. A tarefa do advogado é fornecer ao cliente as informações de que ele necessita para fazer tais escolhas.

Não se presume que eu seja um "defensor dedicado"?

Presume-se que um advogado patrocine a causa do cliente e, como consequência, muitos advogados afirmam que um dever de "defesa dedicada" lhes impõe fazer tudo que não seja claramente proibido. Mas isso, com frequência, coloca os advogados em uma posição incômoda. Como a defesa dos interesses de um cliente tem primazia, os advogados podem recear que a adoção de qualquer estratégia de negociação que não seja a extrema barganha pesada viole, de algum modo, um dever básico para com o cliente.

Segundo as Normas Modelares, isso é tolice. A Norma 1.3 determina "zelo razoável" em benefício de um cliente.[15] O Comentário 1 à Norma Modelar 1.3 especifica que "um advogado deve agir com empenho e aplicação para com os interesses do cliente e com dedicação na defesa em benefício do cliente. Contudo, um advogado não é compelido a reclamar toda a vantagem que possa ser obtida para um cliente. Um advogado tem arbítrio profissional para definir o meio de dar prosseguimento a uma causa." Este comentário indica que os advogados conservam significativa flexibilidade para fixar os limites da representação dedicada. Os interesses do cliente, entendidos de forma ampla, podem ser mais bem atendidos por uma abordagem mais contida e racional da negociação do que pelo início de uma disputa de vontades ou uma guerra de atrito. Uma vez que o cliente compreenda riscos e benefícios de uma atitude voltada para a solução de problemas, não há contradição inerente entre a solução de problemas e a defesa. Na verdade, às vezes, partir cegamente para a guerra – ainda que o cliente insista nisso – pode não atender aos interesses mais amplos do cliente. Como disse certa vez Elihu Root: "Cerca de metade do trabalho de um advogado decente consiste em dizer a candidatos a clientes que eles são uns idiotas completos e devem parar."[16]

384 MAIS QUE VENCER

CONCLUSÃO

Até certo ponto, as normas de conduta profissional criam uma base, não um teto, para o comportamento em negociações. Como vimos, as Normas Modelares proíbem os advogados de fazer declarações falsas sobre fato essencial ou lei, mas abrem exceções para dois temas cruciais em negociações: declarações sobre o valor de uma reivindicação e representações sobre as intenções de um cliente em relação ao acordo. Parece que os redatores das Normas Modelares entenderam a mentira acerca dessas duas questões como central para o jogo da negociação e julgaram ser bom senso convencional que tais mentiras não são, de modo algum, mentiras de fato. Além disso, seria muito difícil fazer cumprir normas éticas mais estritas. Por exemplo, se fosse vedado aos advogados fazer declarações falsas sobre as intenções de um cliente quanto a acordo, um advogado poderia ser processado se dissesse "Meu cliente não aceitará menos de US$100 mil" e, então, duas semanas depois, o cliente aceitasse um acordo de US$50 mil? Sendo assim, como alguém poderia provar se o advogado intencionalmente fizera uma declaração falsa ou se o cliente apenas mudara de ideia, para grande surpresa do advogado? Se as normas éticas estabelecessem padrões tão elevados, esses mesmos critérios poderiam virar mais uma arma no arsenal adversário, com cada lado ameaçando apresentar acusações de violação ética contra o outro. Até certo ponto, a natureza mínima da Norma 4.1 codifica não só o bom senso convencional como também um sistema que é pelo menos executável.

Ao mesmo tempo, o impedimento estabelecido por essas normas básicas é com frequência removido por regras informais acerca do que é comportamento aceitável em uma determinada comunidade legal. Se você for apanhado mentindo para outro advogado, raramente é muito convincente recorrer a uma leitura técnica da Norma Modelar 4.1 ou da lei de fraude. O logro pode ainda assim macular suas negociações e sua capacidade de representar o cliente.

12

Organizações
e partes múltiplas

Ao longo deste livro concentramo-nos em negociações jurídicas em que dois clientes individuais contratam, cada um, um advogado, criando assim um sistema de quatro pessoas, com advogados no centro. Utilizamos essa estrutura de quatro pessoas para manter nossa análise simples e clara, mas a realidade raramente é tão favorável. As negociações jurídicas são, com frequência, mais complicadas do que isso e, de fato, uma estrutura mais complexa nas negociações legais pode ser a regra, não a exceção.

AS COMPLICAÇÕES DO AMBIENTE ORGANIZACIONAL

Nosso primeiro fator de complicação é o ambiente organizacional: empresas, sociedades, repartições governamentais e outras estruturas em que trabalham tanto os advogados quanto os clientes. Esses diferentes contextos institucionais fornecem a advogados e clientes individuais os incentivos, interesses e embaraços que podem causar um impacto profundo nas negociações tanto para fazer negócios quanto para resolver disputas.

Quase metade de todos os advogados trabalha em escritórios de advocacia ou sociedades, e o número está aumentando.[1] Isso significa que, toda vez que representam clientes, esses advogados fazem isso contra o plano de fundo das necessidades, normas, práticas e interesses do seu escritório. Eles devem agir não só como embaixadores do escritório mas também como representantes dos clientes. Isso suscita mais uma relação de mediação. Os advogados de escritórios, sociedades e outras instituições devem constantemente avaliar seus atos pelas necessidades de *ambos* os seus mandantes. Um sócio em um escritório de advocacia, por exemplo, pode sentir-se constrangido em adotar determinadas estratégias de negociação que seu cliente poderia preferir se essas estratégias puderem prejudicar a reputação do escritório de advocacia na comunidade comercial.

Evidentemente, os clientes são também, com frequência, oriundos de ambientes organizacionais. Embora muitas disputas e negócios jurídicos – inclusive questões penais, transações imobiliárias simples e casos de delitos básicos – envolvam indivíduos que agem em benefício próprio, em um número enorme de situações o cliente é uma empresa ou instituição. Os indivíduos com que o advogado está trabalhando – em geral funcionários graduados, diretores ou empregados da instituição – são representantes desse cliente. Esses indivíduos trabalham à sombra do seu ambiente organizacional. E se isso é verdade em um lado de uma disputa ou negócio, também é, com frequência, verdade no outro lado. Assim, em vez do nosso já conhecido sistema de negociação com quatro pessoas, o quadro começa a ficar mais complicado (ver Figura 14).

Acreditamos que esse contexto organizacional possa ter pelo menos cinco efeitos importantes:

- Alterar os *incentivos* que atuam tanto sobre o advogado quanto sobre o cliente.
- Impor limites à *autoridade* tanto do advogado quanto do cliente.
- Proporcionar uma *cultura* local que influencie o estilo, a estratégia e as expectativas da negociação, para melhor ou para pior.

- Criar *conflitos* de interesse porque os interesses da organização podem não ser os mesmos dos indivíduos com que o advogado está lidando.
- Criar problemas de *coordenação* dentro das firmas e entre organizações.

Incentivos

O fato de haver organizações no plano de fundo pode alterar os incentivos que atuam sobre advogados e clientes individuais. Consideremos, por exemplo, o impacto que a disputa pela sociedade pode exercer sobre o comportamento de um associado jurídico nas negociações. Os grandes escritórios de advocacia são, na maioria, estruturados em um esquema de ascensão ou exclusão, em que os associados devem ou ser promovidos a sócios ou finalmente sair do escritório.[2] Nesse sistema, os associados precisam apresentar um trabalho de alta qualidade, manter-se em evidência e conceituados junto a uma série de sócios dentro do escritório e reunir a experiência e os contatos com clientes necessários a serem seriamente cogitados para integrar a sociedade. Essas preocupações podem afetar o tratamento que um associado dará a uma determinada negociação.

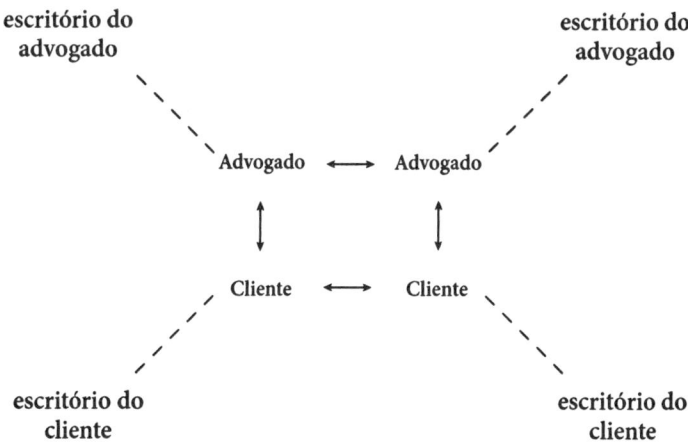

Figura 14

Por exemplo, em escritórios que valorizam muito a experiência em julgamentos, um associado pode procurar entravar o acordo, na esperança de chegar ao julgamento e ganhar experiência. Inversamente, se um escritório valoriza agilidade, os associados podem induzir os clientes ao acordo e talvez distorcer, até de forma inconsciente, sua avaliação das prováveis oportunidades e riscos do litígio, a fim de alcançar um acerto negociado. De modo semelhante, um associado de empresa pode procurar obter a reputação de ser inflexível, ainda que seu cliente na realização de negócios preferisse uma abordagem tendente à solução dos problemas. O mesmo associado pode pressionar para fechar um negócio a fim de parecer bem-sucedido, ainda que um advogado mais experiente soubesse que o cliente ficaria em melhor situação se não aceitasse a parcela de risco que o negócio implica.

Os sócios jurídicos são também afetados pelas estruturas de incentivos internos, usadas para conceder recompensa ou prestígio dentro dos escritórios de advocacia.[3] Se um escritório recompensa os sócios exclusiva ou principalmente com base na quantidade de trabalho realizado para clientes que *eles* controlam, pode haver pouco incentivo para os sócios passarem tempo consultando-se mutuamente sobre seu trabalho. Fazer isso renderia pouco ou nenhum retorno financeiro ao consulente e o impediria de passar o tempo com seus clientes geradores de rendimento. Assim, nos escritórios em que "quem pegou levou", os sócios podem não colaborar uns com os outros, mas, em vez disso, receber apoio apenas dos associados que trabalham para eles.

Para entender o comportamento do seu advogado, um cliente deve levar em consideração os incentivos organizacionais que atuam sobre esse advogado e vice-versa. Além dos efeitos incentivadores criados por estruturas de honorários e medidas de monitoramento, deve-se também levar em consideração o contexto organizacional.

Autoridade

Um advogado deve atuar de acordo com a autoridade que lhe foi delegada pelo cliente e dentro dos limites permitidos pelo seu escritório. Um associado principiante, em um grande escritório de advocacia, provavelmente não deve dar início a negociações com o outro lado de uma disputa legal sem antes consultar um advogado mais experiente. Embora o cliente possa autorizar tal procedimento, o empregador do associado talvez não o fizesse. Tais impedimentos à autoridade atuam mesmo nos níveis mais elevados de escritórios de advocacia e em outras instituições em que trabalham advogados. Os sócios, por exemplo, precisam obter a aprovação do restante da sociedade antes de emitir opiniões em nome do escritório.

De forma semelhante, os indivíduos dentro de uma organização cliente podem sofrer constrangimentos impostos à sua autoridade para negociação. O contato cliente de um advogado pode ser capaz de decidir a estratégia de negociação e fornecer ao advogado informações pertinentes, mas não estar capacitado a se comprometer com um acordo negociado sem conseguir autorização adicional em um nível mais alto na hierarquia organizacional. Frequentemente, pode haver conflito dentro da organização e, algumas vezes, o advogado pode receber instruções contraditórias. Isso pode complicar a ação do advogado e frustrar ou confundir o outro lado, que pode interpretar um comportamento incoerente na mesa de negociação como manobra estratégica.

Cultura

Assim como Bronx é diferente de Manhattan e Boston é diferente de São Francisco, os escritórios de advocacia possuem culturas diferentes. Se um escritório aprecia sua reputação de usar a tática de terra arrasada em litígios, será particularmente difícil para um único advogado daquele escritório – seja associado ou sócio – negociar visando resolver problemas. Recompensas econômicas internas podem ser concedidas, em parte, na medida em que os advogados atendam às expectativas de intransigência ferrenha do escritório. Sanções interpessoais de caráter informal – comentários nos corredores ou piadas no jantar anual do escritório – podem igualmente impedir que os advogados se desviem muito do estilo de negociação preferido pelo escritório.

O mesmo é válido em relação às culturas das empresas. O contexto organizacional de um cliente pode influenciar fortemente o comportamento e as atitudes de empregados individuais. As empresas, com frequência, têm normas de comportamento codificadas e partilhadas, diretrizes para uma administração eficiente e uma visão de como os funcionários da empresa devem interagir. Esses ideais podem motivar clientes empresariais a se comportar de determinadas maneiras e buscar certos métodos de negociação. E, mais uma vez, essas influências culturais internas podem ser completamente invisíveis para o outro lado.

Além disso, tanto advogados quanto indivíduos que trabalham para seus clientes podem ter incorporado as regras culturais tácitas que governam a organização em que eles trabalham. Conquanto essas diretrizes subentendidas não possam ser afixadas em cartazes inspiradores nas salas de reunião das empresas, elas podem, no entanto, ser as verdadeiras e indiscutíveis convicções que afetam o comportamento dentro da organização. Por exemplo, os membros de um escritório de advocacia podem afirmar que têm uma política de portas abertas, em que qualquer pessoa pode buscar a ajuda de qualquer outra, a qualquer momento, mas todos no escritório podem saber que isso significa que as portas dos associados estão sempre abertas, e a aproximação às portas dos sócios fica por conta e risco de quem a tenta. Em uma empresa, todos podem entender que, embora a norma defendida seja lidar com o conflito interno de forma produtiva, a prática efetiva é encobrir divergências internas. Uma empresa pode anunciar, como uma questão de orientação oficial, que o acordo antecipado deve ser estimulado a fim de evitar custos jurídicos externos, mas, nos diversos departamentos da organização, diretores isolados podem achar que assumir a responsabilidade por um acordo é arriscado em relação à própria carreira na empresa.

Essas expectativas implícitas podem exercer grande influência. Se um cliente vem de uma cultura empresarial que enfatiza decisões rápidas, um advogado prudente e cuidadoso pode ter dificuldades para estabelecer uma relação eficaz entre advogado e cliente. O advogado deve informar-se sobre o contexto do cliente e chegar a compreender como isso influencia as expectativas e o comportamento dele. Os clientes, algumas vezes, relatam que sua cultura empresarial se choca com a cultura do escritório de advocacia. Contam-se muitas histórias sobre a surpresa e a incredulidade mútua quando um bem conceituado advogado nova-iorquino de 50 anos, vestido com um terno azul-escuro, encontra-se em Palo Alto com um executivo do Vale do Silício, de 30 anos, vestido com uma camiseta e calça jeans.

É claro que, às vezes, um rebelde pode alterar a cultura do seu escritório. Após concluir a faculdade de Direito, um amigo nosso foi, durante vários anos, litigante em um grande escritório de advocacia nova-iorquino. Esse velho e conservador escritório tinha normas de comportamento muito firmes, inclusive a expectativa de que os associados jovens seriam aplicados, obedientes, silenciosos e respeitosos, só falando com os clientes quando lhes fosse determinado. Nosso amigo, decididamente, não se ajustava. Ele era turbulento e extravagante. Contava piadas nas reuniões, apostava corrida com os amigos nos elevadores para cima e para baixo durante as pausas no trabalho e tentava organizar encontros sociais para os associados jovens. A velha guarda do escritório começou a rotulá-lo de criador de casos – alguém que não prosperaria no escritório. Aconteceu, então, algo interessante. Clientes, com quem nosso amigo expunha sua índole naturalmente entusiasmada e divertida,

392   MAIS QUE VENCER

começaram a solicitar especificamente que ele fosse designado para seus casos. Um cliente disse ao sócio mais velho do escritório: "Ele é o único advogado seu que me trata como um ser humano. Quem dera que mais dos seus advogados pudessem ser como ele." Subitamente, os rótulos mudaram. O criador de casos passou a ser um catalisador de casos e todos se admiraram de como nosso amigo fora astucioso para conquistar clientes dessa maneira não convencional.

Mas a maioria das pessoas não obtém êxito o que nosso amigo alcançou. As organizações trazem consigo normas e expectativas que podem limitar a liberdade de um advogado para se comportar da maneira habitual. E tais normas podem tolher a capacidade do advogado de compreender as motivações e os embaraços sob os quais o outro lado poderia estar igualmente agindo.

Conflitos

Quando organizações estão envolvidas, frequentemente há confusão acerca da identidade do cliente ou do advogado. O cliente é a entidade empresarial? É o advogado interno dentro da organização que contratou o escritório de advocacia? Ou o administrador que está fazendo o negócio? E quando um escritório de advocacia está envolvido, quem é o advogado: o escritório, o assistente sênior isolado que está fazendo a maior parte do trabalho e se reunindo com os administradores ou o sócio que é o "advogado chamariz"?

Teoricamente, um advogado sabe que a entidade empresarial é o cliente. Isso significa que se houver um conflito entre os interesses do indivíduo dentro da empresa com quem o advogado está trabalhando e a própria empresa o advogado deve levar o problema mais acima na hierarquia da empresa, mesmo ao conselho diretor se o conflito envolver o presidente. Na prática, porém, um advogado pode achar isso difícil por diversas razões: ambiguidade quanto aos interesses da empresa; lealdade para com o indivíduo com quem ele está trabalhando; interesse próprio, porque esse indivíduo pode ser a pessoa que contratou o advogado e poderia controlar futuros negócios e medo, porque passar por cima dessa pessoa pode comprometer a relação com a empresa. Defrontados com a escolha entre os interesses desse ser humano e os interesses mais abstratos da empresa como um todo, muitos advogados sofrem grande pressão – interna e externa – para não questionar os interesses expressos pela pessoa que conhecem e com quem trabalham. O que deve ficar claro a essa altura é que tensões entre constituinte e representante *dentro* da organização cliente complicam questões de representação e, às vezes, apresentam difíceis questões de conflito de interesses para o advogado.

Coordenação

Muitas vezes, clientes têm diversos advogados, e muitos trabalhando em diferentes aspectos de um acordo ou disputa. Um acordo complexo pode envolver dois advogados internos bem como o consultor-geral, um advogado especializado em valores mobiliários de um grande escritório, um tributarista de um escritório especializado e um perito em regulamentação de um escritório em Washington. Em disputas, uma empresa pode enfrentar reclamações quanto à responsabilidade por produtos em muitas jurisdições, envolvendo diferentes advogados locais, um escritório de advocacia nacional encarregado da estratégia e vários advogados internos, presumivelmente cuidando da coordenação.

O fato de haver diversos advogados envolvidos em uma negociação suscita uma série de questões difíceis e às vezes frustrantes:

- Como advogados que trabalham para o mesmo cliente devem trocar informações e tentar eliminar a duplicação de esforços?
- Como se pode realizar a troca de informações sem incorrer em custos altos?

- Como um cliente e seus vários advogados ou equipes jurídicas podem determinar e manter definido a quem cabe o encargo e a responsabilidade por questões jurídicas ou tarefas específicas?

- Como todos no sistema podem administrar as relações entre advogados ou equipes jurídicas de modo que cada um tenha uma produtiva relação de trabalho tanto com o cliente quanto com os outros advogados que o cliente contratou?

Cada uma destas questões – troca de informações, custos de coordenação, atribuição de responsabilidade e estruturação de relações – pode tornar desafiador o trabalho com muitos advogados. Os problemas para coordenar advogados internos e externos talvez forneçam o exemplo mais conhecido da frustração experimentada pelos clientes quando dois grupos de advogados, regiamente pagos e supostamente profissionais, não conseguem trabalhar em conjunto de forma eficiente devido a conflitos de personalidade, problemas de relacionamento e outras desavenças e disputas intermináveis.

Evidentemente, os clientes menosprezam esses conflitos entre os seus advogados. A ideia inicial subjacente à contratação de muitos advogados era obter *melhor* representação jurídica, não dores de cabeça adicionais. No entanto, clientes experientes reconhecem que os problemas de informação e coordenação são inevitáveis quando vários advogados se envolvem em um caso. As dificuldades de coordenar vários advogados – como os outros quatro problemas associados às organizações (incentivos, autoridade, cultura e identidade) – são complicações dos típicos tropeços de mediação que uma pessoa encontra em *qualquer* relação entre advogado e cliente. Elas devem ser tratadas logo e repetidamente.

NEGOCIAÇÕES COM VÁRIAS PARTES

Como se não bastassem as organizações para turvar as águas da negociação legal, devemos complicar ainda mais o quadro, multiplicando o número de *partes* em um negócio ou disputa. Essa área fascinante da teoria da negociação – barganha entre várias partes – raramente tem sido explorada no âmbito legal.

Muitas disputas e negócios envolvem não duas partes, mas várias. Toda vez que vários autores movem uma ação, ou um único autor processa mais de um réu, uma disputa legal torna-se de partes múltiplas. Assim, mesmo os mais simples casos de acidente, em geral, envolvem mais de duas partes – um autor, um réu e pelo menos uma companhia de seguros. De modo análogo, toda vez que duas partes registram um contrato ou fecham um negócio, efeitos de partes múltiplas passam a valer. Os dois efeitos mais comuns são coligações e problemas de recusa a fim de obter concessões.

Coligações

Quando três ou mais partes negociam, as coligações passam a ser possíveis. O problema clássico de coligação debatido na bibliografia sobre negociação envolve três partes (vamos chamá-los Avery, Butler e Collins), e a seguinte estrutura de barganha triangular:[4]

- Se Avery e Butler concordarem sobre um determinado ponto ou alternativa de ação, eles podem explorar Collins, mas Collins tem a capacidade de subornar Avery ou induzi-lo a se afastar de um acordo com Butler.
- Se Butler e Collins concordarem, eles podem explorar Avery, mas Avery pode subornar Butler.
- Se Collins e Avery concordarem, eles podem explorar Butler, mas Butler pode subornar Collins.

Assim, cada parte gira em torno das outras duas, procurando um acordo lateral com uma ou com a outra, mas com a preocupação de que as outras duas cheguem a um acerto que a exclua.

Por exemplo, imaginemos que três empresas estão cogitando de uma *joint venture*, em que as três produziriam lucros de US$100 milhões a serem repartidos por três. Enquanto os futuros sócios discutem seus planos, cada um pode igualmente cogitar a possibilidade de fazer um acordo com apenas um dos outros dois. Assim, imaginemos que, se Atlas e Banks unirem forças, mas excluírem Capital, eles poderiam produzir lucros de US$60 milhões que só repartiriam por dois. Dependendo do que Banks espere obter em uma repartição por três, Banks pode propor dar a Atlas US$45 milhões da repartição por dois, ficando com apenas US$15 milhões para si mesmo, porque Banks sabe que em um negócio entre três receberá apenas US$10 milhões e Atlas apenas US$30 milhões. Atlas e Banks podem considerar o negócio entre dois superior a um negócio entre três, com Capital. É claro que Capital pode ter planos próprios. Se conseguir dissuadir Atlas ou Banks do negócio entre dois, então Capital pode acabar em um negócio entre dois que deixe de fora Atlas ou Banks. De forma alternativa, Capital poderia atrair tanto Atlas quanto Banks para o negócio entre três mediante a renegociação das condições.

Em situações de coligação, as partes podem constantemente questionar suas alianças, e as coligações podem ser instáveis. Ao fazer negócios, pode ser difícil manter coligações de longo prazo porque as oportunidades e os interesses de uma empresa podem mudar no decorrer do tempo. As partes podem querer manter a liberdade de escolher novos parceiros de negócios no futuro. Na solução de disputas, a dinâmica da coligação se manifesta pelas partes (entre querelantes e réus) e atrás da mesa (entre os indivíduos de um lado ou do outro).

A história do litígio sobre tabaco nos Estados Unidos fornece outro exemplo de formação de coligação.[5] Durante décadas a indústria do tabaco enfrentou processos, em geral com base na teoria legal de que fumar causava câncer e havia matado ou lesado um querelante ou grupo de querelantes. Até recentemente, porém, a indústria nunca pagara um centavo em indenizações como resultado dessas ações. O litígio era esporádico e fragmentário, e havia muito a indústria do tabaco formara forte coligação de defesa que, invariavelmente, esmagava querelantes individuais e seus advogados. Os réus haviam designado "consultores de ligação", que tratavam das ações comuns e coordenavam os esforços da defesa, e por mais de 30 anos uma Comissão de Consultores, constituída pelos melhores advogados internos da indústria, reunira-se regularmente para discutir questões da indústria e planejar litígios.[6]

No início da década de 1990, porém, dois diferentes grupos de advogados de querelantes formaram novas coligações para levar adiante duas recentes teorias legais contra o poderoso tabaco.[7] Primeiro, Michael Lewis, um advogado do Mississipi, lançou a ideia de processar as companhias de tabaco em nome dos estados, para recuperar os pagamentos do seguro-saúde governamental feitos em consequência do tratamento de doenças de fumantes. Lewis começou a criar uma coligação de advogados e procuradores-gerais estaduais para levar adiante essas reivindicações. Aproximadamente na mesma época, outro grupo de dinâmicos advogados, comandado pelo advogado Wendell Gauthier, começou a criar uma coligação em torno de uma segunda teoria: de que as companhias de tabaco podiam ser responsabilizadas por provocar *vício*, ainda que, como fora demonstrado repetidas vezes em diversos processos perdedores, a indústria aparentemente conseguisse derrotar reivindicações por morte injustificada ou dano pessoal. Gauthier iniciou uma ação coletiva nacional em nome de todos os fumantes viciados – o processo Castano –, e tentou unir facções anteriormente distintas no âmbito judicial dos autores.[8] Por fim, ele persuadiu mais de 60 escritórios de advocacia a integrar o processo Castano. Cada um contribuiu com pelo menos US$100 mil e uma sede foi instalada em Nova Orleans. Como se achavam espalhados por 19 diferentes estados, os advogados organizaram comissões para tratar de várias tarefas, como lidar com a imprensa, conduzir a revelação e escolher testemunhas. Pela primeira vez, a coligação do tabaco enfrentava dois poderosos oponentes.

Em consequência dessas novas investidas, a coligação de longa data das companhias de tabaco começou a fraquejar. Primeiro, diversos indivíduos fundamentais – na maioria, pesquisadores científicos – de dentro da indústria começaram a passar informações e documentos para a imprensa e a coligação dos fumantes.[9] Depois, em março de 1996, a Liggett Company – a menor das cinco grandes companhias de tabaco – concordou em encerrar tanto as demandas do seguro-saúde governamental quanto as demandas da ação coletiva contra ela, em troca do pagamento de 5% de seu lucro, antes da dedução do imposto de renda, durante 25 anos, de até US$50 milhões ao ano, para programas antitabaco, e em reembolsar parte das despesas dos estados com o tratamento de fumantes.

Embora em maio de 1996 a ação Castano tivesse sido recusada pelo 5th Circuit Court of Appeals,[10] seus advogados imediatamente protocolaram uma quantidade de ações coletivas estaduais. Além disso, em agosto de 1996, um júri em Jacksonville, na Flórida, sentenciou a Brown and Williamson Tobacco Corporation a pagar US$750 mil por causar câncer de pulmão em um querelante individual, sr. Grady Carter, acrescentando força à causa.[11] E os casos referentes ao seguro-saúde governamental continuaram, com cada vez mais estados protocolando demandas contra a indústria. No final de 1996, cerca de 20 estados haviam processado a indústria, com outros a se seguir. E em março de 1997 Liggett ampliou seu acerto original. A companhia concordou em incluir esses estados, reconhecer que fumar causa vício e câncer e, talvez o mais importante, entregar milhares de documentos da indústria, com os detalhes do funcionamento das companhias de tabaco.[12]

Pouco depois, em junho de 1997, os procuradores-gerais dos estados fecharam um acordo de US$368 bilhões com a indústria, *sujeito à aprovação do Congresso*. Mais uma vez, porém, a dinâmica da coligação manifestou-se, quando alguns dos estados debandaram, tornando difícil manter unida a demanda. Em julho de 1997, o Mississipi abandonou a coligação de estados e fez um acerto independente com a indústria, em vez de aguardar a aprovação federal do acordo de US$368 milhões.[13] Três outros estados – Flórida, Minnesota e Texas – se seguiram. E alguns desses acordos foram em condições muito favoráveis aos estados isolados.

Por fim, o Congresso cedeu, nas tentativas de aprovar uma legislação nacional sobre tabaco, e em novembro de 1998 46 estados chegaram a um segundo acordo com a indústria do tabaco, de US$206 bilhões.[14] Embora a luta prossiga – pouco depois se desencadearam lutas por honorários legais, e a administração Clinton entrou com uma ação ainda pendente em nome dos Estados Unidos, para recuperar seus gastos com enfermidades relacionadas com o fumo –, a história do litígio do tabaco acentua a importância da dinâmica da coligação em disputas com várias partes.[15]

Retenções

Além de permitir coligações, o acréscimo de partes pode criar problemas de retenções. O exemplo clássico provém do mundo das transações imobiliárias. Imaginemos que você é um construtor que deseja erguer um grande conjunto de apartamentos no centro de Boston. Você precisa adquirir cinco lotes independentes, de cinco proprietários distintos. Procura os proprietários um a um e negocia com êxito quatro vendas de terrenos, por preços razoáveis. Entretanto, quando você procura o quinto proprietário, ele pede um pagamento muito maior pelo seu terreno do que os outros quatro pediram. Por quê? Porque esse proprietário pode exigir mais dinheiro ao lhe recusar sua capacidade de levar adiante o conjunto de apartamentos. O conjunto de apartamentos está tão próximo de se tornar realidade que você pode quase sentir o cheiro dos tijolos e da argamassa, mas sem esse quinto lote seu projeto não poderá decolar.

Pode ser difícil lidar com situações em que uma das muitas partes tem a capacidade de impedir um acordo completo ou a solução de um problema. Um construtor imobiliário pode fazer grandes esforços para ocultar o fato de estar comprando muitos lotes contíguos. Os construtores frequentemente envolvem advogados em tais negócios, para proteger a identidade do verdadeiro comprador.

As questões estratégicas apresentadas pelos problemas de recusa a fim de obter concessões são fascinantes, complexas e muito instigantes. Consideremos o seguinte problema da vida real. Um banco americano muito importante foi processado por cinco bancos estrangeiros, cada um representado por advogado próprio, em uma ação conjunta em tribunal federal, em que os querelantes alegavam que o réu não cumprira suas responsabilidades fiduciárias como curador de contrato. Após meses de litígio, por sugestão de um mediador, o réu estava prestes a fazer uma proposta de acordo que, segundo indicava uma razoável certeza, poderia ser aceitável para quatro dos autores. Era duvidoso se ela seria aceitável para o quinto autor. Feita a proposta, cada querelante teria 72 horas para indicar por escrito ao mediador se aceitava ou não a proposta.

Apresentou-se a seguinte questão estratégica. O réu devia anunciar *de antemão* que quitaria somente se todos os cinco aceitassem? O réu comunicou confidencialmente ao mediador que sua tendência era condicionar a proposta de quitação à aceitação de todos os cinco e anunciar essa exigência quando a proposta fosse levada à mesa. Afinal, ele não queria pagar grandes quantias a quatro autores e ainda ter de litigar contra o quinto. De outro lado, por uma questão de princípio, ele não pagaria mais ao quinto autor.

O mediador entendeu por que o réu aceitaria somente se todos os cinco autores concordassem. Mas o mediador recomendou que o réu deveria, preferivelmente, declarar aos autores que *poderia ou não* quitar com menos que todos e que só decidiria esse ponto depois de verificar quais autores haviam aceitado. Por quê?

O mediador solicitou que o réu considerasse os incentivos criados pelas regras diferentes. Uma regra de unanimidade colocaria um autor recalcitrante na posição de insistir por mais do que o seu quinhão proporcional em uma negociação atrás da mesa com os outros autores. A menos que o réu julgasse que os outros autores pressionariam o recalcitrante, ou que o recalcitrante voltaria atrás em uma queda de braço com os outros autores, o resultado seria simplesmente a inexistência de acordo para o réu. Mas ao evitar qualquer anúncio de uma exigência de unanimidade de antemão, e reservando seu direito de decidir posteriormente, o réu colocaria pressão máxima sobre o autor recalcitrante para aceitar a proposta. Um único querelante que recusasse, correria o risco de o réu quitar com os outros quatro, o que significaria que esse autor sozinho teria de litigar o caso contra o réu gigante. Seria um resultado muito inconveniente para um único autor, pois ele teria de pagar todas as custas, e não apenas uma fração, para levar o caso avante.

O banco seguiu a recomendação do mediador e os cinco autores aceitaram a proposta de quitação apresentada pelo réu.

Alguns exemplos legais envolvendo barganha com várias partes

Consideremos brevemente os sistemas complicados que podem ser criados mesmo em uma negociação que se realize, principalmente, entre dois lados opostos. Em cada lado de uma negociação legal pelo menos quatro estruturas básicas podem estar presentes: um cliente e um advogado; vários clientes com um advogado; um cliente com vários advogados e vários clientes, cada um com seu advogado.

Em um caso de responsabilidade por produto apresentado por um único autor com um único advogado, esse autor pode processar um réu, que pode contratar um advogado ou escritório de advogados para defendê-lo. De forma alternativa, esse réu pode utilizar vários advogados para conduzir sua defesa. Ou o autor pode processar vários réus – o fabricante do produto, o distribuidor do produto e a loja onde o querelante adquiriu o produto –, que podem decidir efetuar uma defesa conjunta e entregar suas defesas a um consultor jurídico, talvez o consultor do fabricante. Por fim, o querelante poderia processar vários réus e cada um destes poderia contratar seu advogado independentemente. Além dessas permutações, é claro que se pode imaginar um número imenso de outras. Examinemos alguns dos exemplos legais que se seguem e as maneiras como a coligação de várias partes e os problemas de recusa, a fim de obter concessões, podem desenrolar-se no âmbito jurídico.

UM CASO DE ACIDENTE COM DOIS AUTORES E UM RÉU

Na medida em que os dois querelantes – e seus advogados – colaborem para formar uma coligação contra o réu, eles podem partilhar informações e recursos e talvez desencavar informações danosas sobre o comportamento do réu que o levarão a fazer um acordo ou perder no tribunal. Ao mesmo tempo, porém, cada autor pode formar uma coligação com o réu. Se um dos autores tem um caso melhor contra o réu quanto aos méritos legais, por exemplo, o réu poderia estar disposto a fazer um acordo antecipado e independente com esse autores por um valor superior, eliminando assim o testemunho que ele apresenta no caso e permitindo ao réu acertar com o segundo querelante por muito menos.

Os dois autores nessa situação – ou quaisquer dois clientes no mesmo lado de uma negociação legal – logo descobrem que não podem evitar uma negociação interna sobre estratégia, e como qualquer outra negociação, sua negociação terá questões distributivas e oportunidades de criar valor. Advogados e clientes nessa situação devem constantemente preocupar-se com os incentivos à deserção com que se defrontam seus supostos aliados e com a possibilidade de, em troca do ganho distributivo, esses aliados traírem a aliança. Tal litígio é, em outras palavras, muito semelhante ao exemplo triangular Avery-Butler-Collins que discutimos anteriormente.

A dinâmica da coligação suscita igualmente problemas estratégicos para o réu. O réu deve quitar ambas as demandas simultaneamente e tratá-las como um problema conjunto? Ou o réu deve tentar quitar uma ou a outra, para dividir a coligação dos autores? Se optar por esta solução, qual o réu deve negociar primeiro, a demanda mais forte ou a mais fraca? Ambas as estratégias têm vantagens e desvantagens. Se o réu quitar o caso mais forte primeiro, o testemunho desse autor sai da disputa e o outro autor pode ser forçado a fazer um acordo por menos. De outro lado, pagar um valor superior ao autor mais forte para fazer um acordo primeiro pode abrir um precedente que estimule o segundo autor a contar com indenização semelhante. Ao fazer um acordo primeiro com o autor mais fraco, o réu poderia abrir um precedente que seguraria as negociações com o autor mais forte em uma importância arbitrariamente baixa. A desvantagem de abordar primeiro o querelante mais fraco, entretanto, é o risco de pagar uma quantia maior de indenização no total, considerando que o acordo do réu com o autor mais fraco pode ser por mais do que é necessário, e não há garantia de que tal acerto influencie seriamente o querelante mais forte.

UM CASO COMERCIAL COM UM AUTOR E DOIS RÉUS

Problemas de coligação semelhantes surgem quando um autor processa dois réus. Consideremos um caso em que um autor empresarial – Acme – processa duas outras empresas – Bridgeway e Concord – por quebra de contrato. O que acontecerá em seguida? Embora, sob vários aspectos, aliadas na disputa com a Acme, Bridgeway e Concord pudessem processar uma à outra. Assim, ressurge nosso exemplo triangular. Embora teoricamente Bridgeway e Concord pudessem aproximar-se para formar uma coligação contra a Acme, cada uma pode ter incentivos individuais que, em última análise, tornem mais interessante uma aliança com a Acme contra a sua corré. O acordo pode, assim, ser alcançado de diversas maneiras: as três partes podem fazer um acordo em conjunto, ou uma das rés pode fazer um acordo individual com a Acme. Cada uma ficará constantemente preocupada quanto às outras estarem fechando um acordo exclusivo.

UM CASO COMPLEXO DE SUPERFUNDO

Os problemas criados por coligações e retenções podem tornar-se extremos em litígios complexos. No litígio com Superfundo, por exemplo, o governo – por intermédio da Secretaria de Proteção Ambiental e do Departamento de Justiça – procura recolher recursos de Partes Principalmente Responsáveis (PPR), que são legalmente responsáveis por um especificado local de Superfundo. Frequentemente há dezenas, e às vezes centenas, de PPR envolvidas em litígio acerca de um dado local.

Em um mundo relativamente simples, imaginar-se-ia que a maior parte do litígio e da negociação seria entre o governo, de um lado, e as PPR como um grupo, do outro. O governo, naturalmente, estaria tentando atribuir responsabilidade às PPR, e as PPR estariam tentando esquivar-se a essa responsabilidade. No mundo real, essa dinâmica é apenas um elemento do litígio com Superfundo. Muito tempo, esforços e despesas adicionais são gastos em litígio e negociação dentro das PPR. As PPR constantemente manobram para minimizar a própria responsabilidade, empurrando a responsabilidade para outras PPR no *pool*. Além disso, as PPR também partilham um interesse comum em atrair PPR *adicionais* para o *pool*, a fim de minimizar a responsabilidade de cada PPR isolada. Assim, de certo modo, as PPR existentes têm incentivos para *colaborar* com o governo diante de potenciais PPR ainda não integrantes do *pool*.

A situação cria complexos problemas de coligação. Em dado nível, as PPR podem formar uma coligação, ou várias, para se defenderem das alegações do governo. Em outro, as PPR podem lutar entre si a respeito de como a responsabilidade será partilhada, e, no processo, coligações se formarão. Essas lutas podem ou não levar algumas PPR posteriormente a se aliar ao governo, que pode favorecer uma determinada partilha dentro das PPR. Além disso, as PPR podem aliar-se ao governo para atrair novas PPR ao agrupamento. Tudo considerado, é um meio extremamente instável e distributivo.

IMPLICAÇÕES PARA O PAPEL DO ADVOGADO

Esses exemplos mostram que o papel do advogado é, com frequência, muito complexo. Como Jano, o advogado defronta-se tanto com o cliente quanto com o outro lado, mas, às vezes, nenhum dos dois é uma entidade única, unificada. Em alguns casos, há clientes múltiplos por trás do advogado, cada um com interesses, prioridades e recursos próprios. Assim, a negociação que o advogado tem de conduzir atrás da mesa pode ser muito mais complicada do que a descrita por nós na Parte III, que pressupunha somente um único indivíduo como cliente. Além disso, o advogado pode defrontar-se não com um único advogado no outro lado, mas com vários advogados. Esses vários advogados podem representar um cliente ou muitos clientes. Eles podem agir de comum acordo ou independentemente. Podem enviar mensagens semelhantes ou contraditórias e comportar-se de forma coerente ou incoerente.

Um advogado não só pode ter vários clientes atrás da mesa e vários advogados e clientes no lado oposto da mesa, como também pode ter vários advogados atuando paralelamente a ele. Assim, um advogado de defesa representante do cliente A pode ter outros advogados de defesa representantes dos clientes B, C, D e E trabalhando para objetivos comuns. Ele não só tem de defrontar-se com seu cliente e o outro lado, como também tem de defrontar-se com esses advogados paralelos para coordenar a estratégia, partilhar informações e tentar trabalhar em conjunto para metas comuns.

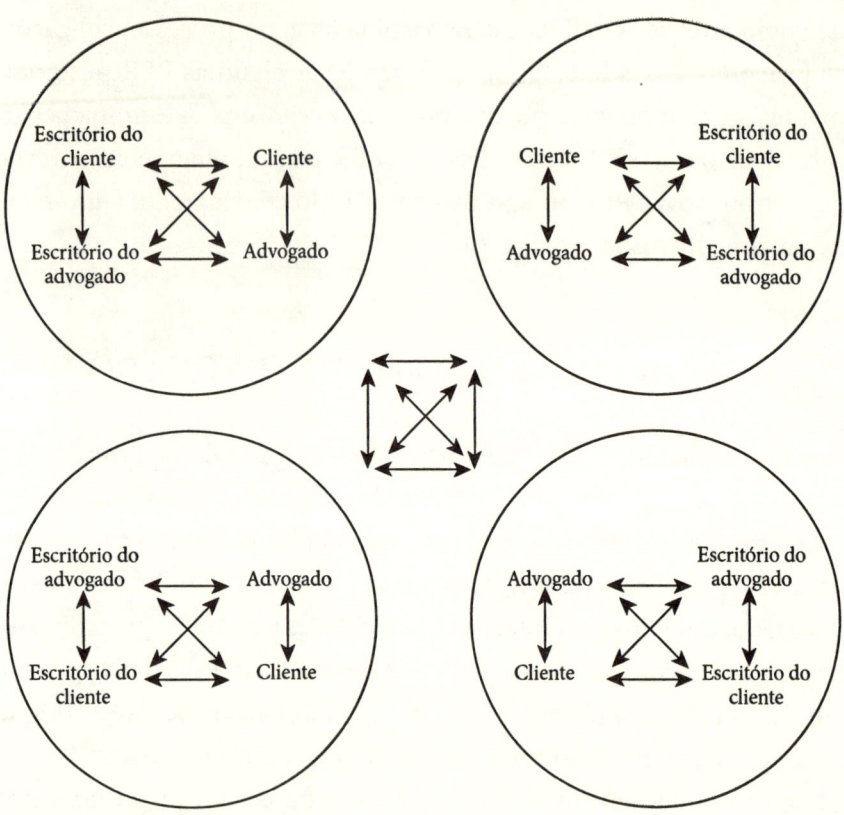

Figura 15

Por fim, como se tudo isso não fosse suficientemente complicado, os advogados se acham sob controle constante do seu ambiente organizacional – em geral, seu escritório de advocacia. Os incentivos, limites à autoridade e expectativas culturais criados pelo trabalho dentro de um escritório podem influenciar muito o comportamento de um advogado nas negociações tanto com seus clientes quanto com o outro lado. Além disso, se sua autoridade é limitada, um advogado pode constantemente ter de conferir com o escritório, seu superior, para verificar se está correspondendo às expectativas.

Assim, frequentemente um advogado se defronta não com duas direções, mas com muitas. Ele olha atrás, para seu cliente, à frente, para o outro lado, à direita e à esquerda, para ver outros advogados que trabalham no mesmo caso, e acima, para conferir com a organização a que pertence. Quando multiplicamos o número de partes envolvidas e, analogamente, o número de organizações de clientes, advogados e escritórios de advocacia, a negociação legal começa a adquirir estruturas de inacreditável complexidade (ver Figura 15). Em tais situações, advogados e seus clientes devem fazer o possível para negociar, apesar do número esmagador de exigências que enfrentam.

Acreditamos, porém, que advogados podem conferir vantagens especiais em situações de partes múltiplas. Eles podem ajudar a controlar esses fatores complicadores pelo menos de duas maneiras: pela representação conjunta de clientes e pelos procedimentos de controle.

REPRESENTAÇÃO CONJUNTA

Os advogados podem simplificar as negociações entre várias partes mediante a representação conjunta.[16] No mínimo, a representação conjunta pode explorar economias de escala e reduzir custos de transações ao centralizar informações. O dispositivo da ação coletiva, por exemplo, é um meio de razoável eficiência para juntar reivindicações semelhantes. Além disso, e com frequência mais importante, a representação conjunta pode reduzir em muito os problemas estratégicos de formação de coligações e de retenções. Se as partes estiverem dispostas a dar o passo inicial de colaboração, com a contratação de um advogado partilhado, este pode ser capaz de facilitar futura cooperação interna e fazer a mediação, de certo modo, entre os diferentes interesses de seus clientes.

O problema, naturalmente, é que tais circunstâncias podem colocar os advogados na situação de ter de controlar conflitos entre clientes. As Normas Modelares sobre representação conjunta aceitam e permitem certa parcela residual indefinida de conflito entre clientes que partilham advogados. Como estabelece o Comentário à Norma Modelar 1.7, um "advogado não pode representar em uma negociação partes múltiplas cujos interesses são fundamentalmente antagônicos entre si, mas a representação comum é permissível quando os clientes estão em geral alinhados em interesse, mesmo que haja certa diferença de interesse entre eles". A dificuldade reside exatamente em *quanto* de conflito entre clientes o advogado pode controlar sem violar seus deveres de lealdade e zelo.

Além disso, como um advogado deve lidar com esses interesses divergentes ao negociar? Ele deve discutir tais pontos explicitamente com cada cliente e tentar articular um acordo com o outro lado que equilibre as consequências distributivas internas? Ou deve tentar chegar a um acordo com o outro lado que maximize os ganhos para os seus clientes considerados em conjunto e, depois, deixar que eles resolvam suas divergências distributivas internamente?

Essas perguntas não têm respostas fáceis. Em muitas circunstâncias, cada cliente pode querer contratar advogado próprio, mas, ao mesmo tempo, fazer com que esses advogados cheguem a um consenso para colaborar entre si, seja na acusação ou na defesa no litígio. No lado da defesa, por exemplo, acordos de defesa conjunta especificam as condições de tal cooperação e algumas vezes estipulam incentivos para os réus permanecerem unidos, em vez de fazerem um acerto independente com os autores. De forma análoga, em muitas ações com várias partes, cada autor é representado por um advogado isolado, mas os advogados concordam em colaborar e partilhar informações.

Independentemente de como se lide com as complexidades de tais relacionamentos, o ponto básico é simples. Mediante alguma espécie de representação conjunta, os advogados podem vincular partes com interesse semelhante e, assim, evitar que estas se dispersem e formem coligações com o outro lado. Isso pode, com o correr do tempo, simplificar a negociação e torná-la mais semelhante a uma transação entre as partes.

CONTROLE PROCEDIMENTAL

Os advogados podem também ajudar as partes a controlar o processo de acrescentar ou subtrair partes no litígio. As regras de procedimento civil expõem as situações complexas em que partes podem ser acrescentadas a uma disputa existente, como as partes podem apresentar reivindicações, demandas contra uma parte do seu lado e reconvenções umas contra as outras, e sob quais formalidades. O procedimento civil regula quem pode participar, como se pode fazê-lo e quando o acesso está disponível. É, em suma, um mecanismo com que se controla a natureza de várias partes de muitas disputas legais.

Os advogados, entretanto, controlam igualmente o procedimento de acrescentar e subtrair partes ao fazer negócios. Quando estruturam o negócio, os advogados desempenham enorme papel na decisão de como e se determinados atores se envolvem e continuam envolvidos. Além disso, os advogados são, às vezes, usados para *eliminar* partes de negócios incipientes: um cliente pode pedir a seu advogado para achar um modo de excluir uma determinada parte potencial, por meio da divulgação de um detalhe técnico legal que tornaria trabalhar com essa parte extremamente dispendioso para as outras partes envolvidas.

CONCLUSÃO

Todos esses fatores acrescentam complexidade ao papel do advogado e às negociações legais. Ao traçar a estratégia e aconselhar clientes, os advogados devem estar cientes da dinâmica institucional e de partes múltiplas atuantes no caso ou acordo de um cliente. Se essas questões forem desconsideradas, podem subverter até as melhores tentativas de solucionar problemas.

Conclusão

Na essência, a solução de problemas
implica uma orientação ou atitude mental – não é simplesmente um punhado de técnicas. Sugerimos que é uma orientação quando um advogado
espera formar uma parceria cooperativa com seu cliente; quando ele procura compreender os interesses e preocupações tanto do seu cliente quanto do
outro lado e quando ele visa favorecer um processo cooperativo com o advogado no outro lado. De modo mais fundamental, é uma orientação que
procura criar valor tanto pela minimização dos custos da transação quanto
pela busca ativa e criativa de trocas. O objetivo é buscar soluções que atendam bem os interesses dos clientes ao mesmo tempo em que respeitem as
necessidades e os interesses legítimos do outro lado.

Reconhecemos que alguns advogados considerarão essa orientação interessante e compatível, ao passo que outros não a julgarão
assim. Aos que concordarem, nossa recomendação minuciosa e
aprovada na prática oferece sugestões concretas sobre como se poderia aplicar uma orientação voltada para a solução de problemas sem
ser explorado. Ao mesmo tempo, alertamos aqueles que encaram a
solução de problemas como uma panaceia. Em especial, os advogados que tendem a evitar conflito ou contemporizar podem achar que
a solução de problemas significa concentrar-se exclusivamente na
criação de valor. Isso é um equívoco. Nosso esquema salienta a importância de estar ciente dos aspectos distributivos de *todas* as negociações e desenvolver expectativas ambiciosas sobre o que se deseja
realizar em benefício do cliente.

Para os advogados cuja orientação é mais antagonística, nossa recomendação não é menos importante. Ainda que você esteja interessado principalmente em lucro distributivo, as três tensões inerentes a todo negócio ou disputa têm, entretanto, de ser administradas. Você deve reconhecer que uma atitude mental de soma zero não permitirá ver as oportunidades de criar valor. Aprender a ouvir e demonstrar compreensão para com as preocupações do outro lado pode beneficiar seu cliente de diversas maneiras. No tratamento das três tensões, qualquer estratégia de negociação que se incline demasiado para uma ou para outra direção levará a um resultado menos produtivo – e menos satisfatório – do que poderia, de outro modo, ser possível.

Estamos convencidos de que o esquema analítico por nós delineado nesses capítulos pode ser útil para qualquer que seja a orientação adotada. Todos os negociadores precisam entender como o bolo pode ser aumentado e quais são as fontes de criação de valor. Todos os negociadores precisam entender que as questões distributivas nunca desaparecem e que as técnicas de barganha difícil, usadas por muitos advogados para reivindicar valor, podem ser eficientemente rebatidas com uma estratégia de solução de problemas. Todos os negociadores precisam entender as próprias tendências diante do conflito e todos podem beneficiar-se com o desenvolvimento da capacidade para demonstrar compreensão, assim como para ser afirmativo. Por fim, tanto advogados quanto clientes têm interesse em relações profissionais produtivas. Os negociadores mais eficientes conhecem a própria capacidade; eles elevam-se com suas forças e controlam suas fraquezas; fazem escolhas conscientes sobre estratégias e táticas; são bastante criativos para contornar os empecilhos culturais e experimentam novos modos de juntar negócios e resolver disputas.

RECOMENDAÇÕES A CLIENTES

Nosso livro deve servir de alerta para clientes, para que eles observem tanto as oportunidades quanto os riscos das negociações legais. Os clientes são fundamentais para o sistema de negociação legal, e a atitude mental do cliente pode ser parte do problema ou parte da solução. Embora os advogados sejam o público-alvo do nosso livro, nesta Conclusão julgamos que seria útil resumir algumas das implicações do livro para clientes.

Conhecer seu advogado

Antes de contratá-lo, procure informações sobre a reputação e os métodos de um advogado. Os advogados diferem enormemente na orientação quanto à negociação e na habilidade como negociadores. Antes de pedir a um advogado que o represente em um negócio ou em uma disputa, sugerimos que você discuta explicitamente como o advogado trataria sua questão jurídica. Não pressuponha que seu advogado – mesmo um muito bem conceituado ou extremamente bem pago – tenha uma orientação voltada para a solução de problemas.

Estimular seu advogado à solução de problemas

Se ele não estiver familiarizado com a concepção da solução de problemas, você deve orientá-lo. Se ele conhece as fontes de valor, mas não está acostumado a encontrar permutas que criem valor em suas negociações, estimule-o a agir assim. Torne isso parte do seu mandato ao advogado e deixe claro que espera mais da representação legal do que apenas ajuda em questões distributivas. Quanto mais os clientes pedirem a solução de problemas, mais os advogados a produzirão.

Negociar uma boa relação de trabalho com seu advogado

Uma eficiente relação de trabalho com seu advogado pode ser seu trunfo mais valioso. Mas construir uma relação sólida quase sempre leva tempo. Como o mercado para serviços jurídicos é extremamente competitivo, alguns clientes acham que ao realizar um levantamento para decidir qual advogado ou escritório de advocacia contratarão para cada transação ou disputa isolada, provavelmente, conseguirão um melhor negócio quanto a honorários. Isso pode, às vezes, ser verdade, mas na nossa experiência é com frequência muito imprevidente se sacrificar os benefícios da continuidade.

RECOMENDAÇÕES AOS PROFISSIONAIS

Grande parte de nossa recomendação aprovada na prática visa ajudar um advogado de um lado a mudar o jogo com o advogado do outro lado, ainda que a orientação inicial desse outro advogado seja antagônica. Por motivos que devem estar claros, ter advogados voltados para a solução de problemas nos dois lados de uma disputa ou transação pode trazer grandes benefícios. Abordamos aqui brevemente os modos como a classe como um todo e a comunidade dos negócios podem tomar providências para assegurar que todas as partes sejam representadas por solucionadores de problemas.

Construir sólidos mercados de reputação

Se os advogados pudessem identificar-se como solucionadores de problemas e os clientes pudessem escolher advogados por esse critério com facilidade, isso simplificaria a colaboração. Mesmo que não estejam obtendo êxito, os clientes poderiam indicar sua vontade de buscar uma solução mediante a escolha de tal advogado.[1]

Há diversas maneiras de a classe poder ajudar na criação de tais mercados de reputação. Por exemplo, subcomissões especializadas da American Academy of Matrimonial Lawyers e várias redes informais de litigantes em outros campos assinaram termos comprometendo-se a um código de conduta durante negociações com base na solução de problemas.[2] Em essência, tais esforços visam cultivar o tipo de reputação cooperativa que pode facilitar a cada parte estar segura de que o advogado no outro lado tem orientação semelhante.[3]

Dada a complexidade das disputas legais, a explosão no tamanho dos escritórios de advocacia e a frequência crescente com que clientes passam de um advogado ou escritório de advocacia para outro, é difícil para um advogado enviar sinais inequívocos acerca da sua orientação cooperativa. À medida que os casos se tornam mais complexos, é mais provável que iniciativas tomadas pelos advogados sejam mal interpretadas. À medida que o tamanho da comunidade jurídica cresce, as perspectivas de repetição da parceria diminuem; portanto, a sombra do futuro encolhe. A frequência com que clientes deixam um escritório de advocacia por outro torna mais fácil para os clientes pedir aos seus advogados que desertem, pressionando ainda mais os advogados para agirem de maneiras incompatíveis com a reputação cooperativa que eles estão tentando cultivar.

Esses desafios são descomunais, porém não intransponíveis. Com o tempo, mais comunidades de advocacia cooperativa provavelmente prosperarão. Talvez em reação aos custos crescentes e à delonga do litígio, o mercado jurídico parece estar mudando de uma ênfase em aquisições de controle à revelia e guerra termonuclear para uma ênfase em empreendimentos cooperativos e resolução alternativa de disputas. Julgamos, no entanto, haver uma série de medidas que podem ser tomadas para acelerar e fomentar esse processo.

A estratégia geral é reduzir a interferência que impede os advogados cooperativos de indicar com clareza que fizeram investimentos significativos na sua reputação. Redes cooperativas instaladas podem facilitar esse processo, monitorando e punindo rigorosamente advogados que fingem ser cooperativos e depois se afastam. Quanto mais eficiente a monitoração, menos provável será que essa amostra adversa desmanche a rede. Associações profissionais podem aperfeiçoar a monitoração e reduzir a interferência, mediante o esclarecimento, a expansão e a divulgação das normas cooperativas. Na medida em que os advogados possam justificar as defecções apontando as definições ambíguas de cooperação, as associações profissionais facilitarão a cooperação ao demarcar limites nítidos que deixem claro qual comportamento as transpõe ou não.

Alinhar incentivos com a solução de problemas

Estudiosos e profissionais delinearam diversas maneiras de mudar incentivos institucionais para que a solução de problemas seja mais provável. Alguns sugeriram a criação de pequenas firmas cooperativas que se especializem em resolução alternativa de disputas ou a formação de departamentos especializados nessa orientação dentro dos escritórios de advocacia existentes. Alguns escritórios de advocacia têm atualmente tais departamentos. Com frequência, o objetivo é duplo: primeiro, indicar aos clientes que o escritório leva a sério as alternativas ao litígio antagônico e, segundo, alinhar incentivos internos, no escritório, para que esses advogados dentro da prática de resolução alternativa de disputas não sofram prejuízos financeiros. Alguns escritórios começaram a instruir os novos associados sobre os benefícios de solucionar logo os casos e às vezes proporcionam bonificações a advogados que conseguem solucionar questões extensas de forma criativa. E escritórios estão começando a incorporar bonificações aos seus ajustes de honorários com os clientes, de modo que acordos antecipados e eficientes não prejudiquem financeiramente o escritório.

De forma análoga, grupos de advogados cooperativos estão surgindo em diversas regiões do país, especialmente para lidar com questões matrimoniais. No norte da Califórnia, por exemplo, muitos advogados se identificaram como cooperativos e desenvolveram critérios referentes ao que farão ou não nas negociações. Com o prévio consentimento dos clientes, os advogados nos dois lados concordam de antemão que se não se chegar a um acordo cada advogado se absterá em vez de passar a um processo judicial. Evidentemente, o cliente teria a liberdade de contratar um segundo advogado para levar o caso a julgamento. Ainda assim, esse sistema cria fortes incentivos à busca de uma solução razoável sem litígio. Cada advogado sabe que não pode beneficiar-se do uso do litígio; e cada cliente sabe que o litígio imporá as despesas suplementares de contratar novo defensor e inteirá-lo da situação.[4]

Por fim, alguns contextos legais, em que é comum a repetição da parceria, oferecem oportunidades de reestruturar incentivos para alinhar melhor as várias pessoas dentro do sistema de uma negociação complexa. Recentemente, um grupo solicitou aprovação à Comissão de Comércio Federal para criar um sistema assim reelaborado na indústria da construção. O arranjo era, basicamente, este: como os grandes projetos de construção com frequência envolvem tantos empreiteiros e subempreiteiros, cada um com seu advogado ou escritório de advocacia, a solução de problemas pode ser extremamente difícil. As relações entre os clientes podem se complicar, e se as relações destes com seus advogados forem frágeis, os advogados podem, com frequência, malograr até relações medianamente cooperativas entre clientes. Um grupo de clientes propôs então que, em um grande projeto, cada empreiteiro e subempreiteiro concordaria em servir-se de um advogado ou escritório de advocacia com que mantivesse uma relação estabelecida e de longa data. Além disso, o grupo concordou que, se todos os advogados e escritórios de advocacia envolvidos no projeto fossem conhecidos pela capacidade de solucionar problemas e se cada um concordasse em agir assim, em vez de conduzir negociações antagônicas e prolongadas ou litígio, então cada escritório de advocacia concordaria em trabalhar pelo *mesmo* acerto de honorários fixos. Isso garantia que todos atuassem segundo incentivos semelhantes, reduzindo assim a possibilidade de delonga e também a tentação de uma parte procurar prejudicar a outra com a imposição de custos de transação.

Esse arranjo é uma solução criativa para um problema espinhoso. É uma reelaboração estrutural das regras básicas do jogo em ação em um dado contexto legal. Como todos esses diferentes modos de alinhar melhor os incentivos institucionais com vistas à solução de problemas, ele recorre à compreensão básica de que a negociação é um sistema e que o comportamento dos atores dentro desse sistema depende, em parte, de incentivos e relações – não só da disposição pessoal. Todas essas ideias podem tornar mais provável a solução de problemas, ao atenuar os problemas de incentivo entre constituinte e representante que são frequentemente agravados dentro de contextos institucionais.

Esforçar-se para mudar as normas culturais locais

Em toda a classe, advogados estão explorando a possibilidade de colocar mais ênfase na solução de problemas tanto nas faculdades de Direito quando na Ordem dos Advogados. De um lado a outro do país, legislativos e lideranças locais da classe estão debatendo reformas legais para estimular advogados e clientes a colaborar mais e guerrear menos. E muitos grupos diferentes defendem mudanças semelhantes.[5] O movimento pela civilidade dentro da Ordem dos Advogados é um exemplo. Embora advogados acusem clientes e se acusem uns aos outros por promover o uso de táticas legais no estilo de Rambo,[6] em muitas situações advogados também aceitam a responsabilidade pelo declínio da civilidade dentro da Ordem dos Advogados: em Los Angeles, por exemplo, integrantes da Ordem dos Advogados criaram um Programa de Repressão a Rambos em que se solicita aos juízes que encaminhem advogados hostis a um grupo de associados para aconselhamento.[7] O exercício da advocacia cooperativa é outro exemplo. A advocacia holística é um terceiro exemplo.[8] Com apoio da fundação, há uma ênfase considerável em

como a educação legal poderia mudar a cultura legal e dar origem a uma
nova geração de advogados, menos impregnados do confronto antagônico e mais hábeis na solução de problemas.

ARRISCAR NO ESCURO

É fácil afirmar que nossa sociedade como um todo se beneficiaria se os
advogados em geral adotassem uma orientação voltada para a solução de
problemas na negociação. Por motivos que devem ser óbvios, se criaria
valor. Seriam fechados melhores acordos. Disputas seriam resolvidas a
um custo mais baixo. Mais relações seriam preservadas. Mas nós temos
consciência de que a maioria dos clientes tem um enfoque mais limitado.
Ao contratar um advogado, um cliente está, por motivos compreensíveis,
preocupado com o tamanho da fatia do bolo que lhe caberá, não com a
quantidade de valor criada como um todo. Tanto advogados quanto estudantes de Direito perguntam-nos, com frequência: o cliente sempre ficará
em melhor situação se um advogado hábil adotar uma orientação voltada
para a solução de problemas, em vez de seguir um método antagônico
mais tradicional? Nossa resposta é franca: geralmente, mas nem sempre.

O resultado de qualquer negociação depende do comportamento das
partes nos dois lados. Consideremos a seguinte simulação mental. Imaginemos dois advogados – igualmente hábeis – solicitados a representar o
mesmo cliente. Um advogado tem uma orientação voltada para a solução
de problemas; o outro adota a barganha difícil. Cada advogado represen-
tará esse cliente em uma série de negociações em que há uma distribuição
aleatória de advogados e clientes no outro lado. Na nossa opinião, os clientes se sairão melhor, sem dúvida, ao fim de tudo, quando representados
por advogados que têm uma orientação voltada para a solução de problemas. Mas o bom senso e a observação assistemática sugerem que em *alguns* casos um barganhador difícil e competitivo alcançará um resultado
melhor para um cliente do que um solucionador de problemas – *se* o ou-

tro lado for representado por um advogado ineficiente e tão ansioso por resolver a disputa ou fechar um negócio que simplesmente oferece uma concessão atrás da outra. A adoção de uma atitude voltada para a solução de problemas em relação às negociações provavelmente abre mão de algumas oportunidades de tentar fisgar pessoas ingênuas que possam ser exploradas com táticas de barganha difícil. Mas, em grande parte, seu modo de encarar esse custo da solução de problemas dependerá da sua expectativa do quanto aqueles com quem negocia serão menos hábeis, inteligentes ou experientes do que você. Admitindo-se que na maioria das vezes as pessoas no outro lado serão competentes, então, em média, andar à cata de ingênuos pode ter uma resposta negativa.[9]

Os negociadores também receiam que com a adoção de uma atitude cooperativa seus clientes possam ser explorados. Se eu tentar conduzir no sentido da solução de problemas, meu cliente será prejudicado? Nós achamos que não será. Conhecendo as táticas de barganha difícil e como elas funcionam, um solucionador de problemas eficiente pode defender os interesses do seu cliente. Haverá *algum* custo em tentar sair com uma abordagem de solução de problemas? Talvez. Mas na maioria das situações não é tão complicado mudar de método rapidamente e adotar uma atitude defensiva, se necessário.

Ao mesmo tempo, se dois advogados solucionadores de problemas atuarem juntos em lados opostos da mesa, às vezes eles serão capazes de criar extraordinário valor para seus clientes e descobrir resultados que seriam inimagináveis com a utilização de uma tradicional atitude antagônica. Duas empresas em uma disputa podem dar-se conta de que podem ganhar milhões formando uma *joint venture*. Clientes em uma negociação para fazer negócio podem descobrir meios de estruturar uma transação para poupar em impostos e outras despesas suplementares. Mesmo em disputas litigiosas, advogados voltados para a solução de problemas podem idealizar processos criativos para poupar tempo e dinheiro aos clientes. Embora possa haver um aspecto negativo de risco na solução de problemas, o aspecto positivo do benefício pode valer a pena

Em resumo, se houver uma pessoa ingênua no outro lado e as relações futuras não importarem muito, adotar uma estratégia extremamente antagônica ao fazer acordo ou resolver disputa pode, às vezes, levar a um ganho mais elevado. Com mais frequência, levará à retaliação, e o resultado líquido pode ser não haver negócio algum ou simplesmente custos de transação bem mais altos. Em outras palavras, as estratégias sugeridas neste livro podem não levar ao melhor resultado para um cliente em todas as situações, mas levarão a resultados que são melhores para a maioria dos clientes na maior parte do tempo.

Recomendamos, portanto, aos advogados que considerem uma abordagem cooperativa, centrada no cliente e com base no interesse, como uma presunção para suas negociações jurídicas. Talvez ela não seja a melhor estratégia em *todas* as situações – com todos os clientes ou todos os opositores –, mas é uma orientação útil para se ter como parâmetro básico. Em vez de desencadear uma guerra logo de saída, você pode começar suas negociações legais tentando resolver os problemas de seus clientes de modo tão eficiente e criativo quanto possível.

Notas

Introdução

1. Para a primeira análise de como advogados poderiam ser negociadores voltados para a solução de problemas ver: Menkel-Meadow, Carrie, "Toward another view of legal negotiation: the structure of problem-solving. *University of California at Los Angeles Law Review*, v. 31, p. 754, 1984.

1 A tensão entre criar e distribuir valor

1. Tal resultado é, por definição, "ótimo de Pareto" ou "eficiente de Pareto". Economistas desenvolveram um vocabulário, denominado em homenagem ao italiano Vifredo Pareto, para descrever e comparar a eficiência de diferentes resultados e para indicar a relação de criação de valor (e eficiência) para com a distribuição. Diz-se que um resultado é "eficiente de Pareto" ou "ótimo de Pareto" se uma parte só puder ficar em melhor situação se deixar a outra parte em pior situação. A economia ensina que existe uma fronteira de Pareto composta por vários resultados ótimos de Pareto que têm diferentes consequências distributivas para as partes. Ver: Varian, Hal R. *Intermediate microeconomics: a modern approach*, p. 15, 1987. A noção de criar valor baseia-se em uma tradição há muito estabelecida na bibliografia sobre negociação, que reconhece as possibilidades "integrativas" presentes em algumas negociações. Ver: Metcalf, Henry Clayton; Urwick, L. (org.) *Dynamic administration: the collected papers of Mary Parker Follett*, 1942; Walton, Richard E.; McKersie, Robert B. *A behavioral theory of labor negotiations: an analysis of a social in-*

teraction system, 1965 (que descreve o conceito de acordos "integra-
tivos"). Ver também: Pruitt, Dean G. *Negotiation behavior*, 1981, p.
137-162; Raiffa, Howard. *The art and science of negotiation*, 1982;
Lax, David A.; Sebenius, James K. *The manager as negotiator: bargaining for cooperation and competitive gain*, 1986, p. 88-116; Fisher,
Roger; Ury, William; Patton, Bruce. *Getting to yes: negotiating agreement without giving in*, 2ª ed., 1991.

2. Para o importante papel das diferenças na criação de valor, ver: Lax e
   Sebenius. *The manager as negotiator*, p. 90-106.

3. Esta história é atribuída a Follett e foi divulgada por Fisher, Ury e Patton.
   Ver: Follett. *Dynamic administration*; Fisher, Ury e Patton, *Getting to yes*,
   p. 57.

4. Ver: Mnookin, Robert H. "Why negotiations fail: an exploration of
   barriers to the resolution of conflict." *Ohio State Journal on Dispute
   Resolution*, v. 8, p. 235, 240-241, 1993.

5. Ver: Fisher, Ury e Patton. *Getting to yes*, p. 100. A expressão alcançou larga aceitação na bibliografia sobre negociação. Ver, por exemplo: Bazerman, Max H.; Neale, Margaret A. *Negotiating rationally*,
   1992, p. 67-68.

6. Lax e Sebenius sugerem que a decisão de fazer a primeira proposta
   deve depender parcialmente da quantidade de informação que você
   tem sobre o valor de reserva da outra parte. Quando você dispuser de
   informações razoavelmente satisfatórias, provavelmente tem sentido
   fazer a primeira proposta para firmar expectativas. Quando lhe falta-
   rem tais informações, pode ser vantajoso deixar a outra parte sair primeiro. Ver: Lax e Sebenius. *The manager as negotiator*, p. 132-133. Ver
   também: Freund, James C. *Smart negotiating: how to make good deals
   in the real world*, 1992, p. 114-115 (que sugere que você deve fazer a
   primeira proposta quando dispuser de informações satisfatórias sobre o valor estimado do bem que pretende adquirir).

7. Ver: Lax e Sebenius. *The manager as negotiatior*, p. 125. Ver também:
   Schelling, Thomas C. *The strategy of conflict*, 1960.

8. Ver: Bazerman e Neale. *Negotiating rationally*, p. 52 ("O [...] parado-
xo reside na alta probabilidade de que o alvo aceitará a proposta do
adquirente quando o [bem em questão] for menos valioso para o adquirente – isto é, quando for um 'pepino.'"). Ver também: Akerlof,
George A. "The market for 'lemons': quality uncertainty and the
market mechanism" *Quarterly Journal of Economics*, v. 84, p. 488,
1970. As partes frequentemente têm informações assimétricas sobre
a qualidade dos bens a serem negociados. Ver, de um modo geral:
Vincent, Daniel R. "Bargaining with common values." *Journal of Economic Theory*, v. 48, p. 47, 1989. De igual forma, partes litigantes com
frequência dispõem de informações muito diferentes sobre o valor
esperado de seu caso e o potencial resultado de ir ao tribunal. Ver:
Spier, Kathryn E. "The dynamics of pretrial negotiation." *Review of
Economic Studies*, v. 59, p. 93, 94, 1992; Bebchuk, Lucian A. "Litigation and settlement under imperfect information." *Rand Journal of
Economics*, v. 15, p. 404, 1984.

9. Lax e Sebenius (*The manager as negotiator*, p. 30) caracterizam como o
"dilema do negociador" a "inescapável tensão central entre medidas cooperativas para criar valor conjuntamente e medidas competitivas para
obter vantagem individual".

10. Ver: Fisher, Ury e Patton. *Getting to yes.*

2 A tensão entre a empatia e a assertividade

1. A noção de empatia "é, e sempre foi, um conceito amplo e um tanto
instável – que tem provocado considerável especulação, exaltação e
confusão". Eisenberg, Nancy; Strayer, Janet. "Critical issues in the study
of empathy." Em: Eisenberg, Nancy; Strayer, Janet (org.). *Empathy and
its development*, 1987, p. 3. A origem do termo é comparativamente
recente. Ele foi cunhado por um psicólogo experimental americano
em 1909, como tradução da palavra alemã *Einfühlung*, definida como
"entrar tateando". Wispé, Lauren. "History of the concept of empathy."
Em: Eisenberg e Strayer. *Empathy and its development*, p. 17, 20-21. Ao

longo dos últimos 80 anos, muitas subdisciplinas em Psicologia adotaram e modificaram o termo, dando-lhe uma série de definições e conotações. Estudiosos contemporâneos debatem questões como se o conteúdo da empatia é cognitivo ou afetivo – se nós *compreendemos* os pensamentos, intenções e sentimentos dos outros, ou, contemporaneamente, os *vivenciamos*. De forma análoga, estudiosos questionam se o processo empático é fundamentalmente cognitivo – *chegar a uma conclusão por meio do pensamento* – ou afetivo – *chegar a uma conclusão por meio do sentimento*. Ver: Strayer, Janet. "Affective and cognitive perspectives on empathy." Em: Eisenberg e Strayer. *Empathy and its development*, p. 218-244.

2. Ver: Rogers, Carl R. *A way of being*, 1980, p. 142-143.

3. Kohut, Heinz. "Introspection, empathy, and the semicircle of mental health." Em: Lichtenberg, Joseph; Bornstein, Melvin; Silver, Donald (org.). *Empathy*, 1984. v. 1. p. 81, 84.

4. Ver, de modo geral: Wilson, Keithia; Gallois, Cynthia. *Assertion and its social context*, 1993, p. 1-38 (que explora definições de "assertividade" e distingue assertividade de agressão e submissão).

5. Ver: Fox, Erica L. "Alone in the hallway: challenges to effective self-representation in negotiation." *Harvard Negotiation Law Review*, v. 1, p. 85, 1996.

6. Ver: Alberti, Robert; Emmons, Michael. *Your perfect right: a guide to assertive living*, 7ª ed. 1995.

7. Ver: Neale, Margaret A.; Bazerman, Max H. "The role of perspective-taking ability in negotiating under different forms of arbitration." *Industrial and Labor Relations Review*, v. 36, p. 378, 1983; Margolis, Jonathan A. "The ability to perceive the other party's perspective across different negotiation structures." Ph. D. diss. Harvard University, 1991.

8. Ver, por exemplo: Ross, Lee. "Reactive devaluation in negotiation and conflict resolution." Em: Arrow, Kenneth; Mnookin, Robert H.; Ross, Lee; Tversky, Amos; Wilson, Robert (org.). *Barriers to conflict resolution*, 1995, p. 27-33; Griffin, Dale W.; Ross, Lee. "Subjective construal,

social inference, and human misunderstanding." *Advances in Experimental Social Psychology*, v. 24, p. 319, 1991.

9. Ver, por exemplo: Nichols, Michael P. *The lost art of listening*, 1995, p. 10.

10. Existe uma bibliografia considerável, e não totalmente sistemática, no campo das comunicações, comparando mensagens unilaterais e bilaterais e tentando elucidar as razões por que as mensagens bilaterais são geralmente mais persuasivas. Ver, de modo geral: O'Keefe, Daniel J. "How to handle opposing arguments in persuasive messages: a meta-analytic review of the effects of one-sided and two-sided messages." Em: Roloff, Michael E. (org.). *Communication Yearbook*, 1999, v. 22, p. 209-249.

1. Existe considerável bibliografia referente a essas três categorias e os estudiosos discordam quanto a que exatamente elas descrevem, utilizando palavras como estilos, estratégias, intenções, comportamentos, modos e orientações. A bibliografia inicial sobre administração comercial sistematizou a classificação de estilos administrativos. Ver: Blake, Robert R.; Mouton, Jane S. *The managerial grid: key orientations for achieving production through people*, 1964. Posteriormente, psicólogos sociais e industriais estabeleceram taxonomias de estilos para tratar de conflito. Ver, por exemplo: Filley, Alan C. *Interpersonal conflict resolution*, 1975; Thomas, Kenneth. "Conflict and conflict management." Em: Dunnett, Marvin D. (org.). *Handbook of industrial and organizational psychology*, 1976, p. 889-935; Rahim, M. Afzalur. "A measure of styles of handling interpersonal conflict." *Academy of Management Journal*, v. 26, p. 368-376, 1983; Rubin, Jeffrey Z.; Pruitt, Dean G.; Kin, Sung Hee. *Social conflict: escalation, stalemate, and settlement*, 2ª ed., 1994, p. 28-29. O Instrumento de Modos de Conflito Thomas-Kilmann utiliza um teste com lápis e papel para diferenciar cinco tendências de conflito: além de competir, acomodar e evitar, ele também identifica conciliar (certa assertividade e certa empatia) e solucionar problemas (plena assertividade e plena empatia). Ver: Thomas, Kenneth. *Interpreting your scores on the Thomas-Kilmann Conflict Mode Instrument*, 1974.

Seguramente, não há consenso acerca desses termos. A ambiguidade nos modelos concentra-se em torno de três questões. Primeira, os modelos descrevem *comportamentos/táticas* ou *intenções*? Compare-se Thomas ("Conflict and conflict management"), que se refere aos "estilos" como *intenções* estratégicas e os distingue de táticas como obstrução e blefe, com Evert van de Vliert e Hugo C. M. Prien ("The difference in the meaning of forcing in the conflict management of actors and observers." Em: Rahim, M. Afzalur [org.], *Managing conflict: an interdisciplinary approach*, 1989), que examina pesquisas que ligam os "estilos" a comportamento observável. Segunda, os modelos são *taxonomias* ou *modelos causais* que explicam por que os negociadores usam determinados estilos em momentos diferentes? Compare-se Filley (*Interpersonal conflict resolution*), que estabelece os "estilos" como uma taxonomia de comportamento de conflito, com Rubin, Pruitt e Kim (*Social conflict*), que explicam que os "estilos" são estratégias cuja escolha se explica pelas preocupações relativas de um negociador quanto ao seu resultado e ao resultado do outro lado, o que, por sua vez, pode ser explicado por uma diversidade de fatores situacionais. Terceira, os modelos postulam que "estilos" são generalizáveis ou que os fatores situacionais são mais importantes? Compare-se Rubin, Pruitt e Kim (*Social conflict*; fatores situacionais) com Thomas ("Conflict and conflict management"). Thomas resume com precisão: "Os pesquisadores (...) com frequência não perceberam a distinção entre taxonomias e modelos causais, usando os modelos de preocupações duais como se fossem apenas taxonomias. Eles confundiram igualmente os modelos de estilos individuais com os modelos situacionais (...) As *intenções* estratégicas são também com frequência denominadas *estilos*, mesmo por pesquisadores que discutem influências situacionais. Em geral, há uma necessidade de precisão muito maior na utilização desses modelos." Thomas, "Conflict and conflict management", p. 894.

Nosso objetivo aqui não é pôr fim a esses debates sobre definições, mas usar essas categorias para salientar a utilidade do esquema empatia-assertividade.

12. Para inserir o esquema empatia/assertividade nos nossos seminários, utilizamos o Instrumento de Modos de Conflito Thomas-Kilmann. Esse teste de múltipla escolha solicita aos examinandos que escolham as afirmações que melhor descrevam suas tendências diante do conflito, e pode ser avaliado de forma que permita aos estudantes identificarem suas tendências e categorias pertinentes que registrem competição, acomodação e abstenção. A princípio em pequenos grupos e depois com a turma inteira, examinamos essas categorias, pedindo aos estudantes para julgar se elas captam aspectos do seu comportamento. Discutimos também vantagens e desvantagens de cada estilo e pedimos aos estudantes para começar a identificar habilidades interpessoais específicas que ampliariam seu estoque de negociação existente.

Empenhamo-nos em evitar o uso das categorias para qualificar pessoas, enfatizando que o teste não foi comportamentalmente corroborado e é, na melhor das hipóteses, uma distorção esclarecedora. Embora algumas pesquisas indiquem que as pesssoas exibem estilos razoavelmente coerentes – ver, por exemplo: Sternberg, Robert J.; Dobson, Diane M. "Resolving interpersonal conflicts: an analysis of stylistic consistency." *Journal of Personality and Social Psychology*, v. 52, p. 794, 1987; Sternberg, Robert J.; Soriano, Lawrence J. "Styles of conflict resolution." *Journal of Personality and Social Psychology*, v. 47, p. 115, 1984 –, é indiscutível que o contexto tem importância. O teste não leva em conta importantes variáveis situacionais. Ainda assim, consideramos o Instrumento de Modos um instrumento didático útil, que utilizamos para ressaltar a lição de que, mediante treinamento e prática, os estudantes podem abandonar hábitos de negociação disfuncionais e acrescentar novas habilidades.

13. Somos gratos a Gary Friedman e Jack Himmelstein, com quem Mnookin lecionou mediação por mais de uma década, pelo uso da palavra "laço" para descrever o processo de escuta ativa.

14. As perguntas que se seguem são adaptadas de: Burley-Allen, Madelyn. *Listening: the forgotten skill*, 2. ed., 1995, p. 129-130.

15. Para uma discussão proveitosa dos modos como nossa atitude mental pode minar conversas produtivas, ver: Stone, Douglas; Patton, Bruce; Heen, Sheila. *Difficult conversations: how to discuss what matters most*, 1999.

3 A tensão entre representados e representantes

1. Este capítulo incorpora importantes contribuições intelectuais da nova "economia institucional". Esse novo campo resulta de pesquisas de Ronald Coase, Oliver Williamson, Michael Spence, Richard Zeckhauser e muitos outros. Ver, de modo geral: Coase, Ronald H. *The firm, the market, and the law*, 1988; Coase, Ronald H. "The nature of the firm." *Economica*, v. 4, p. 386, 1937; Coase, Ronald H. "The problem of social cost." *Journal of Law and Economics*, v. 3, p. 1, 1960; Williamson, Oliver E. *The economic institutions of capitalism: firms, markets, relational contracting*, 1985; Spence, A. Michael. *Market signalling: informational transfer in hiring and related screening processes*, 1974; Pratt, John W.; Zeckhauser, Richard J. *Principals and agents: the structure of business*, 1985, p. 1-35. Para uma série recente de ensaios sobre intermediação e negociação, com uma bibliografia comentada, ver: Mnookin, Robert H.; Susskind, Lawrence E. (org.). *Negotiating on behalf of others: advice to lawyers, business executives, sports agents, diplomats, politicians, and everybody else*, 1999.

2. Zeckhauser denominou esses três tipos de diferenças "o triângulo de ouro". Zeckhauser, Richard J. "The strategy of choice." Em: Zeckhauser, Richard J. (org.). *Strategy and choice* 1991. (Usamos a classificação "preferências" em lugar de "apreciação", utilizada por Zeckhauser.)

3. Ver: Rutherford, Ronald C.; Springer, Thomas M.; Yavas, Abdullah. "Conflicts between principals and agents: evidence from residential brokerage." Mar. 1999, p. 3 (texto inédito, em arquivo eletrônico com os autores, que menciona que os corretores vendem as próprias casas por uma média de 3% acima do preço que obtêm pelas casas dos clientes). Ver também: Brin, Dinah Wisenberg. "Real-estate brokers get a higher price when selling own homes, study finds." *Wall Street Journal*, 19 de abr. de 1999, p. B3.

4. Ver: Gilson, Ronald J.; Mnookin, Robert H. "Disputing through agents: cooperation and conflict between lawyers in litigation." *Columbia Law Review*, v. 94, p. 509, 1994.

5. Ver, por exemplo: Miller, Geoffrey P. "Some agency problems in settlement." *Journal of Legal Studies*, v. 16, p. 189, 210, 1987; Klein, Benjamin; Leffler, Keith B. "The role of market forces in assuring contractual performance." *Journal of Political Economy*, v. 89, p. 615, 1981; Charny, David. "Non-legal sanctions in commercial relationships." *Harvard Law Review*, v. 104, p. 375, 392-394, 1990.

6. Ver Kritzer, Herbert M. "Contingent fee lawyers as gatekeepers in the American civil justice system." *Judicature*, v. 81, p. 22, 1997. Ver também: Mnookin, Robert H. "Commmentary: negotiation, settlement and the contingent fee." *DePaul Law Review*, v. 47, p. 363, 367-369, 1998.

7. Galanter, Marc; Palay, Thomas. *Tournament of lawyers: the transformation of the big law firm*, 1991, p. 52.

8. Tradicionalmente, a lei consuetudinária isolava um advogado de qualquer reclamação quanto a imperícia relacionada com negociação resultante de um acordo, mesmo que o advogado fosse negligente ao aconselhar o cliente a fazer o acordo. Essa norma prevaleceu em muitos estados até a década de 1970. Ver: N. A. Kerson Co. *versus* Shayne Dachs *et al.*, 59A.D.2d 551 (Nova York, 1977). Aos poucos, porém, a norma consuetudinária cedeu lugar ao hoje predominante critério de "perícia e conhecimento comuns". Ver: Grayson *versus* Wofsey *et al.*,

646 A.2d 195 (Connecticut, 1994); Rizzo *versus* Haines, 555 A.2d 58 (Pensilvânia, 1989); Ziegelheim *versus* Apollo, 607 A.2d 1298 (Nova Jersey, 1992).

9. Ver: McMahon *versus* Shea, 657 A.2d 938 (Pensilvânia, 1995); Momjian, Albert. "Lawyers' duty to clients clarified." *Pennsylvania Law Journal Weekly*, 17 de abril de 1995, p. 13. Para uma visão geral dos casos nesta área, ver: Mallen, Ronald E.; Smith, Jeffrey M. *Legal malpractice*, 4ª ed., 1996, v. 3. § 29.38, p. 742-743.

10. Ver: Grayson *versus* Wafsey.

11. Ver Rizzo *versus* Haines, nº 79-623, *slip op. at* 21 (Pa. C.P. Phila. June 20 1985), *aff'd in part and rev'd in part*, 357 Pa. Super. 57, 515 A.2d 321 (1986), *aff'd*, 520 Pa. 484 (1989).

12. Ver: Gilson e Mnookin. "Disputing through agents."

13. Fisher, Roger; Davis, Wayne. "Authority of an agent: when is less better?" Em: Mnookin, Robert H.; Susskind, Lawrence E. (org.). *Negotiating on behalf of others*, 1999, p. 74.

14. Ver id., p. 68.

4 Os desafios da solução de disputas

1. Ver: Felstiner, William L. F.; Richard L. Abel, Richard L. Abel; Sarat, Austin. "The emergence and transformation of disputes: naming, blaming, claiming." *Law and Society Review*, v. 15, p. 631, 1980-81.

2. Ver: Franklin, Marc A.; Chanin, Robert H.; Mark, Irving. "Accidents, money, and the law: a study of the economics of personal injury litigation." *Columbia Law Review*, v. 61, p. 1, 10-11, 32, 1961; Galanter, Marc. "Reading the landscape of disputes: what we know and don't know (and think we know) about our alledgedly contentious and litigious society." *University of California at Los Angeles Law Review*, v. 31, p. 4, 27, 1983.

3. O'Donnell, Pierce; McDougal, Dennis. *Fatal subtraction: the inside story of Buchwald v. Paramount*, 1992, p. xvii-xviii.

4. Ver: Mnookin, Robert H.; Kornhauser, Lewis. "Bargaining in the shadow of the law: the case of divorce." *Yale Law Journal*, v. 28, p. 950, 1979.

5. Ver: N.Y. Civil Practice Law and Rules, §1411 (Consol. 1999).

6. O valor esperado líquido de uma disputa é também afetado pelo tempo necessário para assegurar um julgamento em tribunal. Devido ao valor temporal do dinheiro, um sistema legal que pode julgar um caso em seis meses torna uma demanda mais valiosa do que a mesma demanda material em um sistema que leva cinco anos para chegar ao julgamento. Obviamente, pode haver interação entre normas processuais e a expectativa de demora para um caso ser julgado. Uma consequência da instrução probatória ampla é que com frequência permitirá a um autor ou réu retardar um julgamento por um período considerável de tempo.

7. A "aversão à perda", que é discutida no Capítulo 6, pode também tornar mais difícil um acordo final. A aversão à perda sugere que, ao tomar decisões, as pessoas podem tender a atribuir maior peso a perdas possíveis do que a ganhos possíveis de magnitude equivalente. Como consequência, para evitar o que é percebido como perda, uma parte pode preferir arriscar-se. Ver: Kahneman, Daniel; Tversky, Amos. "Conflict resolution: a cognitive perspective." Em: Arrow, Kenneth; Mnookin, Robert H; Ross, Lee; Tversky, Amos; Wilson, Robert (org.). *Barriers to conflict resolution*, 1995, p. 54-60.

8. Ver: Priest, George L.; Klein, Benjamin. "The selection of disputes for litigation." *Journal of Legal Studies*, v. 13, n. 1, 1984; Gross, Samuel R.; Syverud, Kent D. "Getting to no: a study of settlement negotiations and the selection of cases for trial." *Michigan Law Review*, v. 90, p. 319, 1991.

9. Ver: Fisk, Margaret Cronin. "Ford thinks it has a better idea: hardball." *National Law Journal*, 18 de março de 1996, p. A1.

10. Os custos de transação têm sido analisados por vários estudiosos. Ver: Hoffman, Peter Toll. "Valuation of cases for settlement: theory and practice." *Journal of Dispute Resolution*, v. 1, p. 22-28, 1991 (que discute despesas de litígio, o valor temporal do dinheiro, impostos e possibilidade de incidência de cobrança e sub-rogação); Katz, Avery.

'The strategic structure of offer and acceptance: game theory and the law of contract formation." *Michigan Law Review*, v. 89, p. 215, 225-226, 1990 (que discute os custos de adimplemento e os custos de comportamento estratégico); Ellickson, Robert C. "The case for Coase and against 'Coaseanism'." *Yale Law Journal*, v. 99, p. 611, 514-616, 1989 (que discute diferenças cronológicas entre custos de pré-barganha, barganha e pós-barganha e as diferenças funcionais entre custos de "chegar a um acordo", "decisão e execução" e "informação").

11. Ver: Raiffa, Howard. *The art and science of negotiation*, 1982, p. 52; Moore, Don Andrew. "The unexpected benefits of negotiating under time pressure." Ph.D. diss. inédita. Northwestern University, junho de 2000.

12. Tuchman, Barbara W. *The first salute*, 1988, p. 154.

13. Rubin, Jeffrey Z.; Pruitt, Dean G.; Kim, Sung Hee. *Social conflict: escalation, stalemate, and settlement*, 2ª ed., 1994, p. 159.

14. *Id.*, p. 111.

15. Ver: Shubik, Martin. "The dollar auction game: a paradox in non-cooperative behavior and escalation." *Journal of Conflict Resolution*, v. 15, p. 109-111, 1971.

16. Federal Rule of Civil Procedure 26.

17. Ver: Goldberg, Stephen B.; Sander, Frank E. A.; Rogers, Nancy H. *Dispute resolution: negotiation, mediation and other processes*, 3ª ed., 1999, p. 272-287; Mnookin, Robert H. "Creating value through process design: the IBM-Fujitsu arbitration." *Arbitration Journal*, set. de 1972, p. 6-11.

18. Ver: Cohen, Jonathan R. "Advising clients to apologize." *Southern California Law Review*, v. 72, p. 1.009, 1999.

5 Os desafios de realizar negócio

1. Ver: Sahlman, William A. "Note on financial contracting: deals." Harvard Business School Case nº 288-014, 1989, p. 1. Outros comen-

tadores definem "negócios" como transferências que envolvem "bens fixos". Ver também: Gilson, Ronald J. "Value creation by business lawyers: legal skill and asset pricing." *Yale Law Journal*, v. 94, p. 239, 249, 1984 (que define bens fixos como "bens cujo valor é determinado exclusivamente pelo rendimento, quer em fluxo monetário quer em valorização, que presumivelmente obterão"). Esta definição exclui os bens mantidos pelo seu valor de consumo.

2. Ver Uniform Commercial Code §§ 2-314, 2-315 (que estabelecem, respectivamente, as garantias implícitas de negociabilidade e adequação para um objetivo específico).

3. Outro determinante-chave do envolvimento de advogados para fazer negócios é o coeficiente de valor que eles são capazes de acrescentar comparado com a escala da transação. Usar advogados para fazer negócios é um tanto semelhante a fazer seguro. Pode ser pouco razoável fazer seguro se o prêmio for muito alto em relação aos riscos potenciais.

4. Alguns negócios devem ser documentados por escrito para se tornarem uma obrigação legal. Os tribunais não exigirão o cumprimento de alguns acordos verbais, por mais que os indícios extrínsecos apontem para um contrato. O Restatement (Second) of Contracts, §110 (1981), especifica cinco categorias de contratos que devem ser expressos por escrito para ter validade legal: um contrato de um testamenteiro ou curador para responder por uma obrigação da pessoa falecida; um contrato para responder pela obrigação de outrem (a cláusula de fiança); um contrato redigido sobre a cogitação de casamento (a cláusula de casamento); um contrato para a venda de título de terra (a cláusula de contrato de terra); um contrato que só pode ser cumprido um ano após ser redigido (a cláusula de um ano). Além disso, o Uniform Commercial Code analogamente restringe: contratos para a venda de bens pelo preço de US$500 ou mais (Uniform Commercial Code, § 2-201); contratos para a venda de títulos (Uniform Commercial Code, § 8-319) e contratos para a venda de bens móveis sem cobertura quanto ao mais, até o limite da execução por meio de ação ou

defesa além de US$5 mil em quantia ou valor de recurso (Uniform Commercial Code, § 1-206). Ver, de modo geral: Farnsworth, E. Allan. *Contracts*, 2. ed., 1990, § 6.

5. Ver: Freund, James C. *Anatomy of a merger: strategies and techniques for negotiating corporate acquisitions*, 1975, p. 44.

6. Ver: Gilson, Ronald J.; Black, Bernard S. *The law and finance of corporate acquisitions*, 2ª ed., 1995, p. 231 ("A previsão e o controle do comportamento estratégico estão entre os principais meios pelos consultores podem acrescentar valor ao participarem de transações comerciais.").

7. Ver: Rubin, Paul H. *Managing business transactions: controlling the cost of coordinating, communicating, and decision making*, 1990, p. 162-164; Milgrom, Paul; Roberts, John. *Economics, organization and management*, 1992, p. 167.

8. Ver: Freund., *Anatomy of a merger*, p. 193-195.

9. 2000 U.S. Dist. LEXIS 1088 (decidido em 4 de fev. de 2000).

10. Ver: Bounds, Wendy. "Parting shots: why a former CEO says Federated still owes him US$47 million." *Wall Street Journal*, 20 de abril de 1998, p. A1.

11. Somos gratos a James C. Freund por acentuar a importância dessas condições contratuais nos entendimentos para fazer negócios. Ver: Freund. *Anatomy of a merger*, p. 153.

12. Ver: Gilson. "Value creation by business lawyers." p. 260, n. 52 ("A assimetria entre o âmbito das declarações e garantias do comprador e do vendedor resulta do caráter diferente dos seus papéis na transação. No grau máximo, em uma transação totalmente à vista que é tanto executada quanto encerrada ao mesmo tempo, o único fato referente ao comprador que interessará ao vendedor é o cheque ser seguro. À medida que aumenta o tempo entre execução e encerramento, e à medida que a espécie do pagamento passa de à vista para uma forma como ações ou dívida, cujo valor depende do desempenho futuro do comprador, o vendedor começa a adquirir alguns dos atributos de um comprador e a assimetria no âmbito de representações e garantias se reduz.").

13. Ver: Freund. *Anatomy of a merger*, p. 156.

14. Gilson. "Value creation by business lawyers." p. 261.

15. Ayres, Ian; Gertner, Robert. "Strategic contractual inefficiency and the optimal choice of legal rules." *Yale Law Journal*, v. 101, p. 729, 730, 1992; Milgrom e Roberts. *Economics, organization and management*, p. 127.

16. Estudiosos do Direito têm dedicado considerável atenção ao significado de contratos incompletos. Desenvolveram-se duas vertentes de bibliografia. Uma concentra-se principalmente nos tipos de normas de inadimplemento que devem ser supridas na falta de expressas cláusulas contratuais. Ver, por exemplo: Ayres e Gertner. "Strategic contractual inefficiency and the optimal choice of legal rules"; Ayres, Ian; Gertner, Robert. "Filling gaps in incomplete contracts: an economic theory of default rules." *Yale Law Journal*, v. 99, p. 87, 1989. A segunda vertente da bibliografia, cujo pioneiro foi Ian Macneil, analisa a dimensão sociológica ou relacional de contratos comerciais de longo prazo. A tese central de Macneil é de que os negócios comerciais são embutidos em uma série de relações sociais que infunde normas de comportamento em seus integrantes e aplica sanções interpessoais e de conceito contra o comportamento anômalo. Como Macneil e outros observaram em várias pesquisas empíricas, disputas em contratos de longo prazo são, por esse motivo, com frequência resolvidas "relacionalmente" em vez de mediante litígio. A bibliografia não conclui que homens de negócios não são estratégicos ou não capitalizam condições de contrato vantajosas. Ela antes afirma que as redes sociais às vezes reprimem o comportamento estratégico excessivo. Ver, por exemplo: Macneil, Ian R. *The new social contract*, 1980; Macneil, Ian R. "Relational contract: what we do and do not know." *Wisconsin Law Review*, p. 483, 1985; Macneil, Ian R. "Contracts: adjustment of long-term economic relations under classical, neo-classical, and relational contract law." *Northwestern Law Review*, v. 72, p. 854, 1978.

17. Ver: Milgrom e Roberts. *Economics, organization and management*, p. 127-129.

18. Ver Shavell, Steven. "Damage measures for breach of contract." *Bell Journal of Economics*, v. 11, p. 466, 468, 1980 ("Devido aos custos envolvidos na enumeração e barganha de obrigações contratuais sob o âmbito total de contingências pertinentes, normalmente é impraticável fazer contratos que se aproximem da inteireza.").

19. Ver: "Note on financial contracting: deals." p. 1.

20. Ver: Bernstein, Edward A. "Law and economics and the structure of value adding contracts: a contract lawyer's view of the law and economics literature." *Oregon Law Review*, v. 74, p. 189, 1995.

21. Ver: Rubin. *Managing business transactions*, p. 31-32. Ver também: Williamson, Oliver E. "Credible commitments: using hostages to support exchange." *American Economic Review*, v. 73, p. 519, 1983.

22. Ver: Williamson. "Credible commitments." p. 527.

23. Rubin. *Managing business transactions*, p. 34.

24. *Id.*

25. Para uma discussão da vantagem esperada de relações específicas, ver: Charny, David. "Non-legal sanctions in commercial relationships." *Harvard Law Review*, v. 104, p. 375, 392-394, 1990. Ver também: Telser, L. G. "A theory of self-enforcing agreements." *Journal of Business*, v. 53, p. 27, 28, 1980. ("Um dos mais fortes incentivos à honestidade de um vendedor é seu desejo de obter a preferência do cliente."); Rubin. *Managing business transactions*, p. 29-31.

26. Ver: Rubin. *Managing business transactions*, p. 30.

27. Telser. *A theory of self-enforcing agreements*, p. 44.

28. Existe farta bibliografia teórica com análise de "jogos repetidos" que examina como atores racionais poderiam comportar-se no contexto de uma relação de longa duração. Ver: Myerson, Roger B. *Game theory: analysis of conflict*, 1991, p. 308-310, 337-342; Mertens, Jean François. "Repeated games." Em: Eatwell, John; Milgate, Murray; Newman, Peter (org.). *The new Palgrave: game theory*, 1989, p. 205. R. Duncan Luce e Howard Raiffa ilustraram o desvencilhamento em 1957. Ver: Luce, R. Duncan; Raiffa, Howard. *Games and decisions: introduction and critical survey*, 1957, p. 97-102.

29. A discussão que se segue é extraída de: Goldberg, Victor P. "The net profits puzzle." *Columbia Law Review*, v. 97, p. 524, 1997.

30. *Id.*, p. 543-544.

31. Renhert, Geoffrey S. "The executive compensation contract: creating incentives to reduce agency costs." *Stanford Law Review*, v. 37, p. 1.147, 1.159 1985.

32. A lei que rege a vigência desses acordos preliminares é intricada. Como escreve Farnsworth: "Embora se diga com frequência que uma mera referência em um acordo preliminar a um 'acordo formal a se seguir' pode ser um indício de que as partes não pretendiam ficar comprometidas pelo acordo preliminar, diz-se com a mesma frequência que ela não evidencia conclusivamente isso (...). Seria difícil encontrar uma área menos previsível da lei contratual." Farnsworth, E. Allan. "Pre-contractual liability and preliminary agreements: fair dealing and failed negotiations." *Columbia Law Review*, v. 87, p. 217, 258-260, 1987. Os tribunais consideram diversos fatores ao decidir se "acordos preliminares" são legalmente compromissivos. "As proporções de especificidade esperada dependerão da magnitude e complexidade da transação e do que se faz habitualmente em transações semelhantes." *Id.*, p. 260.

33. Ver: Freund. *Anatomy of a merger*, p. 60 ("Primeiro, embora em geral não seja legalmente compromissiva, a carta de intenção representa de fato uma explícita obrigação moral das partes, que os homens de negócios razoavelmente íntegros parecem levar muito a sério; e, segundo, ela registra as condições básicas do acordo, o que torna mais difícil que equívocos e convenientes perdas de memória aflorem mais tarde nos trâmites legais. Em termos só um pouco irreverentes, é uma forma de seguro antirrenegociação.").

34. Ver William J. Poorvu com Jeffrey L. Cruikshank. *The real estate game*, 1999.

35. Ver: Gilson. "Value creation by business lawyers." p. 269 ("A parte do acordo de aquisição que trata de representações e garantias [é] a par-

te que habitualmente exige de um advogado mais tempo para negociar."). Ver também: Freund. *Anatomy of a merger,* p. 229 ("Os
advogados gastam mais tempo negociando 'Representações e garantias do vendedor' do que qualquer outra cláusula isolada no típico
acordo de aquisição.").

36. Ver: Freund. *Anatomy of a merger,* p. 146.

37. Bernstein. "Law and economics and the structure of value adding: contracts." p. 198, 206-208, 232. Bernstein denomina-os "custos de erro".

38. *Id.,* p. 199.

39. Ver *id.,* p. 231-232.

40. "As cláusulas sobre proprietário de terras inocente, que dispõem as
condições sob as quais um novo proprietário não será responsável
por poluição criada por um proprietário anterior, exigem que o adquirente (1) não tenha contribuído para a contaminação, (2) tenha
efetuado toda a investigação adequada para detectar a presença de
contaminação, (3) tenha tomado o devido cuidado assim que os resíduos foram descobertos e (4) tenha adquirido a propriedade a um
preço que não indicava a presença de possível contaminação." Boyd,
James; Harrington, Winston; Macauley, Molly K. "The effects of envi-
ronmental liability on industrial real estate development." *Journal of
Real Estate Finance and Economics,* v. 12, p. 37, 42, 1996.

41. Freund. *Anatomy of a merger.* p. 231.

42. Observe-se que a CERCLA "permite que os proprietários atuais ou
os governos processem proprietários anteriores por custos de limpeza se o estado da propriedade não foi adequadamente revelado
no momento da venda – mesmo quando um acordo de transação
explicitamente transfere a responsabilidade (...) mediante uma
cláusula 'tal qual se encontra'". Ver: Boyd *et al.* "The effects of envi-
ronmental liability on industrial real estate development." p. 42.

43. *Id.,* p. 47.

44. Ver: Gilson. "Value creation by business lawyers." p. 239-313.

45. *Id.,* p. 255.

6 Barreiras psicológicas e culturais

1. Kahneman, Daniel; Tversky, Amos. "Conflict resolution: a cognitive perspective." Em: Arrow, Kenneth; Mnookin, Robert H.; Ross, Lee; Tversky, Amos, Wilson, Robert (org.). *Barriers to conflict resolution*, 1995, p. 45-60. Ver também: Hammond, John S.; Keeney, Ralph I.; Raiffa, Howard. *Smart choices: a practical guide to make better decisions*, 1999.

2. Ver, de modo geral, os Capítulos 1-5 em *Barriers to conflict resolution*. Ver também: Kahneman, Daniel; Slovic, Paul; Tversky, Amos (org.). *Judgement under uncertainty: heuristics and biases*, 1982; Neale, Margaret A.; Bazerman, Max H. *Cognition and rationality in negotiation*, 1991, p. 12; Mnookin, Robert H. "Why negotiations fail: an exploration of barriers to the resolution of conflicts." *Ohio State Journal on Dispute Resolution*, v. 8, p. 235, 1993.

3. Mnookin, Robert H.; Ross, Lee. "Introduction." Em: *Barriers to conflict resolution*, p. 10. Ver também: Lord, Charles G.; Ross, Lee; Lepper, Mark R. "Biased assimilation and attitude polarization: the effects of prior theories on subsequently considered evidence." *Journal of Personality and Social Psychology*, v. 37, p. 2.098, 1979. Para uma discussão proveitosa sobre como superar o problema de percepções facciosas, ver: Stone, Douglas; Patton, Bruce; Heen, Sheila. *Difficult conversations: how to discuss what matters most*, 1999.

4. Ver: Neale, Margaret A.; Bazerman, Max H. "The rule of perspective-taking ability in negotiating under different forms of arbitration." *Industrial and Labor Relations Review*, v. 36, p. 378, 1983. Ver também: Neale, Margaret A.; Bazerman, Max H. "Perspectives for understanding negotiation: viewing negotiation as a judgemental process." *Journal of Conflict Resolution*, v. 29, p. 33, 1985. Para uma discussão geral e referências à bibliografia psicológica sobre confiança excessiva ver, de modo geral: Kahneman e Tversky. "Conflict resolution." p. 45-60.

5. Ver: Mnookin e Ross. "Introduction." p. 17.

6. Ver: Janis, Irving L. *Victims of groupthink: a psychological study of foreign-policy decisions and fiascoes*, 1972; Dunning, David; Ross, Lee. "Overconfidence in individual and group prediction: is the collective any wiser?" Stanford University, 1992. (Texto inédito.)

7. Mnookin e Ross. "Introduction." p. 18.

8. Ver: Tversky, Amos; Kahneman, Daniel. "The framing of decisions and the psychology of choice." *Science*, v. 21, p. 453, 1981. Ver, de modo geral: Kahneman e Tversky. "Conflict resolution." p. 54-59 (e fontes ali citadas); Bazerman, Max H. *Judgement in managerial decision making*, 4ª ed., 1998, p. 514.

9. Ver: Mnookin e Ross. "Introduction." p. 17; Rachlinli, Jeffrey J. "Prospect theory and the economics of litigation." Ph.D. diss. inédita. Stanford University, 1994.

10. Ver: Korobkin, Russell; Guthrie, Chris. "Psychology, economics, and settlement: a new look at the role of the lawyer." *Texas Law Review*, v. 76, p. 77, 96, 1997.

11. Se você interpretou a afirmação do advogado com o significado de que você tinha uma possibilidade de 50% de vencer no julgamento, então em ambos os casos um acordo de US$21 mil é mais elevado do que o valor esperado de US$19 mil (.50 x US$28 mil + .50 x US$10 mil). Eles salientam que "os indivíduos não precisam ter deduzido da análise do advogado que suas possibilidades de êxito no julgamento eram exatamente de 50%. O fato de indivíduos isolados terem feito suposições diferentes sobre suas possibilidades no julgamento não afeta a validade dos resultados da experiência, visto que os indivíduos do Grupo A e do Grupo B não extraíram sistematicamente deduções diferentes da mesma análise". *Id.*, p. 98, n. 81.

12. Bazerman, Max H.; Neale, Margaret A. *Negotiating rationally*, 1992, p. 35-37.

13. Ver: Kahleman, Daniel; Knetsch, Jack L.; Thaler, Richard H. "Experimental tests of the endowment effect and the Coase theorem." *Journal of Political Economy*, v. 98, p. 1.325, 1990.

14. Ver: Ross, Lee. "Reactive devaluation in negotiation and conflict resolution." Em: Arrow, Kenneth; Mnookin, Robert H.; Tversky, Amos;
Wilson, Robert (org.). *Barriers to conflict resolution*, 1995, p. 30-33;
Stillinger, Constance; Epelbaum, M.; Keltner, D.; Ross, Lee. "The reactive devaluation barrier to conflict resolution." Stanford University,
1990 (texto inédito, discutido em *id.*). Ver também: Mnookin e Ross.
"Introduction." p. 15-16.

15. Ver: Stillinger, Epelbaum, Keltner e Ross. "The reactive devaluation
barrier to conflict resolution."

16. Ver: Mnookin. "Why negotiations fail." p. 246.

17. Ver: Frank, Robert H. *Passions within reason: the strategic role of the
emotions*, 1988, p.

18. Definir a palavra "cultura" é um empreendimento arriscado, que
resulta em diferenças essenciais entre antropólogos sociais acerca
da natureza da sua tarefa. Nossa definição preferida, sugerida por
Kevin Avruch, relaciona cultura a feixes de processos e estruturas
cognitivos, compostos por esquemas e modelos, que são introjeta-
dos pelos indivíduos para "permitir-nos resolver problemas da vida ao
assimilar novos problemas a velhos problemas e experimentar velhas soluções para novos problemas". Avruch, Kevin. Culture and
conflict resolution, 1998, p. 106. Avruch sugere que "esquemas"
são "estruturas cognitivas interligadas que contêm 'métodos prontos' ou instruções para lidar com situações recorrentes". Embora
socialmente transmitidos, Avruch enfatiza que esses esquemas ou
modelos não são intemporais, mas "devem ser reinventados e re-
validados para cada geração" e são "sensíveis à mudança de situação". Ele sugere que muitos grupos e instituições podem ser
"receptáculos" para transmitir várias culturas e que, quanto mais
complicada e diferenciada for uma sociedade, mais subculturas
haverá. Como ponto mais fundamental, Avruch afirma que, especialmente em sociedades complexas, cada indivíduo é um amálga-
ma único de muitas culturas.

"'Conhecer' a cultura de um ator ('Ele é mexicano') não lhe permitirá predizer seu comportamento, a menos que você conheça 'todas' as suas culturas – ele é engenheiro, formado nos Estados Unidos, de origem indígena e sulista (como é digno de nota), protestante evangélico etc. E isso equivale a dizer que você não pode predizer o comportamento de um ator a menos que conheça o ator inteiramente como pessoa, caso em que talvez ainda não pudesse predizer seu comportamento." *Id.*, p. 105.

19. Ver: Samuels, S. M.; Ross, Lee. *Reputations versus labels: the power of situational effects in the prisoner's dilemma game* 1993. (Texto inédito.)

20. As pesquisas têm demonstrado que os negociadores comumente tendem a supor que o tamanho do bolo é fixo – que os interesses da outra parte se opõem aos seus. Ver: Bazerman, Max H.; Neale, Margaret A. "Heuristics in negotiation: limitations to effective dispute resolution." Em: Bazerman, Max H.; Lewicki, Roy J. (org.). *Negotiating in organizations*, 1983, p. 51; Leigh Thompson, Leigh; Hastie, Reid. "Social perception and negotiation." *Organizational behavior and human decisions processses*, v. 47, p. 98, 1990; Thompson, Leigh; Hrebec, Dennis. "Lose-lose agreements in interdependent decision making." *Psychological Bulletin*, v. 120, p. 396, 1996. Essa propensão básica a assumir interesses opostos é diferente do conjunto cultural de suposições que parece predominar nas negociações legais, embora esteja relacionada com ele. No contexto legal, existe uma opinião largamente compartilhada e reforçada – frequentemente comentada de modo bastante explícito – de que o bolo é fixo em casos legais.

21. Ver: Wisneiwski, Mary. "Civility ain't what it used to be: seminar aims to find out what can be done." *Chicago Daily Law Bulletin*, 31 de julho de 1991.

22. Ver: ABA Commission on Professionalism, American Bar Association. "(…) In the spirit of public service: a blueprint for the rekindling of lawyer professionalism." 1986. Para um exemplo de comentário so-

bre a descortesia de advogados, ver: "Infectious lawyers." *New Jersey Law Journal*, v. 148, 7 de abril de 1997; Haines, Paul L. "Restraining the overly zealous advocate: time for judicial intervention." *Indiana Law Journal*, v. 65, p. 445, 1990. Para um exemplo particularmente inquietante de descortesia de um advogado no contexto de um depoimento, ver: Wendel, W. Bradley. "Rediscovering discovery ethics." *Marquette Law Review*, v. 79, p. 895, 904, 1996 (que fornece transcrição do depoimento pelo qual um advogado foi posteriormente punido). Para uma crítica do movimento pela urbanidade, ver: Browe, Kathleen P. "A critique of the civility movement: why Rambo will not go away." *Marquette Law Review*, v. 77, p. 751, 1994; Atkinson, Rob. "A dissenter's commentary on the professionalism crusade." *Texas Law Review*, v. 74, p. 259, 1995.

23. Felder, Raoul Lionel. "I'm paid to be rude." *New Yok Times*, 17 de julho de 1997, p. A23.

24. Honchar, Cornelia Wallis. "Right to remain silent can quiet incivility." *Chicago Daily Law Bulletin*, 2 de maio de 1997, p. 5.

25. Ver: Wisneiwski, Mary. "Civility ain't what it used to be."

26. Ver: Saltzburg, Stephen A. "Lawyers, clients and the adversary system." *Mercer Law Review*, v. 37, p. 647, 1986. Ver também: Freedeman, Monroe H. *Lawyers's ethics in an adversary system*, 1975 (que menciona a suposição básica de "advocacia dedicada").

7 Atrás da mesa

1. Existe uma bibliografia extensa sobre o papel correto do advogado na relação entre advogado e cliente. Para uma introdução à advocacia centrada no cliente em particular ver especialmente: Binder, David A.; Bergman, Paul; Price, Susan C. *Lawyers as counselors: a client-centered approach*, 1991; Bastress; Robert M. Harbaugh, Joseph D. *Interviewing, counseling, and negotiating: skills for effective representation*, 1990; Bellow, Gary; Moulton, Bea. *The lawyering process: ethics and professional responsibility*, 1981. Ver também:

Gifford, Donald G. "The synthesis of legal counseling and negotiation models: preserving client-centered advocacy in the negotiation context." *University of California at Los Angeles Law Review*, v.
34, p. 811, 1987. Embora empreguemos a expressão "centrada no
cliente", nossa abordagem difere em alguns aspectos da adotada por
Binder, Bergman e Price.

2. Para uma análise abrangente da importância da atitude mental e das
complexidades do estabelecimento de uma orientação de aprendizado
mútuo, ver: Argyris, Chris. *On organizational learning*, 2ª ed., 1999; Argyris, Chris; Schon, Donald A. Schon, *Theory in practice: increasing
professional effectiveness*. 1974.

3. Nossa discussão sobre suposições "mais limitantes" e "mais úteis" é semelhante, em estrutura, à maneira como nosso colega Roger Fisher há
muito tem apresentado seus concorridos seminários sobre negociação,
embora, segundo nos consta, Roger não tenha analisado os problemas
especiais das suposições de um advogado no contexto entre advogado e
cliente como nós aqui fazemos.

4. As Normas Modelares de Conduta Profissional da Associação Americana dos Advogados explicitamente permitem que os advogados deba-
tam considerações morais, econômicas, sociais e políticas com os
clientes. Ver Norma 2.1 das Normas Modelares de Conduta
Profissional.

5. Ver, de modo geral: Goleman, Daniel. *Emotional intelligence*, 1995.

6. Ver Stone, Stone; Patton, Bruce; Heen, Sheila. *Difficult conversations:
how to discuss what matters most*, 1999, p. 94-97.

7. Ver *id.*, p. 44-57 (que discute impacto e intenção).

8. Ver: Bazerman, Max H.; Moore, Don A.; Tenbrunsel, Ann E.; Wade-
Benzoni, Kimberly A.; Blount, Sally. "Explaining how preferences
change across joint versus separate evaluation." *Journal of Economic Behavior and Organization*, v. 39, p. 41, 1999.

8 Do outro lado da mesa

1. Para uma discussão geral sobre como os advogados negociam de modo competitivo ou cooperativo, ver: Williams, Gerald R. *Legal negotiation and settlement*, 1983.

2. Ver: Gilson, Ronald J.; Mnookin, Robert H. "Disputing through agents: cooperation and conflict between lawyers in litigation." *Columbia Law Review*, v. 94, p. 509, 548, 1994.

3. Lax, David A.; Sebenius, James K. *The manager as negotiator: bargaining for cooperation and competitive gain*, 1986, p. 216.

4. Wheeler, Michael. "Engaging, framing, and norming." Dissertação apresentada na Harvard Law School, abr. de 1998. Ver também: Thompson, Leigh. *The mind and heart of the negotiator*, 1998.

5. Ver: Stone, Douglas; Patton, Bruce; Heen, Sheila. *Difficult conversations: how to discuss what matters most*, 1999, p. 27-39 (que enfatiza a importância de cada negociador analisar a história do outro).

6. Tversky, Amos; Kahneman, Daniel. "Judgement under uncertainty: heuristics and biases." Em: Kahneman, Daniel; Slovic, Paul; Tversky, Amos (org.). *Judgement under uncertainty: heuristics and biases*, 1982, p. 14; Lax e Sebenius. *The manager as negotiator*, p. 134.

7. Ver: Schelling, Thomas C. *Strategy of conflict*, 1960.

8. *Id.*, p. 124.

9. Uma discussão sobre a história e estratégia do boulwarismo pode ser encontrada na decisão do Segundo Tribunal Itinerante de Apelações em NLRB *versus* General Electric Co., 418 F. 2d 736, 740-41 (2. Cir. 1969), acolhimento negado, 397 U.S. 965, 1970 (reforçando 150 NLRB 192, 207-210). Somos gratos a James K. L. Lawrence, que era um dos advogados da NLRB quando essa estratégia de barganha estava sendo contestada, por fornecer os pormenores desse exemplo.

10. Ver: Cialdini, Robert B. *Influence: the psychology of persuasion*, 1993, p. 238.

11. Ver: Ury, William. *Getting past no: negotiating with difficult people*, 1991. Somos também gratos a nossos colegas Bruce Patton, do Harvard

448   MAIS QUE VENCER

Negotiation Project, e Max Bazerman, da Harvard Business School, pelas suas ideias sobre como lidar com táticas difíceis.

12. Ver: Fisher, Roger; Ury, William; Patton, Bruce. *Getting to yes: negotiat-ing agreement without giving in,* 2ª ed., 1991, p. 108-112.

13ʼ Evidentemente, de acordo com a Norma 4.2 das Normas Modelares de Conduta Profissional, da Associação dos Advogados Americanos, um advogado não pode falar com o cliente do outro lado a não ser por inter-médio do advogado daquele cliente. E, de acordo com a Norma 8.4(a), um advogado não pode efetuar por meio dos atos de outrem aquilo que seria antiético o próprio advogado fazer. No entanto, aqui o cliente do advogado e o cliente do outro lado concordaram *conjuntamente* com um plano de ação – o advogado não agiu por *intermédio* deles.

9 Aconselhamento para resolver disputas

1. Ver: Baird, Douglas G.; Gertner, Robert H.; Picker, Randal C. *Game theory and the law,* 1994, p. 243-244 (que observa que no jogo do litígio o valor esperado líquido domina a negociação).

2. Ver: Weise, Richard H. *Representing the corporation: strategies for legal counsel,* 2ª ed., 1997, v. 1 § 8-4.

3. *Id.,* § 1-8.

4. Ver: Coyne, Jr., William F. "The case for settlement counsel." *Ohio State Journal on Dispute Resolution,* v. 14, p. 367, 1999.

5. Os mediadores podem facilitar a resolução de disputas de diversas maneiras. Ver: Mnookin, Robert H. "Why negotiations fail: an ex-ploration of barriers to conflict resolution." *Ohio State Journal on Dispute Resolution,* v. 8, p. 235, 248-49, 1993; Brown, Jennifer G.; Ayres, Ian. "Economic rationales for mediation." *Virginia Law Re-view,* v. 80, p. 323, 1994; Ayres, Ian; Nalebuff, Barry J. "Common knowledge as a barrier to negotiation." *University of California at Los Angeles Law Review,* v. 44, p. 1.631, 1997.

6. Gertner e Miller propõem utilizar depositários de acordo como apoio a negociações anteriores ao julgamento. Ver: Gertner, Robert

H.; Miller, Geoffrey P. "Settlement escrows." *Journal of Legal Studies*, v. 24, p. 87-122, 1995.

7. A "análise do litígio" aplica os princípios de decisão e análise de riscos – há muito utilizados por homens de negócios para planejar decisões complexas que envolvem múltiplas incertezas – ao litígio. É um método sistemático para avaliar os riscos e as oportunidades apresentados pelo litígio e teve como pioneiro Marc B. Victor, presidente da Litigation Risk Analysis, Inc. (Menlo Park, Califórnia). É um instrumento que ajuda os advogados a raciocinar de forma probabilística ao exigir que eles identifiquem fontes de incerteza legal e lhes atribuam probabilidades. O cansativo trabalho com os computadores foi em grande parte eliminado devido à disponibilidade de programas que ajudam os litigantes propensos a usar essa técnica. Ver TreeAge Software, Inc. (Williamstown, Massachusetts). Para uma excelente introdução à análise de decisões, ver: Hammond, John S.; Keeney, Ralph L.: Raiffa, Howard. *Smart choices: a practical guide to making better decisions*, 1999. Para outras apreciações úteis de como a análise de decisões poderia facilitar a resolução de disputas legais, ver: Hoffer, David P. "Decision analysis as a mediator's tool." *Harvard Negotiation Law Review*, v. 1, p. 113, 1996; Aaron, Marjorie C. "The value of decison analysis in mediation practice." *Negotiation Journal*, v. 11, p. 123-133, 1995; Victor, Marc B. "The proper use of decision analysis to assist litigation strategy." *Business Lawyer*, v. 40, p. 617, 1985.

8. Ver: Victor. "The proper use of decision analysis to assist litigation strategy." "Diagrama de dependências" é a expressão de Victor para o que os homens de negócios denominam "diagrama de influências".

9. Em nome da simplicidade, presumimos que o júri decidirá que todos os danos da autora são atribuíveis ao acidente (em vez de ao fato de ter deixado de usar o cinto de segurança) ou que nenhum deles o foi. No mundo real, não é provável que isso aconteça, visto que o júri pode dispor a culpa da autora em qualquer ponto de 0 a 100%. Em tais circunstâncias, a advogada de Paula pode atribuir

probabilidades a uma série de vereditos de negligência relativa. Por exemplo, ela pode estimar que existem 60% de chances de o júri decidir que 10% dos danos de Paula foram danos do cinto de segurança; 25% de chances de o júri concluir que 25% foram danos do cinto de segurança e 15% de chances de o júri concluir que 50% foram danos do cinto de segurança. Pela aritmética simples, pode-se calcular a média dessas estimativas em um valor de resultado esperado líquido. No nosso exemplo, porém, achamos conveniente manter as coisas simples.

10. Para uma discussão dos fatores que contribuem para o valor temporal do dinheiro, ver: Higgins, Robert C. *Analysis for financial management*, 5ª ed., 1998.

11. Em suas formas mais complexas, a análise de litígio pode ser ainda mais útil. Existem técnicas pelas quais os advogados podem aferir o quanto as estimativas de resultado esperado líquido são "sensíveis" a mudanças nos prognósticos sobre qualquer das fontes de incerteza legal. "Após fazer avaliações iniciais das diversas incertezas em um diagrama, o advogado pode identificar os pontos sobre os quais a obtenção de mais informações seria realmente crucial para determinar o valor do acordo do cliente. Isso pode ser feito com uma *análise de sensibilidade*, em que as probabilidades de um determinado resultado em uma determinada questão são alteradas e, depois, a diferença no valor do acordo resultante dessa mudança de probabilidades é calculada." Victor, Marc B. "Litigation risk analysis and ADR." Em: Wilkinson, John H. (org.). *Donovan Leisure Newton & Irvine ADR Practice Book*, 1990.

12. Ver: Auerbach, Jon G.; Takahashi, Dean. "Pentium line is targeted by aggressive action: move jolts stock prices." *Wall Street Journal*, 14 de maio de 1997, p. A3.

13. Ver: Takahashi, Dean; Auerbach, Jon G. "Intel expected to face little damage from Digital, Cyrix suits." *Dow Jones On-Line News*, 15 de maio de 1997.

14. Ver: Auerbach e Takahashi. "Pentium line is targeted by aggressive action." p. A3.

15. Ver: Takahashi, Dean; Auerbach, John G. "Intel consensus DEC, escalating patent fight." *Wall Street Journal*, 29 de maio de 1997, p. A3.

16. Rubenstein, Bruce. "Aggressive litigation strategy may pay off for Digital." *Corporate Legal Times*, v. 7, p. 25, novembro de 1997.

17. Ver *id*.

18. Ver: Takahashi, Dean; Auerbach, Jon G. "Intel countersues DEC, escalating patent fight." *Wall Street Journal*, 29 de maio de 1997, p. A3.

19. Ver: Takahashi, Dean; Auerbach, Jon G. "Digital raises antitrust issues in Intel dispute." *Wall Street Journal*, 24 de julho de 1997, p. B6.

20. Ver: Auerbach, Jon G. "Alpha male: Digital's Palmer faces an unsettled future after Intel settlement." *Wall Street Journal*, 30 de outubro de 1997, p. A1.

21. Muller, Joann. "David, Goliath, and the hired gun: Digital's Schwartz may teach giant Intel a lesson in patents." *Boston Globe*, 8 de julho de 1997, p. D1.

22. Auerbach. "Alpha male." p. A1.

23. *Id.*

24. Ver: Auerbach, Jon G.; Takahashi, Dean. "Digital to sell plant to Intel amid dispute." *Wall Street Journal*, 28 de outubro de 1997, p. A3.

25. Grimes, Christopher. "Digital, scoffed at first, gets what it wants from Intel." *Dow Jones News Service*, 27 de outubro de 1997.

26. Ver: Auerbach, Jon G.; Takahashı, Dean. "Digital to sell plant to Intel amid dispute." p. A3.

27. Ver *id*.

28. Auerbach. "Alpha male." p. A1. Ao justificar a escolha de entrar com a ação em Worcester, Dan Kaferle, porta-voz da Digital, explicou que "[uma] empresa que espera ser processada pode dirigir-se ao tribunal primeiro e levar o duelo judiciário para um foro de sua escolha. Para a Intel, teria sido a Califórnia (...). Ao agir sem prévia comunicação, nós conseguimos entrar com a ação em Worcester, que é conveniente para

nossa sede e tem uma pauta menos carregada". Rubenstein. "Aggressive litigation strategy may pay off for Digital." p. 25.

29. "Intel asks for judgement in CA case; answers DEC's infringement charges." *Andrews Computer and On-Line Industry Litigation Reporter*, 15 de julho de 1997, p. 24.435.

30. Em agosto, Craig Barrett, diretor-geral de operações da Intel, assegurou que a Intel não estava inclinada a transigir, afirmando: "É mais provável você transigir depois de brigar durante anos e haver uma forte diferença de opinião, e ela foi exaustivamente discutida nos tribunais. Quando você é apanhado no contrapé, sua primeira reação é de que 'eu não fiz nada de errado'. Você não transige." Takahashi e Auerbach. "Intel countersues DEC." p. A3. Já em meados de outubro, Chuck Mulloy, porta-voz da Intel, reassegurou que "o litígio sobre patentes exige tempo, força de vontade e recursos jurídicos. Temos bastante experiência nesse tipo de coisa e sabíamos, desde o primeiro dia, que isso poderia ser um assunto demorado. Dissemos em maio, quando a ação da Digital foi ajuizada, que pretendíamos defender-nos e sabemos o que isso acarreta: trabalho duro e um grande investimento". Rubenstein. "Aggressive litigation strategy may pay off for Digital." p. 25.

31. Ver: Auerbach. "Alpha male." p. A1.

32. Ver *id.*

10 Aconselhamento para a realização de acordos

1. Ao mesmo tempo, a sombra do futuro pode tornar difícil negociar assertivamente. Pode haver um impulso de evitar questões difíceis ou fazer conciliações imprudentes, pelo receio de prejudicar a relação. Por exemplo, Peter tem uma relação forte com Henry e obviamente deseja que ela continue. Ele não chega a ter uma relação com os outros integrantes do conselho de diretores, mas tem grandes esperanças de estabelecer essas relações mais adiante. Para Peter, se as negociações contratuais forem demoradas ou difíceis, alguns inte-

grantes do conselho poderiam concluir que Peter seja uma pessoa de difícil convivência no trabalho. "Não quero ser desarrazoado", diz Peter a Jan, porque "não quero me indispor com ninguém." Se as duas partes se sentirem reprimidas demais, elas podem acabar deixando demasiadas condições vagas e não se empenhando o suficiente por negócios que criem valor, porque nenhum dos lados quer perturbar o outro.

2. Brandenburger, Adam M.; Nalebuff, Barry J. *Co-opetition*, 1996, p. 52-56.

3. Tarrant, John. *Perks and parachutes: negotiating your executive compensation contract*, 1985, p. 169.

4. Ver *id.*, p. 164.

5. *Id.*

6. Cf. Krasner, Stephen D. "Structural causes and regime consequences: regimes as intervening variables." Em: Krasner, Stephen D. (org.). *International regimes*, 1983, p. 2 (que define "regimes" como "conjuntos de [...] princípios, normas, regras e procedimentos para tomada de decisões em torno dos quais as expectativas dos atores convergem[...]"; ver, de modo geral: Posner, Eric A. "Law, economics & inefficient norms." *Pennsylvania Law Review*, v. 144, p. 1.697, 1996 (que examina e avalia várias definições de normas na bibliografia econômica).

7. Ver: Freund, James C. *Anatomy of a merger: strategies and techniques for negotiating corporation acquisitions*, 1975, p. 143.

8. Ed Bernstein sugeriu que as normas são valiosas em grande medida porque podem atenuar os problemas de mediação para o cliente. Elas permitem que um intermediário de uma empresa – como um administrador que negocia a venda de parte do ativo da sua companhia – diga: "Segundo me afirma nosso advogado, esta é uma declaração muito comumente oferecida neste tipo de transação." O administrador, então, isola-se de críticas *ex post*. Sem a possibilidade de assim informar seu superior, o administrador fica realmente

imobilizado – se as coisas desandarem depois de efetuado um negócio, o administrador será responsabilizado por ter autorizado a representação.

9. Ver, por exemplo: Goetz, Charles J.; Scott, Robert E. "Liquidated damages, penalties and the just compensation principle: some notes on an enforcement model and a theory of efficient breach." *Columbia Law Review*, v. 77, p. 554, 566-568, 1977 (que não encontra justificativa de eficiência plausível para a doutrina das penas); Rasmusen, Eric; Ayres, Ian. "Mutual and unilateral mistake in contract law." *Journal of Legal Studies*, v. 22, p. 309, 320-321, 1993 (que não encontra justificativa de eficiência plausível para a doutrina do erro mútuo); Ayres, Ian; Gertner, Robert. "Strategic contractual ineffiency and the optimal choice of legal rules." *Yale Law Journal*, v. 101, p. 729, 1992.

10. Ver, por exemplo: Kahan, Marcel; Klausner, Michael. "Standardization and innovation in corporate contracting (or 'The economics of boilerplate')." *Virginia Law Review*, v. 83, p. 713, 1997.

11. Ver, de modo geral: Costantino, Cathy A.; Merchant, Cynthia Sickles. *Designing conflict management systems: a guide to creating healthy and productive organizations*, 1996. Para uma discussão sobre diversas abordagens "em camadas" de cláusulas de mediação e arbitragem, ver o site do CPR Institute for Dispute Resolution em www.cpradr.org.

11 Dilemas profissionais e éticos

1. Para uma discussão sobre as implicações para a negociação de "troca plena, franca e verídica" de informações, ver: Raiffa, Howard. *Lectures on negotiation analysis*, 1996.

2. Ver, por exemplo: Shell, Richard. "When it is legal to lie in negotiations?" *Sloan Management Review*, v. 32, p. 93, 1991; White, James J. "Machiavelli and the bar: ethical limitations on lying in negotiation." *American Bar Foundation Research Journal*, p. 926, 1980.

3. Ver Jones *versus* Clinton, 36 F. Supp. 2d 1118, 1999 (que menospreza o presidente Clinton).

4. O mais antigo Código Modelar de Responsabilidade Profissional da Associação Americana dos Advogados ainda é, evidentemente, uma alternativa viável para a abordagem nas Normas Modelares. No entanto, as mais recentes Normas Modelares parecem ser adotadas e discutidas de forma mais ampla por advogados atuantes. No texto, portanto, concentramo-nos nas Normas Modelares. No Código Modelar, a Norma Disciplinar 1-102(A)(4) proíbe "desonestidade, fraude, falsidade, deturpação" e a Norma Disciplinar 7-102(A) determina que um advogado "não (...) fará intencionalmente uma afirmação falsa de lei ou fato" nem "ocultará ou intencionalmente deixará de divulgar o que a lei lhe ordena revelar".

5. Os estados divergem na maneira de tratar essa questão. Ver: Hazard, Geoffrey C.; Hodes, W. William. *The law of lawyering: a handbook on the Model Rules of Professional Conduct*, 2ª ed., 1996, §§ AP4: 101-107.

6. O Comentário Oficial à Norma 1.6 prescreve que "nem esta Norma nem [outras] impedem que o advogado participe o fato do desligamento, e o advogado pode igualmente retratar ou repudiar qualquer opinião, documento, afirmação ou algo parecido". Esse acenar de bandeira indicará ao outro lado que o cliente do advogado é sob algum aspecto suspeito. Ver *id.*, AP1:994.

7. 15 U.S. (2 Wheat.) 178 (1817).

8. Ver: Shell. "When it is legal to lie in negotiations?"

9. Em 1985, a Califórnia tornou-se o primeiro estado a sancionar legislação que determina a revelação afirmativa em vendas de casas. Ver S.B. 453, ch. 223, § 4, 1985 (codificada no Código Civil da Califórnia, §§ 1.102-1.102.17, 2.079-2.079.24). O estatuto da Califórnia foi uma consequência direta de Easton *versus* Strassburger, 152 Cal. App. 3d 90 (1984). Em 1991, a Associação Nacional de Corretores de Imóveis publicou uma resolução incentivando o apoio a "legislação ou regulamentação que determine a obrigatória revelação do estado da propriedade por parte do vendedor". National Association of Realtors. "Property condition disclosure." 1991. Desde 1992 muitos outros estados igualmente sancionaram

legislação determinando o mesmo procedimento. Ver, de modo geral: Washburn, Robert M. "Residential real estate condition disclosure legislation." *DePaul Law Review*, v. 44, p. 381, 1995.

10. Curiosamente, os compradores não têm obrigações semelhantes. Para um fundamento econômico do tratamento diferencial, ver: Shavell, Steven. "Acquisition and disclosure of information prior to sale." *Rand Journal of Economics*, v. 25, p. 20-36, 1994.

11. Ver: Ekman, Paul; O'Sullivan, Maureen; Frank, Mark G. "A few can catch a liar." *Psychological Science*, v. 10, p. 263, 1999.

12. Ver: Bazerman, Max H.; Gillespie, James J. "Betting on the future: the virtues of contingent contracts." *Harvard Business Review*, p. 155-160, set./out. de 1999.

13. Para uma discussão muito proveitosa sobre o problema do conhecimento geral em negociação, as maneiras como reações à mentira do outro lado podem tornar a negociação mais difícil e o problema de "salvar as aparências", ver: Ayres, Ian; Nalebuff, Barry J. "Common knowledge as a barrier to negotiation." *University of California at Los Angeles Law Review*, v. 44, p. 1.631, 1997.

14. Ver: Dahl, Scott S. "Ethics on the table: stretching the truth in negotiations." *Review of Litigation*, v. 8, p. 165, 184, 1989.

15. Enquanto as Normas Modelares obviamente criam uma obrigação matizada, seu antecessor, o Código Modelar, enunciava de modo mais categórico que, de acordo com o Princípio 7, "um advogado deve representar um cliente zelosamente dentro dos limites da lei". O antecessor do Código Modelar, Princípio 15 dos Princípios de Ética Profissional da Associação dos Advogados Americanos, enuncia de modo ainda mais retórico que "o advogado deve 'irrestrita dedicação ao interesse do cliente, zelo enérgico na preservação e defesa de seus direitos e o emprego do máximo saber e capacidade' a fim de que nada lhe seja exigido ou negado, exceto pelas regras do direito, legalmente aplicadas". Ver: Rhode, Deborah L.; Luban, David. *Legal Ethics*, 2ª ed. 1995, p. 138.

16. Jessup, Philip C. *Elihu Root*, 1938, p. 133.

12 Organizações e partes múltiplas

1. Aproximadamente 60% dos 800 mil advogados nos Estados Unidos trabalham sozinhos ou com um sócio. Ver: Menkel-Meadow, Carrie. "Culture clash in the quality of life in the law: changes in the economics, diversification and organization of lawyering." *Case Western Reserve Law Review*, v. 44, p. 621, 628, n. 35, 1994.

2. Gilson, Ronald J.; Mnookin, Robert H. "Coming of age in a corporate law firm: the economics of associate career patterns." *Stanford Law Review*, v. 41, p. 567, 1989.

3. Ver, de modo geral: Gilson, Ronald J.; Mnookin, Robert H. "Sharing among the human capitalists: an economic inquiry into the corporate law firm and how partners split profits." *Stanford Law Review*, v. 37, p. 313, 1985.

4. Ver Raiffa, Howard. *The art and science of negotiation*, 1982, p. 257-267.

5. Para uma visão geral do litígio do tabaco, ver: Orey, Michael. *Assuming the risk: the mavericks, the lawyers, and the whistle-blowers who beat big tobacco*, 1999, p. 275-371.

6. Ver *id.*, p. 342.

7. Para uma excelente discussão dessas teorias e das coligações que se formaram ao seu redor, ver: Weiser, Benjamin. "Tobacco's trials." *Washington Post*, 8 de dez. de 1996, p. W15.

8. Ver Castano *versus* American Tobacco Co., 160 F.R.D. 544 (E.D. La. 1995) (que acolhe a ação coletiva).

9. Ver: Orey. *Assuming the risk*, p. 147-225 (que descreve o vazamento de informações).

10. Ver Castano *versus* American Tobacco Co., 84 F.3d 734 (5ᵗʰ Cir. 1996) (que rejeita a ação coletiva).

11. Ver Brown & Williamson Tobacco Corp. *versus* Carter, 680 So. 2d 546 (Fla. 1996). A decisão foi revogada sob apelação. Ver Brown & Williamson Tobacco Corp. *versus* Carter, 723 So. 2d 833 (Fla. Dist. Ct. App. 1998).

12. Ver: Orey. *Assuming the risk*, p. 342.
13. Ver *id.*, p. 358.
14. Ver: Geyelin, Milo. States agree to US$206 billion tobacco deal. *Wall Street Journal*, 23 de nov. de 1998, p. B13.
15. Ver: Cloud, David S.; Fairclough, Gordon. "US sues tobacco makers in massive case." *Wall Street Journal*, 23 de set. de 1999, p. A3.
16. Em algumas situações, um advogado pode representar mais de um cliente em uma negociação. Isso pode ocorrer de diversas maneiras. Primeiro, um advogado poderia tentar representar, simultaneamente, partes nos dois lados de uma disputa ou negócio. Evidentemente, isso em geral se choca com as regras de conflito de interesses. De acordo com o Código Modelar e as Normas Modelares, o dever de lealdade do advogado para com seu cliente impede tal representação dupla se, como estipula o Código, "o exercício de seu juízo profissional independente em benefício de um cliente for ou tiver probabilidade de ser desfavoravelmente afetado". Código Modelar de Responsabilidade Profissional, Norma Disciplinar 5-105(A). Na maioria dos casos, os advogados não podem atender a esse critério e tal representação é proibida.

Segundo, um único advogado poderia representar vários clientes no *mesmo* lado de uma disputa ou negócio. Tal representação múltipla é encarada mais favoravelmente pelos tribunais e pela Associação. Em algumas situações, clientes em um "lado" de uma disputa ou negócio podem solicitar representação unificada porque seus interesses são idênticos, ou quase idênticos, e não há potenciais conflitos de interesse entre eles. Nessa circunstância, não há presunção de efeito adverso decorrente da representação múltipla. Ver: Denenberg, Julius; Learned, Jeffrey R. "Multiple party representation, conflicts of interest, and disqualification: problems and solutions." *Tort and Insurance Law Journal*, v. 27, p. 497, 504, 1992.

De acordo com as Normas Modelares, um advogado pode representar tais clientes contanto que eles permitam depois de consultados, o advogado razoavelmente julgue que sua representação não será afetada de forma desfavorável e a representação do cliente não seja substancialmente limitada pelas responsabilidades do advogado para com os outros clientes. Ver Normas Modelares de Conduta Profissional, Norma 1.7.

Conclusão

1. Ver: Gilson, Ronald J.; Mnookin, Robert H. "Disputing through agents: cooperation and conflict between lawyers in litigation." *Columbia Law Review*, v. 94, p. 509, 1994.

2. Ver: "Bounds of advocacy: American Academy of Matrimonial Lawyers standards of conduct in family law litigation." 1991.

3. Ver: Croson, Rachel; Mnookin, Robert H. "Does disputing through agents enhance cooperation? Experimental evidence." *Journal of Legal Studies*, v. 26, p. 331, 1997.

4. Tesler, Pauline H. "Collaborative law: what it is and why family law attorneys need to know about it." *American Journal of Family Law*, v. 13, p. 215, 1999.

5. O Centro para Recursos Públicos assegurou compromissos de numerosas empresas e escritórios de advocacia, dispondo-se a considerar a resolução de disputas alternativas. Aproximadamente 4 mil empresas atuantes concordaram com a Declaração de Orientação Coletiva sobre Alternativas para Litígio, do Centro para Recursos Públicos, enquanto aproximadamente 1.500 escritórios de advocacia, inclusive 400 dos 500 maiores escritórios da nação, assinaram a Declaração de Orientação de Escritórios de Advocacia sobre Alternativas para Litígio, do Centro para Recursos Públicos. O Departamento de Justiça também se manifestou em apoio a mudanças nas normas culturais da profissão. Ver: Pasternak, David J. "President's page: a call-for continued activism." *Los Angeles Lawyer*, v. 21, p. 11, junho de 1998 (que registra um discurso orientador do procurador-geral Reno, colocando uma ênfase reforçada sobre a solução de problemas entre os advogados).

6. Ver: Guccione, Jan. "Bar leaders take aim in incivility of 'Rambo' lawyers." *Los Angeles Daily Journal*, 14 de abril de 1997, p. 1.

7. Ver *id*.

8. Ver: Bourne, Amy E. "Holistic: another approach." *San Francisco Daily Journal*, 3 de agosto de 1999.

9. Praticamos iterativos jogos de dilema do prisioneiro com milhares de estudantes. Quando os dois lados são capazes de cooperar de forma consistente, as contagens individuais são constantemente mais altas do que 85% dos que jogam. As contagens mais altas são de jogadores cujos oponentes são "trouxas" – diante de defecção constante, eles ingenuamente continuam a fazer gestos cooperativos. Normalmente, porém, a defecção provoca retaliação.Ver, de um modo geral: Axelrod, Robert. *The evolution of cooperation*, 1984.

Este livro foi composto na tipologia Minion Pro,
em corpo 11.5/16.15 e impresso em papel off white 80g/m²
no Sistema Cameron da Divisão Gráfica da Distribuidora Record.